笠谷和比古著

近世武家社会の政治構造

吉川弘文館

目次

付　論　近世武家屋敷駈込慣行

第二部　近世大名家の政治秩序

序論

本書は近世の武家社会を対象として、そこにおける政治的な諸問題を検討する。近世社会において、武士は主要な支配身分を構成しており、近世社会の政治権力は武士によって排他的な形で担われている。これは政治的なものが、武士のみならず、天皇・公家・寺社などの諸勢力によっても分有されていた中世社会などと異なる、近世社会の大きな特色である。それ故に、近世の武家社会のあり方を検討していくことは、取りも直さず近世社会における政治権力のあり方、政治秩序の特質、さらには「国家」の存在形態を解明していくことにつながるであろう。

さて近世武家社会についての研究は、戦前の三上参次・栗田元次氏たちから今日に至るまで、徳川時代政治史の形で概括的に論及されるのを常としてきたが、他方、武家を専門の研究対象としたものもまた少なからずある。そしてそれらは次のように、幾つかのタイプの研究として蓄積されてきている。

(一) 武家についての研究の主流を占めるのは、やはり制度史的研究である。すなわち武家に関する様々な制度的事実ないし慣行的制度の事実についての、もっぱら事実関係の解明を目的とする研究がその主流をなしている。

まず大名についての研究は、中村孝也「大名の研究」(大塚史学会編『三宅博士古稀祝賀記念論文集』岡書院、一九二九)が近世大名の性格・類型を包括的に論じており、戦前の大名研究の到達水準を示している。戦後の研究は個別専門化が進行するが、まず大名の諸属性のうち官位の問題からこれにアプローチしたものとして布施弥平治「大名の官位」(『綜合法学』二七号、一九六〇)、松平秀治「大名家格制についての問題点」(『徳川林政史研究所紀要・昭和四八年度』)、宮崎誠一「幕藩制的武家官位の成立」（『史観』一〇一号、一九七九）、深谷克己「領主権力と『武家官位』」（『講座日本近世史』1　有斐閣、一九八一。のち同『近世の国家・社会と天皇』校倉書房、一九九一）、藤井譲治「日本近世社会における武家の官位」（京都大学人文科学研究所編『国家―理念と制度―』一九八九）、李啓煌「近世武家官位制の成立過程について」（『史林』七四巻六号一九九一）、などがある。

城郭の有無の観点から大名の類別を試みたものに加藤隆『幕藩体制期における大名家格制の研究』（近世日本城郭研究所、一九六九）、江戸城中における大名の控えの間である殿席の別に着目したものに松尾美恵子「大名の殿席と家格」（『徳川林政史研究所紀要・昭和五五年度』）がある。なお松尾氏には、親藩・譜代・外様のいわゆる三分類法を批判・検討し、近世社会の実態に即した形での大名の類別を追究した「近世大名の類別に関する一考察」（同前紀要・昭和五九年度）がある。

児玉幸多『大名』（小学館、一九七五）は、もっぱら個人としての大名の政治的・文化的生活に着目し、これを包括的に概説している。近年は武家の儀礼論的研究も盛んになりつつあるが、小川恭一『江戸幕藩・大名家事典』全三巻（原書房、一九九二）下巻解説は、主として柳営の儀礼・格式の面から大名研究を集大成している。

旗本については新見吉治『旗本』（吉川弘文館、一九六七）や鈴木壽『近世知行制の研究』（日本学術振興会、一九七一）が包括的なものであり、参勤交代をする旗本である交代寄合衆については市川俊介「交代寄合衆について」（『歴史教育』一〇巻一二号、一九六二）などが、御家人では高柳金芳『御家人の生活』（雄山閣、一九六六）がある。小川恭一『江戸幕府旗本人名事典』全五巻（原書房、一九九〇）の別巻解説は旗本制度の全般を精査している。

武士一般の生活や奉公の実情を叙述したものとしては進士慶幹『江戸時代の武家の生活』（至文堂、一九六六）、『近世武家社会と諸法度』（学陽書房、一九八九）、同氏編『江戸時代武士の生活』（雄山閣、一九六二）などが、また特に下級武士の存在形態を主題としたものには、尾張藩の御手筒組同心のあり方を中心として、下級武士の身分・奉公・封禄・生活形態などを包括的に扱った新見吉治『改訂増補下級士族の研究』(日本学術振興会、一九六五)、紀州藩の家老三浦氏とその侍読兼医師石橋生庵という上級・下級の武士の具体的な生活を追った柴田純「武士の日常生活」(『日本の近世』3、中央公論社、一九九一)がある。

近世武士や武家社会の諸相や慣行といったものを、それぞれ具体的な問題に即して論じていったものとして、戦前では平出鏗二郎『敵討』(一九〇九、復刊・歳月社、一九七五)や三浦周行「喧嘩両成敗法」(『法制史の研究』岩波書店、一九一九)がその代表的なものであろう。戦後の研究では、北島正元「かぶき者—その行動と論理」(『人文学報』八九号、一九七二。のち同『近世史の群像』吉川弘文館、一九七七)、塚本学『生類をめぐる政治』(平凡社、一九八三)、氏家幹人「「守山日記」にみる〃かぶき〃終焉の時代像」(『江戸の芸能と文化』吉川弘文館、一九八五)などは、近世武士のアウトロー化したものとしての「かぶき者」の生態を諸方面から明らかにしている。特に塚本氏の研究は元禄期の生類憐み政策を、かぶき者の風俗と関連づけて分析した点で注目すべきものである。笠谷和比古「近世武家屋敷駈込慣行」(『史料館研究紀要』一二号、一九八〇)、茎田佳寿子「武士の離縁と駈込」(『明治大学刑事博物館年報』一四、一九八三)は喧嘩討果し人の駈込や離縁駈込という慣行を通して、武士道なるものの具体的様相や武家屋敷のアジール的側面を明らかにしている。また民俗学的観点から戦闘者としての武士の本性や、切腹・殉死・男色といった武士道を特色づける諸問題を扱ったものとして千葉徳爾『たたかいの原像—民俗としての武士道—』(平凡社、一九九一)が、文学の方面から切腹の作法や殉死の諸相を論じたものとして中康弘通『切腹』(国書刊行会、一九八七)がある。

幕末における下級武士の政治的役割を論じたものに木村礎『下級武士論』(塙書房、一九六七)が、また近世の武士が職分の観念を媒介にして身分制的な制約から脱却し、日本の近代化過程において果たした役割を論じた園田英弘

「郡県の武士」(『文明開化の研究』岩波書店、一九七九)がある。

(二)　次に、いわゆる武士道の思想史的研究について見るに、新渡戸稲造『武士道』(一八九九、翻訳・一九三八　岩波書店)の名著のほか、戦前には橋本実『武士道史要』(大日本教化図書、一九四三)以下の一連の武士道研究がある。そこでは義理を重んじ、主君に対する絶対服従を臣下の本分とする近世武士気質が称揚される。近世の武士道の倫理的内容についての認識は、戦後の家永三郎『日本道徳思想史』(岩波書店、一九六三)でも基本的に同じであって、近世の主従制は中世などと較べて片務的であり、家臣の主君に対する一方的な従属が義務づけられたとされている。これに対して、相良亨『武士道』(塙書房、一九六八)、古賀斌『武士道論考』(島津書房、一九七四)、丸山真男「忠誠と反逆」(『日本近代思想史講座』6、筑摩書房、一九六〇、のち同『忠誠と反逆』筑摩書房、一九九二)では、武士道をもって武士の個としての主体性の規範として捉えられる。「葉隠」のごときも単なる献身と死の道徳としてではなく、「御家を一人して荷ひ申す志」の語に示される強い自我意識をもった個体の自立性の思想として再評価される。この「葉隠」については、松田修「葉隠序説」(『国語国文』一九六七、一一月号)が、山本常朝の経歴と関連づけて同書の記述の意味と修辞を分析している。また坂田吉雄『戦国武士』(京都大学人文科学研究所、一九六五)は、中世の下剋上状況から近世の秩序だった主従関係が完成される過程を思想面から跡づけており、更に日本史の全般にわたって武士の行動と思想の諸相を広く通観したものに奈良本辰也『武士道の系譜』(中央公論社、一九七五)、高橋富雄『武士道の歴史』全三巻(新人物往来社、一九八六)などがある。

田原嗣郎『赤穂四十六士論—幕藩制の精神構造—』(吉川弘文館、一九七八)は赤穂浪士の思想を分析して、一様な主君への無条件的な献身としてではない、武士の身分と立場に応じた倫理観の違いの意味を明らかにし、また大名家臣としての武士と幕府の天下統治との関係を分析している。古川哲史『武士道の思想とその周辺』(福村書店、一九五七）、相良亨『武士の思想』（ぺりかん社、一九八四）、衣笠安喜『近世日本の儒教と文化』（思文閣出版、一九九〇）、鈴木文孝『近世武士道論』（以文社、一九九一）などでは、武士道思想の諸概念が、儒教系統の士道や仏教的な死生観との対比や思想的継受関係のなかにおいて検討されている。野口武彦『江戸の兵学思想』（中央公論社、一九九一）は、林羅山・山鹿素行から吉田松陰にいたる兵学思想が近世文化の知的活性化にどのように貢献したかを考察している。

㈢　法制史の系統の武士研究は、戦前の中田薫「徳川時代の家督相続法」（『法制史論集』第一巻、岩波書店、一九二六）などの業績を継承する形で、武士の相続、親族に関する諸研究がなされているのが特色である。

鎌田浩『幕藩体制における武士家族法』（成文堂、一九七〇）では武士の「家」をめぐる家長権、親族の範囲と種類、封禄相続の性格などの諸問題が論ぜられ、特に武士の相続の問題が藩主対家臣団の力関係の推移、藩主権力の確立度という政治的状況との関係で捉えられている。服藤弘司『相続法の特質』（創文社、一九八二）は武士の相続法について幕府・諸藩の事例を詳細に検討して、武士相続の本質は「先祖の勲功に基礎をおく封禄の世襲」にあるとして中田薫氏以来の封禄の「再恩給説」を否定すると共に、武士相続は近世初頭より本知の相違なき相続が原則であったとして鎌田説を批判している。

武士の親族関係についてはこの他に服部治則「近世初期武士集団における親族関係」（『山梨大学教育学部研究報告』一六〜二六号、一九六六〜七五）、武士の家については林由紀子「近世武家の家のあり方」（『歴史と地理』三一八号、一九八二）、武士の婚姻問題等については林由紀子「尾張藩藩士の婚姻と家格」（『法政論集』九〇号、一九八二）、松尾美恵子「近世武家の婚姻・養子と持参金」（『学習院史学』一六号、一九八〇）などが婚姻の実態やその制度的手続きについて研究を進めている。小柴良介「末期養子の禁緩和に関する一考察」（『皇学館史学』二号、一九八七）は幕府の末期養子禁止の政策が、家光政権の後半からすでに転換に向かっていた過程を分析している。

㈣　六〇年代より藩政史の研究が盛んとなり、藩政確立期の諸問題を論じる中で、大名家臣としての武士のあり方が様々な角度から究明されていった。そしてそれは専ら藩政確立の一環としての、家臣団編成ないし統制という視点からの把握であった。

戦後の藩政史研究の先駆をなし、その後の研究の範型をなしたのは伊東多三郎氏らの藩政史研究会のグループによる研究で、その成果は『藩制成立史の綜合研究―米沢藩―』（吉川弘文館、一九六三）として公刊された。伊東氏自身の研究は『近世史の研究』全五冊（吉川弘文館、一九八一〜八四）として集成されている。

藩政史研究の中でも、軍制や家臣団編成の問題を正面から採りあげたものとして金井円『藩政』（至文堂、一九六二）、同『藩制成立期の研究』（吉川弘文館、一九七五）、谷口澄夫『岡山藩政史の研究』（塙書房、一九六四）、北島正元『江戸幕府の権力構造』（岩波書店、一九六四）、鈴木壽『近世知行制の研究』（日本学術振興会、一九七一）、藤野保編『佐賀藩の総合研究』（吉川弘文館、一九八一）、原昭午『加賀藩にみる幕藩制国家成立史論』（東京大学出版会、一九八一）、長谷川成一編『津軽藩の基礎的研究』（国書刊行会、一九八四）などを挙げることができる。

これらの諸書においては、地方知行制の形骸化と俸禄制への移行、知行所の農民使役の制限と行刑政の権限剝奪、軍役編成、家臣団内部の身分的序列化、更には藩法による家臣団の行為規制――他出・衣服・喧嘩口論・婚姻等の規制――の問題が、様々な角度から論ぜられている。それぞれの研究の立ち入った内容については、本書の第二部を参照されたい。

㈤　太閤検地論争から幕藩制構造論に至る研究の流れにおいては、専ら小農の自立の問題が主要な関心事であったが、武士身分の問題もそれとの関連において論究された。以下、本書の武家社会研究の問題関心に直接に関わる限りで、各研究の基本論点を纏めておこう。

安良城盛昭『幕藩体制社会の成立と構造』（御茶の水書房、一九五九）、同『太閤検地と石高制』（日本放送出版協会、一九六九）では、小農自立政策（作合否定）の推進手段としての太閤検地は、また封建的土地所有の編成を規定するものとされ、給人の知行地は本領性を喪失して「恩地」として上から与えられ、さらに転封という形態に大名の将軍に対する従属性が示されるごとく、豊臣秀吉・徳川将軍が「唯一人の真の封建的土地所有者」と規定される。将軍―大名―家臣の間に見られる上位者の絶対的権威の問題は、太閤検地を通じた封建的土地所有の編成のあり方に内在しているとされる。

この安良城氏の議論を受け継ぐ形で、佐々木潤之介『幕藩権力の基礎構造』（御茶の水書房、一九六四・新訂版一九八五）、同『幕藩制国家論』上下（東京大学出版会、一九八四）では「軍役」をもって幕藩制的権力編成の原理とし、軍事労働力の動員編成のあり方と、軍役体系の中で鉄炮の比率が主君・上位者の側に高いことや城付武器の存在を根拠として、幕藩主従制における主君・上位者の圧倒的強大の原則が説かれる。個別領主は中央権力の軍事体制の中に編成され、その地方行政機関として位置づけられていく。そしてこのような将軍の軍事力の強大さが大名の改易・転封を可能とする根拠とされる。

このような幕府・将軍権力の強大性に関する議論を踏まえたうえで、藤野保『幕藩体制史の研究』（吉川弘文館、一九六一・新訂版一九七五）は、幕藩体制下における封建的土地所有の編成原理をなすものとしての、大名の改易・転封を主題とする。そしてその数量的、段階的分析を全面的におこない、幕政の動向と関連づける形で全国の藩領の確定、創出と幕領の成立を明らかにしている。同『日本封建制と幕藩体制』（塙書房、一九八三）とも併せて、領地構造の面からする幕藩体制論の到達点を示すものである。

近世の政治体制の枠組を構築したものとしての織豊政権に関する研究は多いが、山口啓二『幕藩制成立史の研究』

（校倉書房、一九七四）は、豊臣政権における蔵入地の天下支配に及ぼす経済的・政治的な意義を明らかにし、さらには戦国大名から近世大名への転化、兵農分離という幕藩制の特質の形成を、「際限なき軍役」の賦課とそれにともなう権力編成の強行的創出の中に求め、中央政権の支援と統制によって実現される近世の藩体制という理解が示されている。同「日本封建制と天皇」（『歴史評論』三一四号、一九七六）では国家論の観点から、日本社会においては古代律令制以来の国郡制的枠組みというものが、一貫して強い規定性を後代にも与えており、幕藩体制社会の成立に際しても、この枠組みが重要な役割を果たしたことが指摘されている。

朝尾直弘『日本近世史の自立』（校倉書房、一九八八）、同「豊臣政権論」（『岩波講座・日本歴史』近世1、一九六三）、同「『将軍権力』の創出」一〜三（『歴史評論』二四一・二六六・二九三号、一九七〇・七二・七四）などでは、近世の統一政権の権力の強大性の問題が兵農分離のあり方や、それの帰結としての武士身分の結集の様態との連関において論ぜられる。兵農分離の過程は、中世末の在地の小領主の両極分解による「兵」と「農」の各身分の形成の問題として捉えられ、そこから近世的な武士身分の意味が説かれる。そして織田信長の新しい政治体制は、農民の一揆的構造に対峙する形で、これら武士身分の者を、天下の普遍性と武威とを中核とする公儀の下に編成し、さらにその自己神格化によって超越的な権力として天下支配に臨むことによって、近世の将軍権力の原型を創出していったとする。

封建制再編成の立場をとる脇田修『織田政権の基礎構造』（東京大学出版会、一九七五）、同『近世封建制成立史論』（同前、一九七七）では、織田政権は中世の守護公権に由来する「一職支配」権に依拠することによって、在地領主的土地所有に対抗し、これを否定ないし吸収することで統一的な近世的知行を成立させていったとする。この過程は太閤検地を通して完成されていくのであるが、近世的知行は土地所有権というよりも、公的な支配権として現れており、統一政権の掌握している国家支配権が国郡を単位とする一職支配として大名領主に給付され、さらにその支配権が下部へ重層的に分割委任されていくものとする。

三鬼清一郎「朝鮮役における軍役体系について」（『史学雑誌』七五―二号、一九六六）、同「豊臣政権の知行体系」（『日本史研究』一一八号、一九七一）は、太閤検地によって統一的軍役編成が成立したとし、また給人の免決定権は統一政権によって否定されておらず、自律性を保持していたとされる。同「太閤検地と朝鮮出兵」（『岩波講座・日本歴史』近世1、一九七五）では、豊臣政権には主従制とは異質な国郡制的支配の原理が並存しており、それぞれ太閤秀吉と関白秀次が担当し相補することによって国家の支配が成り立っていたとされる。

統一政権の権力と近世の身分制との関係を論じる高木昭作『日本近世国家史の研究』（岩波書店、一九九〇）では、その国役論に基づいて、近世社会の諸身分というものが国家によって編成されていく側面が強調される。「「秀吉の平和」と武士の変質―中世的自律性の解体過程―」「「公儀」権力の確立」などの論文における武士身分論では、秀吉の「惣無事」令によって、武士は全き武士領主としての存在形態と自力救済の権能を奪われ、兵粮も陣夫役も他律的に給付される形で、将軍の統制下の公儀の軍隊として編成されるに至ったこと。武士身分の末端をなす侍＝若党や中間・小者は、近世初頭の兵農分離の過程で在地において析出され、公儀の軍団の奉公人として吸収・編成されていったもので、こうして全国民は公儀の軍隊に編成され、近世国家は一つの巨大な兵営になったとされる。

(六) 国制史は当該社会の法や政治的なものの特質を研究課題とするものであるが、この観点から近世武士の問題を取り上げたものとして、石井紫郎『日本国制史研究Ⅰ』（東京大学出版会、一九六六）、同『日本人の国家生活』（同前、一九八六）がある。そこでは、日本の中世の在地領主としての武士が有していた自立的なヘルシャフトとしての権力体は中世から近世への移行の過程の中で解消されていき、近世武士は統一的秩序、近世社会を特質づける職分的体系の下で、統治行為をその内容とするところの武士的職分を全うすべき存在として位置づけられたとされる。

この石井説を発展させる形で水林彪「近世の法と国制研究序説」一～六（『国家学会雑誌』九〇―一号～九五―一号一九七七～八二）、同『封建制の再編と日本的社会の確立』（山川出版社、一九八七）は、近世的秩序の下では上位権力に背反する下位権力の存在する余地はなく、上位権力に対する一切の反抗が抑圧されたとする。武士の古い「家」は外見的にはそのまま存続せしめられたが、それは中世武士のそれのような自律的な権力体ではなく、他律的なライトゥルギー的強制団体であり、それは上位権力の代執行的権力体として利用された。結論として近世の国制は、「身分制的ステロ化を一つの対立的契機としてはらむところの、家産制国家の専制的家父長制的類型の特殊形態」とされている。

(七)　幕政史の局面においても「将軍専制」がしばしば問題とされる。早く辻達也『享保改革の研究』（創文社、一九六三）において、五代将軍綱吉より寛政改革までの時期の政治体制が将軍専制と規定されている。将軍が自己の意思・命令に忠実な官僚体制を構築したうえで、譜代門閥勢力を圧迫し、その制約を受けることなく幕政の主導権を一貫して掌握していたとするものである。深井雅海『徳川将軍政治権力の研究』（吉川弘文館、一九九一）も元禄・享保期の幕府の法令や政策の決定過程、さらには御庭番の活動を詳細に分析することを通して、辻説を補強している。山本博文『寛永時代』（吉川弘文館、一九八九）、同『幕藩制の成立と近世の国制』（校倉書房、一九九〇）は家光政権の政治形態を分析して、将軍家光の強権政治・恐怖政治のために幕府老中たちも萎縮していたこと、鎖国令のような重要政策についても家光の独断で決定がなされていたとして、同政権の政治体制を将軍専制と結論づけている。さらに国家論レベルの問題としては、徳川幕藩体制を絶対主義と規定している。

(八)　しかしながら、これらの諸種の専制体制論、あるいは将軍権力の絶大性に関する議論に対しては批判がある。井上勝生「幕末における御前会議と「有司」」（『史林』六六巻五号、一九八三）、尾藤正英「明治維新と武士」（『思想』

七三五号、一九八五。のち同『江戸時代とはなにか』岩波書店、一九九二）では、幕末・明治維新期の武士の行動形態には明確な自律性が認められるものであり、「公論」尊重の要求にみられる合議制の伝統は幕藩体制の内部にも貫徹していたとする。

また安良城―佐々木説の核心をなす封建的土地所有の将軍一者への帰属の議論については、藤井譲治「幕藩制領主論」（『日本史研究』一三九・一四〇合併号、一九七五）が、大名領内における年貢収取や行政・裁判権が大名に帰属していること、また他方では幕府の倒壊ではなくて廃藩置県を待たなくては大名領地の廃止が実現しえなかった事実をもって、右の議論を批判した。藤井『江戸幕府老中制形成過程の研究』（校倉書房、一九九〇）は秀忠、家光政権の下での政治制度を分析し、将軍家光の親裁体制強化の志向と秀忠付年寄との確執の中から幕府老中制度の形成を跡づけ、年寄の職務の分掌化と成文化を通して、幕政運営の原理が「人」から「職」へと移行し、年寄の個人的な権力は削減されるが、制度としての老中の権限が大幅に強化される形で老中制度が確立したとしている。

朝尾直弘「「公儀」と幕藩領主制」（『講座日本歴史』五、東京大学出版会、一九八五）でも、大名家の譜代主従制において、家臣の一方的献身のみが強制されるものではなく、あくまでも主君の側の条件充足との双務的関係にあり、「御家」の永続的価値のまえには主君の権威も制約されること。また幕府の専制性・集権性が無限定に強調されるのは誤りであり、藩の公儀が幕府の公儀に全面的に吸収・包摂されることなく存在しつづけた事実に留意して問題を考察すべきであるとされる。

以上のように近世武家社会を巡る研究動向、立論内容、論点は多岐にわたるものである。もとより掲出の論著の内容はこれに止まるものではないが、近世武家社会の研究を課題とする本書の関心に即して概述したものである。

さて筆者は先に『主君「押込」の構造―近世大名と家臣団―』（平凡社、一九八八）を著して、近世社会では悪主・

暴君を家臣団の手で強制的に廃位せしめる主君「押込」の行為が、単なる偶発事件や例外的事件ではなくて、慣行として一般的に存在していたこと、しかもそれは悪逆行為ではなく正当行為としてこの社会では認識されていたことを明らかにし、近世的国制は専制的な性格のものではなく、合議決定型の構造を有するものであることを指摘した。

ただし前著はその研究の対象が専ら大名家（藩）という限定された組織内のものであった。本書は対象をこの大名家から拡大し、将軍・幕府による全国統治をも視野に入れた、近世武家社会全体の政治構造を探究するものである。そして以上に概観した近世武家社会に関する諸研究と、そこでの検討課題や諸々の論点を踏まえつつ右の課題を果したいと思っている。

このような点を考慮しつつ、本書の構成について述べておくならば以下の通りである。本書の第一部では、近世武家社会の考察の前提となるべき問題を扱う。一つは近世武家社会の形成史であり、武士領主制の成立と展開を跡づけ、その発展に伴う内在的矛盾の現れと、その矛盾の解決のあり方から武士領主制の組織的成長の過程を観察し、徳川幕藩体制の形成の意義を考えていく。関ヶ原合戦、家康の将軍任官問題もその展開の中で位置づけていく。いま一つは、このようにして形成されてきた近世武家社会は、それ自体は個々の武士の集合、集団である点に注目する。そして、この社会を構成している個々の武士の存在形態、行動形態を、武士道という武士の戦闘者としての本源的な姿が現れる場に即して眺めていく。それは大名家の家臣としての武士、また幕藩体制の下での藩の構成員としての武士という、支配・服従関係や組織の中にある武士の性格を理解するための、前提的考察をなすであろう。

第一章。近世武家社会の形成過程を跡づけ、中世・戦国時代の在地領主・大名領主の存在形態と領主的発展、政治的矛盾のあり方を探り、ついで織豊政権における政治的統合の性格を検討する。本章は本書の研究にとっての前史をなしており、その論述内容は専ら先人の研究成果に負っている。第二章。関ヶ原合戦について吟味し、定説とは異なる形で、徳川幕府を拘束し、幕藩体制の前提をなしたものとしての政治的意義を見る。また征夷大将軍という官職に随伴している伝統的権威について、その政治的機能を考える。第三章。近世武士を個体の観点から捉え、「武家屋敷駈込」という独特の慣行を通して近世武士の行動形態、武士道の具体的内容・性格について考察する。なお同慣行については昭和五五年に拙稿「近世武家屋敷駈込慣行」(『史料館研究紀要』一二号)で学界に紹介したものである。紙幅の関係で本書では短縮した形で収めているが、詳しくはオリジナルの論文を参照されたい。

第二部では、大名家(藩)という枠組みの中での武士の問題を考える。ここでは第五、六、七の三章で、前著『主君「押込」の構造』のⅣ「近世の国制」の論述を、若干の手直しのうえ再度用いている。近世武家社会の全体像を提示する目的からのことであり、御海容を冀う次第である。第四章。近世大名についての多元的な類別を試み、そこから国持大名というカテゴリーの重要性、固有性を析出していく。第五章。近世大名家における軍制と大名家内部の身分秩序、個々の武士が家臣として大名主君(藩主)と取り結ぶ主従関係のあり方を見る。第六章。近世武士の知行・封禄の存在形態を検討し、中世的知行からの変容、いわゆる地方知行の形骸化の政治的意味を検討する。第七章。大名家(藩)の行政官僚制とその組織の意思決定のあり方、およびそれを踏まえた大名家(藩)の政治秩序、権力構造を探っていく。第八章。それ自体一個の大名家としての性格をもつ徳川家について、その当主たる将軍と老中・幕府役人団との政治的関係、組織体としての幕府の権力構造を分析する。

第三部では、徳川将軍による全国統治のレベルの問題を検討する。第九章。概論で、幕藩関係上の主要諸問題を、将軍と大名の軍事的主従制、および行政上の管轄権問題の観点から検討する。第一〇章。大名改易は幕藩体制における最も重要な権力現象であり、この大名改易が実現されていく過程、政治権力の具体的な現れ方を検討する。なお紙幅の関係で本論文も短縮を余儀なくされた。より詳しい論証および福島正則の書状の写真版などについてはオリジナルの論文を参照されたい。第一一章、近世の治水制度としての国役普請制度は、幕領・大名領の別を超えた広域的行政の性格をもち、この問題を通して、幕藩制の直面した政治的課題とその対応のあり方を見る。第一二章、大名留守居組合は諸大名間の情報交換組織であり、先例・旧格の照会とともに幕府の諸施策に対する協議の機能を有する。幕藩関係の媒介項として重要な、この独自の政治組織の実態を明らかにしていく。

本書は以上のような構成で論述を進め、近世武家社会の政治秩序、権力構造のあり方を理解していくことを目指している。もとよりこの小著でその課題が残りなく完遂するわけもなく、また先に概観した広範にして重要な諸問題のことごとくを解明していくことは、筆者の力量をはるかに越えるものでもある。本書の論述もまた粗雑、脱漏のそしりを免れえないであろう。にも拘わらず、このような総合化の試みを行ったのは、今日の学問状況一般を眺めた時、研究の精密度は確かに高まる一方であるが、しかし個別細分化の弊害は否定しうべくもなく、そしてそのことによって、学問研究そのものの活力が失われつつあるように思えてならないからである。

よって、敢えてここに冒険的な試みを行った次第である。それ故に本書の研究は、書名とした主題に対して定説的な叙述を施すものであるよりは、むしろ問題提起的なものであり、本書各章で行った一連の問題提起を通して、近世社会の孕む問題の性格を具体的に開示することを課題とするものである。たとえば本書の第七章などに論じた組織の意思決定のあり方や、それを通しての政治構造の分析の問題などは、具体的事例の発掘を含めて、今後もっとも力が注がれてしかるべき研究分野であると思っている。それ故に本書は書名の主題に関する研究を、一層活発に推進していくための研究序説であると理解していただければ幸いである。

第一部　近世武家社会の形成と武士の存在形態

第一章　近世武家社会の形成過程

第一節　中世武士団の形成とその存在形態

（一）　武士身分の形成

日本社会において、武士なるものが明確な姿をもって歴史の舞台に登場してくるのは、古く平安時代の中頃にまで遡ってのことである。そしてこの武士という固有の社会階層の形成について、研究史は二つの観点より把握すべき事を示している(1)。

その一つは、武士の職能の面に着目する観点であり、武士および武士団を、武技を家業・家職とする職能人もしくは職能集団とするものである。いま一つは、武士を土地領主としての観点から捉えるもので、土地と領民を支配する在地領主および在地領主層を中核とする戦闘的権力組織としてこれを規定するものである。

そしてこの二つの性格は二者択一のものであるよりも、武士および武士団の二側面として、後代の近世武家社会にまで至るも長く保持し続ける基本属性なのであり、相互補完的に理解されねばならないであろう。

第一の職能の観点からする武士および武士団とは、律令制軍隊の崩壊後に形成されてくる私的な軍事集団で、騎馬・弓射の武技を中心とする「弓馬の道」に長じている専門的な職能人・団体、特定の「兵の家」の家業として専門化した戦闘者、戦闘団体であった。

このような騎馬・弓射の武技を専門職能とする武士の存在形態は、対蝦夷戦争の最前線であり、広大な原野を背景にして良質の馬と鉄にめぐまれた、東国において生み出されたものと考えられている。

そしてこのような武技を専門の家業とする武士たちは、国衙在庁の検非違使、追捕使、押領使といった軍事・警察的な職務に任用され、あるいはまた国の一の宮の祭礼に際して流鏑馬や競馬などの武技の神事を勤仕し、国司の主催する「大狩」に射手として参加することなどを通して、固有の社会身分として認知されていった。これら諸国にあって、国司から武士として認定されたものは「国侍」と呼ばれた。

他方、京および畿内近国でも、五衛府などの律令軍制が有名無実化していくなかで、「京武者」と呼ばれる武技を専門の家業とする武士および武士団が形成されていた。(2) 清和天皇の流れを汲む源満仲は、このような京武者の代表格であり、その子頼光は摂関家と結んで勢力を伸ばし、その弟頼信は平忠常の乱を鎮圧して関東進出の端緒を開いた。前九年・後三年の役では頼信の子および孫たる頼義・義家父子が活躍して、東国武士をその配下、系列下においていった。

こうして頼信系統の源氏嫡流が、東国武士たちの棟梁としての地位を築いていったのであるが、しかし彼らが武士団の棟梁となりえたのは、関東武士と行動を等しくしたからではなかった。むしろ逆に彼らが京都の武家貴族、貴族的な京武者として、東国の田舎豪族たちとは異なる身分階層にあり、独自の生活様式、専門家業としての独自の存在様式を確立していたからに他ならない。いわゆる「貴種」の観念が武士の棟梁という存在を生み出していくのであり、そしてそれが武士の社会に主従制的関係を形成する契機をなしている。(3)

さて武士の第二の規定である、在地領主としての側面について考えてみよう。特に近世武家社会の観点からする時には、在地領主制の止揚ということが武士および武士団の歴史の中での重要な問題となる。何故に近世社会では在地領主制は止揚されるのか、それはどのような内容の変化であったのか、それはどのような歴史的意義を有するものであるのか、この重要な問題の理解のためにも、中世在地領主制の形成と展開の実態を把握しておく必要がある。

在地領主とは、律令国家の支配体系から事実上独立したテリトリーを、根本私領・所領・名字の地として支配し、その開発農地を経営する私領主である。開発領主ともいい、都市領主としての荘園領主の対概念をなす。

彼等の出自は様々であったが、多くは地方の豪族であり、その財力を用いて開発を進めるとともに、また身分的には郡司や国衙の在庁官人という律令国家の官人として、その公的権限に依拠しつつ、自己の開発地を「別名」「保」などという名目をもって私領化していった。(4)

彼等は、一方では、自己の隷属民（所従・下人）や浮浪の徒や土着の農民を使役して開墾、開発を大規模におこない、用水灌漑などの設備を整えることで水田・畑地を造成し、農耕をおこなっていった。在地領主とは端的に言って開発農場主であり、生産の組織者であった。

在地領主たちは自己の開発所領を防衛し、また他の所領との境界紛争を勝ち抜いていくために、武装し軍事力を保持する必要に迫られた。中央政権の威令の届かない東国は、力の論理が支配するところでもあった。在地領主はこうして武士化し、その一族・郎党を組織して武士団を編成していった。(5)

在地領主の所領は、その中核に堀や土塁で堅固に防備された領主の館をもっていた。領主の館は所領の支配と経営のための本拠地であるとともに、武士団の陣地、兵営でもあった。在地領主の所領支配のあり方を見るならば、館の門前・周辺部に広がる門田・佃などの狭義の所領では、下人・所従らを使役して耕作し、また周辺の農民に請作せしめた。だがその支配は、更にその外側にある一般農民が土地を保有して耕作を行っている地域へ及んでいくのが通例であった。

その支配の拡大は、むき出しの暴力によって実現されることもあったが、多くの場合には、国衙の在庁官人や郡司としての公的な権限を援用し、あるいは当該地域が荘園領であれば荘官の地位を獲得して、その職権に基づいてこれらの地域を一括して支配下に収めていった。さらには、彼らの根本私領（開発所領）も含めて京都の権門貴族に寄進し、下司職・公文職・地頭職といった荘官に補任されることで、国司国衙の勢力に対抗して在地支配を強化していった。

これらを要するに形成期の武士および武士団とは、弓射騎兵としての戦闘技術を特色とする専門戦士であって、社会経済的性格としては、在地領主として現地の所領と農民とむすびついた地方支配者であったと言うことができるであろう。

（二）　鎌倉幕府の成立と武士領主制の展開

このようにして形成されてきた武士・武士団は、一二世紀末の内乱の過程において、源氏嫡流の源頼朝を推戴して「武門の棟梁」と仰ぎ、鎌倉の主としてその下に結集した。さらに頼朝が京都の朝廷から、右近衛大将、そして征夷大将軍と任ぜられるなかで鎌倉に幕府が開かれ、諸国の武士はこの鎌倉幕府によって組織化されることとなった。そしてそこでは、次のような制度をその組織原理としてもつこととなった。

第一に御家人制。これは源氏将軍たる鎌倉殿と諸国武士との間に取り結ばれる、軍事的な主従関係を指しており、鎌倉殿が所領安堵、新恩給与の御恩を施すのに対して、諸国武士の側は鎌倉殿の「御家人」として忠誠を尽くすことを誓い、軍事的な奉公（京都大番役、鎌倉番役、合戦時の参陣）を果たすという双務的契約に基づく結合関係である。武士の中には鎌倉将軍に奉公をしない「非御家人」も存在していたが、承久の乱や蒙古襲来における軍事的動員の

状況の中で、次第に鎌倉殿の御家人に一本化していった。(6)

御家人制や主従制それ自体はより古くからあり、公家社会においても見られるものであった。しかし鎌倉幕府の下に形成された、鎌倉殿を頂点とするそれにはまた格別の意義があった。東国を中心として、広く諸国の武士領主が一つの組織に統合されていったこと。この巨大な武力組織を背景にして武士の政治力が格段に高まり、同時にその社会的地位も上昇していったこと。そして何よりも、武士は今や朝廷・公家に頤使される存在ではなくなり、自立した支配者として武士領主制の展開をおし進めていく画期となったこと、これらの点である。

鎌倉幕府の下、その武士領主制の発展をおし進めた第二の制度は守護・地頭制である。(7)文治元（一一八五）年に源義経の謀反問題を契機にして、諸国に守護を、平家没官領および謀反人跡に地頭を国家の公的制度として設けることを、朝廷よりの勅許をもって承諾せしめたものである。そしてここで獲得された守護・地頭制という制度的枠組みに基づいて、武士は新たな領主制的発展を開始することが可能となったのである。

地頭とは本来的には、荘園制の下での開発領主＝在地領主としての権限、すなわち下司・公文職など荘官としての権限であったのであるが、これに対して、鎌倉幕府は地頭職補任という形で、この権限に公的な保障を付与することとなった。これが文治地頭制であり、鎌倉幕府および御家人的武士にとっての、大きな政治的成果であった。蓋し、従来ともすれば不安定であり、国司や荘園領主によってその所領の支配が脅かされていた在地領主は、この文治地頭制によって、その存在に公的保障が与えられ、領主としての安定的な発展の道が切り拓かれたのである。

守護もまた、義経・行家らの捜索追捕を名目として有力御家人を、諸国の国地頭ないし惣追捕使に任命していったことに始まるもので、義経問題解消後も守護職として存置されていった。その職掌はいわゆる大犯三ヶ条であり、管国内御家人に対する大番役勤仕の催促、謀叛人・殺害人の検断（のちに夜討・強盗・山賊・海賊の追捕が付加）といった軍事・警察事項であった。

文治の地頭制度は、武士に在地領主としての発展の機会を与えたが、一方の守護制度は地頭以上に公的国家的性格をもっており、一国全体の統治権的支配に関わる権限をもたらすものであったから、武士に在地領主制とは質的に異なる、大名領主制としての展開の可能性を与えたものである。守護制度が武士領主制の発展の中で果たした意義は、まことに大きいように思われる。在地領主制と大名領主制とは、武士領主制の二つの道、近世社会にいたるまで長く相対抗する道をなすものであり、国制上も重要な問題を投げかけるものであるが、その淵源がこの鎌倉幕府の守護・地頭制の設置に求められるのである。

その後の武士領主制の展開を見るならば、荘園・国衙領に設置された地頭は、その所定の得分を越えて年貢を押領したり、土地を侵犯したりすることは許されなかったが、しかし現実の問題としては、その権限、すなわち検断・勧農・徴税といった諸権限をテコとして、年貢の対捍や百姓名の押領が日常的に行われていた。また地頭請・下地中分といった荘園領主との話合いによる合法的な所領の拡大もあった。

こうして荘園制下の地頭的武士領主は、荘園領主の支配を脱して当該所領に対する一円的支配権を確立し、在地領主としての発展の道を歩んでいった。

他方、守護の領主としての発展のあり方は、地頭のそれとは異なり、直接に土地所領の拡大獲得をもたらすものではない。在地領主の上にたって、彼らを主従制的に組織編成していくとともに、管轄領域の全体に対して広域的で、公的な政治支配権を確立していくような性格のものであった。

守護はいわゆる大犯三ヶ条の権限に基づいて、管国内の地頭御家人に幕府の命令を伝達し、謀反人・盗賊らの追捕に際してこれを指揮する権限を有することから、御家人一般に対する平時ならびに戦時の統率権が発生し、これがやがて彼ら御家人を守護の被官へと編入していく契機となった。

守護はまた検断行為を通して、あるいは国司・検非違使・税所などの在庁諸職を兼帯していくことによって、国衙在庁機構をも指揮下におき、次第にその機能を吸収していった。そしてこれまで律令制下の国司が、一国内に有していた法的・政治的支配権限を奪い取り、管国内に対して一円的で公的な支配権を確立する方向に進んでいった。(8)すなわち、「大田文」の作成と「公田」の把握、そしてそれに基づく一国平均役（国役）の管国への賦課、管内社寺の造営・修築、駅路に関する行政事務、市場の取締り、等々の権限、行政行為が守護の下に属するようになっていった。

このうち管国内への一国平均役は、大田文記載の公田を基準として荘園・公領に一律賦課されるもので、その内容は「勅事、院事、大小国役」と称せられ、、伊勢神宮役夫工米、造内裏役、大嘗会米などの全国的な役、あるいは国内の一の宮の造替や河川堤防の修築といった一国規模の役であった。(9)

大田文を掌握した守護は、この一国平均役の賦課権限という強力な政治的武器を手中に収めるに至った。時代がやや下って南北朝以降ともなると、一国平均役は「段銭」の名で呼ばれることが多くなるが、その時代には守護が独自に賦課する、一国平均役としての守護段銭が横行し、守護の政治的支配の手段として威力を発揮したのである。(10)

南北朝の内乱はこれら武士領主制の発展にまたとない機会を与えた。というよりもその根底に、これら武士領主らのあくなき所領拡大、支配権限の増大などに対する根強い志向があったればこそ、内乱は深く果てしないものとなっていったのであろう。

地頭的な在地領主は武力による所領拡大と、荘園領主の支配の排除を実現していった。守護クラスの大名領主は、軍事統率権を通して管国内御家人を守護軍隊に編成して、彼らの被官化を推進していった。また半済法による兵粮料所や敵人没収地は守護領主の所領を増強するとともに、これを知行として御家人、在地領主らに給与することでその主従制的関係を発展させていった(11)。

［注］

（1）石井進『中世武士団』（小学館、一九七四）二一五頁以下、関幸彦『武士団研究の歩み』Ⅱ（新人物往来社、一九八八）五〇頁以下。

（2）元木泰雄「摂津源氏一門―軍事貴族の性格と展開―」（『史林』六七巻六号）。

（3）安田元久「武士団の形成」（『岩波講座・日本歴史』古代4、岩波書店、一九六二）、上横手雅敬『鎌倉時代政治史研究』（吉川弘文館、一九九一）第一章「鎌倉幕府と公家政権」。

（4）上横手雅敬『日本中世政治史研究』（塙書房、一九七〇）第一章第二節「国衙領と職」。

（5）安田前掲「武士団の形成」一二七頁、石井進『鎌倉武士の実像』（平凡社、一九八七）九五頁以下。

（6）石井進『日本中世国家史の研究』（岩波書店、一九七〇）Ⅰ第六章第二節「幕府と国衙の関係の地域的発展」。

（7）安田元久『守護と地頭』（至文堂、一九六四）一〇八頁以下、大山喬平『鎌倉幕府』（小学館、一九七四）一三一頁以下、五味文彦「守護地頭制の展開」（『岩波講座・日本歴史』中世1、岩波書店、一九七五）。この文治守護地頭制については石母田正氏の一国地頭職の問題提起いらいの複雑な研究史があるが、本書では特に触れない。

（8）石井『日本中世国家史の研究』Ⅰ第二章「幕府と国衙の一般的関係」一一八頁以下。

（9）村井康彦『古代国家解体過程の研究』（岩波書店、一九六五）第一部第二章三(1)の(B)「臨時雑役の出現」、小山田義夫「造内裏役の成立」（『史潮』八四・八五号）。

（10）桑山浩然「室町幕府経済の構造」（『日本経済史大系2』中世、東京大学出版会）。なお段銭が、その賦課権限に基づいて領国内に統一的な知行―軍役制をもたらし、大名領国制の形成に重要な役割を果たしたことについては村田修三「戦国大名毛利氏の権力構造」（『日本史研究』七三号）参照。

（11）田沼睦「室町幕府・守護・国人」（『岩波講座・日本歴史』中世3、岩波書店、一九七六）。

第二節　戦国大名領国制

(一)　領主制の新たな動向

南北朝内乱期から戦国時代にかけて、中世社会の基底部においては大きな変動が生じていた。その変動は中世荘園体制の枠組み（荘園の領域、「名」を基準とする土地制度、支配の構成としての「職」の体系など）を解体して、近世的な郷村・ムラの形成へ向い、国家制度上の問題としては室町幕府体制を解体し、中世国家を基礎づけていた権門体制の枠組みを止揚していくものとなった。

生産力の発展は古い名体制を分解して名主層の領主的上昇をもたらし、彼らは土豪・小領主化することで、在地村落の支配者的地位を占めるに至っていた。生産力の上昇は、本来の荘園年貢・公事以外に「加地子」（付加的剰余）の発生をもたらし、しかもそれは増大する傾向にあった。ここに、加地子得分に基づく新たな領主制の形成と、それを巡る闘争が発生し、このような事情がこの時代の下剋上的状況をひき起すとともに、中世的秩序の崩壊の根底的原因をなした。(1)

右のような状況の下で武士領主制は新たな展開を見せていたが、そこでは基本的に次のような三つの勢力が顕著な姿を現わしており、この三者の相互関係・葛藤の中で戦国期の国制の動向が規定されていたと言うことができる。(2)

(1)　小領主制

生産力の上昇に伴う荘園制的「名」体制の分解は、百姓の成長と旧名主の領主的上昇をもたらした。そして彼らは在地の現実的支配者であった。具体的には、用水、山野入会地の支配に基づいて村落共同体の諸機能と在地秩序を掌なえていた。

握し、それによって周辺農民を隷属化していた。そしてまた、「加地子」収取権の集積による地主的性格をも併せそなえていた。

その武力は自己の一族、下人・被官の族的集団、あるいは被官関係にある百姓の「若党」集団などによって構成されていた。そして彼ら土豪・小領主層は、一揆を構成して横断的な惣的結合をはかり、もって共同で農民支配にあたり、他方では外部から領主的支配をおよぼしてくる国人領主に対抗した。「年貢地下請」もこのような土豪・小領主層の在地支配の有力な手段であった。

(2) 国人領主制

南北朝内乱ののち、旧地頭・在地領主の系譜をひく国人層による中規模の個別的封建領主制の展開が見られた。その所領の拡大は、武力的侵略、南北朝内乱期の実力支配、戦功による恩賞給与、守護の被官となることによる知行給付など、さまざまな機会を通してなされていった。

これら国人領主にとっては自己の所領を防衛し、その発展の機会を求めるために幾つかの政治的選択肢があった。第一に守護の被官となりその保護を受ける途、第二に将軍（足利将軍）の直勤御家人＝奉公衆として、将軍・室町幕府の権威に期待する途、そして第三は、幕府─守護体制に対抗して独自の横断的な同盟組織を形成する途であった(3)。

この第三の途は国人一揆の結成という形で現れており、これがこの時代の新しい政治動向であった。事例としては、応永一一（一四〇四）年に安芸国において毛利氏ら三三名の国人が「国人同心条々」を盟約して、新守護の山名満氏に対抗したのが、よく知られている。そこでは「国役等事、依時宜可有談合事」など五ヶ条を申し合わせており、守護による所領没収や恣意的な国役（一国平均役）の賦課に抵抗し、合戦時には即刻馳せ参じること、などを定めている(4)。

国人領主たちの一揆・同盟はまた、広域型の百姓一揆への対抗、百姓・下人の逃亡に対する「人返し」などの百姓支配を目的としており、他方では「論所之儀」＝国人領主相互の所領争いなど域内紛争の裁定組織としても立ち現れ、さらに用水や市場の管理という公共的機能を発揮する存在でもあった。(5)

（3）　戦国大名領主制

政治制度上の系譜関係から見た場合、戦国大名とは守護、守護大名が鎌倉期より形成してきた大名領主制を発展的に継承したものである。すなわち一国全体に対する軍事指揮権・検断権をもち、国衙系統の公的行政機能、争論裁判権を吸収し、さらに守護段銭の賦課権を継承したものである。それは室町幕府体制の枠組を解体したうえで、一国規模で領土と人民を公的、政治的に支配する体制と規定することができるであろう。(6)

ただ実際に戦国大名としての地歩を固めた者は、この時代の下剋上的状況の中にあっては様々であった。守護大名らの没落は、室町幕府体制の下における守護の在京と、守護代・国人たちによる領国の実権掌握、村落の土豪・小領主の組織化・被官化という事態の中で進行していった。

（二）　戦国大名とその家臣団形成の諸条件

中世末・戦国時代の社会においては、右のような戦国大名、国人領主、小領主という大別して三つの階層が存在し、それぞれ独自にその領主的発展を追求していたのであるが、それらはいずれも最終的には、戦国大名を頂点とする主従制的組織の中に編成されて大名家臣団を形成していく。そしてそれが、近世の大名家（藩）の政治組織の原由をなしていくものである。

このような政治的な展開を遂げていく理由、政治的な必然性とはどのようなものであるのだろうか。これは日本のいわゆる「タテ社会」と規定される組織特性を形成していくうえで、重要な契機をなすものであり、日本の「タテ社会」がどのような政治的性格をもつものであるかを探究していくに際して、重要な局面をなすものである。

まず戦国大名自身の動向であるが、彼らが当該領国に対して全き支配を貫徹し、領国内の大小の領主たちを自己の家臣・被官に編成していこうとする志向は当然のものであると言える。武力による征服とあわせて、国人領主たちとの間で婚姻関係などを取り結び、またその子弟を奉公衆として直属家臣に編入し、あるいは一門・親族に準じる格式を与えるなどの優遇策を通して、彼等を直臣の列に組み入れていった。

家臣団形成の動向は在地村落の土豪・小領主の上にも及んでいった。百姓上層の名主層の一部を年貢免除と引き換えに、「軍役衆」「地衆」「一所衆」などとして動員し、かれらをもって徒士・足軽の下級武士団を構成した。あるいはいったん大名直属被官としたうえで、国人領主クラスの大身武士に「寄騎・寄子」として預け、寄親—寄子の指南関係に基づく軍団編成を進めていった。(7)

次に国人領主たちの動向が問題となる。彼らは国人一揆を結成して「ヨコ」の領主連合の組織を構成し、軍事同盟に基づいて自己の所領の防衛とその拡大を計った。彼らの軍事同盟の対象は、一方では上から領国支配を目指している大名領主であり、他方では下から村落支配の基盤を脅かすに至った土豪・小領主たちであった。あるいはまた、彼ら国人相互が深刻な敵対者でもあった。所領の境争論、山論・水論において彼らは常に域内紛争の原因を抱えていた。そして生産力が高まり、社会秩序の大きな変動を迎えたこの時期にあっては、これら各種の紛争・戦争は一層激化していかざるを得ないものであった。国人領主たちの一揆組織は、この面では域内紛争の調停機関としての役割を果たした。

だから国人一揆は対外的には軍事同盟として、土豪・農民支配の面では階級的な抑圧機構として、国人相互の間では平和共同体として機能するものであった。

このような目的で結成された国人一揆であったが、しかしそれは戦争・紛争の様態が厳しくなっていくとともに、次第にその脆さを露呈した。

一揆型同盟は独立領主たちの単なる並列的な同盟関係であったが故に、政治的にも軍事的にも脆弱なものであった。政治的脆弱性とは、この一揆組織においては紛争解決の平和的手段としては「衆中談合」が限界であるということであった。それを超えて問題解決に進む手段を持ち合わせておらず、談合が失敗すればそのまま戦争に移行せざるを得ないものであった。軍事的には寄合所帯の脆さを晒すこととなり、動員力・組織的行動力が欠如していることから、離反や戦線離脱に対する有効な統制力を欠いていた。

紛争および戦争の状態が深化していくならば、早晩この一揆という脆弱な集団は何がしかの組織改編を必要とした。さもなくば域内紛争の調停に失敗して共倒れになるか、あるいは外部の勢力によって軍事的に制圧されてしまうかする他はないであろう。

これに対して集団の中枢部へ権力を集中し、成員を階層的に序列づけて、指揮・命令関係を一元的・系統的に構成していくタテ型組織のもつ軍事的・政治的優位性は明瞭であった。すなわち中枢部の命令の組織末端への効率的伝達、組織成員の分業と協業による目標実現力の拡大、および目標行動の迅速性、中枢権力による賞罰の条件づけによる命令・決定の実効性の高さ、等にそれが端的に示された。これによって軍事的には大規模で、高度に機能分化された軍隊を迅速に展開しうる戦力を獲得し、他方では地域、集団内の紛争解決能力を高めて「平和」状態の実現者たりうることができた。

こうして国人一揆は生き延びていくためには、ヨコ型の同盟的組織から脱却してタテ型組織へそれを改編していかざるを得なかった。その改編に失敗した組織、権力の委譲を肯じえなかった者は、その域内紛争を有効に解決するこ

とができず、また対外戦争を勝ち抜きえないことによって、おのずから淘汰されていった。(8)

国人領主たちのうえに立つ主君の下に権力と権限が集中され、命令の貫徹とそれによる紛争処理の実効性は高められていった。また個々の国人領主の所領支配の自己完結性は否定され、国人領主の自主的行動も制約されるなど、あげて主君・上位者の命令と処分に委ねられるに至った。

毛利氏と安芸国の国人領主たちのケースは、このような国人一揆の組織改編の過程をよく示している。鎌倉時代の東国の地頭御家人の系譜をひく毛利氏は、安芸国の国人領主として、同様の性格をもつ熊谷、天野、平賀、宍戸氏ら安芸国の国人領主たちと、時に互いに抗争し、また一致結束して守護武田氏や山陰の戦国大名の尼子氏に対抗するなどの行動の中で、毛利元就は国人領主たちの盟主としての地位を築き、そこから戦国大名へと上昇していった。(9)

第三に現地村落の土豪・小領主の動向については次の通り。彼らについても国人領主の場合と同じく、一揆組織に依拠して自己の所領支配の完全性を保持しようとする動向と、より上級の領主の被官となり、主従制的組織の中で存立を計るものとの相反する動向が見られた。

即ち、一方では土豪・小領主がヨコの連合を構成し、「侍をして国中にあらしむべからず」と唱え、百姓による共和制的な地域共同体を目指した。一国規模で本願寺仏法国を実現していった一向一揆はその典型である。(10)

しかし他方、彼ら百姓身分に属した土豪・小領主は、武士身分への上昇志向を常に抱いていた。それは身分的優越に対する感情レベルの問題でもあったが、他方では武士身分の獲得は一般百姓に対する支配の権威の具有としての意味をもっていた。また上級領主の被官化は、武士身分の獲得であるとともに、上級領主の庇護と権威に基づいて彼ら小領主の村落領主としての発展を遂げるうえでも有益なものでもあった。(11)

あるいはまた村落、在地の支配をめぐって土豪・小領主層は、旧来からの支配者である国人領主層と対立していた。

彼ら小領主は、自らの在地支配の安定化を求めて、守護クラスの大名領主の被官となることを志向していた。毛利氏の「一所衆」、武田氏の「軍役衆」、北条氏の「大途御被官」などと呼ばれているものがそれである。

他方では大名領主の側でもこれら土豪・小領主層と結合することによって、在地に権力基盤を有する戦国大名へと成長していったのである。そこでは守護職の伝統的権威が武士団、領主団の結合の核の役割を果たしており、在地の土豪・小領主たちを含めて、タテ型の主従制組織が構築されていった。

［注］

(1) 永原慶二『日本封建制成立過程の研究』(岩波書店、一九六三) 第十「荘園解体期における農民層の分解と農民闘争の形態」、黒川直則「一五・六世紀の農民問題」(『日本史研究』七一号)。

(2)(6)(11) 永原慶二「大名領国制の構造」(『岩波講座・日本歴史』中世4、岩波書店、一九七五)。

(3) 田沼睦前掲「室町幕府・守護・国人」。

(4)(5) 河合正治『中世武家社会の研究』(吉川弘文館、一九七三) 第四章「南北朝動乱期における武家社会の変化」、『広島県史・通史Ⅱ中世』(広島県、一九八四) Ⅲ四1「安芸国人一揆と守護支配」三〇四頁。

(7) 池上裕子「戦国大名領国における所領および家臣団編成の展開—後北条領国の場合」(永原慶二編『戦国期の権力と社会』東京大学出版会、一九七六)。

(8) 石母田正『中世政治社会思想』上(『日本思想大系』21、岩波書店、一九七二) 解説、六三〇頁。

(9) 河合正治前掲書、第三章「戦国大名としての毛利氏の性格」。

(10) 朝尾直弘『日本近世史の自立』(校倉書房、一九八八) Ⅱ四「兵農分離をめぐって—小領主層の動向を中心に—」。

第三節　織田政権――戦国大名体制からの飛躍――

（一）　織田信長政権の特質

織田信長は天文三（一五三四）年、斯波氏の尾張守護代織田氏の庶流織田信秀の子として生まれた。同二〇年に家督を相続したのち、永禄二（一五五九）年までには清洲城の守護代織田信友ら一族の織田諸家を打倒して尾張一国を統一した。同三年には桶狭間の合戦で、駿河国の大守今川義元を討って天下にその名を知らしめ、同一〇年には斎藤氏を滅ぼして美濃国を平定し、中部地方の戦国大名としての地位を確固たるものとした。

翌永禄一一年には足利義昭を奉じて入京し、室町幕府一五代将軍に推戴するとともに、これを補佐する形で中央政権としての歩みを始めた。これより天正一〇（一五八二）年の本能寺の変に倒れるまで、信長の事蹟は多方面に亙っている。浅井・朝倉・武田・毛利らの戦国大名、足利義昭と室町幕府、比叡山らの旧仏教の勢力、本願寺の一向一揆などとの果てしなき闘争、他方では西洋キリシタン文化の導入と海外交易の開拓、鉄炮を基軸とする新しい軍事様式の開発、安土城の天守閣築造、等々と、信長自身の激しい個性とも相俟って旧来の秩序・文化を打破して革新的な世界を創出していった。(1)

このような信長の事業のうち、ここでは専ら権力論的な問題に限定して同政権の性格を考えてみたい。織田政権の性格について第一に考慮しなければならないのは、本願寺一向一揆の勢力との連年の対決、熾烈を極めたその抗争であろう。(2)

石山本願寺との戦いは元亀元（一五七〇）年から一〇年の長きにわたって繰り広げられたが、その中で天正元（一五七三）年には伊勢長島の一向一揆を全滅させた。同二年には朝倉を滅ぼした越前国で一向一揆が勃発し、本願寺坊官の下間頼照を国主とする「一揆持ちの国」の体制が出現したが、信長は三万の軍勢を越前に投入し、翌三年にこの越前一揆を鎮圧した。

本願寺の一向一揆は、浄土真宗の理念による仏法王国の地上における実現を目的とするもので、その具体的な政治内容は土豪・小領主から一般百姓までを含む、広義の「百姓」による自治体制の樹立であり、武家領主の支配の排除を目指すものであった。

信長はこのような百姓層の政治動向に対して武力で弾圧する一方、安定的な百姓支配を実現するためには、一向宗の理念に代わる統治理念を打ち出し、それに則った政治を押し進めるべき必要性を感得していた。すなわち、むき出しの暴力だけでは安定的な百姓支配を持続することは出来ず、百姓の側がその支配を受け入れ、帰服していくような支配のあり方、当該社会においてその支配の正当性が承認されるような武家領主支配のあり方が模索されていった。

越前一向一揆を弾圧した天正三年九月、越前支配を命じた柴田勝家に宛てた信長の「越前国掟」(3)全九条にはその統治理念が記されている。すなわち「国中へ非分課役不可申懸」として、所定の年貢を超えた課税や、恣意的な百姓使役を禁止する。また「公事篇之儀、順路憲法たるへし」として、領主の直接的な利害に流されない公平・公正な政治や裁判の必要を説き、地上における平和と正義の実現を目的とする公共的統治者、「公儀」として自らの政権の様態を形成していった。

信長の施策における第二の重要な問題は、兵農分離制軍団の創出である。(4)

濃尾地方は農業先進地帯で、名主層の中には直接的な手作り経営よりも、加地子収入に依存する地主的タイプが一五世紀中ごろから登場していたが、農業生産から離脱可能なこれら旧名主＝小領主層を、信長は下級武士団として組織し、農村から切り離して城下への集住を強制することで常備軍化を計った。こうして軍団の兵員は、農業耕作の技術的・自然的サイクル的制約から自由なものとなり、長期の転戦能力を獲得した。

信長は特に新兵器である鉄炮の用法に優れた才能を発揮し、この武器を農業生産から自由となり長期の従軍が可能となった下級武士団と合体させることで、機動力に富んだ足軽鉄炮隊を大規模に編成し、これを軍隊の基軸に据えた。信長は外国貿易の窓口であり、当時の手工業生産の最先端にあった堺を直轄地とし、同地の豪商今井宗久の下に多くの鍛冶職人を編成して、良質で高性能の火縄銃を大量に調達した。(5) 火薬の原料である硝石や、弾丸用の鉛もまた外国産のものであり、堺の外国貿易を通して安定的に入手したのである。(6)

信長の軍隊の戦力の高さは、もっぱらこのような高性能の銃砲を具備した兵農分離制軍団の機動性に基づいており、この新しい型の軍団、武士団編成をもって全国制覇を進めていったのである。

(二) 超越的専制権力としての信長

信長は他の戦国大名・国人領主そして一向一揆に代表される百姓＝小領主らと戦う中において、これを克服し、天下支配のための統一的な政治権力を樹立していくに不可欠な政権構想を抱いていった。それは戦国大名的な政権のあり方から脱却し、新しい近世的な政治権力へと飛躍していくための重要な契機をなすものであった。(7)

それは一方で、本願寺仏法国に帰依する百姓階層の求めに応じるべく、領民への非分の禁止を唱え、理非公正に則った政治を推進すると共に、他方では「第一武篇簡《(肝)》要候、武具兵粮嗜」(「越前国掟」)を強調して、武威としての「力」の裏付け、反抗勢力を物理的に粉砕する軍事力の保持を不可欠のものとした。

信長の目指した政治体制の特色は、以上のような政治理念に基づいて家臣団の意識変革を計るとともに、全武士領主を政治的・軍事的に領導するものとしての信長への絶対的忠誠と、さらには宗教的レベルでの随順を要求し、下剋上の終息と上位者圧倒的優位の権力秩序の確立をめざすものであった。

すなわち「越前国掟」の結論部において、「於何事も信長申次第ニ覚悟肝要候」と述べ、「とにもかくにも我々を崇敬候而、影後にてもあたにおもふへからす（中略）其分ニ候へハ、侍の冥加有て長久たるへく候、分別専用之事」として、信長の意命への絶対的随順、信長に対する個人崇拝が、武士領主階級の繁栄と安泰を保障するとの立場を宣言しているのである。

たしかに信長個人には軍事的カリスマとしての性格が備わっており、これが彼の政権の質を飛躍せしめていくうえでの原動力となっている。即ち、その強烈な個性、俊敏な行動力、鉄炮の使用などに見られる卓抜な着想力、そして何よりも相次ぐ戦争における常勝不敗の実績は信長の権威をいやがうえに高めていった。

生死を賭して戦場を駆けめぐる武士領主にとって、戦争における相次ぐ勝利の実績は何にもまして神秘的な素質を印象づけるものであり、天道・超越的な力による加護をえたものという観念が信長にはまとわりついていた。そして彼自身も意識的にそれを強調した。信長の自己神格化と呼ばれているものである(8)。

比叡山の焼討ち、一向衆徒の大量殺戮を繰り広げてなお平然と前進していく信長に対しては、その個人崇拝と信長の意命への絶対服従が、織田家臣団の中で当然のごとくに受容されていった。「武者道」を体現する者としての信長、「天下」と一体化した信長、超越的権力としての信長という観念が広く受け入れられていった。信長の権力の新しさは、他の戦国大名の権力、例えば中国地方一〇ヶ国に支配をおよぼした毛利氏のそれと対比してみれば、歴然とするであろう(9)。

毛利氏の政治権力はいわば「プリムス・インテル・パーレス」としてのそれであった。大名毛利氏は大名の地位を得ているが、あくまでも国人領主たちの第一人者としてのそれでしかないということ。毛利氏が構築した政治体制はどこまでも国人領主たちの一揆型構造をその中に保持しており、それに乗っかった大名領主制であった。

厳島合戦を勝ち抜き、安芸・備後の国人領主を「国衆」として編成して、すでにこの両国に毛利氏の大名権力が確立されたとされる弘治三（一五五七）年、この毛利領国内で作成された「申合条々」は軍勢狼藉・陣払いの禁止などを取り決めた法規であるが、その文書の記載様式は注目すべきことに、なお大名主君たる毛利氏と国衆一一名（吉川・宍戸・天野・小早川・平賀・熊谷ら）との「傘型連判方式」なのであった。[10]

すなわち毛利氏は大名主君でありながらも、なお国人領主たちの一人なのであり、ただ国人領主たちの第一人者という意味でのみ大名主君であるに過ぎなかった。国人領主たちの一揆型構造が止揚されることなく、依然としてこの政治体制の中に残存しているのである。それは中世在地領主制に則った政治秩序であり、在地領主層の自立性・自己完結性を保持、残存したままでの大名領国制であった。

すなわち前節に国人領主と国人一揆の政治的趨勢について述べ、そのヨコ型の横断的同盟組織は紛争激化の状況の中で、タテ型組織への改編を不可避なものとするとした。その過程は確かに安芸国の毛利領国においても確認できるのであるが、しかしまた同時に毛利氏の事例に見られるように、そのような一般的な意味での政治力学的趨勢としては、その内なる一揆構造を止揚するまでには至らない。それは毛利氏に限らず、いずこの戦国大名家においても同様である。

それ故、そこに信長の政権の画期性、歴史的な飛躍がある。彼のカリスマ的能力がその限界を突破して、全く新しい固有の意味でのタテ型政治秩序、日本の近世社会を特色づけ、そしてその後も長く日本社会の秩序様態を規定することとなったものの、端緒を切り拓いたのである。

（三）　信長の専制権力と明智光秀の反逆——専制と政治的抵抗——

信長の行動、施策はたしかに革命的であった。特に全く新しい組織の構築や政治秩序の改変において、従前の戦国大名体制からの明確な飛躍を達成していたと言いうる。こうして信長の政治体制は中世的なものとの訣別をなしえたのであるが、しかしその政治体制がそのまま、近世社会へと継承されていくものではない。信長のきわめて峻烈で専制的な政治体制は、中世的なものを打破し、社会を革命的に改変していくのにおいて成果を挙げたが、しかし同時にそれは凶暴残酷な恐怖政治の謂でもあった。

一向衆徒に対する殺戮は言うまでもなく、信長に逆らった者は、浅井長政や荒木村重の一類の残酷な処刑に見られるが如く当然に、そして彼に従順な者も、その意に叶わないという理由でいとも簡単に放逐・処罰された。織田家譜代の重臣佐久間信盛の高野山追放と、これを餓死に追いやった一件はその典型例であろう。さらに老臣林通勝、安藤伊賀父子、丹羽右近らが些細な罪をもって、追放に処せられていった(11)。

明智光秀の反逆はこのような脈絡の中で捉えられるべきものである。光秀の主観的感情の中では、佐久間信盛がたどった運命がいつか我が身に訪れることへの恐れ、自己防衛のための先制攻撃へのあせり、天下取りの誘惑などといったものが去来していたことであろう。そしてそのような複合された脅迫観念の中で、衝動的に引き起こされた反逆行動ではあったろう。

しかし事態を客観的に眺めてみるならば、問題は優れて国制上のものであると言わねばならない。すなわち光秀の謀反とは、信長の専制的政治体制と残酷にして抑圧的な権力行使そのものがもたらした政治力学的な帰結であり、専制政治に対する家臣団の側よりする防御的な抵抗行為として理解すべきものである。

信長の個性は確かに全く新しいもの、中世社会から近世社会への推転を主導する諸々のものをもたらした。政治体制においても中世、戦国大名体制からの飛躍を実現した。だがこの革命的な権力は、その専制性のゆえに、あるいはその専制権力をもってしても、配下の武士領主たちの自立性を解体しえなかったがゆえに、自壊せざるをえなかった。光秀の反逆は信長の滅亡をもたらしただけではなく、信長が創出した政治体制に対する打撃でもあったと言うことができる。この信長の新しい政治体制は、根本的な修正を蒙らざるを得なかったのである。

〔注〕

（1）（4）（6）　今井林太郎「信長の出現と中世的権威の否定」（『岩波講座・日本歴史』近世1、岩波書店、一九六三）。

（2）　朝尾直弘「『将軍権力』の創出」一（『歴史評論』二六六号）、原昭午「幕藩制国家の成立について」（『歴史評論』二四四号）。

（3）　奥野高廣『織田信長文書の研究』（吉川弘文館、一九七〇）下巻五四九号、『信長公記』巻八（角川文庫、一九六九）。

（5）　三鬼清一郎「織田政権の権力構造」（『講座日本近世史1、幕藩制国家の成立』有斐閣、一九八一）。

（7）　朝尾直弘「『将軍権力』の創出」三（『歴史評論』二九三号）、村上泰亮・公文俊平・佐藤誠三郎『文明としてのイエ社会』（中央公論社、一九七九）第十一章第一節「信長革命」。

（8）　朝尾前掲「『将軍権力』の創出」三、二木謙一「秀吉政権の儀礼形成」（桑田忠親編『豊臣秀吉のすべて』新人物往来社、一九八一）。

（9）　永原前掲「大名領国制の構造」、朝尾前掲「『将軍権力』の創出」三。

（10）　『大日本古文書、毛利家文書』一、二二六号。

（11）　徳富蘇峰『近世日本国民史、織田信長編』（講談社学術文庫、一九八一）、高柳光寿『明智光秀』（吉川弘文館、一九五八）。なお光秀の中国出陣に際し近江・丹波の領国を収公されたとの説も、天正十年五月付で神戸信孝が丹州国侍に宛てた四国渡海令の存在から事実と推定されている（『桑田忠親著作集』第四巻、秋田書店、一九七九、二八六頁）。

第四節　豊臣政権

天正一〇（一五八二）年の本能寺の変ののち、山崎の合戦で勝利を納め、主君信長の復仇を果たした羽柴秀吉は織田家中において一躍重きをなすにいたった。しかしそれだからとて、直ちに織田信長の獲得した天下が秀吉の手中に納まるものではなかった。そこに至るには、競争者たちとの長い覇権闘争を必要とした。

まず死亡した織田信長の後継者の選定問題からこの闘争は始まる。同年の清洲会議では織田信忠の子、三法師（織田秀信）を後継者とし、その叔父たる信孝・信雄兄弟はその後見役ということで、ひとまず決着をつけた。しかし信孝・信雄の間で確執が生じ、これに織田家臣団内部での柴田勝家と羽柴秀吉の覇権争いが結び付く形で、同一一年に賤ヶ岳の戦いが起こった。柴田勝家はこの戦いに敗れて、越前北の庄に滅亡し、信孝もまた追いつめられて自害し、ここに秀吉による織田領国の事実上の継承がなされた。同年の大坂城の築城はその象徴的な出来事であった。

しかし織田信雄は秀吉のこの態度を快からずとして、徳川家康と同盟して秀吉に対抗し、同一二年の三月から四月にかけて小牧・長久手の戦いが展開された。秀吉と家康の両雄が大軍を動員して正面から対峙したこの合戦であったが、両者持久戦に入って膠着状態のままに決着がつかなかった。だが本合戦の局地戦となった長久手の戦いでは、秀吉方の三好秀次の率いる岡崎城攻撃部隊が、徳川方の奇襲を受けて壊滅し、豊臣方武将の池田恒興・森長可らが相次いで討ち死にをするという手痛い打撃を蒙った。

すなわち秀吉は、軍事的に家康を屈服せしめえなかったばかりか、逆に大きな負目を残すこととなったのである。そして秀吉が朝廷の官位に執着を示し、天皇の権威をもちだしてその覇権の確立に援用するようになるのも、この小牧・長久手の合戦が不調に終わって以後のことであった[1]。

翌天正一四年一〇月に徳川家康を上洛させて、自己に臣従させることに成功した秀吉は、天下統一に向けて本格的に乗り出すが、その統一の進め方は力づくの征服としてではなかった。それは「惣無事」という独特の平和の論理を前面に立てての、平和令に対する違背者を制裁するという形での政治行為であった。天正一五年の島津征伐も、同一八年の小田原征伐、続く奥羽平定もこの「惣無事」=平和の法理に則る形で執行されたものであった。

(一) 豊臣政権と「惣無事」令

豊臣政権の惣無事令は、中央の公儀権力というものの発現のされ方、政治的紛争の解決の論理、個別領主の領地構成の原理、等々の問題についての解明根拠を提供し、近世の徳川幕藩体制における政治秩序を考察するうえでも、重要な前提的問題をなすものと思われる。この惣無事令については藤木久志氏の研究業績があり[2]、それに基づいて問題の核心部分を記そう。

全国各地の戦争、局地紛争の状況に対して秀吉は、それら各地の領主たちによる紛争の武力的解決、自力救済というものを否定していく。すなわち「日本六十余州之儀、改可進止之旨、被仰出之条、不残申付候[3]」として、日本六十余州を支配する権限は天皇の代行者たる関白の秀吉にあり、諸大名は武力による所領紛争を止めて停戦し、紛争の裁定を秀吉に委ねるべきことを宣告する。

天正一三(一五八五)年ごろ島津氏の勢力は九州全土を制覇する情勢にあり、豊後の大友氏は秀吉に救済を要請した。これを受けて関白秀吉は天皇の命令に基づくとして、島津・大友の紛争当事者に停戦令を発令した。九州諸大名の武力発動、自力救済を否定して、かれらを秀吉の裁判権の下に包摂し、併せてその裁定に基づいて紛争領域の処理、配属を強制執行するものであった。

この九州の「国郡境目争論」に関する、天正一四年段階での豊臣政権の裁定は、島津・大友・毛利の三者を当事者とするもので、島津に薩摩・大隅・日向、肥後半国・豊前半国の領有を認め（肥後半国・豊前半国・筑後を大友氏に返還）、大友に豊後・筑後、肥後半国・豊前半国を、毛利には筑前一国をそれぞれ与え、肥前国については秀吉分領として高山右近・小西行長のキリシタン大名を同地に入れ、長崎は教会領とするものであった。

この領域分割案から、秀吉政権の国分裁定の原理が明らかとなる。

第一に本領安堵。島津・大友のそれぞれ薩摩・豊後がこれに相当する。

第二に本領よりはやや広い概念としての本主権の安堵。これは早くからその勢力が浸透している地域で、長期にわたる実効支配の実績をもつ地域の領有の尊重である。島津にとって鎌倉時代以来の守護分国としての薩摩・大隅・日向、同じく大友の守護分国としての豊後・筑後、大内氏の旧領のゆえに毛利氏が知行由緒・本主権を主張しうる筑前。

第三に係争地の中分裁定の基準。肥後・豊前の折半がこれの適用である。

第四に欠所地処分。肥前の没収、公領化は、本主龍造寺氏の没落と本主権の不在に基づく欠所地処分と解釈される。

第五にこの領域裁定は国を単位とした処分ということ。紛争地域の領有関係は実際には複雑な入り組みを示しているが、裁定にあたっては律令制の国郡の枠組に則って整序されているという事実。すなわち律令制国郡の制度が有効な政治秩序として機能していることを知る。

第六として、前述のことと関連するが、この秀吉の裁定は国持大名を当事者としたものであり、中小の個別領主は各国持大名の被官・与力の形で取り扱われている。これは一国規模での領地領有者のみが大名として扱われるものであり、中央の公儀に関与しうる当事者能力をする者と見做されていたことを示している。(4)

さてこの秀吉の裁定に対して島津義久はこれを無視する姿勢を示し、天正一四年七月、秀吉はこの裁定不服従を理由として島津征伐を発令し、諸大名を動員した。この秀吉の出兵によって島津は武力的に制圧され、その領地は薩摩・大隅両国と日向一郡に縮小されたが、それは以上のような秀吉の公的立場での紛争介入と、その裁定への違背を処罰する制裁行動という形態をもつものであって、決して秀吉のむき出しの権力による武力征服といった性格のものではなかったのである。

天正一八年の小田原征伐もまたしかりであった。上野国沼田領の帰属領有をめぐって、小田原北条は秀吉の裁定を無視して武力併合したこと、さらに秀吉の再三の上洛命令を北条側が拒んだことを理由として、出兵に踏み切ったものであった。またそれに続く奥羽平定も、伊達—蘆名紛争に関する秀吉の裁定に対して、伊達政宗がこれを破って蘆名氏を滅ぼし、会津領を奪取したことに起因するものであった。

豊臣秀吉の政権は、このような惣無事令を基軸とした「平和」の論理を前面に押し出しつつ、国家の公共性理念の担い手としての「公儀」の立場において、その裁判権と決定に服することを全国全領主に要求し、これに違背する者に対しては武力制裁を行使するという形態において、その全国統一を推進していったのである。

(二) 太閤検地と石高制

天正一〇(一五八二)年、山崎の合戦で明智光秀を倒した直後に、秀吉は山城国の寺社領から所領の指出を徴収しており、これが太閤検地の始まりとされている。太閤検地については小農自立の問題を中心にして膨大な研究蓄積を有している。検地帳への五反未満の零細農民の登録、役屋の設定、土地丈量と石盛、斗代と免・年貢取米の関係、名請人と地主・小作関係、分付記載の有無、一職支配と作合否定、村切りと村高の設定、村切りに伴う出入り作関係の錯

綜等々、それの及ぼす問題はまことに多岐にわたっている。(5)

このうち太閤検地と石高制の導入が、武家社会に及ぼした問題として、次の諸点が指摘される。

まず各所領が石高という数量一般によって表現されたため、家臣、給人の知行対象たる所領は石高数値で表現される抽象的なものとなり、先祖相伝の開発所領といった如き固有性を喪失したものとなっていく。知行対象は特定の郷村であるよりも、数量表示された石高そのものであるために、容易に所替、転封が執行可能なものとなる。そこでは特定の土地、村はすでに問題ではなくなり、当該石高からの年貢取り米と一定数の夫役を勤める農民の確保のみが関心事となる。在地領主制の解体が進行する（この問題については本書第二部第六章を参照）。

第二に、以上のことからして、検地と石高知行制の設定は、従前の国人領主、土豪・小領主らの分散独立的な所領支配のあり方を解消し、これを大名を頂点とする領国の一元的な支配秩序のうちに包摂することとなる。それはこれら在地の個別領主たちの離反、退去、下剋上を停止して、大名を頂点とする安定的な階層秩序を実現することを意味している。秀吉の統一政権は太閤検地を指令することで、このような動向の進展を支援する。(6)そして、そのような安定した大名領国体制の実現の上に立って、統一政権による全国的な支配体制の構築を目指していったのである。それはさし当り朝鮮出兵のために、不可欠の政治的要請であるとともに、また朝鮮出兵による軍事動員は、石高制に基づく統一軍役を成立させるものであった。(7)

第三に太閤検地はその施行原則に基づいて各個別大名領内で実施されるだけでなく、いくつかの外様有力大名の領内には豊臣奉行が派遣されて、彼等の手で太閤検地が実施された。しかもその際に、当該大名領内に一万石ほどの太閤蔵入地が設定されており、大名領地に対する豊臣政権の橋頭堡としての役割を果たしている。ここでは大名の領有権が侵され、中央集権化が進行することとなる。それは国制構造のもっとも基幹の部分に関わる政治動向であった。

この第三の問題は重要であるから、やや立ち入って見ておこう。

天正一八(一五九〇)年の小田原討伐の余勢をかって秀吉の軍隊は奥羽平定へと進み、そしてその平定した地域の掌握の手段として、太閤検地をそれら諸地域に実施していった。

秀吉は会津に入り、奥羽各地の大名・給人から人質を徴集したうえで、豊臣奉行の浅野長政を検地奉行として、かの有名な「山の奥、海ハろかい《櫓櫂》のつづき候迄」の文言をもつ指令を発して、同地の検地を強行した。この奥羽の太閤検地は、さらにそののち葛西・大崎一揆、九戸政実の乱などの鎮定を機に一段と拡大され、伊達・最上領を含めて奥羽二国の奥深くまでも実施されていった。(8)

次に、朝鮮出兵がこの動向の推進力の役割をなした。出兵のための統一軍役を、諸大名領内から調達するという名目のもとに、豊臣奉行の手になる太閤検地が、相次いで外様有力大名の領内に実施されていった。

文禄三(一五九四)年島津領国内に太閤検地が実施された。(9)検地奉行は石田三成と細川藤孝で、この検地の結果、島津の総領地高は薩摩・大隅・日向一郡五七万八〇〇〇余石とされた。しかしこの内に太閤蔵入地一万石と検地奉行両名の知行地約一万石が含まれていた。ことに太閤蔵入地は大隅国加治木にあって、島津氏の居城から鹿児島湾へ至る間の要衝を豊臣権力によって押さえられた形となっている。

同年、常陸の佐竹領の太閤検地が行われた。(10)検地奉行は石田三成で、これは佐竹との共同検地であった。佐竹氏の居城の水戸付近を中心にした地域は佐竹側の手で検地がなされ、周辺地域の他領との入り組みの著しい部分を石田らの担当で行った。(11)検地の結果、石田によって知行割りの指示がなされ、ここでも太閤蔵入地一万石の設定がなされたが、他面では大名佐竹氏の直轄領の拡大・強化が計られ、給人・在地領主に対する大名佐竹氏の宗主権が安定したものとなった。

文禄四（一五九五）年、越後・信濃の上杉領国の太閤検地。[12] ここでは検地奉行に増田長盛が派遣され、同年八月から九月末まで各地を巡回し、上杉との共同検地を行った。この検地では隠田の摘発が進められ一〇割から二〇割の増分が打ち出されている。また自立性の高かった下越後諸将（色部・大国・鮎川など）の知行内の石高・家数等の直接把握に成功しており、太閤検地による大名支配体制の強化、支援という性格が見てとれる。

このようにして太閤検地と石高知行制は、分散独立的な在地領主の存在形態を破壊し、戦国大名体制の不安定な中世型秩序を清算して、統合的な秩序を形成していった。大名領国規模での、そして全国的規模での権力集中と政治統合の進展、それらは確かに太閤検地の効果というべきものであった。

しかし反面、徳川領国（武蔵・相模・伊豆・上総・下総・上野・下野　二五〇万石）や毛利領国（安芸・備後・周防・長門・石見・出雲・伯耆・備中　一二〇万石）では独自の検地が行われており、豊臣奉行による介入は見られない。[13]

右の事実が示すように、豊臣政権の志向する政治体制は限界をもっていた。そして別言するならば、これらの限界にも拘わらず豊臣政権は中央集権的で専制的な政治支配を強く志向しており、それが故に内部分裂を引き起こして自壊したと見ることができるかも知れない。

豊臣政権が抱えた政治的矛盾の内容と、その解決としての徳川幕藩体制の成立の意義については、これら矛盾の集約点としての関ヶ原合戦の中に見てとることができるであろう。

［注］

（1）朝尾直弘『大系日本の歴史8、天下一統』（小学館、一九八八）「豊臣政権の成立」一六一頁。

（2）藤木久志『豊臣平和令と戦国社会』（東京大学出版会、一九八五）。

（3）天正一五年五月九日付、豊臣秀吉直書［島津義久宛］（『大日本古文書・島津家文書』三四五号）。

（4）　この点は大名の領土支配が、守護公権に由来する一国の「一職支配」の権限に根拠をもつとする脇田修氏の指摘と関連して重要である（脇田修『織田政権の基礎構造』第三章「一職支配の成立」、東大出版会、一九七五）。すなわち一職支配権をもった国単位の支配者が大名の資格をもつのであって、中小規模の領域支配者は、単に領地が小であるだけではなく、質的な意味で前者に劣り、下属する存在と見做されるのである。したがって中小規模の領主は一職支配権を有する一国大名の与力の扱いとなるか、家臣化するか、あるいは中小領主ばかりの分立地域へ所替するかである。そしてまたこの事実から、江戸時代の国持大名の地位の重要さが導かれる。かれら国持大名のみが、真の意味での、大名と呼ぶべき存在であったことになるであろう。

（5）　安良城盛昭『幕藩体制社会の成立と構造』（御茶の水書房、一九五九）、同『太閤検地と石高制』（日本放送出版協会、一九六九）。

（6）　山口啓二『幕藩制成立史の研究』（校倉書房、一九七四）四〇、二二一頁。

（7）　三鬼清一郎「朝鮮役における軍役体系について」（『史学雑誌』七五編二号）。

（8）　朝尾直弘「豊臣政権論」（『岩波講座・日本歴史』近世1、岩波書店、一九六三）、小林清治「『奥羽仕置』と城わり」（『福大史学』二八号）。

（9）　森山恒雄『豊臣氏九州蔵入地の研究』（吉川弘文館、一九八三）二三七頁以下。

（10）　伊東多三郎『近世史の研究』第四冊（吉川弘文館、一九八四）一五七頁、藤木久志『戦国大名の権力構造』（吉川弘文館、一九八七）二〇二頁以下、山口啓二前掲書七一頁以下。

（11）　山田哲好「常陸国における太閤検地の実態」（『史料館研究紀要』一〇号）。

（12）　藩政史研究会編『藩制成立史の綜合研究—米沢藩—』（吉川弘文館、一九六三）一三四頁。

（13）　速水佐恵子「太閤検地の実施過程」（『地方史研究』六五号）。

第二章　徳川幕府の成立

第一節　関ヶ原合戦の政治史的意義

慶長五（一六〇〇）年の関ヶ原の戦いは文字通り天下分け目の戦争であり、豊臣秀吉亡き後の、新しい時代の政治体制を決定する一大画期をなすものであった。

慶長三年八月の秀吉の死去から時をおかずして豊臣政権は分裂を始め、秀吉に続く前田利家の死は、五大老筆頭の徳川家康の勢威をいやまして高めることとなり、豊臣家の将来に不安を抱く石田三成らとの対立を深めていった。石田三成は五大老の一人毛利輝元を総大将に担ぎ、会津で挙兵した上杉景勝とともに家康を挟撃する作戦をとった。家康はこの企てを予想しつつも敢えて会津討伐に出陣し、福島正則・黒田長政・細川忠興・池田輝政らの豊臣系武将もまたこれに従軍した。そして彼らが下野国小山に至った時、三成挙兵の報に接したものである。家康はこの小山で豊臣武将とともに評定を催し、彼らの向背進退をその意思に任せる旨を述べたが、福島正則以下の豊臣武将は一致して家康と行動をともにすることを誓い、ただちに軍をとって返して石田勢を討つべきに衆議は一決した。

ここに慶長五年九月一五日、美濃国関ヶ原に東軍七万余、西軍八万余に及ぶという当時の日本全国の総軍事力の過半を投入して、一国の政治支配の帰趨を一挙に決定するという歴史的な会戦が行われた。

この戦いの勝利によって、徳川家康の覇権が確立し、徳川幕藩体制が形成されていったことについては今更言うまでもないことであるが、しかし、この関ヶ原の合戦がどのように戦われたかになると、その吟味がいま少し不足しているように思われる。

この関ヶ原の戦いにおいて重要なことは、徳川家康方の東軍の構成を見た時に気づくことであるが、それがもっぱら家康に従軍して上杉討伐に向かった豊臣系の武将大名(福島・黒田・細川・池田ら)を主としてなされており、徳川秀忠の率いる徳川主力軍三万人余はこの戦いへの参加に遅れたという事実である。中山道を進んだ秀忠隊は、その途中で西軍に属した信州上田城主の真田昌幸の挑発と抵抗にあい、この上田城攻略に時日を費やして関ヶ原の合戦に遅れるという致命的な失態を演じたのである。

この秀忠隊の遅参というよく知られた事実について、これまであまり深くは検討されていない。せいぜい秀忠個人の負目としてか、あるいは秀忠を弁護して家康にこれを取りなした榊原康政らの美談として、エピソード的に語られるのみである。

しかし、この問題は関ヶ原合戦という大事件のなかでの、付随的エピソードにとどまるものであるか。戦争の効果は、その後の政治体制に対して決定的とも言うべき影響をあたえる。まして武威、武功が政治価値の第一義をなしている武家社会の中において、三万余もの兵力が遅参した事実が無視されてよいはずはない。この事実はどれほどの重みをもつのか、この事実を踏まえたうえでの関ヶ原合戦における家康の勝利とはどのような政治的内容をもつのか、そして、それらの配慮を加えた時、関ヶ原の合戦とは近世の国制に対してどのような意義をもつものであったのか、これらの問題を検討することが本節の課題である。

（一）　豊臣秀吉死去前後の政治情勢

慶長三（一五九八）年八月一八日、秀吉は伏見城に六十余年の生涯を終えたが、その死の前後より豊臣政権内部の矛盾は露呈してきており、それぞれの局面において確執を展開しながら政権の崩壊を進めていった。関ヶ原の合戦はこれら豊臣政権の抱えた諸矛盾、政治的葛藤の総決算と言うべきものであり、同時にその大規模な決着を踏まえて、新たな徳川幕藩体制の社会を形成していく画期をなすものであった。

ここでは豊臣政権の抱えた政治的矛盾の性格について検討し、それが関ヶ原合戦に向けてどのように展開され、かつ集約されていったかについて考えよう。それはとりも直さず関ヶ原合戦なるものの政治的意味を明らかにし、また、その合戦の帰結、その合戦が刻印した徳川幕藩体制の性格を解明していくことにつながるであろう。

関ヶ原の合戦を単に、豊臣と徳川との政権交代の舞台と見なし、家康の率いる東軍の勝利をもって、家康と徳川幕府の覇権確立の出来事と捉えるのは、この事件の歴史的理解としては誤っていないとしても、充分に意を尽くしたとは言えないであろう。

豊臣政権の孕んだ政治的諸矛盾として、次のようなものが挙示されうる。(1)

第一は豊臣家内部での秀吉の跡目を巡る争い。秀吉は天正一九（一五九一）年に長男鶴松を亡くすと、甥の三好秀次を養子として関白職を譲って豊臣家の後継者としたが、文禄二（一五九三）年に側室淀殿に実子秀頼（拾丸）が誕生するや、秀次をうとんで、ついに謀反の嫌疑でその子女妻妾ことごとくを族滅してしまった。この一件では秀次に連なる人々、たとえば最上義光・浅野幸長・細川忠興・伊達政宗などにも累が及んだが、徳川家康らの取りなしで事なきをえている。

この豊臣家の跡目を巡る問題は、幼少の後継者たる秀頼の実母淀殿の権勢を高めていくことで、秀吉の正妻の北の政所との対立を深めていった。

矛盾の第二は豊臣家臣団内部の対立であり、石田三成ら五奉行の吏僚派と、加藤清正・福島正則らの武功派との確執であった。行政官と軍人との対立はどの時代でも不可避なものであるが、豊臣政権下での朝鮮出兵における、作戦・補給・論功行賞の是非を巡る対立は、豊臣家臣団内部の亀裂を決定的に深めることとなった。

第三の政治的対立は、豊臣政権の全国統治における基本的姿勢に関わるものであった(2)。石田ら豊臣五奉行の施策は、行政優位であるとともに、中央集権的な性格を強くもっていた。前章に見たように、豊臣奉行の手による太閤検地は、豊臣蔵入地や豊臣系諸大名の領国を越えて、大身の外様大名の領国にまで施行された。そして、これら大名領内への太閤検地の施行に際しては、同時に当該大名領国の中に一万石ほどからなる太閤蔵入地を設定し、大名および大名領内に対する軛とするとともに、当該地方での豊臣氏の政治・経済面での活動拠点とした(3)。

また会津九〇万石蒲生氏の蔵入地の年貢算用に介入しては、その不正を暴いて蒲生家臣を処分し、蒲生氏を減封した。秀吉はまた、しばしば外様大名の有力家臣に直接に関係して、知行を秀吉から給付したり、また大名への領地宛行に際して、有力家臣への知行宛行を具体的に指定するなどのことも行った。島津氏の重臣伊集院忠棟、龍造寺氏の家老鍋嶋直茂などの事例がよく知られている(4)。

右の一連の豊臣政権の施策は、内政干渉を嫌って、独立的な領地支配を志向する諸大名との対立を引き起こさざるを得ないものであった。これは国家構想、国家統治の根本に関わるものであって、個人的な好悪の情を超えた優れて政治原則的な問題であった。

第四の対立は、公儀としての豊臣政権内部での主導権闘争である。徳川家康・前田利家・毛利輝元・宇喜多秀家・

上杉景勝の五大老および石田ら五奉行らの中で、秀吉亡き後の幼主秀頼の下で実権、ヘゲモニーを掌握するのは誰、どのような勢力かをめぐる権力闘争である。

豊臣政権は、狭くは豊臣秀吉個人と、その意命に忠実な五奉行らによって運営されているが、それはまた公儀として、全武家領主の利害を体現する公共的機構、全体的な意思決定機構としても存在している。そして実際にも五大老制が設けられ、徳川家康・毛利輝元らの外様国持大名が政権に参加することで、そのような公的意思決定機構としての公儀としての内実を整えていた。

それ自体は政権の安定性をもたらすものであったが、政権への直接参加者が増えたことは、彼らの間でヘゲモニーをめぐる争いが高まることを不可避とした。そしてまた最高権力者の秀吉の死とともに、それが激化するであろうことも容易に想像された。

その実力からして、秀吉亡き後の第一人者が徳川家康であることは衆目の一致するところであったが、他方では、彼の力が過度に増大することを多くの者が恐れていた。秀吉は遺言して秀頼成人までの間、家康には伏見城にあって国家の政務をとるべきことを委ね、前田利家には大坂城にあって秀頼の後見をなすべきことを託し、全体の勢力の均衡を計らんとした。しかし、この策にも関わらず利家が直後に死去したことによって勢力バランスは崩れ、家康の力が突出することとなった。毛利・上杉ら自余の大老が相次いで国許に引き上げてしまったことで、政権はきわめて不安定なものとなった。

そして最後に第五の対立として、豊臣家と徳川家との覇権抗争があった。これはもちろん第四の問題と関連しているのであるが、豊臣政権の下での家康の実権掌握と、豊臣政権に代えて新たな徳川政権を樹立することとでは根本的な違いがある。特に三成ら五奉行派と対立している豊臣武功派の加藤・福島らは家康に親近しているが、それはあくまで豊臣家の天下支配を前提にしたうえでのことであって、豊臣秀頼の地位をそこねない限りでの与同なのである。この第四と第五の問題とのデリケートな質的差異は、関ヶ原合戦の展開のあり方、および戦後処理のあり方に、さまざまな形で影響を及ぼしている。

これらの対抗図式の中で、その一方の側をなしている淀殿—吏僚派—中央集権派—反家康派—豊臣政権護持派は、石田三成ら五奉行を中心にして比較的、連携しやすい立場にあった。しかし、この吏僚派系の勢力は数が少なかった。他方、右の吏僚派主導の中央集権的な政治指導に不満・反感を抱く武将、大名は数多くいたが、しかし、それらの勢力は右の五つの要因に即して一致して連携することはできなかった。反淀殿・親北の政所、反吏僚、反中央集権まででは一致しえたが、家康との関係、豊臣家への態度をどのように定めるかで、自らの進退を決断しかねるものが多かった。

関ヶ原の戦いはこのような複雑な対立図式の中で行われ、これら諸矛盾を解決すべき課題を担った出来事であった。そのような観点において関ヶ原合戦の全体を眺めていこう。

(二) 会津討伐軍と関ヶ原東軍の構成

慶長五年の三月前後より、かねて国許に帰国していた会津一二〇万石の大守上杉景勝の動静について、不穏な情報がとびかっており、大坂の家康からの上坂勧告に対してもこれを拒絶するなどしたことから、上杉謀反の空気がみなぎった。これに対して家康は諸大名に上杉追討を号令し、自らその総大将として同年六月一六日に大坂から遠征の途についた。(5) この会津遠征には、家康直属の徳川将士である井伊直政・本多忠勝・酒井家次ら三〇〇〇人余のほかに、浅野幸長・福島正則・黒田長政・池田輝政・細川忠興・田中吉政・山内一豊・堀尾忠氏・加藤嘉明・藤堂高虎など豊臣系の武将の軍隊五万五〇〇〇人余が従軍し、相次いで大坂から東下していった。

家康が大坂を離れることは、豊臣政権内部の不安定さが一層加速されることを意味し、ことに反家康勢力である豊臣吏僚派の勢力や、毛利・宇喜多氏らによる家康打倒の動きが表面化することが予想された。

家康は七月二日に、さきに帰国していた徳川秀忠の迎えを受けて江戸城に入り、従軍の豊臣諸将らも相次いで江戸に集結した。同時に家康は奥羽・北陸の諸大名にも会津討伐を指令し、伊達政宗は信夫口から、最上義光は米沢口から、前田利長・堀秀治には津川口からの進撃を命じ、家康らの本隊は宇都宮城を前線拠点にして白河口よりの攻撃を準備した。

七月一三日、徳川軍の先鋒榊原康政が出発し、同一九日に徳川秀忠率いる前軍が江戸城を発ち、二日後の二一日に家康の後軍が豊臣諸将を率いて江戸を出発した。

ここで宇都宮に向けて進発した前軍の秀忠隊の構成は以下の通りである。(6) 結城秀康・松平忠吉・蒲生秀行・榊原康政・井伊直政・本多忠勝・石川康長・酒井家次・本多康重・皆川広照、真田昌幸（その子信幸・幸村）、森忠政・仙石秀久らの兵数六万九〇〇〇人余。先発隊が那須大田原に到っても、後列はいまだ下総古河に充満していた由である。この隊の構成は信州方面の諸大名、真田・森・仙石氏らと宇都宮城主の蒲生秀行を除いて、すべて徳川一門・譜代の将士より成っており、徳川家の主要武将がこの秀忠によって率いられていることを注意しなければならない。

さて秀忠軍が宇都宮に入城したのち、同月二四日に後軍の家康隊は下野小山に到着した。これより先、上方では石田三成ら五奉行を中心とする反家康勢力が決起し、七月一七日には「内府ちかひの条々」を発して家康を糾弾するとともに、毛利輝元を総大将に担いで、家康討伐の軍を起こした。

石田三成ら西軍による伏見城攻撃が開始された旨の急便が、同城留守居の鳥居元忠から小山在陣の家康の下に到着し、ここに家康は小山の陣に諸将を召集して本情勢に関する評定を催した。世に名高い小山の評定である。

家康は集まった豊臣系諸将に向かって上方の情勢を説明し、石田方は大坂城を本拠として豊臣秀頼を戴く形で家康追討を唱えていること、諸将の妻子が大坂で人質の形となっていることなどから、諸将らの向背進退を各自の自由に任せる旨を述べた。この時、福島正則・黒田長政は率先して発言し、もはや大坂に引き戻る考えのないこと、今は二心なく家康に味方して行動を共にし、石田三成らを討伐する存念である旨を表明した。秀吉恩顧の筆頭たる福島正則が旗色を鮮明にしたことで、豊臣諸将らはためらうことなく揃って、家康に忠節を尽くすべきことを誓約した。

さらに山内一豊は発言を求めて、自分の居城遠州掛川城を家康に進上し、これをその自由に差配されるべきことを申し出た。ここに他の諸将らもこれに倣って自己の居城を相次いで家康に進上し、こうして豊臣諸将が配置されていた駿河沼津城から尾張清洲城に至る東海道筋の諸城が労せずして、すべて家康の手中に入り、家康方東軍の軍事展開はきわめて容易、迅速なものとなり、かつ守城兵員も前線に投入できることで大兵力の動員が可能となったのである。

小山の陣に参集の諸将は、上方挙兵の報を受けて戦略を協議した結果、会津・上方二方面の作戦については、上方にとって返して石田勢をたたくことを第一とすることに決し、そこで戦力の配分が行われた。

まず会津方面作戦については、家康の第二子、秀忠の兄である

表1　東海道方面諸城の在番将士

城　　名	城　番　名	同左所領・石高
駿河国沼津城	内藤信成	伊豆韮山1万石
興国寺城	菅沼定仍	上野阿穂1万石
府中城	同　　上	同　　上
遠江国掛川城	松平松井康重	武蔵寄西2万石
横須賀城	三宅康貞	武蔵瓶尻5千石
浜松城	保科正光	下総多胡1万石
三河国吉田城	松平大給家乗	上野那波1万石
岡崎城	松平桜井忠頼	武蔵八幡山1万石
西尾城	同　　上	同　　上
刈谷城	水野勝成家臣	三河刈谷3万石
尾張国清洲城	石川康通	上総鳴戸2万石
犬山城	北条氏勝	上総岩富1万石

備考　『朝野旧聞裒藁』慶長5年7月条による。各城の城主名は表4を参照されたい。なお沼津城・興国寺城は府中城主中村氏の支城，西尾城は岡崎城主田中氏の支城。

結城秀康（下総結城城主一〇万石）を主将として宇都宮城に配し、小笠原秀政（下総古河二万石）・岡部長盛（上総国内一万二〇〇〇石）・皆川照広（下野皆川三万石）らの徳川諸将と、奥羽諸大名の軍勢で上杉方を包囲・牽制して、その進出を阻止することとした。

江戸城の留守居には家康第五子の松平（武田）信吉（下総佐倉四万石）と、家康の異父弟の松平（久松）康元（下総関宿四万石）らが充てられ、また豊臣諸将が明け渡した東海道の諸城の城番として、表1のごとくに徳川譜代の諸将が配置された。このような上杉方への押え、諸城の守備のために徳川系武将のかなりの数がこれらに配属されているのであるが、これは関ヶ原の合戦のために徳川系武将を投入できない大きな原因ともなっている。

(三)　中山道方面の徳川秀忠軍の構成

さて上方方面への進攻軍は二手に分けられ、東海道を豊臣系諸将と家康率いる一軍が進み、中山道を秀忠の率いる三万八〇〇〇人余の軍団が進んだ(8)。小山の評定ののち秀忠はいったん、結城秀康とともに宇都宮に還陣して、同城の修築および周辺諸城の仕置などを入念に施したのち、八月二四日に至って宇都宮を出発して、中山道の西上を開始した。

そして問題はこの中山道進軍の秀忠軍の構成であり、関ヶ原合戦に投入が予定されていたこの秀忠軍とは、どのような戦力的内容をもっていたかという点である。この中山道を進軍した秀忠軍に配属された主要な徳川武将は、表2に示した通りであるが、これは基本的に江戸を出発した会津征討軍のうち秀忠の率いていた軍団がそのまま転戦する形になっている。そして、それは取りも直さず、徳川譜代の主要な武将の多くがここに配属されていることを意味している。すなわち万石以上の大身武将が秀忠軍には多いのであるが、これは秀忠軍の兵力が単に数の多さとしてだけではなく、質的・構造的な意味において軍団としての戦力の高さを示しているのである。

当時の軍隊は「備」を基本単位とする構成をもっている。一つの「備」は旗頭・侍大将を中心として騎馬士、長柄の槍部隊、そして足軽の鉄炮・弓の部隊から成っており、これが戦闘の基本単位をなしている。足軽鉄炮部隊の一斉射撃で敵陣を攪乱し、槍部隊が突撃し、最後に騎馬部隊が進撃するという形で、当時の戦争は展開される。

「備」はまた、総大将の構える旗本備を中心として、これを囲むように先鋒・先手備、中備、脇備、後備・殿備といった配置をとり、戦闘はもっぱら先鋒・先手備の攻撃でもって展開されるものである。自余の備は先手の後詰、第二波攻撃あるいは総大将の本陣、旗本備の防御に当たる。旗本備はもっぱら総大将と本

表2　中山道の徳川秀忠軍の徳川武将

部　署	人　名	領地・石高	戦後所領・石高	備　　考
先　手	榊原康政	上野館林　10.0	同　左	
老　臣	大久保忠隣	相模小田原 6.5	同　左	
	本多正信	上野八幡　1.0	同　左	
供　奉	酒井家次	下総碓井　3.0	上野高崎　5.0	
	本多忠政	——	——	本多忠勝の嫡子
	本多康重	上野白井　2.0	三河岡崎　5.0	
	牧野康成	上野大胡　2.0	同　左	
	酒井重忠	武蔵川越　1.0	上野廐橋　3.3	
	酒井忠世	武蔵川越　0.5	上野那波　1.0	酒井重忠嫡子
	酒井忠利	武蔵川越　0.3	駿河田中　1.0	酒井重忠弟
	高力忠房	武蔵岩槻　2.0	同　左	
	土岐定義	下総守屋　1.0	同　左	
	小笠原信之	武蔵本庄　1.0	同　左	信濃妻児で戦闘
	諏訪頼水	上野総社河 1.2	信濃諏訪　2.3	上野高崎城守衛
	安部信盛	武蔵榛沢　0.5	同　左	慶安1摂津国内 1.9
	戸田一西	武蔵鯨井　0.5	近江大津　3.0	
	高木正次	相模海老名 0.5	同　左　0.7	
	青山忠成	相模高座　0.5	同　左　1.5	子幸成・忠俊も同道
	内藤清成	相模当麻　0.5	安房勝山　2.0	
	土屋忠直	相模禰宜内 0.3	上総久留里 2.0	
御使番	土井利勝	上総鼠穴　0.1	下総小美川 1.0	
後　備	奥平家昌	——	下野宇都宮10.0	奥平信昌嫡子
	菅沼忠政	上野吉井　2.0	美濃加納　10.0	奥平信昌三男

備考　『朝野旧聞裒藁』慶長5年7月19日条，8月24日条による。
単位　石高＝万石。

陣の守備を目的としており、その機能は本来的に防御であって、決して攻撃ではない(9)。

それゆえに、各軍団の戦力は単に兵数で決まるものではなく、その質的構成が問題となるのであり、先手備を中心とする攻撃型の備がどれだけ厚く、充実しているかにもっぱら関係する。軍団の編成において万石以上の武将の数に注目するのは、彼らこそ独立の備を構成できる能力をもつからであり、その多さ、厚さこそが、当該軍団の戦力を判断できる基準となるのである。

このような観点からするならば、徳川直属軍のうち秀忠隊と家康隊の兵数自体はともに三万人ほどで差は見られないものの、その質的な差、軍団の構造的な差においては歴然たるものがある。秀忠隊が直属の旗本備のほかに、一〇人余を数える万石以上の武将たちを率いて、独立の備を多数構成しうる本格的な軍団であるのに対して、家康隊というのは大身武将を欠如した「旗本の侍共ばかり」からなる、防御的な部隊であったと解されるのである。

(四)　関ヶ原合戦における東軍の構成

七月二五日の小山の評定ののち、家康に従っていた会津討伐軍はとって返して江戸に戻り、福島正則・藤堂高虎・田中吉政・池田輝政らの豊臣系諸将は八月一日より、相次いで江戸を発して西上の途についた。そして、これには徳川武将の本多忠勝を軍監として同道させ、ついで井伊直政の軍勢を東海道方面の家康隊の先鋒の形で先遣した(10)。

しかし家康自身は江戸にとどまって動かなかった。東海道先発の豊臣諸将の心変わりを恐れていたのである。八月四日、すでに出発していた黒田長政を家康は呼び戻し、深更に及ぶまで作戦を協議している。そこでは特に「福島左衛門大夫ハ若別心有之間敷哉(11)」の段を、長政に念押ししているのが印象的である。

このような疑心暗鬼は豊臣諸将の相互の間でも渦巻いていた模様で、細川忠興が三河国御油の地から岡崎に至らんとした時、岡崎城主の田中吉政に不穏な動きがある旨が藤堂高虎から通報され、忠興は用心のため御油に滞留したということもあった(12)。家康方の東軍も決して一枚岩ではなく、相互不信の脆さを抱えたままでの進軍であった。家康にとって豊臣諸将で真に頼みになるのは、黒田長政と藤堂高虎の二人ぐらいなものではなかったか。

さて八月一四日までに豊臣諸将は尾張清洲城に集結し、同二三日に西軍先鋒の織田秀信の守る岐阜城を攻め落とすにおよんで、家康も意を決して、九月一日に江戸城を出馬した。

この旨は中山道を進む秀忠の下にも伝えられ、両軍は美濃国辺で合流して石田方と決戦に及ぶことが予定された。そして先軍の豊臣諸将に対しては、「中納言先中山道可押上由申付候、我等は従此口押可申候、無聊尓様御働専一候、我等父子御待尤候」(13)と、それ以上の戦闘行動を慎重にして、家康父子の到着を待つべきことを指令している。豊臣諸将は軍を中山道の美濃赤坂まで進めて、ここで西軍石田方の前線基地である大垣城と対峙する形で家康父子の到着を待った。ちなみに赤坂は中山道の宿駅にして、東海道—美濃路と交叉する位置にある。

九月一一日、家康は清洲城に到着した。だが秀忠軍はいまだ木曾路にすら至っていなかった。真田攻めに時日をむなしくして、信州小諸をようやく出発したばかりであった。家康は赤坂から井伊直政と藤堂高虎を相次いで呼び寄せ、作戦を協議している。秀忠の到着を待って決戦に及ぶべきか否かが、そこでの最大の問題となったであろう。だが前線諸将の意見は決戦の機はすでに熟しており、時を移しては豊臣諸将の戦意が失われること、さらには大坂城より毛利輝元が豊臣秀頼を戴いて出馬してくるような事態ともなれば、諸将の向背は予断を許さないものとなることを指摘したものと思われる。

家康は苦慮したであろう、清洲に今一日滞在したのは、秀忠のための時間稼ぎであったろうとされている(14)。中山道の秀忠の下にも決戦近しの情報は、前線の藤堂高虎あたりからも入っていたと思われ、同一四日付の同人宛の秀忠の返書には「其表之様子、上方之趣、其外所々被入御念、委細蒙仰候（中略）我等事、随分いそき候ても路次中節所故、遅々相似油断、令迷惑候、不任心中段、可有御察候、乍去不限夜中罷上候間、近々可令上着候[15]」と見えている。だがこの時、秀忠はいまだ信州筑摩郡の本山にあった。

右文面にもあるように、秀忠は昼夜兼行の強行軍で西上に懸命であったが、峻険にして狭隘な中山道・木曾路に三万余の大軍を移動させるという業は、想像を超える困苦を伴っていた（すでに一五歳以下の若輩者の従軍は禁止されていた）。

こうして九月一五日、家康は秀忠の不参のままに関ヶ原合戦に臨むこととなった。東軍の布陣は関ヶ原本道の南から順に、先鋒一番備の福島正則、藤堂高虎、京極高知、蜂須賀至鎮、本道の北に徳川勢の松平忠吉、井伊直政の二隊、北の山手に田中吉政、生駒一正、加藤嘉明、細川忠興、金森長近、黒田長政、筒井定次と並び、これらがそれぞれ先鋒の備を構成した。これに中小の将士が寄合勢として加わる。織田長益（有楽）・津田高勝・佐々行政・古田重勝・亀井茲矩・加藤光直らである。

これらの後ろ桃配山に本陣を置く家康の本隊がある。表3は家康に従軍した徳川将士の主要な者（万石以上の者と、その身一代の間に万石以上となった者）を表示したものであるが、この関ヶ原にいた徳川武将で万石以上の者というのは、先鋒の松平忠吉・井伊直政・本多忠勝のほかは、後備の奥平信昌・松平（大須賀）忠政の五名を数えるくらいなのであった。

そしてさらに注意すべきは本多忠勝の場合であって、彼は上総大多喜一〇万石を領有する大身武将であり、その兵力は約三〇〇〇人と見込まれるが、彼は東海道の西上に際しては豊臣諸将の軍監としての任務を与えられていたために、自らは小姓・雑兵の類「四百に足らざる人数[16]」という小勢を引き連れての行軍となっている。すなわち、「よき

表3　関ヶ原合戦における徳川将士の布陣

部　署	人　名	領地・石高	戦後所領・石高	備　　考
先　手	松平忠吉	武蔵忍　10.0	尾張清洲　52.0	
	井伊直政	上野箕輪　12.0	近江彦根　18.0	
軍　監	本多忠勝	上総大多喜10.0	伊勢桑名　10.0	本多隊主力は中山道
大番頭	松平重勝	不　明	不　明	慶長17越後三条　2.0
	水野重仲	武　蔵　0.7	同　左	慶長13常陸久慈　1.0
	水野分長	——	尾張小河　0.9	慶長11三河新城　1.0
百人組頭	成瀬正成	下総栗原　0.4	甲斐国内　2.0	
鉄炮頭	安藤直次	武蔵穴師　0.1	同　左	慶長12遠江国内　1.3
持筒頭	渡辺守綱	武蔵松山　0.3	同　左　0.4	慶長15尾張国内　1.4
御馬前	本多正純	——	——	のち下野小山　3.2
	西郷忠員	下総生実　0.2	同　左　0.5	元和6に1.0に加増
	牧野信成	武蔵石戸　0.5	同　左	寛永10に1.1に加増
旗本備	永井直勝	上総市原　0.5	同　左　0.7	元和3常陸笠間　3.2
	安部正次	武蔵鳩谷　0.5	同　左　1.0	書院番頭
	松平奥平忠明	上野小幡　0.7	三河作手　1.7	
	本多康俊	下総小篠　0.5	三河西尾　2.0	一説に本隊の後陣
	西尾吉次	武蔵原市　0.5	同　左　1.2	
	本多正重	——	近江坂田　0.1	元和2下総相馬　1.0
後　備	奥平信昌	上野小幡　3.0	美濃加納　10.0	
	松平大須賀忠政	上総久留里　3.0	遠江横須賀　6.0	家臣は館林城守備
	本多成重	下総井野　0.3	同　左　0.5	慶長18越前丸岡　4.0
	戸田尊次	伊豆下田　0.5	三河田原　1.0	嫡子重能も同道
南宮山押え	本多忠朝	（ナ　シ）	上総大多喜　5.0	本多忠勝二男
大垣城寄手	水野勝成	三河刈谷　3.0	同　左	曾根の要害守備
	松平戸田康長	武蔵深谷　1.0	上野白井　2.0	同　上

備考　『朝野旧聞裒藁』慶長5年9月15日条による。
単位　石高＝万石。

者共ハ美濃守（本多忠政）、秀忠公の御供に参候」[17]とあって、本多家の軍団の主要部分は忠勝の嫡子忠政が率いて、秀忠配下の中山道を進んでいたのである。つまり本多隊もその主力は中山道組であったのである（これに対して、本多忠勝より数日遅れて東海道を西上した井伊直政は、東海道方面の徳川軍先鋒の資格であったから本来の軍勢を率いている）。

松平（大須賀）忠政も本来は館林城（忠政の実父榊原康政の居城）の留守を命じられたのであるが、家臣に同城を守らせて自身はおして家康に従軍したというのであるから、供の人数も充分ではないと思われる。[18]つまり実質的には、家康随従の万石以上武将の数はさらに少ないのである。

家康の言に「我ら家中の人持分の内、少も大身なる者共をハ、大形秀忠に附て木曾路へ差越し、我ら事ハ旗元の侍共計を召連」[19]とあるのを裏付けているのである。だから、その兵数が三万余に及ぶといっても、戦力としては寄せ集めの脆弱なもの、攻撃戦力を欠いた消極的なものでしかないのである。

関ヶ原合戦の一進一退を繰り返す戦況の中で、小早川秀秋の寝反りを待かねて家康が苛立っていたという事実について、なぜ小早川をたのまずに自己の三万の兵力を割いて前線に投入しなかったのかに疑問が投げかけられるのであるが、それは以上に見てきたところから首肯しうるのであって、家康本隊の兵力は防御的な意義以上には出ることは出来ないという性格のものであったのである。

かくて家康はただ戦況を眺めるのみであって、この合戦の帰趨はあげて前線諸将士、ことには豊臣系武将たちの奮闘に依存せざるをえなかったのである。家康本陣の軍勢がこの戦闘に参加したのは、小早川の寝反りによって西軍の陣容が大きく崩れ、東軍の勝利が確定的となってのちのことであった。

確かに本多忠勝個人はよく戦った。その貧弱な兵力にも拘わらず自ら敵陣に切込んで、獅子奮迅の働きをなして徳川勢の寡兵の負目を補うだけの武功を示した。一騎当千のつわものとは彼を指していう言葉であろう。また初陣の松平忠吉も自ら首級を挙げるなど、よい働きをして父家康の目を細めさせたものであった。それは彼らと徳川にとっての名誉ではあった。だが、それらの活躍もまた、周囲の豊臣諸将の大軍が結束し、堅陣をもって敵を圧迫しているが故に可能なことでもあった。

関ヶ原合戦での東軍の前線部隊は三万人強と言われたが、うち徳川の主な兵力は井伊直政と松平忠吉の軍勢あわせて六〇〇〇人余でしかなかったのである。残りのほとんどは豊臣系の将士であった。秀忠が到着しておれば、その兵力三万余が先鋒の中央軍を形成したであろう。そうであれば、関ヶ原の合戦は紛れもなく徳川の戦いであり、東軍の勝利は徳川の勝利であったろう。しかし現実はそれを裏切ったのである。この二つのケースの政治的落差は計り知れないほどに大きかったのである。

むすび

関ヶ原合戦の結果、西軍に属した諸大名の領地が没収され、また減封・転封が行われた。すなわち、石田三成（近江佐和山一九万石）・宇喜多秀家（備前岡山五七万石）・小西行長（肥後宇土二〇万石）・長曾我部盛親（土佐浦戸二二万石）ら八八の大名が改易され、その領地四一六万石余が没収された。また毛利輝元（安芸広島一二〇万石）・上杉景勝（陸奥会津一二〇万石）・佐竹義宣（常陸水戸五四万石）ら五大名は領地を削減され、二一六万石余が没収された。この戦いによる没収高は、総計六三二万石余にのぼり、これは当時の日本全国総石高一八〇〇万石余の三分の一を越える数字であった。

そして、この没収高六三〇万石余の八〇パーセントにあたる五二〇万石余が豊臣系大名に加増として宛行われたのである。(20) 従前、この豊臣系諸大名への大加増は、なお大坂城に豊臣秀頼が残る政治状況のもとで、彼ら豊臣系諸大名の徳川氏に対する忠誠を期待してのものとして理解されてきた。その面を無視することはもちろんできないが、しかし、なお本書で明らかにしたように、それは端的に関ヶ原合戦の戦勝に対する貢献に見合った行賞にほかならなかったのである。

　単に軍事力の割合だけでなく、小山の評定における福島正則・黒田長政らの率先によって豊臣諸将を挙げて家康の味方に引き入れた行為、山内一豊の提唱で東海道諸城が家康方に無条件で明け渡されたこと、さらには黒田長政らの尽力で吉川広家や小早川秀秋を家康方に内応させたこと、これら豊臣諸将の非軍事的な面において東軍勝利に果たした役割もまた絶大であった。

　言ってみるならば、福島正則以下の豊臣諸将らが実力をもって天下をもぎ取り、彼らの好意でもって、家康にこれを贈呈したという次第なのである。武威、武功が一切の政治的価値の源泉であるこの時代にあっては、これは誠に不本意な勝利、家康には苦い味わいの残り続ける勝利ではなかったか。

　この関ヶ原合戦のありさまは、近世の徳川幕藩体制に深い刻印を施すものであった。この合戦の展開からして、この勝利に貢献した

旧封地・石高		新封地・石高		石高増加
美濃高松	3.0	美濃高須	5.0	2.0
飛驒高山	3.8	同　　左	6.1	2.3
上野沼田	2.7	信濃上田	9.5	6.8
加賀金沢	83.5	同　　左	119.5	36.0
常陸鹿島	9.0	安房館山	12.0	3.0
陸奥岩出山	58.0	同　　左	60.0	2.0
出羽山形	24.0	同　　左	57.0	33.0
下野宇都宮	18.0	陸奥会津	60.0	42.0
武蔵忍	10.0	尾張清洲	52.0	42.0
下総結城	10.1	越前福井	67.0	56.9
下総佐倉	4.0	常陸水戸	15.0	1.0
武蔵深谷	1.0	下総佐倉	5.0	4.0
上野箕輪	12.0	近江彦根	18.0	6.0
下総矢作	4.0	陸奥磐城平	10.0	6.0
美濃加納	3.0	同　　左	10.0	7.0
(ナ　シ)		下野宇都宮	10.0	10.0
上野廐橋	3.3	甲斐府中	6.3	3.0
上総久留里	3.0	遠江横須賀	6.0	3.0
上総鳴戸	2.0	美濃大垣	5.0	3.0
武蔵松山	2.5	遠江浜松	5.0	2.5
下総古河	3.0	信濃飯田	5.0	2.0
上野白井	2.0	三河岡崎	5.0	3.0
(ナ　シ)		上総大多喜	5.0	5.0

に即して西南地方から東北地方にかけて，また徳川家

表4　関ヶ原合戦後の大名領地の増加（5万石以上の大名）

種別	大　名	旧封地・石高		新封地・石高		石高増加
外様	黒田長政*	豊前中津	18.0	筑前福岡	52.3	34.3
	細川忠興*	丹後宮津	18.0	豊前小倉	39.9	21.9
	加藤清正	肥後熊本	19.5	同　左	51.5	32.0
	田中吉政*	三河岡崎	10.0	筑後柳川	32.5	22.5
	寺沢広高*	肥前唐津	8.3	同　左	12.3	4.0
	稲葉貞通*	美濃八幡	4.0	豊後臼杵	5.0	1.0
	山内一豊*	遠江掛川	6.8	土佐高知	20.2	13.4
	加藤嘉明*	伊予松前	10.0	伊予松山	20.0	10.0
	藤堂高虎*	伊予板島	8.0	伊予今治	20.0	12.0
	生駒一正*	讃岐高松	6.5	同　左	17.1	10.6
	福島正則*	尾張清洲	20.0	安芸広島	49.8	29.8
	堀尾忠氏*	遠江浜松	17.0	出雲松江	24.0	7.0
	中村忠一*	駿河府中	14.5	伯耆米子	17.5	3.0
	池田長吉*	近江国内	3.0	因幡鳥取	6.0	3.0
	小早川秀秋	筑前名島	35.7	備前岡山	51.0	15.3
	池田輝政*	三河吉田	15.2	播磨姫路	52.0	36.8
	京極高知*	信濃飯田	10.0	丹後宮津	12.3	2.3
	京極高次	近江大津	6.0	若狭小浜	9.2	3.2
	有馬豊氏*	遠江横須賀	3.0	丹波福知山	6.0	3.0
	浅野幸長*	甲斐府中	16.0	紀伊和歌山	37.6	21.6
	富田知勝	伊勢安濃津	5.0	同　左	7.0	2.0
	九鬼守隆	志摩鳥羽	3.0	同　左	5.5	2.5
	古田重勝*	伊勢松坂	3.5	同　左	5.5	2.0
	一柳直盛*	尾張黒田	3.5	伊勢神戸	5.0	1.5

種別	大　名
外様	徳永寿昌*
	金森長近*
	真田信之
	前田利長
	里見義康
	伊達政宗
	最上義光
	蒲生秀行
家門	松平忠吉*
	結城秀康
	武田信吉
	松平忠輝
譜代	井伊直政*
	鳥居忠政
	奥平信昌*
	奥平家昌
	平岩親吉
	松平忠政*
	石川康通
	松平忠頼
	小笠原秀政
	本多康重
	本多忠朝*

備考　藤野保校訂『恩栄録・廃絶録』(近藤出版社, 1970)による。大名の配列は，外様大名は新封地門・譜代大名は石高の順とした。＊印は家康に従軍して関ヶ原の戦いに参加した大名を示す。単位　石高＝万石。

豊臣系諸大名には大規模な加増が行われて、表4にあるように、それぞれ国持大名に昇格していった。この戦いの結果、豊臣系の国持大名は肥後・豊前・筑後・筑前・土佐・阿波・讃岐・(伊予)・安芸・備後・備前・美作・播磨・出雲・伯耆・因幡・丹後・紀伊・伊賀・(伊勢)・若狭・加賀・越中・能登・越後・(会津)などに及び、実に二〇ヶ国以上、日本の三分一の地域に豊臣系国持大名の領地が分布することとなったのである。

これと関連して大事なことは、関ヶ原合戦に集約された課題であり、彼ら豊臣系諸大名が家康と同盟することとなった原因として、豊臣政権中枢の吏僚層の推進する中央集権政策、大名領内・大名家内部への干渉・統制の問題があった。家康はこれら分権派、大名領有権の擁護の立場の代表格と見なされる(21)。

関ヶ原合戦の家康の勝利が、外様大名である多くの豊臣系武将たちの武功によってもたらされたという事実、また同合戦が豊臣政権の下での国家統治の方式を巡る葛藤の所産であり、家康に対する輿望がこの問題についての政治的選択と無関係ではない事実を考慮するならば、この関ヶ原合戦の政治史的意義は、家康と徳川幕府の覇権確立としてだけではなく、より高度に政治的な問題として、近世国家の統治形態、国制構造に関わる問題として捉えなければならないであろう。

［注］

（1）栗田元次『江戸時代史・上巻』（内外書籍『綜合　日本史大系』一七巻、一九二七、復刊・近藤出版社、一九七六）、朝尾直弘「豊臣政権論」（『岩波講座・日本歴史』近世1、岩波書店、一九六三）。

（2）（4）朝尾前掲「豊臣政権論」。

（3）森山恒雄『豊臣氏九州蔵入地の研究』（吉川弘文館、一九八三）二三七頁以下、山口啓二『幕藩制成立史の研究』（校倉書房、一九七四）七六頁および一〇八頁、藩政史研究会編『藩制成立史の綜合研究—米沢藩—』（吉川弘文館、一九六三）一三四頁。なお本書第一章第四節後注参照。

（5）関ヶ原合戦の日時、場所、人数などの事実関係、経過については『朝野旧聞裒藁』（『内閣文庫所蔵史籍叢刊』特刊第一、汲古書院、一九八二）、参謀本部編『日本戦史・関原役』（村田書店、一九七七）にもっぱら依拠し、二木謙一『関ヶ原合戦』（中央公論社、一九八二）、小和田哲男編『関ヶ原合戦のすべて』（新人物往来社、一九八四）、藤井治左衛門『関原戦史』（西濃印刷、一九二六）、同前『関ヶ原合戦史料集』（新人物往来社、一九七九）などを参考にした。

（6）『朝野旧聞裒藁』慶長五年七月一九日条。なお関ヶ原合戦の兵数の算定根拠は、この会津征討軍の軍役人数が「百石に三人」とされたのに求められている。
（7）『朝野旧聞裒藁』慶長五年七月二五日条。
（8）『朝野旧聞裒藁』八月二四日条。なおこの三万八〇〇〇人余の軍勢のうち、信州上田の真田に対する押えのために一部を割き、また木曾路が峻険なことから一五歳以下の若輩者の同道が禁じられており、それらの分の減少が見られる。
（9）軍隊の「備」の構成については、本書第五章第二節を参照。
（10）『朝野旧聞裒藁』八月一日、四日。
（11）『譜牒餘録』（国立公文書館内閣文庫蔵。内閣文庫影印叢刊、一九七三）巻二十一「松平右衛門佐」。
（12）『朝野旧聞裒藁』八月九日条。
（13）『譜牒餘録』巻二十「細川越中守」。
（14）二木前掲『関ヶ原合戦』六二頁。
（15）九月一四日付秀忠書状（藤堂高虎宛）（『譜牒餘録』巻二十五「藤堂和泉守」）。
（16）（17）『慶長年中卜斎記』中之巻（『改定史籍集覧』第二六冊、近藤活版所、一九〇二）六三頁。
（18）より正確には、松平忠政は家臣に館林城を守らせて、自身は会津方面軍の軍監として宇都宮城にあるべきところ、押して家康に従軍したものである。
（19）『岩淵夜話』第二冊（東京大学史料編纂所蔵）。
（20）藤野保『新訂幕藩体制史の研究』（吉川弘文館、一九七五）二〇五頁、高木昭作「江戸幕府の成立」（『岩波講座・日本歴史』近世1、岩波書店、一九七五）一二四頁。
（21）朝尾前掲「豊臣政権論」一九九頁、高木昭作「江戸幕府の成立」（井上光貞他編『日本歴史大系3、近世』（山川出版社、一九八八）一六六頁。

第二節　徳川家康の将軍任官と慶長期の国制

慶長八年二月一二日、上洛中の徳川家康は伏見城に将軍宣下の勅使を迎えた。このおりの宣旨は、征夷大将軍、右大臣（従一位）、源氏長者、淳和奨学両院別当、牛車の礼遇、兵仗の礼遇という六種八通のものが一時に下されており、まことに前例を見ない盛りだくさんなものであった(1)。

この家康の、征夷大将軍職就任のもつ政治的意味を考えるのが本節の課題である。関ヶ原合戦の勝利によって覇権を確立し、天下人としての地位を不動のものとした家康が、将軍任官によって幕府を開設し、豊臣家にかわる徳川家の天下支配を制度的な形で確定したとするのが、これまでの通説的な理解であろう(2)。

確かにその理解自体に誤りがあるわけではないが、しかし今少し掘り下げて検討してみる必要がある。これまでにも指摘されている通り(3)、家康の関ヶ原合戦での勝利は、ただちには豊臣家の政治支配の体制を解消するものではなく、家康はなお豊臣秀吉の構築した政治体制の枠組みの中で行動せねばならないという事情があったからである。そしてさらに、前節で明らかにしたように、関ヶ原合戦における家康の勝利なるものが、もっぱら豊臣系諸大名の多大の貢献によってもたらされたという逆説的な性格を帯びたものであった以上、その必要は一層高いと考えなければならないであろう。

家康にとって関ヶ原合戦は軍事的勝利であり、覇者としての地位を確立したものではあったが、政治的な意味での勝利であったかについては、多く問題を残していた。すなわち同合戦の帰結として、多くの豊臣系諸大名は国持大名に昇格していくことで政治的比重を高め、その領国は二〇ヶ国に及んで、日本全領土の三分の一以上をその領地として占めるに至っていた。
いわゆる徳川幕藩体制なるものは、このような政治状況の中から出発しており、徳川家康の征夷大将軍への任官についても、また関ヶ原合戦より大坂の陣に至る近世初頭の政治史的展開、およびこの時期の国制の構造についても、以上の事態を踏まえて、その意義解明がなされる必要があると考える。

（一） 征夷大将軍職の政治的効果

関ヶ原の戦いにおいて家康は勝利はおさめたものの、公式的な観点では彼はいまだ豊臣五大老の一人としての地位から抜け出してはいなかった。諸大名の家康への臣従は実力に由来する事実上のものでしかなく、家康が彼らに命令し、軍事指揮をなしうるのは、権限論的根拠としては公儀を構成する五大老の筆頭として、豊臣秀頼の政務代行者としての地位に求めるほかはないのである。関ヶ原の戦いののち家康は薩摩の島津氏の討伐を計画するのであるが、そこでの諸大名に対する軍役動員は「太閤様の御置目の如く」(4)とするものであって、豊臣秀吉の残した政治体制の枠組みの中での支配でしかなかったのである。

このような政治状況の中で考慮されなければならないのは、次の点である。最も重要なことは、慶長六年正月時点で年齢九歳ながら、朝廷官位が従二位権中納言という高位にある秀頼が、(5)やがて成人して関白職につくであろうことであり、そしてその時には、家康の政務代行権は吸収されて豊臣氏の政治権力が回復されていき、家康およびその子秀忠は、関白秀頼の意命に服さねばならなくなるような事態の訪れる可能性があることである。よし家康は実力によってその身一代の支配は確保されるとも、家康の死去とともに、豊臣氏による天下支配が名実ともに復活してしまうことが、強い現実性をもって予想させられるのである。(6)

ここで統一政権たる公儀を主宰するものとしての、関白職の政治的意味について考えておかねばならないのであるが、この関白という本来は公家の最高位たる官職に、軍事的権力としての内容を付与することによって、同時に武家領主の統率者としての意義をも兼備させ、もって公武両界を支配するものとして、関白職を基軸にその政治体制を構築したのは豊臣秀吉であった。

この関白職なるものについて秀吉は、天皇より「御剣預り候」て「天下の儀きりしたがゆべき」職であると揚言し、(7)この公家官職に武威を付与して、律令的権限のみならず軍事的統率者としての権能を併せもたせたのである。(8)

そして秀吉の全国統一戦争も、関白職についての彼一流の公武統合論の観点から遂行された。秀吉の全国統一が「惣無事」令なる、全国各地での領土紛争を巡る私戦の禁止と、秀吉の裁定への服従強制、そして、その違背者に対する制裁としての軍事討伐という形態をもってなされたことは第一章に見た通りであるが、そこでは、「日本六十余州之儀、改可進止之旨、被　仰出之条、不残申付候」として、「叡慮」によって日本全国の「進止」、すなわち統治権的支配の権限が関白たる自分に委任されていることが強調されている。こうして関白秀吉の紛争裁定に従わぬ者を、この全国「進止」権に基づいて軍事的に討伐・制圧するのであり、あるいは、この目的のために武家領主を動員し、指揮・統率する権限を有することとなるのである。(9)

秀吉の天下支配の政治体制は、このような権限内容をもった関白職というものを基軸として構築されていたのであり、そして秀吉の遺児である秀頼が関白職任官を将来に予定されている限りは、そして、この秀頼を擁護する豊臣系諸大名が健在である限りは、秀吉の構築した政治体制はなお有効な持続力をもっていたのである。(10)

実際、関ヶ原合戦によって家康の覇権が確立されて後もなお、慶長八年までの年始の礼では在京諸大名は秀頼を先として、家康はその後なのであり、慶長七年の場合では家康は年礼のため、伏見城からわざわざ大坂城まで参向するといった次第であった(11)。つまり家康の覇権確立は、ただちには豊臣氏の政治的権威の失墜を意味していないのであって、公儀の礼的な秩序・序列においては、依然として豊臣秀頼が首長の地位を占めていたのである。

ことに関ヶ原で家康に与同してその勝利に多大の貢献をなし、そののちも家康に随従してきた福島正則・加藤清正・浅野幸長以下の豊臣秀吉恩顧の諸大名は、家康個人の武将としての器量に惹かれ、家康が彼らの大名領主としての運命を託すべき指導者であることは認めていたが、しかしながら秀吉の遺児たる豊臣秀頼に対する忠節はこれと別個の問題として考えられていた。秀頼は依然として彼ら豊臣大名たちの主君であり、五大老の一人たる家康が秀頼の存在と権威を犯して、その地位を奪って取って替わることを是認するものではなかったのである。

すなわち、この政治体制の中において、覇者としての家康と徳川家が豊臣家を超えて行っている支配はあくまでも実力支配なのであって、家康個人の力量によって実現されてはいるが、しかし同時に永続性を欠いた不安定な支配でしかなかったのである。

さればこそ家康は、その意味において自前の天下支配の正当性、徳川家の永続的な支配を保障してくれる制度化された支配の体系を構築する必要があったのである。関白職を基軸として豊臣秀吉の構築した公儀の体制と、その下での大老、すなわち豊臣当主の従臣、補佐者、権限代行者という枠組みを脱却して、自らを頂点とする別の政治体制、すなわち豊臣公儀に代わる徳川公儀を構築する必要があった。

そして、それが征夷大将軍の官職を基軸に据えたものとなるであろうことは全く自然に導き出された。

第一に征夷大将軍職というものが、幕府を開設して独自の政権を構築しうる権能をもつことについては、鎌倉・室町の両幕府によってその伝統と先例が形成されていた。

第二に、征夷大将軍は「武門の棟梁」としての地位が確立されていたから、武家領主のうえに君臨して天下支配を実現するには、この官職が圧倒的に有利であった。そして関ヶ原の合戦において、家康の覇権、軍事的な勝利者、第一人者の地位は疑いの余地なく証明されたのであるから、武人の最高の栄誉である征夷大将軍の職につくことに異議をさしはさむ余地もなかった。

第三に、武家領主なら誰でも希求するこの官職に就任するに際して、家康にはほとんど何の障害もなかった点が挙げられる。豊臣秀吉の将軍職への任官希望を妨げた足利将軍家はすでに名実とも消滅していて、この官職は空席であった。(12) 豊臣家の幼主秀頼は将来の関白職を目指しており、徳川による将軍職の獲得はさしあたり豊臣家への敵対を意味しないから、これに非難を受ける心配はなかったであろう。

以上が将軍職を家康が選択した表面的な理由であろうが、しかし家康が征夷大将軍職について幕府を開いたことには、より巧妙な政治的効果があった点が注意されなければならない。すなわち、ここに形成された将軍職を基軸とする政治体制、すなわち徳川公儀、将軍型公儀と称すべきものは、大坂の豊臣氏を頂点とする豊臣公儀、関白型公儀とは別個のものであるから、後者の政治的権威を何ら侵すものではないという名目の下に、全武家領主の首長としての豊臣秀頼の地位に対する、家康の事実上の簒奪を、隠蔽する効果をもっているということである。

すなわち豊臣家の支配体制とは別個のところに、家康を首長とする将軍型公儀を形成し、全武家領主を臣従せしめて、その支配体制に包摂してしまうならば、それは実質的には、秀頼と豊臣家が有していた政治的地位の簒奪にほかならないのである。だが征夷大将軍という官職が放つ権威の輝きに幻惑されて、このような事態の本質が隠されてしまうのである。

これは家康が秀頼に対して行った臣従誓約(13)を破棄し、秀頼の地位を簒奪したという非難をかわすことができるとともに、より一層重要なことには諸大名側、特に豊臣系の諸大名――加藤清正・福島正則・浅野幸長ら――の側にとっても、家康と徳川家に臣従することを可能にしたということである。倫理的にも、心理的にもである。すなわち将軍は「武門の棟梁」であるから全武家領主がこれに臣従するのは当然であり、しかもそれは関白型公儀の主としてある豊臣家に対する忠誠とは矛盾しないとする観念に基づくものである。将軍は純粋の軍事職として、全武家領主に対する軍事的統率権を有することは伝統的に確立された観念であるが、他方、関白は天皇の直接の代行者として、日本全土に対する一般的な統治権的支配の権限を有する存在であるがゆえに、権限論的には将軍と並立する形で、武家領主一般に対する支配を行使しうるとする考えが成り立つのである。

武家領主の側から言うならば、将軍たる家康の意命に服しても、潜在的に関白職に就くべく予定されている豊臣秀頼の臣下として、従前通りあることは両立しうることとする観念が形成されることになる。こうして豊臣系諸大名は豊臣秀頼に対する忠誠を維持したままで、かつ徳川家康に臣従していったのである。実際、慶長八年の家康の将軍就任から、同二〇年の大坂陣での豊臣氏の滅亡までの期間は、二重公儀、二重封臣関係の時代とも言うべきものなのである。

(二) 二重公儀体制としての慶長年間

この点はこの時期の国制の性格を考えるうえで、また大坂の陣の位置づけをなすうえで重要な問題である。(14) 関ヶ原の合戦における家康の覇権確立、そして、それに続く将軍任官と徳川幕府の成立という制度的完成をもって、従来は豊臣秀頼の政治的地位が失墜し、摂河泉三ヶ国六五万石余の一大名に転落したものと理解されてきた。

しかし私見ではこの理解に大きな誤りがあるように思われる。家康が将軍宣下を受けて幕府を開いてもなお、将軍と幕府の政治的支配から独立した、別の種類の政治体制が存在した。豊臣秀吉が構築した関白型公儀の政治体制は、徳川幕府の成立にも拘わらず解体されずに持続されており、豊臣秀頼はこの関白型公儀に君臨する首長としての権威を、依然として保持していたと理解すべきなのである。それは以下の諸事実が示すところである。

（1）　豊臣秀頼に対する伺候の礼

慶長八年の徳川幕府成立以後も、加藤・福島らの豊臣系諸大名はもちろん、上杉景勝・島津家久や前田利常のような外様大名までも、大坂城の豊臣秀頼に対して歳首を賀し、伺候の礼を取り続けていたという事実がある。[15]

上杉景勝の大坂の秀頼に対する伺候については、『上杉家御年譜』[16]に次のごときものを見る。

慶長八（一六〇三）年一一月一九日　上洛ののち大坂に至り秀頼に拝謁。

九（一六〇四）年　一月　一日　元日未明に大坂に赴いて新年の賀儀を述べる。

八月一六日　大坂に至り帰国の御暇の礼。

同一〇（一六〇五）年　三月上旬　上洛ののち大坂に赴く。

四月一二日　秀頼の右大臣昇進の賀儀のため大坂に赴く。在伏見の諸大名もこれに赴く。

また島津家久の伺候については、次の慶長一〇年七月二一日付の幕臣山口直友の書状[17]から知ることができる。

昨日は和甚兵衛（和久甚兵衛）進上申候、秀頼様御礼被仰上候哉、定而御仕合可然御座候ハんと存候、御出船之様子承度存候、

（中略）目出度御帰国之御吉左右奉待存候、猶奉期後音之時候、恐惶謹言

七月廿一日　山口駿河守　直友（花押）

（島津家久）陸奥守様　参人々御中

この慶長一〇年の四月には、徳川秀忠の将軍襲職と、豊臣秀頼の右大臣の任官があり、諸大名は相次いで上洛して

伏見にあったが、先の『上杉家御年譜』にあるように、在伏見の諸大名は大坂に赴いて、秀頼に祝賀を述べた由である。右の書状もこの折りのもので、幕臣で島津との取り次ぎ役である山口直友が島津家久の帰国に際して、家久が秀頼に帰国の御礼を首尾よく済まされたかを問うたものである。ここでは外様大名である島津氏が豊臣秀頼に伺候の礼を取ることが、幕臣の側からも、何の不自然さもなしに語られていることに留意しなければならない。

なお、この関連のものとして、秀頼家臣の小林家孝（家鷹）から国許にいる島津義弘に宛てた同年六月二九日付の書状には「秀頼様へ御礼被仰上、御前御仕合能御座候而、珍重存候、御成人之趣、少将様（島津家久）可有御雑談候間、不及申入候」[18]と記されている。

また加賀前田家の場合については、前田利常が襲封を秀頼に告げるために慶長一〇年六月二八日に大坂に赴いたとしている。[19]

もっとも諸大名は徳川家への遠慮から、しだいに大坂の秀頼の下への表立った伺候を控えるようにはなっていったように思われるが、それは幕府から禁じられたり、あるいは特定の時点で消滅してしまうといった性格のものではなかった。家康という重石が取り外されるならば、そして慶長一〇年四月時点で、一三歳ながら朝廷官位が正二位右大臣にまで昇った秀頼が、やがて成人して関白に任官していくならば、往時に変わらぬ華やかさを回復しうるものであった。

（2）　勅使・公家衆の大坂参向

次に歳首の賀儀のため慶長八年以後も毎年、朝廷から勅使が大坂の秀頼の下に派遣されており、さらに親王・公家・門跡衆も参向していたという事実がある。[20]一例を示せば、慶長一四年の場合、正月一七日に武家伝奏広橋兼勝・勧修寺光豊が勅使として大坂城に赴いて秀頼に太刀、馬一疋を贈り、さらに八条宮智仁親王、前関白二条昭実、前関白鷹司信房、大炊御門大納言経頼以下の多くの公家・門跡が大坂に赴いて、秀頼に祝詞を述べるのであった。これは慣例によるものとはいえ、後陽成天皇を長とする朝廷では家康の将軍任官のちもなお、豊臣秀頼と豊臣家は依然として従前の政治的地位を保持しているものと見做していたことを示すものである。なお、この習慣は慶長一六年に即位の後水尾天皇の代になってからも続けられ、同一九年に至っている。

（3）　千姫の大坂入輿

第三に、慶長八年七月、家康はその孫娘千姫を大坂城の秀頼の下に嫁がせた問題がある。これは亡き秀吉との約束の履行で、婚姻政策による豊臣―徳川の友好関係の確立であり、他面では千姫を人質として送ることによって、豊臣家の安全を保障する意思の表明でもあった。これは特に豊臣系諸大名の懸念を払拭する意味を有していたと思われる。千姫の大坂城入輿は、豊臣―徳川の両公儀の協調的統一の象徴の意義を担わされたものであったろう。

この千姫の入輿問題について朝尾直弘氏は、家康が秀頼の舅になったことを意味しており、家康は家父長的な支配を豊臣家全体に対して押し及ぼすに至ったものと指摘されているが[21]、このことも換言するならば家康―秀頼関係が、単なる将軍―大名間の主従制的支配関係とは別の性格のものであることを示している。家康はこの時点では姻戚関係に基づいて、徳川―豊臣両家（徳川将軍家と豊臣関白家）の融合一体化による、公儀の頂点形成を構想していたのではないかと想像される。

いま一つ、この千姫の入輿に際して諸大名は祝賀のために大坂城に参集しているという事実がある。婚姻時の諸大名の参集は、明らかに豊臣秀頼が単なる一大名以上の者であることを物語っている。そしてさらに重要なこととして、この機会に福島正則の主唱によって、参集の諸大名が秀頼に対して異心なき旨の誓詞を、秘かに認めたとの風評が立っていた事実に注目しなければならない[22]。

（4）　秀頼への普請役賦課の回避

徳川幕府は諸大名に対して、江戸城・駿府城・伏見城以下の普請の課役を、大名軍役に準じる形で賦課していったが、しかし豊臣秀頼に対しては、そのような形で賦課することがなかった。ただ慶長一二年三月の駿府城普請に際して、「此五百石夫、大坂秀頼公領分ヘモ同然被相配相下也」(23)とあって、秀頼の領地に対しても石高五〇〇石に人夫一人の課役が賦課されたが、これは公家や寺社の所領に賦課されるのと同性格の課役であり、「畿内五ヶ国、丹波、備中、近江、伊勢、美濃、当給人知行幷蔵入合十ヶ国ノ人夫也」(24)とあるように、幕領・私領の別なく一国平均に賦課される国役としてであった。

すなわち通例の普請役は、いわゆる大名御手伝い普請の形をとるもので、軍役と同様に大名に対して課役が命じられ、大名は自己の家臣団および人足を率いて当該普請に従事するものである。ここでは将軍—大名の間の主従関係が前提となるものであるし、別言すれば、この時期の城普請についての大名普請役の賦課と履行は、徳川将軍と幕府への服従の態度表明という意味が濃厚なものであった。

これに対して一国平均役としての国役は、このような将軍との主従関係の有無に関わりなく、国家行政的な租税として、幕府領も一般私領（公家領・寺社領・大名領・旗本領）も一律に扱われる性格のものであり、公家・寺社の領地に国役が賦課されても、それらが将軍の従臣でないのと同様に、豊臣家の領地への国役賦課は、秀頼が徳川将軍家の従臣たることを意味しないのである。

直接の大名普請役と一国平均役としての国役には、このような性格の違いが存在する以上、秀頼領への国役賦課は逆に、秀頼に対する直接の大名普請役の回避と、徳川将軍家に対する臣従の強制を差し控えたことを意味することになるのである。豊臣氏は自余の諸大名とは別格であり、徳川将軍と幕府の支配体制に包摂されない存在であることが示されることになる。

（5）　太閤蔵入地の支配

豊臣氏の政治的支配は摂河泉の領国を超えて行われている可能性がある。すなわち慶長八年一一月、法隆寺の行人方と律学衆の紛争に対して、豊臣氏より処分を行っているのが、その徴証である。(25)

さらにより確実に知られるのは、讃岐生駒領の太閤蔵入地の算用の問題である。徳川幕府成立後の慶長九年時点において、大坂城の淀殿と豊臣家の家老である片桐且元がその算用に関与している事実がある。(26)

讃州内御蔵米御勘定状事(27)

一、壱万五千斛　天正拾八年、文禄元年、同弐年、合三ヶ年分、日損由御理分

右渡方

一、三百九拾石　伏見にて御普請、生駒讃岐守手前人数弐千六百人宛、三十日迄、日々壱人五合ヅツ、但犬塚平右衛門尉・大久保十兵衛尉・牧助右衛門尉印判有之

一、四千石　慶長八（ママ）三月一日、金子百枚上之、壱枚ニ付而四拾石かへ、大坂にて

一、二千二百五石　金子四拾五枚上之、但壱枚ニ付て四拾九石かへ、大坂にて

一、三千五百九拾五石五斗　銀子三拾九貫五百五拾目三分上之、但壱石ニ付て拾壱匁ツヽ、大坂にて

一、百六拾六石六斗五升　銀子壱貫八百三拾三匁弐分上之、壱石ニ付て十一匁ツヽ、大坂にて

一、六百四拾弐石八斗五升　右渡方合壱万弐千八百五拾七石一斗五升、さぬきより大坂へ船ちん、石別五升

一、千五百石　御袋様より壱万五千石の十分一御赦免分

合壱万五千石

皆済

右生駒雅楽頭（親正）御代官之時、三ヶ年日損に付て、御理にて被残置候へ共、御手前より右之分御運上候内、十分一被
成御赦免、相残分皆済也

慶長九年三月廿八日　　片桐市正（花押）

生駒讃岐守（一正）殿

これは生駒氏の讃岐領地内にある旧太閤蔵入地一万石について、その天正一八（一五九〇）年、文禄元（一五九二）年、同二年の三ヶ年分の年貢米一万五〇〇〇石の収支勘定を慶長九年になって報告したものである。これに関連して、同蔵入地の慶長三年分、慶長四年分の蔵米算用状が残されているが、いずれも勘定の責任が、豊臣の家老である片桐且元の手によってなされていること、この蔵米が大坂に運ばれていること、さらに右に掲載した史料では、この勘定のうち、一〇分の一の一五〇〇石の免除が「御袋様」、すなわち大坂城の淀殿の裁量によってなされていること、これらの事実を見るならば、慶長八年の徳川幕府成立以後もなお豊臣家は、全国に散在している旧太閤蔵入地に対する支配権を保持していたものと考えられる。

（6）　二条城の会見における礼遇

次に慶長一六年の京都二条城における家康と秀頼の会見の問題がある。同年三月二七日、後陽成天皇は譲位して後水尾天皇が即位したが、この即位の賀式のために家康を始め西国諸大名は京都に参集し、さらに大坂城の豊臣秀頼に対しても家康は出京を促した。秀頼の身の危険を案じる淀殿は難色を示したが、加藤清正と浅野幸長らによる秀頼の安全の保障を条件として応諾した。大坂城を出た秀頼は加藤・浅野両名の供奉警固の下に京都に至り、二条城において家康と会見するに至った[28]。

この会見のおりの家康と秀頼の応対、所作、礼儀作法を注意深くながめるならば、この時期の両者の政治的位置関係を知ることができるであろう。この時の会見の模様について『当代記』は、次のように記している。[29]

廿八辰刻秀頼公入洛、則家康公の御所二条江御越、家康公庭上迄出給、秀頼公慇懃礼謝し給、家康公座中江入給後、秀頼公庭上より座中へ上給、先秀頼公を御成之間江入申、其後家康公有二出御一、互の可レ有二御礼一之旨、家康公曰ト云共、秀頼公堅有二斟酌一、家康公を御成之間江奉二出し一、秀頼公遂レ礼給、膳部彼是美麗に出来けれ共、還而可レ有二隔心一かとて、たゝ御すい物迄也、大政所、是は秀吉公ノ北ノ御方也、出給相伴し給、頓而立給、右兵衛督（徳川義直）・常陸介（徳川頼宣）途中迄被二相送一（後略）

右の記述に拠るならば、秀頼が二条城に至ったとき、家康は自ら庭上まで出てこれを迎え入れ、「御成之間」という同城御殿の最上の座席に通している。そののち家康が出座して「互いの礼」、すなわち家康―秀頼が対等相互の立場での礼儀を行うべきこと（礼法上のいわゆる「両敬」）を提案したが、秀頼は遠慮してこれを固辞し、家康に「御成之間」を譲ってこれに拝礼したという内容のものであったと理解される。

このように見るならば二条城における両者の会見は、これまでの論著の多くが説いているような、秀頼が家康に臣従を余儀なくされるに至ったもの、という理解はあたらないように思われる。家康は秀頼に対して最高の礼遇で迎え入れているのであって、臣従の強制などとはおよそ趣を異にしている。秀頼は家康に対して拝礼を行っているが、これは自発的に採られたものであり、臣従礼ではなくて、舅に対する孫聟の、および朝廷官位の上での上位者（家康従一位）に対する下位者（秀頼正二位）の者の謙譲の礼と見るべきものである。

さらに秀頼の退出に際して、別の史料では家康は次の間ないし玄関まで秀頼を見送っていったとしており、幕府正史の『徳川実紀』の記述もまたそれを採っている。[30]これら諸点よりして、二条城会見は徳川幕府に対する秀頼の臣従を強制したという性格のものではなかったと判断される。家康が庭上まで出迎えて始まったこの会見のありさまは、秀頼と豊臣家とが徳川将軍家の臣下ではなくして、むしろそれと対等の政治的存在であることを明示するものであったのである。

家康が本会見に求めたことは、豊臣と徳川の友好一体のありさまを印象づけて、親豊臣系の諸大名の徳川体制に対する、全き恭順を取り付けようとしたものであったろう。そしてその現れが、次の三ヶ条誓詞の問題である。

(7) 慶長一六年の三ヶ条誓詞

第七として、慶長一六年の徳川幕府の発した三ヶ条誓詞の問題がある。すなわち、右の二条城会見によって豊臣―徳川間の融和が謳われ、また秀頼が徳川の城である二条城に赴いて家康に拝礼をしたことから、両者の関係では、徳川将軍を頂点とする政治体制の優位が確定したものと受け止められた。そして、この事実を踏まえて、同四月一二日、徳川幕府は三ヶ条の法令を定め、京都に参集している西国の諸大名から「誓詞」を徴する形でその遵守を命じた。次のものである。[31]

条々

一、如㆓右大将家以後代々公方之法式㆒、可㆑奉㆑仰㆑之、被㆑考㆓損益㆒而、自㆓江戸㆒於㆑被㆑出㆓御目録㆒者、弥堅可㆑守㆓其旨㆒事

一、或背㆓御法度㆒、或違㆓上意㆒之輩、各国々可㆑停㆓止隠置㆒事

一、各拘置之諸侍已下、若為㆓叛逆・殺害人㆒之由、於㆑有㆓其届㆒者、互可㆑停㆓止相拘㆒事

右条々、若於㆓相背㆒者、被㆑遂㆓御糺明㆒、可㆑被㆑処㆓厳重之法度㆒者也

慶長十六年四月十二日

豊前宰相
忠興（花押）
越前少将
忠直（花押）
（中略―一八名）
鍋嶋信濃守
勝茂（花押）
金森出雲守
可重（花押）

以上のように、この三ヶ条誓詞は第一条で、徳川幕府の発布する法令の包括的な遵守を命じ、第二条で法度や上意を背く者の隠匿禁止、第三条で謀叛人・殺害人の拘置禁止を規定するものであった。

そして、この三ヶ条誓詞には、この時に京都に参集していた主要大名二二名、すなわち細川忠興・松平忠直・池田輝政・福島正則・島津家久・森忠政・前田利常・毛利秀就・京極高知・京極忠高・池田利隆・加藤清正・浅野幸長・黒田長政・藤堂高虎・蜂須賀至鎮・山内忠義・田中忠政・生駒正俊・堀尾忠晴・鍋嶋勝茂・金森可重が連署した。

この三ヶ条誓詞は翌慶長一七年正月には、上杉景勝・松平忠直・丹羽長重・伊達政宗・立花宗茂・佐竹義宣・蒲生秀行・最上義光・里見忠義・南部利直・津軽信枚ら東国の大身大名一一名が連署して提出し、さらに譜代・外様を含めた中小の大名五〇人も同様の誓詞を提出した(32)。

すなわち幕藩体制下のほとんどの大名が、この三ヶ条誓詞に署名しているのであるが、豊臣秀頼がこれには含まれていないという事実が問題となる(33)。すなわち豊臣秀頼は別格であり、徳川将軍の支配下に編入される存在ではないということを、端なくもこの誓詞は明示することとなっているのである。

秀頼が二条城で家康と会見した出来事は、秀頼が家康に臣従した、ないしはその政治的支配下に入ったということを意味していないのである。

以上に述べてきた諸理由によって、徳川幕府の成立にも拘わらず、豊臣秀頼と豊臣家は幕府の支配下に包摂される摂河泉六五万石の一大名に転落してしまったのではなくて、独自の支配体制の主宰者として、徳川幕府と並立する存在であったことを推定しうるのである。豊臣秀頼と豊臣家はこの時点では微力ではあるが、潜在的には秀吉が構築したような関白型公儀を再現し、その首長として君臨しうる政治能力を保持した存在なのであった。この慶長八年から同二〇年までの間を、国制的には二重公儀体制として把握すべきとする所以のものなのである。

むすび

以上のように、慶長八年の徳川家康の征夷大将軍への任官と徳川幕府の成立は、豊臣公儀体制の解消を意味していなかった。逆に言うならば、このような豊臣公儀体制の強固さを踏まえて、家康の将軍任官の意義を理解する必要がある。すなわち家康の将軍任官とは、公儀の主宰者の地位の事実上の簒奪を意味したこと、そして徳川家にとっても、豊臣系諸大名を含む全武家領主にとっても、簒奪者、反逆者の汚名を蒙ることなく、かつ無血的に、天下支配の政治体制の変更と、大名領主レベルでの主従関係の全面的更新を、実質的に遂行しうる政治的効果をもつものであった。朝廷官職としての将軍職なるものには、そのような妙味が備わっていたのであり、この点は朝廷官位一般の政治的効果を考えるうえで、留意されねばならないところなのである。

征夷大将軍の地位については、いま一つの点を指摘しておかなければならない。すなわち将軍に就任するとは、単に朝廷官位体系における高位の位置を占めるだけのことではなく、この将軍職に随伴している伝統的に蓄積された政治価値と諸権限とを同時に獲得したことを意味するのである。家康は、保守政治家としてこの伝統的意味の効用について熟知していた。そしてまた『吾妻鏡』以下を熟読学習することで、この将軍の権限の伝統的に蓄積されたものの内容を誰よりもよく把握していた(34)。

たとえば武家領主の官位執奏権の問題がある。朝廷官位は人々の身分的地位を規定し表現する基準として、近世社会においても依然としてその権威を失っていなかった。武家領主を含むこの社会の成員は、朝廷官位を希求し、さらにそのより高い官位への昇進を競望しており、朝廷官位はなお人々を統御する有効な手段であり続けていた(35)。

この問題については古く、鎌倉幕府の頼朝が自己の家人の官位叙任については、将軍たる頼朝の執奏なくして行われることを固く戒めたことを淵源として、続く足利将軍家においては武家領主一般の官位執奏権を独占するに至っていた。これは征夷大将軍職に随伴する固有の権限として、家康は将軍任官に伴ってこの権限を行使することができたのである。

近世の武家領主が朝廷官位への志向性を有する以上、この事実によって、彼らは徳川将軍家への随従を余儀なくされることとなる。すでに将軍は「武門の棟梁」として、いわば無条件に全武家領主を支配下に収めることができるのであるが、この朝廷官位の執奏を手段とする支配のあり方は、その一つの具体的な現れなのである。

いま一つ重要なものとして、先述した慶長一六年の三ヶ条誓詞の問題がある。すなわちその第一条、「如右大将家以後代々公方之方式、可奉仰之、被考損益而、自江戸於被出　御目録者、弥堅可守其旨事」の一項は、伝統的なものの力能の問題を如実に示している。すなわち徳川幕府が制定発布する諸法令なるものは、幕府が任意に定めたものを諸大名側に一方的に強制するものではなく、あくまで鎌倉・室町両幕府の伝統と先例に依拠したものであり、歴代源氏将軍家の発布法令の部分修正版にほかならないという擬制をもって、諸大名にその遵守を誓約せしめているのである。

元和元（一六一五）年七月、大坂夏の陣に豊臣家を滅ぼした徳川幕府は、京都伏見城に諸大名を召集して、武家諸法度一三ヶ条を伝達した。この元和の武家諸法度は室町幕府の「建武式目」の条文などに典拠を求めていたのであるが、これを指して当時の人々の間でも、「むかしの公方之法度、被レ成二御引直一可レ被二仰出一候由」[36]というふうに受け止められていた。おそらく幕府の側からもそのような説明がなされていたのであろう。徳川幕府の法度や全国法令、および法令を制定しうる権限は、このように伝統的な権威によって根拠づけられ、正当化されることを通して当該社会に受容されていったのである。

征夷大将軍という官職には、鎌倉将軍より伝統的に蓄積されてきた社会的地位、法令制定権を含む諸々の権限といったものが随伴しているのであって、家康がこの官職に補任された時には、これらの拡大された社会的地位や権限までも同時に獲得したのである。

これら当該官職に随伴するさまざまな政治的意味内容を踏まえ、前提として、徳川将軍（幕府）の政治支配、その全国統治なるものは展開されるのである。

［注］

（1）『大日本史料』慶長八年二月一二日条。外記宣旨として右大臣、牛車、源氏長者、兵仗に関する四通が、官務宣旨として征夷大将軍、淳和奨学両院別当、源氏長者、牛車に関する四通が発給されている。征夷大将軍への任官に伴って、源氏長者以下の諸種の礼遇の宣旨が下されるのは足利義満以来確立された足利将軍家の伝統である。ただし歴代の足利将軍にあっては、これら諸種の宣旨は年時を追って順次発給されていくものであるが、徳川家康からは将軍任官時の同時一括発給の形となっている。

（2）本問題を扱った代表的な論著として以下のものがある。三上参次『江戸時代史』第一章第一節「将軍宣下および土木工事」（冨山房、一九四三、復刊・講談社学術文庫、一九七六）、栗田元次『江戸時代史・上巻』第二章「江戸幕府の成立」

（内外書籍『綜合日本史大系』一七巻、一九二七、復刊・近藤出版社、一九七六）、中村孝也『家康伝』第十「将軍在職中」（講談社、一九六五）、辻達也『江戸開府』（『日本の歴史』13、中央公論社、一九六六）、藤野保『日本封建制と幕藩体制』第六章「江戸幕府論」（塙書房、一九八三）、高木昭作「江戸幕府の成立」（『岩波講座・日本歴史』近世1、岩波書店、一九七五）、井上光貞他編『日本歴史大系・近世』第三章第一節「江戸幕府の成立」（山川出版社、一九八八）。これまでの研究では家康の将軍任官について、関ヶ原の合戦で確立された家康の覇権を、公式的な政治制度の形に仕上げたものという理解は、余りにも自明の事として明示的には論及されないことも多い。むしろ家康の将軍任官については、あるいは関白職ではなくて将軍職であったことの意味が問題とされ、あるいは一切の朝廷官職からの離脱を計った信長の政権構想との比較が論ぜられるという形で検討される。しかし、そこでも前述の理解それ自体は、自明のこととして前提的に含意されているのである。ただ栗田元次氏の所説では、家康の将軍宣下が秀頼の地位を脅かすものとして政治的軋轢が生じていること、家康がそれへの慰撫策をさまざまに用いていることなどについて詳細な分析がなされている（同氏前掲書八二頁以下）。

（3）山口啓二『幕藩制成立史の研究』第三部一「藩体制の成立」（校倉書房、一九七四）二三〇頁、朝尾直弘「幕藩制と天皇」（『大系・日本国家史　近世』、東京大学出版会、一九七五）二一〇頁、高木前掲「江戸幕府の成立」一二二頁。

（4）中村孝也『徳川家康文書の研究』中巻、七七〇頁（日本学術振興会、一九五九）。

（5）慶長三年四月に六歳で朝廷官位が従二位権中納言、同六年三月に権大納言、同七年正月に正二位に昇叙、同八年四月に内大臣に進み、同一〇年四月には一三歳で右大臣に昇任している（『公卿補任』）。幼年でのこのような急速な昇進は、秀頼が摂関家の当主並みの存在であることを公に示すものであろう。

（6）慶長六年四月二一日付の伊達政宗書状（今井宗薫宛）には「いかに太閤様御子ニ候共、日本の御置目等、可被取行御人ニ無御座候由、内府様御覧届ヶ候は、御国の二三ヶ国も、又ハ其内も被進候而、なが〳〵の御進退被申候て能候はん」と見えている（中村孝也『家康伝』三七六頁）。政宗は、幼少の秀頼を担ぎ出して戦乱を企てる輩が出現しないとも限らず、それは豊臣家にとっても不幸なことであるから、秀頼は家康の下に引き取って養育していくべきだという文脈の中で語っているのであるが、ここでは秀頼は成人した暁には、統一政権の主宰者の地位につくべく約束されているということが、自明の前提となっているのである。そしてまた家康は――実力的にはもちろん第一人者ではあるが――、あくまで秀頼の補佐者としてあり続けるという認識も含意されている。

(7)『駒井日記』文禄三年四月一三日条(『改定史籍集覧』第二五冊、近藤活版所、一九〇二)。
(8)朝尾直弘「豊臣政権論」(『岩波講座・日本歴史』近世1、一九六三)、石毛正「豊臣秀吉の政治思想」(桑田忠親編『豊臣秀吉のすべて』新人物往来社、一九八一)。
(9)藤木久志『豊臣平和令と戦国社会』(東京大学出版会、一九八五)。これは藤木氏によって解明されていった秀吉の「惣無事」令に基づく天下統治の方式と関わる問題でもある。関白職が天皇の代行者として日本全国に対する「進止」の権を有すること、しかもそれは天皇より「御剣」を預かって、軍事的権能としてこれを行使することが、秀吉によって唱えられている。これは伝統的な関白職の観念とは異なる、秀吉独自の内容のものである。このような政治的内容をもった関白職を基軸にして構築された統一政権が、豊臣秀吉の公儀の政治的性格である。
(10)慶長七年の末から同八年初めにかけて、秀頼の関白任官の風聞が流されていたが『義演准后日記』や毛利輝元の書状などではこれを、ありうべきこととして書き留めている(三上前掲書二〇二頁、栗田前掲書八五頁)。
(11)高木「江戸幕府の成立」一二三頁、『大日本史料』慶長七年二月一四日条。
(12)足利義昭は天正元年に織田信長によって京都を追われたのちも、なお制度的には将軍位に留まり、中国の毛利氏などに寄寓していたが、後陽成天皇の聚楽第行幸のあった天正一六(一五八八)年に落飾して昌山と号し、ここに足利将軍家は正式に消滅した。昌山義昭は慶長二(一五九七)年に大坂で没している。
(13)文禄四(一五九五)年七月の五ヶ条の誓詞をはじめとして、家康以下の諸大名は秀頼に対する忠誠を誓う誓詞を繰り返し認めている(栗田前掲書、朝尾前掲「豊臣政権論」)。
(14)本問題については朝尾直弘氏が、慶長八年の開幕以後も豊臣秀頼およびその直属大名の朝廷官位の執奏権は徳川将軍から独立していたと推定し(「幕藩制と天皇」一一六頁)、高木昭作氏は家康の将軍任官以後もなお西国大名と豊臣秀頼が結び付くような状況が続いている点を重視している。また藤井譲治氏も公家・門跡衆の大坂城への年賀参向の慣例が慶長末年まで続けられていることや、慶長一六年四月の「三ヶ条誓詞」に秀頼の名の見えないことなどを指摘しており（「「法度」の支配」―朝尾・辻編『日本の近世』3、中央公論社、一九九一）、豊臣秀頼の地位が徳川政権下の単なる一大名に転落したものではないということについて、徐々に認識が新たになりつつある。本書の立場はこれらの研究史を踏まえたうえで、これを筆者の関ヶ原合戦に関する見解と連関させつつ、二重公儀体制なる理解をもって、国制構造上の問題として仮説提示したところにある。

(15)　栗田前掲書九三頁、高木前掲「江戸幕府の成立」一三二頁。

(16)　米沢温故会編（原書房、一九九〇）。

(17)　『旧記雑録後編』4―八四号（『鹿児島県史料』黎明館、一九八三）。なお徳川幕府と島津氏との取次役としての幕臣山口直友については、山本博文『幕藩制の成立と近世の国制』（校倉書房、一九九〇）第一章「家康の「公儀」占拠への一視点―幕藩制成立期の「取次」の特質について―」参照。

(18)　『旧記雑録後編』4―七〇号。

(19)　『大日本史料』慶長一〇年六月二八日条。

(20)　『大日本史料』慶長一三年正月二七日条、同一四年正月一七日条、同一五年正月一八日条、同一六年正月八日条など。慶長一八年正月の日野資勝より大坂城の大蔵卿局へ宛てた消息文では、秀頼のことを「上様」の語で呼んでいる（同前、慶長一八年正月二六日条）。この勅使・公家衆の大坂参向については、栗田前掲書九二頁参照。

(21)　朝尾前掲「幕藩制と天皇」二二一頁。

(22)　『大日本史料』慶長八年七月二八日条。

(23)(24)　『当代記』慶長一二年三月二五日条（『史籍雑纂』第二、続群書類従完成会、一九七四）。

(25)　『大日本史料』慶長八年一一月一三日条。

(26)　高木前掲「江戸幕府の成立」一二六頁参照。高木氏はこの蔵入米の使用に幕府役人が介在している観点から、この算用状を取り上げられている。本書では慶長九年になってなお、太閤蔵入地の差配が大坂方によってなされ、蔵米が大坂に運搬されている事実のほうに注目して扱っている。
(27)『大日本史料』慶長九年三月二八日条所収。
(28)『大日本史料』慶長一六年三月二八日条。
(29)『当代記』慶長一六年三月二八日条。
(30)「小須賀氏聞書」(『朝野旧聞裒藁』五九〇巻所引)。『徳川実紀』慶長一六年三月二八日条。
(31)前田育徳会・尊経閣文庫蔵。本文書は正文の誓詞が作成された直後に、精密に筆写された写である。『御当家令条』第一号(『近世法制史料叢書』1、創文社、一九五九)。
(32)藤井前掲「「法度」の支配」二〇頁。
(33)三上前掲『江戸時代史』(一)二〇八頁、藤井前掲「「法度」の支配」二〇頁。
(34)家康の『吾妻鏡』以下の愛読学習については、中村孝也前掲『家康伝』六五八頁以下参照。
(35)今谷明『戦国大名と天皇』(徳間書房、一九九一)五九頁以下。
(36)元和元年閏六月二九日付、細川忠興書状(細川忠利宛)(『熊本県史料・部分御旧記』第一巻、六六六頁)。なお、元和武家諸法度が、室町幕府の建武式目の改訂版としての性格をもつものであることは塚本学「武家諸法度の性格について」(『日本歴史』二九〇号)にも指摘がある。

第三章　近世武家社会における集団と個

はじめに

前章では関ヶ原合戦および徳川幕府の成立について見たが、それは中世社会のなかで成長、発展してきた武士領主制の一つの到達点であり、近世社会における武士領主の国家的規模での枠組みを構成するものであった。

これに対して本章では、この近世武家社会の成員たる個々の武士の、個体としてのあり方を問題とする。ことに第一章に見たように、武士領主制の発展とともに、在地領主としての自己完結的な所領支配を貫徹することはしだいに困難となり、自己の所領の保全と拡大を志向するのであれば、国人一揆であれ、大名家であれ、何がしかの組織的集団の一員として編入されていくのを不可避とした。すなわち、このような組織内存在としてあることを条件づけられた近世武士について、その個体としてのあり方を検討するのが、本章の課題である。

さて、近世の武家社会において、その成員たる個々の武士は次のような仕方で社会的に関係しあっていた。

第一に、そしてもっとも基本的な関係は主従制的関係である。主君は従臣に知行・俸禄を与え、従臣は自己の武力をもって主君に軍事的勤務を果たすという、御恩—奉公の相互的関係を有する人的結合関係である。近世の武家社会は中世のそれと異なり、徳川将軍のもとに一元的に統合された社会である。全大名（そして旗本・御家人）は将軍のもとに服属し、そのあいだに主従の関係がとり結ばれる。大名の領国のレベルでも、その家臣団は大名に臣従し、さらに大身の家臣はその召し抱える家臣とのあいだに主従の関係を結んでいる。このように将軍を頂点として、下は陪臣の若党・中間にいたるまでの主従関係のヒエラルキーが構成されている。

次に将軍は全大名とのあいだに、軍事的な主従関係をとり結ぶのみならず、他方で日本全土に対する統治権者として君臨している。この場合、将軍とその権力の執行団体たる幕府は公的支配を司る国家機関として、法律の制定・裁判・治安警察そして民政一般にわたる統治行為を行う。この将軍・幕府の統治権能はさらに各大名に下降分有され、大名は自己の家臣団を官僚制的に編成し、これをもって領国内に右の諸行為を遂行していく（したがって、国家的統治行為の体系は将軍が直接に執行するものと、大名の下に分有されて行使されるものとの重畳的構造を有することになる）。

かくて近世武家社会における武士は、戦闘者の人的結合の関係である主従制的秩序のヒエラルキーの内に包摂されるとともに、他方では将軍を首長とする国家的統治機構の役人として、官僚制的秩序のなかに編成されていた。そして、この二つの秩序関係は分かちがたく結合されていたのである。

ここで重要なことは、この二重の関係がともにタテ型の支配—服属の命令秩序の形態をとることによって、権力は主君・上位者に集中し、下位者に対する支配力は当然にも強大にならざるをえない構造をもっていたことである。近世の武家社会において、個々の武士がヨコの政治的結合をなすことは「徒党」と称され、天下の大法として厳禁されていた（「武家諸法度」）。だから、この社会で公式に秩序づけられた社会関係は右の、二重のタテの支配—服属関係でしかなかったのである。

このようなタテ型の社会において、上位者より発せられる命令が一方的に下位者の側に強要され、これに服従していくことが当然と考えられ、かつ現実的にもそれが常態化しているような行動形態を示すとき、そこでは個別的なものは全体の内に埋没しているとみなしうるであろう。このように上位者の命令に「恭順」である社会は、「直接的に集団的な社会」と定義しうるであろう。

他方、上位者の命令について下位者の側に、その命令内容の是非の吟味と、その受容の諸否についての独自の判断能力が存在し、この独自の判断に基づいて上位者の命令に抵抗し、修正を要求し、なお容れられないときには上位者との関係を破棄する（これには下位者の退去と、上位者の廃立の二通りがありうる）ことを当然と考え、かつ実現しうるような行動形態を示すとき、その社会は自立した個体によって構成される主体的な共同体、すなわち「個別的自立性に基礎づけられた社会」と呼ぶことができるであろう。

以下、このような概念設定に基づいて、近世武家社会における個別的なものの存在形態を、思想と現実行為との両面についてみていくこととする。

第一節　武家社会における「個」の思想

武士のあるべき姿を叙述したものとしてまず挙げられねばならないのは、山本常朝の『葉隠』(1)であろう。献身と死の道徳書として知られるこの著述において、「集団と個」の問題はどのように表現されているであろうか。

同書は佐賀鍋嶋家における絶対的忠誠の精神を説いて次のごとくにいう。「御無理の仰付、又は不運にして牢人、切腹被仰付候とも少も不奉恨、一の御奉公と存、生々世々、御家を奉歎心入、是御当家の侍の本意、覚悟の初門にて候」と。しかしながら、それは没主体的な奴隷の服従を意味するものでは決してない。すなわち「仰付にさへあれば理非に構わず畏り」と主命の絶対的尊重を主張しながらも、「偖気に不叶事はいつ迄もいつ迄も訴訟すべし」、そして「主君の御心入を直し、御国家を固め申すが大忠節」と、主命といえども、悪しき主命に対してはその無批判的な受容を排し、「諫争・諫言」という手段を用いてその修正をどこまでも求めていくという、家臣の側の主体的・能動的な立場が堅持されているのである。

ことに武士道という武士の存立性そのものに関わる問題にあっては、たとえば「降参といふ事は謀にても、君の為にても武士のせざることなり」と、それは忠君に優越するものとして捉えられていく。

この価値序列を端的に示すものが山本常朝の四誓願である。そこでは武士道・忠君・孝行・慈悲の四つの徳目が掲げられているが、「武士道に於て後れを取べからず」が第一となり、「主君の御用に立つべし」に先んずるのである。武士道とは武士の戦闘者としての名誉の掟である。戦陣においては一番槍を入れ、喧嘩の場にあっては後ろを見せず、自己の名誉を侵害するものは討ち果たし、傍輩の窮地を見てはこれを助け、一度約諾をなせばかならず履行し、未練を残さず一命を賭して事に処すべき態度これにほかならない。

『葉隠』にあってはまず個としての武士の完成が要求された。そして主君への忠誠の問題は、このように完成された個としての武士の、主体的で能動的な自己滅却として捉えられていたのである。さればこそ主命への事なかれ主義的な恭順ということは、『葉隠』のもっとも嫌悪するところであったのである。

『葉隠』よりも穏やかな口調で書かれた大道寺友山（一六三九〜一七三〇）の『(原本)武道初心集』[2]にあっても、事態は本質的に同様であった。友山は武士の基本的な徳目として忠（忠君）・義（節義）・勇（勇猛）の三つを挙げる。友山の「忠」の観念は明快であって、「主君たとへ何程非道なる儀を仰て、如何ようの御しかりに預るとも恐入て御意を承」る態度が肝要として、主君への一切の反抗を否定するかに見える。

しかし友山は他方で「義」について述べる。「義は即善、不義は即悪也、義理をちがへて不義を行ひ候とあるは武士の意地にあらず」とあるごとく、「義」は人間社会の「善」一般を指す。そして個々の武士が己れの良心に従って善を指向する節義の立場（「心に恥て義を行ふ」）は、「忠」の内に解消されることのない独立の規範として措定されているのである。だから友山は、主命への反抗を否定した後に続けて、「しかりといへ共、武士道の押へ共なるべきごとくなる儀ならば、それは又格別の子細」として、自己の申開きをなすべきを当然とするのである。

『葉隠』の能動的・激情的な諫争、『武道初心集』のおだやかな申開きという差異こそあれ、忠君のうちに埋没してしまうことのない、個としての武士の主体性を堅持する武士道的な立場は両者に共通のものである。そして、このような立場は近世的な武士道論・武教論を通貫するものであったのである。(3)

ただし、これらにあっては、主君への忠誠と武士の個別的自立の概念対抗の問題は、その論理に内在していることは明白であるが、それを表立って叙述することは控えられていた。この問題を正面から取り上げ、明確に論じたのが室鳩巣の『明君家訓』(4)である。

ある明君が臣下に訓諭するという形式に託して、あるべき君臣関係を説いた同書は、君臣ともに「善に進み、悪を改」めることを第一義とし、そのための手段としての「異見」「諫言」の必要を冒頭に掲げる。すなわち「君たる道にたがひ、各々の心にそむかん事を朝夕おそれ候、某身の行、領国の政、諸事大小によらず少もよろしからぬ儀、又はをの〳〵存寄たる儀、遠慮なく其儘可被申聞候」と。

同書は次に臣下に対して節義の行為を求める。「節義の嗜と申は口に偽りをいはず、身に私をかまへず、心すなをにして外にかざりなく、作法不乱、礼義正しく、上に不諂、下を不慢、をのれが約諾をたがへず、人の患難を見捨ず（中略）さて恥を知て首を刎らるとも、おのれがすまじき事はせず、死すべき場をば一足も不引、常に義理をおもんじて其心鉄石のごとく成ものから、又温和慈愛にして物のあはれをしり、人に情有を節義の士とは申候」と。

このように個々人の節義の立場を重んじた同書はそれ故に、主命と臣下たる武士の個別的判断が背反した場合について次のごとくに論断する。「惣じて某が心底、をの〳〵のたてらるる義理をもまげ候ても某一人に忠節をいたされ候へとは努々不存候、某に背かれ候ても、をの〳〵の義理さへたがへられず候へば於某珍重存候」と、「義理」に基づく抗命を肯定するのである。因みにここにいう「義理」規範は通例知られている情緒的・習俗的に頽落した意味でのそれとは別物である。それは先に見た「義」や「節義」とほぼ同内容のもの、すなわち普遍的な意味での「善」であり、現実の諸権威を超越した「正義の道理」にほかならないものである。(5)

『明君家訓』は正徳五（一七一五）年に刊行されるや、武家社会において好評を博したが、その後、将軍吉宗が同書を、側近の者たちに推奨するということがあってより、爆発的な流行を見せ、江戸城に登城する幕臣らは皆、これを懐中にしていたということである。(6)

　このように武士の個体としての自律的行為を主張する思想は、確かに近世社会に存在した。では右の思想が現実社会の行動のなかに、どのように展開されていったかを以下に見ていくこととしよう。

［注］

（1）『三河物語　葉隠』（『日本思想大系』26、岩波書店、一九七四）。
（2）岩波文庫。
（3）相良亨『武士道』（塙書房、一九六八）一五四頁以下参照。
（4）『近世武家思想』（『日本思想大系』27、岩波書店、一九七四）。
（5）新渡戸稲造『武士道』（岩波文庫）第三章参照。
（6）近藤斉『近世以降武家家訓の研究』（風間書房、一九七五）九二頁、『有徳院殿御実紀付録』巻十（『新訂増補　国史大系、徳川実紀』第九篇、吉川弘文館、一九七六）。

第二節　武家社会における「個」の行動形態

近世の武士の行動形態を特徴的に示すものとして、「武家屋敷駈込慣行」と呼ぶべき社会慣行が存在していた（本章付論、参照）。それは武家社会で発生する「喧嘩」の場において、相手を討ち果たした武士が、追捕の手を免れるべく近辺の武家屋敷に逃げ込んで保護を求め、当該屋敷がこれを受け入れて匿まうというものであった。この社会慣行の論理は次のようなものであった。

「喧嘩」とは近世武家社会で日常的に行われていた武力闘争の形態である。それは路上でのささいな口論に発するものであれ、積年の宿意の暴発として現れるものであれ、自己の名誉が侵害され恥辱を蒙ったと感じた武士が、相手に仕向ける武力的報復行為である。武士は恥辱を加えられ、「武士の一分」を喪うべき危機におちいったならば、必ず相手を討ち果たさねばならない。しからざる者は臆病者・卑怯者にして、武士として失格になる。したがって喧嘩と喧嘩による殺人の発生は、名誉と廉恥の保持を第一義とする武士道の必然的な帰結である。

それ故に、喧嘩討果し人は、武士道の立場においては犯罪者なのではなくして、己れが名誉を全うして武士道的正義を実現した理想の武士にほかならない。名誉を賭けた決闘の勝利者なのである。武家屋敷の主が彼を匿まうのも右のごとき観念を前提にしているわけであり、加えて窮地にある者より助けが求められたならば、保護の手を差し延べるべきことが、これまた武士道的正義として要請されていたからである。武家屋敷駈込慣行は、このような武家社会が自生的に定立した規範観念に基づいて存在していたのである。

さて近世国家の統治を司る公権力の立場からは、このような殺害人を隠匿し逃亡せしめるという行為が、許すべからざるものであることは当然である。私事に対する公法の絶対性を説く徂徠学派の太宰春台は、その著『経済録』[1]のなかで本慣行について次のように述べる。「今ノ世ニ人ヲ殺セル者ハ曲直ヲ論ゼズ必死刑ニ処ス（中略）然ルニ人ヲ殺セル者、若シ士大夫ノ家又ハ諸侯ノ門ニ走入レバ、其主人此者ヲ匿シテ出サザルヲ義トス（中略）是ヲ禁制セザルハ国家ノ失刑ニシテ政ノ害也」と。

そして、この問題の政治的決着は、八代将軍徳川吉宗の下で行われた『公事方御定書』[2]の編纂とともになされることになった。『御定書』第八十条「科人為立退并住所を隠候者之事」の第五項「喧嘩口論当座之儀にて人を殺候者」一の隠匿が本慣行に該当している。評定所一座の作成した右行為の刑罰原案は「追放」であった。しかしこの原案に対して、「是ハ盗人躰之者を囲ひ立退せ候とハ品違ひ、義理を以、頼れ申たる儀ニ而、武士之上ニも間々有之事ニ候、急度叱可申事」との修正命令がなされ、原案の「追放」は「急度叱」という名目だけの刑罰に降格されて、『御定書』に収められるに至ったのである。そして、この修正命令をなしたのは実に将軍吉宗その人であった。

われわれは、この修正命令の語句・思想を見るならば、それが『明君家訓』の根本テーゼ「某に背かれ候ても、各々の義理さへたがへられず候へば、於レ某珍重存候」と完全に一致していることを知るであろう。これは『明君家訓』の「義理」の超越的規範性についての思想が、現実政治のうえに実現された好個の例証なのである。

次に武家屋敷駈込慣行を離れて、より平和的な領域で生じた一つの事件を取り上げてみよう。これは近世の中ごろ江戸城中で発生した興味深い出来事であった。

宝暦七（一七五七）年六月、盛岡藩一〇万石の南部家では、藩主利雄が参勤交代を終えて盛岡に帰着した。そこで恒例のごとく在着御礼の使者に献上物を持参させて江戸に派遣した。南部家江戸留守居役の尾崎富右衛門は、この使者を同道して江戸城に赴き、老中に謁して御礼言上をなすべく控間に待った。

しかるにその日、御礼使者には老中ではなく奏者番が応接することを幕府目付より伝えてきた。尾崎は、南部家の在着御礼は老中の謁を受けるのが旧例であり、奏者番では使者を差しだしがたい旨を述べた。そして問題はここから紛糾していったのである。

この一件直後に、尾崎は自家の執政方宛に事の経緯を説明した「口上書」(3)をしたためている。それによれば、事態は次のごとくに推移した。

幕府目付の言いぶんはこうである。今日老中は御用繁多であること、しかも一昨年の南部家の在着御礼は奏者番の謁であったのだから、今回も奏者番で差支えないはずだということである。これに対する尾崎の反論は、一昨年の折りは老中繁忙とのゆえで止むを得ず奏者番の謁を受けた。しかし、このたびも奏者番とあってはこれが慣例化し、南部家の家格を降等させることとなるので絶対に容認しえない（老中の謁は国持大名、奏者番の謁は平大名の家格を示すからである）。しかも今日は他家の在着御礼の使者には老中が謁しており、これは南部家に対する不当な待遇であるというものである。

目付は威嚇と慰撫を以て六度にわたって説得を試みたが、尾崎はこれをすべて拒絶した（他の史料(4)によれば、押し問答は強談判となり、怒声が殿中に響き渡った由である）。尾崎はついに、今日老中繁忙であるならば献上物呈上は後日に改めたき旨を申し立て、幕府側も退出を命じて尾崎と使者は城中を引き上げた。

城中をはばからず過言をなし、幕命を肯がわぬのみならず、御礼言上を拒否して退城するという前代未聞の所業に対して、幕閣はその処分問題を協議することとなった。筆頭老中堀田正亮以下の大勢は、尾崎および南部利雄に対する厳重処分を当然とした。しかし老中西尾忠尚（あるいは松平武元ともいう）は、これに異を唱えて次のごとくに述べたと伝えられる。(5)

すなわち、将軍家の政道は将軍一個人への慮外無礼は問題とせず、下司の過言であっても「其理に当り候儀、御取上可有之儀」である。ことに尾崎は自己の一命を顧みず、主人の家格の堅持のために奮闘したのは「大勇義士」というべきである。もし天下に賊徒出現し、南部家に追討を命ぜられたおりにも、真に役に立つのはこのような者なのである。尾崎のごとき気骨ある武士は故将軍吉宗のもっとも感賞されたところでもある。それ故に、尾崎らの処分は軽く済ませるのが妥当である、というものであった。(6)

西尾の言が発せられるや一同はこれに承服し、その線で事態の決着が計られた。尾崎は在所に下して謹慎（謹慎解除後に一〇〇石加恩、用人に昇進した）、南部利雄は御目通差控えとし、さらに南部家には再度献上物使者を登城せしめ、老中がこれに謁することとしたのである。(7)ちなみにこの一件は、講釈師馬場文耕の手によって世上に流布されている。彼の著『森岡貢物語』がこれである。

尾崎は主家の名誉を堅持すべく奮闘した。そしてそれはまた、右の名誉の実現をその職責とする留守居役たる尾崎の、自己自身の名誉に関わることでもあったのである。己れが名誉の堅持のためには上命といえどもあえて屈せずという態度は、大名家内部の君臣関係においても見いだされる。

次に掲げる事例は、明和元（一七六四）年に因州池田家で生じた紛議である。(8)その性格において、右に見た幕府―大名間の紛議と同様のものである。

同家では新藩主重寛の初入部に伴い、同年八月に恒例の知行判物改めの命を下した。そしてこの際に知行判物交付の取扱いの改正を行い、寄合以上の上級家臣の分は従前どおり家老が取り扱い、一般平士の分は奏者役の担当とした。しかし平士一同は、この処置が己が身分の降格をなすものとして強く不服を唱え、同月七日に登城を命ぜられるも、平士一五組一〇五人は奏者役の担当を不可としていっせいに退城し、差控えを申し出て自宅内謹慎に入った。差控えは表面的には主従の礼の尊重であるが、客観的には沈黙による徹底抗戦である。この冷戦状態は一月半にわたって続いたが、藩首脳部はついに折れ、諸士に登城を命じた上で、平士の分も従前のごとくに家老取扱いとなして、この紛議を収拾している。

もっとも、この事件はさらにこじれた。この最後の登城命令に対して、これをも拒否した平士が二組二二名あったのである。すなわち登城命令にさいして、右の家老取扱いが確約されていないことを問題として、この挙に及んだものである。この行動は藩首脳部側がすでに全面譲歩していただけに明らかに落度であり、彼らは閉門・減知処分を受けている。

この事件では所期の要求を実現した多数の平士と、情勢の判断を誤って処罰されたものとの明暗二つに分かれたわけであるが、主命に抗しても自己の名誉は堅持するという態度に変わりない。ことに後者の二二名は処罰覚悟であえて登城拒否を行っているのであり、不退転の決意をもって己れの存立性を貫いてゆく、激しい自己主張の精神がここにはみなぎっている。そして、それはまた「首を刎らるとも、おのれがすまじき事はせず」という、あの『明君家訓』の個体の思想と強い親近性を有するものということができるであろう。

［注］

（1）『日本経済大典』（史誌出版社、一九二八）第九、同書六二二頁。

（2）『徳川禁令考』（創文社、一九六〇）後集第四、八一頁。

（3）岩手県立図書館蔵『諸記録抜書』。なお本事件の詳細については拙稿「武士の身分と格式」（辻・朝尾編『日本の近世7、身分と格式』中央公論社、一九九二）参照。

（4）馬場文耕『森岡貢物語』（『改定史籍集覧』第一六冊、近藤活版所、一九〇二）。

（5）『諸記録抜書』。

（6）この西尾の言は『東照宮御遺訓』（近藤前掲『近世以降武家家訓の研究』所収）の内容を踏まえている。
（7）『徳川実紀』宝暦七年六月一三日条。
（8）『因府年表』（佐伯元吉編『因伯叢書』第五、第六冊　名著出版、一九七二）明和元年八月七日条、『鳥取藩史』第六巻、事変志（鳥取県立鳥取図書館、一九七一）。

結語

近世武家社会では確かに一方において、主命・上位者の命への絶対的な恭順が説かれ、権威主義的な支配の行われていたことは事実である。しかし他方では、武士の個体としての自立を第一義とし、そこから社会秩序を構築していくという、いわば「原子論的」な社会の観念と、その実践とが存在もしていたのである。この立場においては、個々の武士の名誉と節義とが神聖不可侵のものとして措定された。そして、そこから必然的に超越的な正義の観念が形成され、いかなる行為が正義たりうるかについての判断権が個々の武士に帰属せしめられることになったのである。

この場合、正義の内容は個々の武士の価値観と状況とによって種々でありえた。それは武士道の掟、儒教的な「仁政」、主君と家臣の共同体たる「御家」の存立、家臣の身分的既得権などが挙示されたし、また、それらの複合物でもありえた。いずれにしても、上位者の命令はそれ自体で絶対視されることはないのであり、つねに右のごとき正義の観点からの是非の吟味が加えられることとなる。正義に背反する上位者の命令は諫争をもって矯正されるべきであり、なお改まらない場合には抵抗、不服従で臨むことがこの社会では正当行為とされていたのである。

さて、本章では近世武家社会における「集団と個」の問題をもっぱら本来の武士道的世界、すなわち武士の戦闘者としての存立性に関わる局面に限定して論述してきた。この局面こそが、武士の個別的自立性の精神と実践力を生み出す本源的な場であったからである。しかし、この問題は第二の局面たる統治行為の世界、官僚制的秩序の局面にも波及していかざるを得ないものなのである。

ここで想起されねばならないのは、藩政の運営、ことには藩政改革の遂行に際して、それが安穏に終始するというごときは全く例外に属し、つねに激しい藩内抗争を随伴していたという事実である。上杉治憲（鷹山）の下に行われた米沢藩の改革においても、「七家騒動」として著名な重臣たちの集団抵抗を受けた。この抗議行動は退けられたのであるが、しかし、この処断は主命に背いたがゆえにただちに弾圧するというごとき専制的性格のものではなかった。治憲は監察職・番頭の者を広く召集して、七家の提出した政治批議書の内容の真偽、理非曲直を推問し、これが虚説であること、藩内諸士は治憲の新政を支持している旨の回答を得て、はじめて右の処断に踏み切っているのである。(1)

このような政治運営のあり方は莅戸善政のもとに遂行された同藩の寛政改革においても踏襲されている。そこでは異端の意見を徴し、「衆評」を受容していく旨の方針が宣明されているのである。米沢藩の改革政治はこのような各層・各人の主張の受容と、相互批判尊重の精神の中でその成功を勝ち得ていったのである。(2)

次に、譜代の名門岡崎水野家の場合を見るに、若き藩主水野忠辰は、気鋭の才に任せて新政を行い、これに抵抗する家老をつぎつぎに罷免していった。この専制的権力行使にたいして重臣たちは団結して出仕拒否で臨み、ついに宝暦元（一七五一）年、忠辰は彼らの手で幽閉され、藩主の座を下ろされるにいたっている。(3)

黒羽藩主大関増業は藩財政を再建すべく、国産取立仕法をはじめとする積極的施策を採ったが失敗し、重臣たちからその責任を追及されて文政六（一八二三）年に隠居を余儀なくされている。同藩の大関増徳も重臣層と不和を生じ、文久元（一八六一）年、彼らによって強制押込めに処されて、藩主の地位を追われている。(4)

水戸藩の徳川斉昭による天保改革に際しても、激しい党争が展開されたが、天保一〇（一八三九）年には水戸の番頭七〇余人連名による斉昭の帰国反対・借知中止を求める嗷訴事件が生じている。(5)

そして長州藩の幕末政治において、藩主の意思が等閑に付されたままに諸々の政治的主張が唱えられ、激突しあって血みどろの抗争を展開していったこと、さらには藩主の名を戴いた命令であろうとも、これを悪しき主命として正面から否定していく反対派の行動形態（「御意難事件」）の広く存在したことが明らかにされている。(6)そして、そのような政治的動向の中で、同藩尊王攘夷派の「政府は先度外に打置、各国有志之士相互に連結し、尊攘の大挙有之度事」(7)という戦略論が提起されていくのである。(8)

これらの事例は枚挙に暇がない。抗争の形態と帰趨は種々でありえたが、問題は各人が己れの主張を申し立て、主命といえどもその是非を問い、これに挑戦することを辞さないという政治行動のあり方である。このような行動形態が超越的な正義の観念と、正義についての個別的判断権の保持、総じて武士の個別的自立性に基礎づけられた近世武家社会の基本構造に由来するものであることは、以上の略述からも充分にうかがえるところであろう。

近世の政治史、そして幕末維新期のダイナミックな政治展開は、右の基本構造の存在を証明するものであると同時に、この一連の政治過程の歴史理解が、たんに開明派と守旧派との対立という平面的図式でなされるのみならず、右のごとき社会の基本構造の観点から再定置されるべき必要を指摘して擱筆したい。

［注］

（1）池田成章編『鷹山公世紀』（吉川弘文館、一九〇六）、横山昭男『上杉鷹山』（吉川弘文館、一九六八）。

（2）吉永昭・横山昭男「藩政改革」（『岩波講座・日本歴史』近世3、一九七五）。

（3）北島正元「水野忠辰」（『近世史の群像』吉川弘文館、一九七七）、笠谷和比古『主君「押込」の構造―近世大名と家臣団

―』（平凡社、一九八八）Ⅱ一「宝暦元年岡崎水野家事件」。
（4）秋本典夫「近世大名の「家」と家臣団」（『歴史教育』一〇巻一二号、のち同『北関東下野における封建権力と民衆』山川出版社、一九八一、所収）。
（5）乾宏巳「水戸藩党争の一考察」（『歴史学研究』二三二号）、服藤弘司『幕府法と藩法』（創文社、一九八〇）。
（6）井上勝生「幕末における御前会議と「有司」」（『史林』六六巻五号、のち同『幕末維新政治史の研究』塙書房、一九九四、所収）。
（7）文久二年正月二十二日付久坂玄瑞書状〔薩摩藩樺山三円宛ヵ〕（福本義亮『松下村塾之偉人久坂玄瑞』誠文堂、一九三四）四六四頁。
（8）芝原拓自『明治維新の権力基盤』（御茶の水書房、一九六五）第三章第三節「外圧と尊攘運動の発展」。

付論　近世武家屋敷駈込慣行

序　問題の限定

本論の研究対象は、近世武家社会において、他人を殺害した武士が追捕の手を免れるべく近辺の武家屋敷に逃げ込んで保護を求め、当該屋敷の側がこれを受け入れて匿まうという行為が広く行われていたという事柄である。他人を殺害したのち任意の屋敷に保護を求めて亡命することを、当時「駈込」(1)と称した。

この「駈込」の事象を武士道の観点から指摘されたものとして、進士慶幹氏『江戸時代の武家の生活』(2)、古川哲史氏『武士道の思想とその周辺』(3)がある。前者は近世武士の具体的な生活相を概観するなかで、武士の心得の一項として右の行為の存在した点を挙げられている。後者は本稿でも引用する『葉隠』記載の見聞記事に拠って、武士道の発現形態の一つとしてこの慣行の存在事実を指摘されている。共に武士および武士道そのものの事実的解明のなかで、この事象を検出されているのである。

これに対して次の辻達也氏、平松義郎氏の研究にあっては、右の行為の幕藩制論との関わり方が論点として提示されることになる。辻氏はその著『江戸開府』(4)の中で、寛永七〜九年に起こった河合又五郎一件（荒木又右衛門の伊賀上野仇討）に触れられ、池田家において傍輩を斬って江戸に逃れた河合が旗本屋敷に匿まわれ、かつ幕府の度重なる殺害人差出命令にも肯じなかった事実を考察されて、次のごとくに論断されている。すなわち殺害人河合の隠匿に対して幕府が手をこまねいていたのは、もっぱら河合が池田家という一大名の法を犯したものにすぎなかったからであり、河合が幕府の法を犯したものであったならば、幕府はこの犯人隠匿を容認しなかったであろうと指摘され、その上で、武家屋敷に対しては幕府も容易に警察力を及ぼすものではなかったと結論づけられている。辻氏の判断において問題は事実上二つの方向に分かれていくのであり、殺害人隠匿と幕府の引渡命令の不貫徹との原因は、殺害行為が池田家の法領域で行われたものであったので幕府がこの問題の解決に熱意を示さなかったが故のものであるのか、または武家屋敷の独立性が幕府権力の介入を排除するほどに強固であったが故のものであるのか、そのいずれと解すべきであろうか。そしてまた議論はその二者に止まるものであるのか。ともあれ辻氏の提示された論点は本問題および幕藩制社会そのものの基本認識に関わるものとして受け止めねばならないであろう。

最後に、近世刑事法制の最高の概説書たる平松義郎氏の『近世刑事訴訟法の研究』(5)は一項を設けてこの問題を論じられている。武家屋敷への犯罪人駈込があった場合の処置についての、寛政一三（享和元）年の幕府目付方の史料に基づき、近世後期には重罪人の屋敷内への庇護はあり得ず、軽き犯罪者の駈込があった場合にのみ、相手側の主人へのとりなしを含む仲介的行為が容認されていたとして、幕府も少しは義侠を容れる余地を残したものと言うべきであろうと結論づけられている。(6)平松氏の所論は簡略ではあるが問題の核心に迫ったものである。そして平松氏の議論に拠れば、この寛政期には殺害人は「駈込」の対象から除外されていたことになる。したがって平松氏がその根拠として提示された、この寛政一三年の史料の意味は重要である。果たしてそれは右のごとき結論にただちに行きつくものであろうか。本章本論の中で検討したい。

以上四氏の見解を通じて、この問題に関する論点の幾つかが浮かび上がって来た。しかしながらそれらは相互に充分に突き合わされることなく、拡散されたままで止まっているようである。「駈込」を巡る事実関係そのものの究明の不充分であることが議論の深化を妨げているようである。したがって本書の課題は四氏の提言を受けつつ、「駈込」の実態の確定を第一とし、そして、ついでその意味するもの、その幕藩制社会における位置づけを巡る問題へと追究の歩を進めていきたい。

［注］

（1）これの類語として「欠込」「欠入」「走込」「走入」「走籠」等々があり、これらはみな同一事象を指す用語と見做しうる。本稿では〝駈込〟の語を統一的に使用する。本書では武家屋敷に駈込み、保護が加えられるという慣行の総体を示す時は〝「駈込」〟と表記し、屋敷に駈込む行為そのものとの区別をした。

（2）至文堂、一九六三。同書四七頁以下。

（3）福村書店、一九五七。同書六一頁。

（4）『日本の歴史』（中央公論社、一九六三）。同書四五八頁以下。

（5）創文社、一九六〇。同書一七一頁以下。

（6）平松氏はその同じ箇所に注記して、大名秋元家の城番条目の内に「駈込」を容認する規定のあることに触れられて、藩によっては犯罪人の城内への庇護があり得たのかも知れないとして、先の結論とは相反する推定をも下されている。この結論の揺れをも含めて検討することとしたい。

第一節　武家屋敷駈込慣行の実態

（一）　駈込慣行の事例

事例の提示に際して留意されねばならないのは、この殺害人の駈込匿まいという事柄が公儀の法度に抵触するものであるために、近世の公的な史料、正史などの表面には現れにくいということ、それはもっぱら随筆類や武士道を称揚する立場より書かれたもののなかに見られるという史料存在上の特色を有しているということである。その史料の偏在性の故に、記述されたものをそのまま請け容れることには注意を払わねばならないのである。したがって随筆、武士道書などの記述からは「駈込」の大雑把な状況を知るに止め、そして、それをより良質な史料、または「駈込」を否定的に表現する公権力の側の史料と突き合わせることによって、当該事象の実態を把握する方向で検討を進めていきたい。

〔事例1〕元禄一〇（一九九七）年頃『葉隠』(1)

一、有馬中務太輔殿京都の留守居、山田覚右衛門と申候、或時覚右衛門長屋え衣類に血付候者駈入申次候は「某は何年以前、どなたにて覚右衛門どのへ御近付に成申たるものにて候、火急の御用候て只今御目に懸たく候間、玄関に少の間御出会被下候様に」と申候、（中略）則大小さし出会候処に、右の人申候は「只今難遁事にて人を致刃傷、則座に切腹仕候義、残念に存る子細候故、御自分を御頼み可申と走込候、跡より追手かゝり申候、御かこひ可被下哉」と申候、覚右衛門承り「御仕廻は何と被成候哉」と尋申候、右の人申候は「両人は留めまでさし申候、一人は手負、逃延申候に付て不及力候」と申候、覚右衛門承届、「無残所御仕廻にて候、奥に御通候へ」と家来に手水・たばこ抔出させ、覚右衛門は直に門番所え参り、番人に成居申候、然る処に大勢押懸、「此屋敷に殺害人駈込候を付届候、被差出候へ」と申候、覚右衛門承り、「何事を被申候哉、所違にて可有」とのめづらに取合候へども、「慥に付込候上は偽はらせ申まじく」と申候、覚右衛門申候は「夫は証拠が御座候哉」と申候、追手ども「見届候が証拠にて候、御屋敷に御入不被成と証拠候哉」と申候、覚右衛門「兼ての申付に『駈込者入不申やうに』と候に付て、主命に替て入立申義にて無之候、是が証拠にて候」と申候、「さらば御屋敷捜し可申候」と申候、其時覚右衛門立向ひ「有馬が屋敷を其方抔へさがさせ候て番人の一分可立哉、子細不聞分候て大名の屋敷に可踏込と申狼藉者一人もあますまじきぞ」とて刀を抜、番人共召連て切かゝり候に付て、追手のものども致迷惑、色々断申候て帰申候、然れども駈込の義は見届の者慥に有之に付て、右の段御奉行所え申上候、夫に付覚右衛門被召出、右の段被仰聞候、覚右衛門承、「曾て此方へ参不申」と申上候、御奉行衆被仰候は「其方何と隠し候ても其紛無之由、訴出申候上は、最早かこひ候義不相成事に候、物がむつかしく成事に候間、早々出し候様に」と被仰聞候、覚右衛門申候は「扨は是非も無御座候、有体可申上候、私義、数年の留守居役、年罷寄候者にて各様にも御懇に被仰下、諸人に名を知られ候者にて候が、此事にて外聞を失ひ候義、無面目にて只今迄偽罷在候、成程此方へ駈込、拙者を偏に頼み申候、然ども中務太輔爰元屋敷の掟書に駈込者隠申まじく由、書載相渡置申候、主命難背候て、近来不義理の事に候え共、右の訳申聞せ、裏門より密に出し申候」と申候に付て、御奉行衆「尤也」と御感、訴訟人どもへ、「有馬やしき御詮議被成候へども隠置不申に相極り申候、外を探捉仕候様に」と被仰付候、覚右衛門は罷帰り、殺害人疵など養生仕らせ、暫いたし候て、路銀抔くれ差出候由、其脇四条河原に狂言に仕候よし、

右は山本常朝『葉隠』の「聞書」の部に収められた逸話である。まず右の事件の年代推定から始めよう。山田覚右衛門の経歴を見るに、延宝年中、久留米有馬家に仕官して三百石拝領・御馬廻格、ついで御使番格・京都屋敷在番御留守居などを勤め元禄八年三月、百石加増・御先手物頭格・京都定詰となり享保四年に没している。(2)

さて右史料中に山田の言として「私儀、数年の留守居役、年罷寄り候者」とあることにより、仕官した延宝期よりかなり隔たった時期であること、『葉隠』の口述者山本常朝その人が元禄九―一三年の間に京都聞番を勤めていること(3)などを考慮するならば、右事件の年代を元禄一〇年ごろと見做しうるのではないかと考える。

続いて事件の経過の中の主要事項を摘出しよう。第一に人を討ち果した者が有馬屋敷の山田に匿まいを求めたこと、第二に山田はこの殺害人に、人を討ち果した折りの所作を尋ね、〝留め〟を刺した旨の返答を得て匿まいを受諾していること、第三に闘争の相手の一類が追手をかけ山田に殺害人の引渡しを求めていること、第四に屋敷内への立入捜索の要求に対して〝大名の屋敷〟への踏込を許さずとしてこれを撃退していること、第五に追手側は殺害人の有馬屋敷への「駈込」を京都町奉行所に訴え出たこと、第六に町奉行は山田に殺害人の引渡しを命じたこと、第七に山田は虚偽の回答をなしたこと、第八に町奉行所側はこの回答をそのまま了承したこと。第九に山田は帰って殺害人に疵の養生をさせ、その回復を俟って路銀を与えて落ち延びさせたこと、大様以上である。

この話において問題の本質に関わるものとして、さらに指摘しておかねばならぬことは次のものであろう。すなわち第一に〝大名の屋敷〟への踏込探索を拒絶している点である。この拒絶は追手に対してのみならず、幕府公権力そのものである京都町奉行所に対しても事実上向けられているのである。すなわち町奉行所側は山田の言のみによって殺害人を「隠置不申に相極り申候」と決定しており、有馬屋敷への独自の踏込捜査をなそうとする姿勢を全く見せていないのである。第二に、有馬家では駈込者の請容れを禁止する旨の掟を設けていた由であるが、もしそうならば京都屋敷の責任者たる山田自身が、この掟に背く行動を採っていることになるのである。第三に、山田の町奉行所での陳述内容から知られるところは、駈込者の匿まいを断ること自体が「外聞を失ひ候義、無面目」であると意識されるようなものであったということである。以上の三点を考慮しておこう。

〔事例2〕　元禄元（一六八八）年『鸚鵡籠中記』[4]

七月廿五日、江戸六番町高林次郎兵衛大番冬野周防守組頭九百石取中玄関脇にて中小性何の弾右衛門とやらを飯嶋源七切殺し、次郎兵衛隣家平番之処に忍ひ、廿九日に摂州様御屋敷へ旗本よりの歩行使の様に仕なし、竹中八太夫長屋へ尋来

表５　尾張藩内における「駈込」の事例

貞享２年11月	天野茂太夫，堀田孫左衛門を斬って浅田八郎左衛門方へ立退。
〃　４年６月	川並御代官磯貝与右衛門の次男，与右衛門手代を斬って三枝市右衛門方へ立退。乱心のため与右衛門方へ引取，籠舎。
元禄３年６月	掃除坊主金斎，茶道坊主権斎を斬殺し，塀を乗越て野崎源五右衛門方へ立退。
〃　４年４月	牢人者，西郷半右衛門召仕女を突殺し侍衆の家へ走入ったところ，参勤供で主人不在の故を以って断わられ，そのまま何方へか立去。
〃　５年２月	柴田平左衛門，意趣により田部彦兵衛方へ押入，寝屋なる彦兵衛に斬りつける。互に切り結んだのち，柴田逃出して渡辺善左衛門方へ立退。
〃　９年４月	藩主男子付の足軽と中間，女の事にて喧嘩刄傷。中間倒れるにより足軽，野呂作之右衛門方へ立退。
宝永３年６月	今泉新右衛門の若党伊藤作太夫，その娘のことにて相原政之右衛門の下僕覚内を斬り，浜田宅左衛門方へ立退。
〃　６年２月	宮崎半六，路上にて富田文左衛門を数ヶ所斬り，親類松本加兵衛方へ立退。
正徳２年７月	副田弥藤次，意趣により津田兵部代官宇田曾左衛門を闇討ちせんとするも返討ちとなり，宇田は本多作内方へ立退。 同八月，松平右近将監義方（尾張連枝）の命により宇田を勢州松坂辺にて斬殺させる。
〃　５年９月	都筑文之右衛門，酒酔により同道の女をあやめたと錯覚し，雑賀藤右衛門方へ行き匿まいを求む。
享保２年10月	成瀬家来益本新六，古本屋円六を斬殺し森十郎兵衛方へ立退。森より成瀬へ意向を伺うところ，不苦とて益本を呼返され前々の如く勤む。
〃　12月	大塩伝九郎子勝左衛門，乱心より弟を斬らんとして自ら傷つき，走出て村井弥一左衛門方へ入る。大塩家より「病者，外に何も無別条候間，御渡し給はれ」の旨申入る。村井は家老成瀬へ内意を聞き，勝左衛門を引渡す。

備考　『鸚鵡籠中記』による。

り、始終を述、仍之、八太夫、加藤伴左に達し、当番金七木村など相談の上にて路銀等可遣也、何方へも罷越候はんやと詰るに、源七云、中々左様の望にて不罷越と云間、明御長屋へ入置、尾州へ注進候処、摂州様以之外御機嫌不宜、何も御叱り之由、御家を頼参候処に、路銀を可遣に参候へと申事、又囚人などの様に足軽番等付置候事、思召にかなはずと云々、

右は尾張徳川家の分家、高須松平家の松平義行江戸屋敷に駈込者があった次第を述べたものである。『鸚鵡籠中記』は尾張藩士朝日定右衛門重章の日記で、その記載は貞享元（一六八四）年より享保二（一七一七）年までの三四年に亙る。朝日は享保三年に没しており、同書は彼の下

日記をもとにして年の終わりごとに纏めて作成されていったと推定されるものである。

その記述には筆者自身の日常の瑣事から社会的事件に至るまでの細大が網羅されており、それによって元禄・享保期の武士社会の具体相を余すところなく、そして高い信頼を以てわれわれに伝えてくれるのである。同書には尾張藩内で発生した「駈込」の事例が数多く記されている。表5に示す通りである。

そして注目すべきことにこれらの「駈込」に対して、尾張藩の公権力が介入するといった事態を、ほとんど見ることが出来ないのである。唯一介入した事件として、同表の正徳二年七月のものが挙げられるかも知れない。この事件では駈込をしたのち勢州方面に落ち延びていた宇田某を、松平義方の命で斬り殺させている（分家筋の義方がこの事件に介入した事情は不明である）。問題はこの誅殺の様式なのであって、そこでは殺人罪を犯した者を逮捕して死刑の執行をなすという公法的手続きとは全く趣を異にした、私闘の延長としての仇討と同様の形式が採られているのであり、それは公権力の公権力としての介在というよりはむしろ、その本来的な私的武力性の発動による自力決着と見做すべきものである。

「駈込」を巡って生起する事態は尾張藩にあっては、すべて武士間相互の私的武力の関係づけに委ねられていたもののごとくであり、そして、それ故に喧嘩―駈込―保護という一連の行為は、同藩にあっては武士としての当然の行為、武士道上の正当行為として認識され、武士のすべての階層に亙って日常的に行われているものなのである。

〔事例3〕　天和三（一六八三）年『御仕置裁許帳』(5)

壱人加藤与五右衛門歳廿三、是ハ大関信濃守方ぇ（黒羽藩主大関増栄）欠込候者、此者信濃守方ぇ欠込候刻、仮名林六右衛門と申候由、信濃守方より之書付ニハ、此者信濃守玄関ぇ参、取次之者ニ申候ハ、私儀松平隠岐守（松山藩主松平定直）家来林六右衛門と申者ニて御座候、今日傍輩長野藤九郎と申者ニ遺恨御座候て、只今討候て屋鋪立退申候、御屋敷を見掛候て祗候仕候、御差置被下候ハヽ可忝旨申候、依之広間ェ引上ヶ様子相尋候ヘハ、藤九郎ニ意趣之儀ハ、隠岐守屋鋪類火之砌、口論仕候、其儀堪忍不罷成候ニ付、討申候由申ニ付、先刀脇指相渡シ候様ニと申、請取見申候処、脇指ニ血付候間、拭見申候ヘハ骨引も無之候ニ付、不審ニ存、隠岐守殿家中存候者有之ニ付、様子相尋候ヘハ一切左様之儀無之儀ニ候由、其上林六右衛門と申給人無御座候由、段々承候程、患成義共申候由、右之者阿部豊後守(幕府老中阿部正武)方より参次第、牢舎可申付候由被仰渡候、信濃守家来館伊右衛門召連来ル付、遂詮議候処ニ、生国予州西条之者、(中略)当月朔日御当地ェ罷下申候、宿無之故、品川、河崎ニ罷在候、身体拵候儀も不罷成候ニ付、路銀才覚仕、在所ェ可罷登と存候処、金子之才覚調不申ニ付、兼て御屋鋪方ェ人を討候之由、欠込候ヘハ金子等被下候由承候ニ付、信濃守殿ェ偽を申、首尾ニ寄、金子貰申候ハヽ致路銀ニ、予州ェ可罷越と存、偽申、欠込候由申之、不届に付、

牢舎

右之者、同十一月十三日牢死

『御仕置裁許帳』は明暦三(一六五七)年より元禄一二(一六九九)年に至る、四〇年余の裁判九七〇件を対象とした判例集である。宝永ごろの編纂にかかり、編者は不明であるが江戸町奉行所の吏員の手になるものと推定されている。その意味で準公式文書としての性格を備えていて史料の信憑性は高い。

さて右の事件は加藤与五右衛門なる者が路銀を詐取する目的を以て、大名の大関家へ偽りの駈込をなし、その企てが露見して幕府に差し出されたものである。われわれは右事例を通じて、駈込慣行の存在そのものについての最終的確認を得る。すなわち、人を討って任意の武家屋敷に逃げ込んだ者に対しては保護が加えられること、ついで落延びのために金子の供与のなされる蓋然性の高いものであったこと、この基本属性を以て駈込慣行は当該社会に存在したのである。

「駈込」の実例については以上である。なお当該慣行がこれに止まらず、さらに広く存在したことについては次に挙げる諸史料にこれを徴することが出来る。

〔事例4〕

(A)　享保三（一七一八）年　山本氏栄著『武家拾要記』[6]

一、人を殺したる者ある時は、其子細を尋んとする刻、其者出奔し他の家に逃入なば、其所にいたり預けて帰るべし、又我家にかけいる者ある時は、早く裏路より出すべし、若迫懸来る者ありて事急なる時は先よく門を守らしめ、さて子細をたづね問べし、其時彼者不義無道の行跡決定せば、頸にして渡すべし

「武家拾要記」は武士の心得の数々を記したいわゆる、武士道書の一つである。右の規定においても駈込の存在そのものは所与のものとされていて、これにいかに対処すべきかの心得が説かれているのである。そして右文章最後の「頸にして渡すべし」の規定の意味するものは、不義・無道の駈込者は匿ってはならぬとする主張であると同時に、かような者であっても、いったん自家に駈け込んだ者である以上はそのままの形では追手に引き渡してはならないという意志の表明でもある。なお、「不義・無道」の駈込者とは、後掲(D)にいう「主殺又は盗人之類」というぐらいに解釈するのが妥当ではないであろうか。

(B)　宝暦頃（一七五一―六三）　柏崎永以著『古老茶話』[7]

一、徳川家老中、若老中、大目付、三奉行、十人目付等之宅へは、たとへば人を切たるかけこみもの有之候とても、其外かくまひくれ候とてかけこみもの是在候ても、出して埒を明る事にして、武士道を以てかくまふといふ事は無之大法也、諸家とは違ふ也、

右は安永元（一七七二）年に没した柏崎永以の随筆『古老茶話』のものである。同書の著述年は不詳であるが、記載

事項の年代的下限が元文五（一七三九）年であるから、それから程遠からぬころのものかと思われる。右史料の示すところはこの時代における駈込慣行の一般的存在と、それが幕府公権力の立場と相容れぬ性格のものであるという事情であろう。

（C）天明七（一七八七）年「鳥取池田家江戸法度」(8)

一、走り込、於有之は常々如申渡、断ヲ申聞、早速何方ヱも相越様ニ可仕候、自然難渋於有之は、横目之者ヱ可相達之、若隠し置輩於有之は可為曲事、

右は鳥取池田家の江戸屋敷在住家中宛の法度の一項で、駈込禁止令と称すべきものである。この種の禁令の存在によって、駈込慣行の存在を確認しうるのである。

（D）天保一二（一八四二）年　大野広城著『殿居嚢』(9)

欠込者之義は、其様子次第かくまひ申事、先格有之候、併、主殺又は盗人之類は捕置可申上候

幕臣大野広城の『殿居嚢』は旗本・御家人の御城勤めのあり方から、日常の生活心得の万般についての武家の作法書である。右規定もそのうちの一つである。同規定中「主殺又は盗人之類」は「駈込」の対象から排除されるという主張は、〝単純なる殺人者〟ならば当該慣行において適格であるということを含意している。

駈込慣行を巡る事例は右の通りである。以下、これらに基づいて検討を加えていこう。

（二）　駈込慣行の型式

本節では以上の事例を素材として駈込慣行の理念型を構成することを課題とする。

（a）　駈込者の資格

この武家屋敷駈込慣行にあっては本来的には、駈込をなして請け容れられる犯罪者の性格は余り問われなかったごとくである。しかし時代を進むに従って傾向的に、主殺しなどの叛逆人、放火・盗賊等の破廉恥罪と結びついた殺害人は排除されていったものと見るべきである。すなわち近世武家社会において許容される駈込者＝殺害人の性格は、武士にして「喧嘩」の場で相手を討ち果したことによって生ずる殺人者である。したがって、これを「喧嘩討果し人」、あるいは単純殺害人と呼ぼう。

（b）　武家屋敷の条件

駈込は喧嘩討果し人が追手をかけられていることを前提にしてなされる。この場合、駈込を敢行する武家屋敷は全く任意であり、彼が適当と判断したところ、どこにでもなされる。これについて注意すべきは、それが彼自身の屋敷および極近親者の屋敷ではないということである。これは自己の屋敷に逃げ帰ったならば「立籠り」となって、追手に攻め入られることを示唆している訳である。

駈込むべき屋敷は、喧嘩に関わりなき第三者のそれでなければならない。この第三者の武家屋敷のみが追手の武力的追求を遮断しうる力能を有するのである。

（c）　匿まいの条件

駈込者を請け容れるに際しての作法は興味深いものである。〔事例3〕の有馬屋敷の場合では、駈込者を請け容れるに際して、喧嘩討果しの状況の〝首尾〟〝仕廻〟についての尋問がなされる。

すなわち喧嘩討果しの際に卑劫な振舞はなきや、討ち果した後の立退の作法に落度はなきや、〝止め〟の作法を励行したか否かなどの武士道に定める準則に違っていないかが、請容れの判定基準となるようである(10)。そしてこの際、喧嘩の内容の是非そのものは問われない。それが客観的には理不尽な憤りのように見えようとも、当事者が堪忍ならずとして討ち果したという形式性のみで充分なのである。

喧嘩は本来的に双方の主張の衝突であり、それ故に双方ともに言い分があるのだから、その喧嘩の場に居合わせぬ第三者が、それについて明確な是非の判断を下し得ぬ性質のものなのである。したがって駈込を受けた屋敷の主は、事態をそのまま請け容れるほかはないのであって、ただ武士としてなすべき所作を励行したか否かという客観的に確認可能な事項が、匿まい受諾の条件として独自の意味をもつことになるのである。

（d）　返還要求と対応

駈込者が逃げ込んだ旨を、追手側が当該屋敷に通告することを「付届」と称する。付届は事実上、駈込者の返還要求を意味するのであろう。そして、この返還要求に応ずることは武士道に悖ることとされた。

さて返還要求から駈込者を守るのに幾通りかの方式がある。第一は、追手の追求に対して武威を以て阻止するもの。これはさらに二つに分かれ、（イ）一つは駈込の事実を認めた上で保護の態度を公然と示すもの、（ロ）今一つは駈込の事実が明白であっても、なお駈込者の不在を強弁して追手に対して門前払いをなすやり方である。

以上の二方式に対して、追手に屋敷内の探索を許し、かつ駈込者を巧みに隠し切って追手側をあきらめさせて帰すやり方も、武士道上適切な処置と見做されていた。『武士心得之事』[11]なる一書には「走込隠シ様之事」として、次のような規定を設けている。

一、是ハ昔より天井か縁之下ニ隠シたる故、人々心付テさかす也、去ニより尋る人来ル時挨拶ニ、畳迄不残上置候間、御吟味可被成候段申、畳をつみかさね、扨下六七畳中を切廻シ、人之横ニ臥テ居ル程ニ致シ、其中ニ隠シテ其上ニ又常之畳をかさね置也

この三様の方式は各時代において並行的に採られていたようであるが、残存史料で判断する限り第一の（ロ）方式、

すなわち虚偽の申立てによって追手を押し帰す方式が、近世の駈込慣行にあって支配的であったように思われる。

（e）　追手側の対応

当該屋敷への匿まいが明瞭であるにも拘わらず、門前払いをもって臨んで来た時追手側のなすべき対応は二つである。一つは自力決着であり、今一つは公権力への提訴である。

（イ）自力決着　自力決着といっても、匿まいをなす当該屋敷に討ち入るという事例は一般的にはない[12]。駈込者が当該屋敷を離れる機会を窺って討つことになるであろう。〔事例2〕で触れた尾張藩の正徳二年の事件が、この自力決着のありようを示しているであろう。

（ロ）公権力への提訴　〔事例1〕の有馬屋敷の場合がこれの行きつく先を示している。武家屋敷への公権力による踏込捜索が本来的になし得ないものであるために、屋敷側の虚偽の申立てであってもこれをそのまま請け容れざるを得ず、（ロ）のケースは廻り道をして（イ）に回帰するほかないのである。

（f）　落延びの作法

駈込者を安全な時に、安全な場所に落ち延びさせるのは屋敷の主の義務である。それが手負いであれば傷の養生をさせ、そして落ち延びのために「路銀」を供与するのが慣わしとなっていたようである。追手の追求がなお険しいと見た時は、護衛の侍をつけて送り出すのであり、江戸屋敷に「駈込」がなされた時、箱根の関所を越えるまで送り届けるというような事例も見られる[13]。

（三）　駈込慣行の論理

「駈込」は屋敷の主が匿まいを応諾することによって実現する。屋敷の主は何故に由縁もなく、しかも殺人者であるところの者を匿まうのであろうか。諸史料は駈込慣行を巡っては「武士道を以て匿ふ」「亡命の人を育むをもて義とする」「武士の一分」「義理を以被頼」等の簡単な表現をなすのみであって、その思想的根拠について縷述しようとはしない。当時の人々にあまりに当然であるが故に、誰も殊更述べたてようとしないからである。したがって、われわれは当時の武士たちの行動そのものと、それを巡って発せられた断片的な言辞とから、彼らの行動の論理を析出していかねばならない。

さて駈込慣行を巡っては「武士道」「武士の義理」といった概念が、主要なモチーフとなっている。それはいかなる具体的内容を有するのであろうか。他方「駈込」の資格の項で見たごとく、それは喧嘩討果し人・単純殺害人であることを要件とした。何故に喧嘩の場で発生した殺人者は請け容れられるのであるか。そして、それは武士道といかなる関係を有するのであろうか。

喧嘩とは、それが永年の意趣・遺恨の積重ねによるものであれ、路上における当座の鞘当によるものであれ、自己の名誉が侵され恥辱を蒙ったと感じた人間が、相手に対して仕向ける武力的報復行動である。

武士たるものは「名」を汚すを恥となす。自己の名誉を毀損され、「武士の一分」を喪うべき危機に陥ったと感じたならば、時機をはずさず直ちに相手を討ち果さねばならない。然らざる者は臆病者・卑劫者である。『葉隠』が繰り返し強調する武士道の要諦である。したがって喧嘩と喧嘩による殺人の発生は、名誉と廉恥の保持をその行動原理の第一義とする武士道の当然の帰結と言わねばならないのである。

かくて喧嘩討果し人は、武士道の立場においては犯罪者なのではなくして、決闘の勝利者、己れが名誉を全うして武士道的正義を実現したところの理想の武士にほかならないのである。

武士道はついでこの喧嘩討果し人に対し、相手を討ち果した後にとるべき行動について二つの見解をもっている。

一つは自己の本望を遂げた上は、その場において見事に切腹して果てることを勧める。今一つはその場を立退き、追手を振り切って逃げおおすべきことを是とする。当面の相手を討ち果した後は、追手に対して逃げるということを武士道は決して卑劫な行為とはしない。数多の敵の囲みを突破し、追跡を振り切って身を全うすることもまた、武勇の証しなのである。『葉隠』は当然第一の立場に重点を置くであろうが、後者に対しても好意的であることは〔事例1〕を同書に載せていることからも窺い知れるであろう。

また先にも引用した『武士心得之事』に「敵を持たるもの心得事」として「一、敵持たるものハ随分討れぬ様ニするか誉なり、如何様之事成しても逃ルか吉、ひけにあらす（中略）随分逃テ討れす返り討するハ猶々大手柄なり」と説く。これは敵持ちの武士のとるべき態度についてであるが、喧嘩討果しの後の立退の状況についても同様に妥当するものであろう。それは正当な意味で自己保全の立場を貫き、故なくして死ぬことを拒絶する行動様式なのであり、その意味で切腹の武士道に対して「生延びる武士道」と称さるべきものなのである。駈込慣行はかかる武士道に立脚しているのである。

次に武家屋敷の主が駈込者を匿まわねばならない理由は何であるか。第一は、喧嘩討果し人は武士道を貫き通した者なのであるから、およそ武士たる者はこれに共感し、誠意を以て遇さねばならないこと。第二に、窮地にある者を見たならば、保護の手を差し延べねばならない責務が武士道的要請としてあること。まして駈込者を追手に引き渡したりするのは、武士としての資格喪失につながると考えられていたこと。第三に、駈込者が屋敷の主を武士と頼んで来た以上、最大級の義気を以てこれに応えねばならないこと。これらの意味においての武士道的義務の観点に立って、保護・匿まいを履行せねばならないのである。

もちろん、現実の社会にあっては、駈込者の到来を喜んで迎え入れる義侠心旺盛な者もあれば、他方に、面倒な問題の発生に迷惑を覚える小心な武士もいるであろう。しかし好むと好まざるとに拘わりなく、その駈込が武士道上適正である限りは、これを請け容れざるを得ない強制力が屋敷の主に働くのである。それの逸脱が、彼の武士としての存立性を脅かすところの武士道という名の強制力である。それは彼の良心を司る内面的強制力であると同時に、世間の毀誉褒貶に監視されているという意味での社会的強制力でもある。

本節を結ぶに際して今一つ指摘しておかねばならないのは、この駈込慣行の基礎をなしている武士道のあり方である。それは武士道という語が常識的に指し示す、忠君奉公のスローガンによって説明されるものと聊か趣を異にするものだということである。

すなわち、主君の命を絶対なるものとして、これへの盲目的服従を説く「タテ型・支配型の武士道」ではなくして、それは武士の個別的自立を前提にして、およそ同様の立場に置かれたならばすべての武士が、地位・身分・石高の高下によらず、全く任意に、相互に結合関係を構成していくという意味において、「平等な個体の横への広がりをもった武士道」だということである。

ここでは喧嘩の行為も、匿まいの行為もともに自己自身の名誉観念への志向と、それに相即する一己の責任・判断によって履行されるのであって、主君・御家への忠誠という主従制の羈絆とは無関係になされているのである。確かに、それらのものは現実の事態のなかにしばしば混入してくるものではあるが、それはあくまで混入なのであって、原理的には排除されているのである。「自然のために知行をあたへ置かれし主命を忘れ、時の喧嘩、口論、自分の事に一命を捨るは、まことある武の道にはあらず」[14]との同時代人の非難が、いみじくもそのことを物語っているであろう。

［注］

（1）『日本思想大系』26（岩波書店、一九七四）。同書巻一〇、第六四番。

（2）栗原荒野編著『校註葉隠』（青潮社、一九四〇）八五七頁。
（3）松田修「山本神右衛門常朝年譜本文篇」（『文芸と思想』第三〇号）四二頁以下。
（4）『名古屋叢書続編』（名古屋市教育委員会、一九六五）九―一二巻。
（5）『近世法制史料叢書』（創文社、一九五九）第一。同書九四七号。
（6）『武士道叢書』（博文館、一九〇五）下巻。同書九九頁。
（7）『日本随筆大成（旧版）』（吉川弘文館、一九二七）第一期第六巻、一三頁。
（8）『藩法集10・続鳥取藩』（創文社、一九七二）。同書「江戸御法度」第七九号。
（9）『江戸叢書』（江戸叢書刊行会、一九一六）第一巻、六六頁。
（10）武士道の定める〝作法〟の細則については進士氏前掲書四三頁以下、古賀斌『武士道論考』（島津書房、一九七四）一四〇頁以下参照。「止め」の意味については千葉徳爾『たたかいの原像』（平凡社、一九九一）参照。
（11）進士慶幹氏蔵。
（12）フィクションとはいえ井原西鶴『武道伝来記』巻七ノ四（岩波文庫二九三頁）には、このケースに該当する物語があるので、この点についての確言は留保せねばならない。
（13）『鸚鵡籠中記』元禄二年一〇月二六日条。
（14）井原西鶴『武家義理物語』序文（岩波文庫、一九六五）。荻生徂徠も同様に「戦場ハ公ノ忠義也、喧嘩ハ私ノ闘諍也」（『政談』巻四）と指弾する。

第二節　武家屋敷駈込慣行と公法

駈込慣行はその本性よりして幕府・諸藩において制定発布される法度、すなわち、この社会の公法と抵触せざるを得ないものである。本節では当該慣行を、これら公法との関わり合いの中で考察し、そしてそこから本問題の歴史的意義についての検討を施していきたい。

(一)　駈込慣行と幕法

殺害人の隠匿を禁ずる法令は戦国大名の分国法の内にすでに見ることが出来る。(1) そして江戸幕府成立以後についてこれを見るならば、殺害人の保護一般を禁じた法令の最初は、慶長一六年四月、在京諸大名に提出せしめた三ヶ条誓詞の第三条である。(2)

一、各拘置之諸侍已下、若為叛逆・殺害人之由、於有其届者、互可停止相拘事

本条項は元和武家諸法度に引継がれ、その第四条に「国々大名、小名幷諸給人、各相拘之士卒、有為叛逆・殺害人告者、速可追出事」として収められる。右条文中の「拘置」(または「抱置」)の語については一般に、給人として召し抱える、仕官せしめるの意として解されているが、この語は当時、今少し幅広い内容をもって使用されているのである。すなわち、たとえば寛永一一年の増上寺法式等に「浪人悪党寺内不可拘置事」(3)とあり、また諸藩の家中法度の内に「牢人抱置間敷候」(4)なる規定がしばしば見られるのであり、「拘置」はこれらの用法では、寺域・屋敷内に止宿・逗留せしめ、保護するの意であると解さねばならない。勝俣鎮夫氏が『今川仮名目録』に註して、「拘をく」の語義を「人や物に対する事実的支配を意味し、他からの妨害に対する保護の意志が含まれた語」(5)とされているのが妥当な見解と言うべきであろう。

「拘置」の意味は以上のごとくであり、それ故に武家諸法度の当該条項は単に謀叛人・殺害人の仕官停止を定めたもののみならず、広くそれらの保護一般をも対象とし、かつ、その行為を禁じた規定であると理解せねばならないの

である。

以下、幕府の定める殺害人追捕に関する法令を挙示するならば次の通りである。

〔事例5〕

A　寛永六（一六二〇）年六月「覚」(6)

人を切候もの有之は其屋敷之者出合、何方迄も追掛、留置、刀脇指を取、子細を相尋、奉行所へ注進すへし、若刀脇指を不出、すまひ候ハヽ打殺候ても不苦候、右之者追掛候時ハ、其さき〳〵の屋敷よりも急度出合可留置之、然は昼夜によらす、屋敷之前にて人を切候事不知においてハ、其屋敷之番人可為油断者也

B　天和三（一六八三）年二月　万石以上辻番所条例(7)

一、辻番之儀、昼夜無懈怠可務之、雖為夜中、番所之戸を明置、不寝番をいたし、請取之場所切々見廻之、若狼藉者又は為手負輩、惣て不審成もの出来ハ、早速出向、留置之、辻番之支配方ぇ申達、可得差図事

C　享保八（一七二三）年二月　辻番所誓書(8)

一、人殺・火付、盗賊其外悪事有之者を、暫くも番所ニ隠置せ申間敷事

幕府の殺害人追捕の姿勢は当然のことながら明白であり、そこには「駈込」を特定した、その隠匿禁止令は見られないが、これらの連続して発布されている殺害人追捕令の法意よりして、殺害人たる駈込者の隠匿が幕府公権力の容認するところでないことは言うまでもないであろう。

今一つここで指摘しておかねばならないことは、幕府公権力にとって殺害人追捕の意味は、単なる治安の維持という現実的要請以上の問題を含んでいるということである。すなわち、先に掲げた慶長一六年「三ケ条誓詞」および武家諸法度の当該条項の法文が謀叛人・殺害人と併称する形式を有している点に着目するならば、これが貞永式目第三

条のいわゆる「大犯三ケ条」条項を母法とし、この規定を踏まえて成立していることを知るのである。

大番催促を別にして謀叛人・殺害人の検断は守護の基本職責であり、それはとりも直さず武家政権たる鎌倉幕府の権限を意味し、その存在理由をなしていた。だから殺害人検断の問題は、江戸幕府にとっては鎌倉幕府の後継者たる資格、武家政権の正統性の明示という、より大きな政治的課題を担うものでもあったのである。

治安維持という現実的課題と武家政権の正統性の標榜というイデオロギー的課題、この二重の要請によって殺害人追捕の問題が江戸幕府にとって動かすべからざる基本政策として定置される。そして、それは当然にも殺害人の駈込―匿まいの行為と相容れない関係に立つものなのである。

しかしながら、幕府公権力の命ずる殺害人追捕令の存在にも拘わらず、そして〔事例1〕の示すごとく、公権力の駈込者引渡命令に抗して、駈込慣行は武士道的確信の下に存続する。[9] 私事に対する公法の絶対的優越性を説く、徂徠学派の太宰春台は右の状況に対して、これを断固取り締まるべきことを強調する。

〔事例6〕　享保一四（一七二九）年　太宰春台著『経済録』[10]

一、今ノ世ニ人ヲ殺セル者ハ、曲直ヲ論ゼズ必死刑ニ処ス（中略）然ルニ人ヲ殺セル者、若シ士大夫ノ家、又ハ諸侯ノ門ニ走入レバ、其主人、此者ヲ匿シテ出サザルヲ義トス、是任侠ノ風ニテ頼シキ事ナレ共、国家ノ政ニハ大ナル害也、美事ト云ベカラズ、必堅ク禁止セラルベキ事ナリ、上ヨリ禁ゼザル故ニ、世ニ人ヲ殺ス者多シ、人ヲ殺シテハ決シテ死スル法ト定テ、如何ナル事ニテモ生ル理ナキ事ヲ、海内ノ人ニ知シムベキ者也、「窮鳥入懐、仁人所愍」トイフ語アレ共、此義ニハ非ズ（中略）人ヲ殺タル者ヲ救ハ、窮鳥ヲ愍ム類ニハ非ズ、畢竟人ヲ殺セル者ニ与スル也、士大夫ノ中ニテハ任侠モ悪キ事ニハ有ネ共、私ニ人ヲ殺スハ不仁不義也、然ヲ其人ヲ匿スハ不仁不義ニ与スル也、是ヲ禁制セザルハ国家ノ失刑ニシテ政ノ害也

この問題がいかなる法的決着を遂げるかについては、後に検討するところである。ここではしばらく、問題を藩法の領域に移して、個別大名権力が駈込慣行と取り結ぶ関係について概観してみよう。

（二）　駈込慣行と藩法

駈込慣行を巡る武士道的正義と公法的秩序との二つの価値原理の対抗は、当然にも個別大名権力の、当該慣行に対する態度決定を困難なものにする。個別大名権力の本来的な二重規定性、すなわち個別封建的土地所有を基礎とする自立的権力主体としての、また将軍権力に下属するものとして将軍権力の下降分有に基づく局地的公儀としての両規定性は、駈込慣行を巡る二元的対抗に照応することによって、個別大名権力の当該慣行に対する態度決定を分裂させる。

本稿ではこれまで問題の所在の簡明化のために、「駈込」はすべての武家屋敷において請け容れられるものとしてきたが、右の事情を踏まえて問題を具体的なものにしていく時、事態は一意的に定式化されることを許さなくなる。すなわち駈込慣行を巡って、個別大名の態度決定は、肯定と禁圧との両方向に分裂することとなるのである。ここではこの態度決定の法形式に表現されたものとしての藩法規定を、管見に触れた限りのものについて見ていこう。

まず「駈込」に対して肯定的規定を有するものは次のものである。

〔事例7〕　駈込慣行と藩法

（A）　元禄一二（一六九九）年　酒井家教令[11]

一、奔込者有之ば早速内玄関へ廻し様子承届、家老、用人へ可申聞、付来候者有之、届候ば、左様之者は不参候由、番人可令挨拶、若急に跡へ付来、門へ入候を慥に見届候共、門番にては其者見留不申候由可申、達て申候はヽ、屋敷中穿鑿可仕由、広間より返答致、暫有之、何方へ抜出候哉、又御見違に候哉、屋敷内には不罷有由、可申候、勿論、何程間近に付来候共、追来候者押留、門内へ入申間敷候、且門留仕、門外へ一切無指図、人出し申間敷候、尤家老・用人・留守居相談之上、可令指図事

これは安房勝山酒井家（安房勝山一万二〇〇〇石）の家中法度の一部である。内容から江戸屋敷役人宛のものと解してよいであろう。規定の内容は、駈込者は請け容れるべきこと、追手は門内へ入れるまじきこと、そして駈込者は邸内には居らぬ旨を申し渡して追手を引き取らしめるべきことである。

（B）　寛保二（一七四二）年頃　南部家江戸屋敷心得方(12)

一、人をあやめ候者、屋鋪江欠込、御囲被下候様ニ被頼申候ハヽ、先門番人江追手之者参候ハヽ、此方江は不参由堅可申付、勿論、追手之者門より内江入申間鋪旨申付置候而、欠込もの陰ニ召連、歩行其外小役之者・足軽等付置候而、様子委細承届、家老中江相達可申候、右欠込之者を、此御門迄付込候由申追来候節、挨拶可仕は、裏門も御座候間、彼ノ方より出候哉、此方誰も不存与申可然也

これは南部家（陸奥盛岡一〇万石）の江戸屋敷役人の間で作成された、変事発生の際の対処方心得書の一項である。この奥書に「右之ヶ条有増之詮儀、勿論、了簡違も可有之、尚亦考可申也」とあって純然たる家中法度ではないが、南部家江戸屋敷の「駈込」に対する基本的態度を示すものと見做してよいであろう。なお、この心得書は、同様の他の規定——辻番所条目など——とともに「辻番所・屋敷前万事心得之事」の表題をもつ江戸留守居方の規定集を構成しており、右規定集の成立年代は収録史料から見て寛保二年を上限としている。

一方、駈込者匿まいの禁止規定は次のものである。

（C）　(1)寛永一八（一六四一）年　尾張徳川家家中法度(13)

一、手負不可隠置、あやまちいたす者有之と云共、其子細与頭迄可申理、与頭無之輩ハ横目に可相理事

(2)寛文九（一六六九）年　同　右(14)

一、殺害、盗賊、惣而徒者・手負もの不可隠置之、且亦、有障者不知而抱置候時、本人より付届は可任其意事

(D)寛文一三（一六七三）年　岡山池田家家中法度(15)

一、走籠者有之におゐては、如御法度、具主人に可相渡、若其者不届之働仕におゐては、討捨不苦事

(E)(1)寛永五（一六二八）年　鳥取池田家家中法度(16)

一、走籠ハ其主人ぇ可相渡候、則可致成敗候、若走籠不届働於仕は、討棄不苦事

(2)寛永九（一六三二）年　同　右(17)

一、走籠者、其主人ぇ相渡、如何様とも可任存分、時相ニより討棄も不苦事

(3)慶安元（一六四八）年　同　右(18)

一、（前略）走籠者は主人ニ相渡、如何様とも可任存分、依時宜討棄も不苦事

(4)寛文七（一六六七）年　同江戸屋敷中法度(19)

一、走籠有之て何様に申とも相断、入間敷候、理不尽之族有之ハ押置之、御目付ぇ可知之

(F)寛保三（一六四三）年　榊原家家中法度(20)

一、本主之障り有之者、相抱ゆへからさるハ勿論之事、若不知して相抱ゆるにをいてハ、届次第、早速暇遣すへし、走籠者之事ハ殺害・盗賊人等之届有之は、速に可返之、其外軽科之者に至てハ、届次第可致追放事、

(G)元禄一〇（一六九七）年　吉田松平家家中法度(21)

一、家中之者、知人たりといふとも、他所より参あやしき者にても、一宿為致申間敷候、尤手負たる者、傍輩の

よしみ有之者にても、他所之者一切かこひ申間敷候（後略）

（H）元禄一五（一七〇二）年(カ)　高崎松平家家中法度[22]

一、科人有之刻、縦雖為親類縁者、知音之好一切不取扱之、勿論、令荷担ハ、其科可重於本人事、

（I）寛保元（一七四一）年　板倉家家中法度[23]

一、自然闘争出来、相手を令刃殺、其所を立退節、居合候者可捕留之、若見遁し候ハヽ、越度たるへし（中略）

扨ハ亦、手負候者有之ハ子細を組頭年寄、又ハ其頭其支配方ぇ早々相訴へし、少之間も隠置候は可為越度事、

（J）宝永七（一七一〇）年　脇坂家家中法度[24]

一、他所より欠落者、又は狼藉者来、届有之時は、其趣、家老共年寄共へ達し可受差図、家中の儀は勿論之事

以上である。見られるごとく禁止規定を有する大名家の数の方が多いのではあるが、肯定・禁止のいずれかを明確な成文規定で表明していない、より多数の大名家が別に存在するのであるから、数量的な穿鑿は意味のあることではない。そして駈込慣行の背法的な本性よりして、これの肯定規定を成文化するというのがむしろ異例に属するというべきであろう

右に列挙した諸史料から知られることの第一は、駈込慣行に対する態度において、いわゆる外様・譜代の区別でこれを明確に色分けすることは、出来そうにないということである。特に譜代大名の勝山酒井家の規定の存在が、これを示しているであろう。

第二に、家法中の禁止規定の存在は、あくまで当該大名家の公式的態度を示すまでであって、実際の場でいかなる態度を採っているかは、また別物だということである。それはたとえば尾張徳川家の場合に知られるところなのであり、右のような禁止規定を有するにも拘わらず、第一節の事例に見たごとく、同家では上下一致して駈込慣行に肯定

的態度を示しているのである。

第三に、藩主ないし藩の意向はあくまで禁止を貫くところにあるにも拘わらず、家中諸士がこの命に背き、一己の判断で駈込者を請け容れる場合が存在することである。たとえば鳥取池田家などについて見られるごとく、その禁止令の度重なる発布そのものが、禁止規定の非有効性を物語っていると解すべきものなのである（同家の禁止規定としてさらに第一節〔事例4〕のものを参照されたい）。そして先に〔事例1〕に見た、有馬家の山田覚右衛門の行動をこのケースに含めることが出来るかも知れない。

以上を概括するに、駈込慣行に対する態度決定に際して基軸的条件をなすものは、個別大名の門地や系譜ではなくして、二つの相対立する価値原理への確信的選択であったということである。二つの原理とは、公法的秩序の維持と武士道的正義の実現とである。そして、それを選択する主体は、自己の確信に基づいて自己の行動を決定しうるものという意味で、個別的にして自立的な武士、と規定しうるものである。それは身分、石高に囚われない存在なのであって、文字通り個々の武士でもあれば、大名個人の場合もある。また団体人格としての「藩」の形で現れることもある。いずれにせよ、それらは個別的な判断主体として、外部権力から自由に自己の存在を保持するものであり、駈込慣行の広汎な展開は、近世社会における個体としての武士、自立的にして自己完結的な武士の存在についての明証を与えるものなのである。

（二）　駈込慣行と公法上の解決

駈込慣行を巡る、公法と武士道との関係・対抗については以上の通りである。そして、この問題は享保改革期、将軍吉宗の下での『公事方御定書』の編纂の過程で結着を見ることになるのである。この事情は『科条類典』に拠って知ることが出来る。同書は『公事方御定書』制定過程の意見・修正・判例などの諸史料を収録し、『御定書』の各条項の解釈についての参考書たらしめる目的で、明和四（一七六七）年に纏められた幕府の公的編纂物である。この『科条類典』第八十条は次の通りである。

〇八十　科人為立退幷住所を隠候者之事[25]

一、火付　一、盗賊之上ニ而人を殺候者　一、致徒党、人家江押込候類　一、追剝之類

元文五年極
右之類、科人同類ニハ無之候共、其者に頼まれ、住所を隠、或ハ立退せ候もの、死罪

元文五年極
一、喧嘩口論当座之儀ニ而人を殺候者

右、科人之同類ニハ無之、義理を以被頼、住所を隠、或ハ為立退候分ハ、急度叱可申事、

元文五申年十月、牧野越中守・石河土佐守・水野対馬守伺之内
八十伺　科人為立退幷住所を隠候者之事

〔中略―〝火付〟以下前四件の伺書〕

一、喧嘩口論当座之儀ニ而人を殺候もの

右之類、科人同類ニハ無之候共、其者ニ頼まれ、住所を隠、或ハ立退せ候者ハ、追放可申付

緑色
是ハ盗人躰之者を囲ひ、立退せ候とハ品違ひ、義理を以、頼れ申たる儀ニ而、武士之上ニも間々有之事ニ候、急度叱可申事、

『御定書』第八十条は犯人隠匿罪に対する刑罰規定であり、そのうち「喧嘩口論当座之儀ニ而人を殺候者」の隠匿行為に対する規定が、本書の問題とする「駈込」に関わるところのものである。元文五（一七四〇）年十月の、寺社奉行牧野貞通以下三奉行連名[26]になる、評定所一座の右事犯に対する罰則原案は「追放」であった。この伺に対して、緑筆による修正命令がなされ、「義理を以、頼れ申たる儀ニ而、武士之上ニも間々有之事ニ候」との理由で「急度叱」

に降格され、その形で『御定書』に収められたというのが右書の伝える立法事情である。因みに、右の修正をなした緑筆の主は、将軍吉宗その人である。

追放刑を〝急度叱〟に変更したということの意味は、右の行為に対する刑罰を実質上放棄したものと判断してよいであろう。それは喧嘩討果し人を匿まった側に実害を及ぼさない処罰なのであり、およそ法は、それへの違犯者に対する刑罰の励行を以て、社会において有効に機能するものである以上、右の実害をもたない罰則への降格は、駈込者の隠匿行為を黙認することを、決定したことを意味するのである。

喧嘩討果し人そのものについては、『御定書』は死刑（〝下手人〟刑）を相当刑としているから、幕府公権力は殺害人追捕そのものを放棄したわけでは決してない。だから喧嘩討果し人が、成功裡に駈込をなす以前において幕吏なり、辻番所なりに捕縛された場合には彼には依然として刑死が待っている。しかし武家屋敷内への駈込がなされ、匿まいが受諾されてしまった時には、幕府公権力による追捕は断念され、かつ追捕への妨害行為を黙認するということ、これが右決定の内容であったと解しうるのである。

駈込慣行は、幕府の国家統治の観点よりして好ましからざるものであることはもちろんであるが、それが武士道上の確信に基づいて実行されているものである以上、止むを得ないこととして、この決定に至ったのである。そして先に見た太宰春台らの強い禁圧の意見の存在にも拘わらず、この決定に至ったことを銘記すべきであろう。

この判断を下したのが、将軍吉宗その人であったことは、事態の性格を考える上で象徴的な出来事でもあろう。将軍もまた一個の武士であること、武士である以上は身分の高下と権力の有無に関わりなく、等しく武士道の下に服従せねばならぬということ、駈込慣行の法的決着を巡って示された事実は、右の慣行の内に蔵された超越的力能の姿を如実に現しているのである。

以上によって、喧嘩討果し人の武家屋敷駈込慣行は、幕府公権力もこれを黙認することを定めたということが明らかになったと考える。だが『近世刑事訴訟法の研究』において平松義郎氏の説かれるところは本書の見解と異なる。平松氏は近世後期について、「駈込」の許されるのは重罪人ならぬ、軽罪の者のみであるとされている。しかし喧嘩討果し人は軽罪の者ではなく、死刑相当の重罪人なのである。だから本稿の結論と平松氏のそれとの間には、大きな隔たりがあると言わねばならない。したがって最後に、この問題の検討を施さねばならないであろう。

さて平松氏がその所説の根拠として挙げたのは、幕府評定所関係史料「諸向挨拶留」(27)に収められた寛政一三（一八〇一）年二月の月付を有する次の史料である。

一、欠込物は、其様子次第かくまひ候先格之由及承候、此先格と申は如何之類ニ御座候哉、往古ハ人ヲ討、立退候者抔かくまひ候哉ニ相聞候得共、当時ニ而は、一統下手人に成候間、かくまひ候筋ニも有之間敷、盗人又は縄抜ヶ手討之場ヲ逃出候者抔ハ、素よりかくまひ候筋ニは有之間敷、盗人又は酒狂人なとに追れ逃込候類は、跡より追人之かゝり候類ニも無之候間、暫差置相帰し候迄之事ニ而、かくまひ候と申筋ニは有之間敷、しからハ如何様なる類をかくまひ可申哉、

　書面之通ニは候得共、武家を見掛ヶかくまひ呉候様相頼候者ニ候ハヽ、無下ニ追返し可申訳ニも無之候間、留置、先之主人江も得と掛合、格別重キ罪ニも無之候ハヽ一等も軽く相成候程ニはあつかひ遣し候而も可然候、

　但、書面之通、主人手討之場所を逃出候類、盗人其外重キ罪之者は、あつかひ可申筋ニは無之、全軽罪之者之事ニ候、

「諸向挨拶留」は公辺向諸事に関する例格・取扱手続きについての、諸方よりの問合わせに対する、幕府目付方の

回答集である。

さて一見したところでは、この史料は平松氏の見解を支持するもののごとくである。だがこの史料について問題となるのは、この回答者が幕府目付であるにも拘わらず、その回答内容が先の『御定書』の第八十条の立法趣旨とくい違いを示していることである。この点はいかに解すべきか。

この問題は、『御定書』第八十条の趣旨に立入って考えるならば明らかとなるであろう。すなわち当該条項の意味は、駈込慣行の黙認であったということである。それは止むを得ざるものとしての黙認なのであって、公認ではなかったということ、形式的とはいえ「急度叱り」の罰則をもつ犯罪行為であるというのが、あくまで幕府の基本的立場なのである。したがって殺害人の「駈込」の是非についての問合わせがあれば、否と答えるほかないのである。

喧嘩討果し人を匿まうのは止むを得ずとしているが、屋敷主の側より自発的に引渡すというのであれば、法を司る者としての立場上、「書面之通」と回答せざるを得ない性質のものなのである。それは幕府公権力の至極当然の立場を示すものであろう。

振り返ってみるならば、喧嘩討果し人の「駈込」について、幕府がこれを公認していた時代などは近世初頭以来一度もないのであって、右の寛政一三年の問合わせ史料の存在によって、幕府の「駈込」についての政策の如何を見ることはそもそも無意味であると言わねばならないのである。駈込慣行において重要なことは、それが各時代においていかに実現されていたかということである。幕府公権力の命ずるところと、現実の事態の進行とは根本的に別ものなのだということ、本問題についてはこの点を確認せねばならないのである。

寛政一三年の右史料は、幕府の政策的立場を示すものとしては無意味であると言わねばならない。だが以上の検討を経たのち、この史料は別の角度からその重要性を指摘することが出来るのである。

すなわち駈込慣行の存在を知らない旗本番士があるという事実を、端なくもこの史料は示しているのである。これは近世前半期に比して、この時期「駈込」の頻度が相対的に低下していることを示しているように思われる。

ここで今一度、第一節の〔事例4〕を見てみよう。宝暦ごろの『古老茶話』までの規定は「駈込」の存在を前提にした上で、そこでの処置の仕方、例外規定のあり方に主眼があったのに対して、右の寛政一三年の史料にあるごとく、また天保一二年の『殿居嚢』の規定に見られるごとく、「欠込者かくまひ申事は先格あり」と、駈込慣行そのものの存在の主張に変わっているのである。この変更は、現実社会における当該慣行の頻度の低下の反映であると理解せねばならないのである。

駈込慣行は宝暦―寛政のころを境にその生彩を喪っていくのである。その原因について、管見の及ぶ限りの史料では明確な回答を下すことは出来ない。ただ大まかに推定しうることは次のことであろう。

駈込慣行とは喧嘩討果しを発端として、駈込・匿まいに至るまですべて武士のむき出しの武力の発動によって構成されている事象である。しかし、このようなむき出しの武力によって自己の存在を主張する様式は、戦争なき持続的平和の中では、そして社会の文化の成熟の中では、しょせん受け容れられがたくなったものと解さねばならないであろう。武士の個別的な自立性の自己主張は、この平和な時代においてはむき出しの武力としてではなく、もっと別の様式に託されることとなるであろう。

〔注〕

（1）『塵芥集』第一九条、『結城氏新法度』第三七条（『日本思想大系21・中世政治社会思想　上』岩波書店、一九七二）。

（2）『御当家令条』一号（『近世法制史料叢書』第二巻）。なお本書第二章第二節（7）の項参照。

（3）寛永一一年五月、『御当家令条』一一一号。

（4）寛永九年一一月、鳥取藩「御家中法度」第五号（『藩法集2・鳥取藩』創文社、一九六一）。同様規定は岡山藩・上田藩など広く見られる。
（5）『中世政治社会思想　上』（『日本思想大系』21、一九七二）一九五頁。
（6）『御当家令条』三七九号。
（7）『御触書寛保集成』（岩波書店、一九三四）二一八三号。
（8）同前二一九二号。
（9）武士道のもつ超封建的力能を発見したのは古賀斌氏である。氏は武士道を個としての武士の、個性的精神の自由の様式、自己の精神的自由においてのみ服従し離反し抗議する行動様式と見る。したがって武士道は、個としての武士の権威と名誉の堅持を第一義とする社会規範であり、これが故に主君といえども、その臣下の武士道を蹂躙することを得ない。近世社会の武権専制の政治体制にあって、これを暴政恣行たらしむることを阻止防偈したのが武士道の機能であったこと、これが氏の説かれるところである（『武士道論考』島津書房、一九七四、一四四、二一二頁以下）。本稿は、氏のこの基本視角に多くのものを負っている。
（10）『日本経済大典』（史誌出版社、一九二八）第九、同書六二二・三頁。
（11）『近世武家思想』（『日本思想大系』27、一九七四）四八頁。
（12）「留守居伝記之略、辻番所并屋鋪前万事心得之事」（岩手県立図書館蔵）。
（13）『名古屋叢書』第二「尾張国御法度之古記」同書二頁。
（14）同前「尾州家御代々条目」同書四〇頁。
（15）『藩法集1・岡山藩』上「法例集」一七八一号。
（16）『藩法集1・岡山藩』下「忠雄様法令」三二一号。
（17）『藩法集2・鳥取藩』「御家中法度」五号。
（18）同前第一五号。

(19)『藩法集10・続鳥取藩』「江戸御法度」二号。
(20)「御法度諸条目留」(徳川林政史研究所蔵)。
(21)『藩法集5・諸藩』「御当家御代々御条目」三号。
(22) 同前「御定書并被仰出留」一九一号。
(23)『藩法集12・続諸藩』「条目類」三号。
(24)『藩法集5・諸藩』「諸法令」一号。本法令は駈込者のあった際の、処置方手続きのみを定めたものであるから、駈込禁止規定の群に入れるのは適当でないかも知れない。条文のニュアンスから言うと、脇坂家は「駈込」に肯定的であるのかも知れない。
(25)『徳川禁令考』(創文社、一九六〇)後集第四、八一頁。
(26) 以下、公事方勘定奉行水野忠伸、町奉行石河政朝。
(27) 国立公文書館、内閣文庫所蔵。

結語

近世の幕藩制の政治秩序とは、上位者の軍事的・政治的強大性に基づいて、服従強制を有するタテの支配型秩序であると見做されている。しかし、この社会には、それと異質の秩序原理を体現する駈込慣行が存在したのである。それは武士の個としての立場を重んじ、それを基点として人々を関係づけ、いわば下から武家社会の秩序を構成していくようなあり方であった。

このような武士道について、かつて進士慶幹氏は次のように説かれた。すなわち「武士道は死ぬことと見つけたり」という『葉隠』のテーゼを浅薄に受け取ってはならないこと、江戸時代の武士は、自分の存在を守るべく平生の諸事万般に至るまで細心の注意を払って事に処していたこと、表面的な潔ぎよさだけではなくして、正当な意味での自己保全の立場を貫くものであったこと、そして困難な状況にあっては、何よりも自分自身における是非善悪の判断で押し通す姿勢を保持するものであったということである（前掲『江戸時代の武家の生活』五九頁）。

このような、理非善悪への自己自身の確信を行動の基準とし、その上で正当な意味での自己保全の立場を貫くことを是とする武士道こそ駈込慣行の基礎をなすものであり、翻って駈込慣行の存在は右の型の武士道、すなわち主君・上位者の権力的命令への恭順としてではなくして、「道理」の感情を判断基準にして、自己の存在の正当性を貫き通す武士道に対する社会的是認の証左となるのである。

武士道は個としての武士の、自己自身の人格的完成を目的とする倫理規範であったこと、自己の主体的判断に基づいて、自己自身の行為態度を決定する自律的な行動様式であったこと、しかるが故に、武士は武士道を実践する局面において自己の自立性（自律性）を実現し得たこと、これが武士道の近世社会における独自の意義である。

近世社会が他方で、服従強制を伴う支配型原理を濃厚にすればするほど、武士道はこれに対抗すべく一段とその倫理的精緻化を遂げることとなるのであり、そこでは個別的自立性の原理そのものが武士道を自己の実現手段として近世社会に再生産していくという関係を、新たに取り結ぶことになるのである。武家屋敷駈込慣行はそのようなものの表現形態と言うべきものであった。

第二部　近世大名家の政治秩序

はじめに

近世の武家社会を見るとき、そこでは「大名家」（大名とその家臣団からなる団体）というものが、重要な一つの纏まり、政治単位をなしていた。それは第一章で見たように近世の武家社会が、中世末戦国時代の戦国大名による大名領国制を前提にしており、自らも戦国大名の一つであった徳川家が自余の大名から抜きん出て覇権を確立し、全国統治を司る位置を占めるに至ったという事情に由来するものであった。

それ故に近世武家社会の政治秩序を検討するに際しては、その成立の由来からして、徳川将軍家もまた本来的には同質であり、同一の組織構成をもつところの「大名家」というものに即して行っていきたい。

なお大名の政治組織およびその領地のことは、しばしば「藩」と呼ばれるが、しかし、この名称は明治維新政府によって、旧大名領に対する呼称として採用されたもので、江戸時代には公式には用いられていなかった。

大名の領国を「藩」と呼ぶようになったのは、江戸時代の儒者たちであったが、この呼称はしだいに普及、定着していった。その背景には大名家そのものの変質、組織的な成長という、現実の政治的動向もあった。このような大名家の存在形態と、その組織的発展の過程を解明していくのが、以下の各章の課題である。

第四章　近世大名の諸類型

はじめに

近世大名の区分としては、親藩、譜代、外様という三区分法が周知のものとしてある。この区分法はもちろん重要なものであるし、近世の幕藩関係を研究するに際しても基軸的な類別であることに違いはないのであるが、しかしそのままでは不充分なところもある。

まず「親藩」という用語について二つの疑義がある。一つは「藩」という名称は近世の大名制度の中では公称ではなかったこと。(1) それは明治元年の府・県・藩の三治制度の中で公式のものとなったものであること。いま一つには、いわゆる「親藩」なるものが徳川御三家と同じものであるのか、それよりも広い範囲のものであるのか、あいまいである。

「譜代」という用語も江戸時代の大名制度の下では、後述するように、この三分法のそれとは違った意味で使われている。「外様」の大名の定義も難しいものであるし、何よりも質的に隔たりをもった大名たちを、この「外様」という用語で一纏めに片付けてしまうならば、近世の国制における大名の存在の意義を見失わせてしまう恐れがある。

また「譜代」「外様」の大名の別を、よく言われるように徳川氏への臣従の時期の観点（関ヶ原の戦いの前か後かという区分）から捉えるのは、多くの例外を生み出すことになるとともに、問題の捉え方としても適切なものではない。

この三分法は決して無意味なものではないが、それだけで単純に用いてしまうならば大名制度の真の理解を妨げてしまう恐れがある。それ故に近世の大名制度の充分な理解のためには、この三分法に即しながらも、より多面的な視角において問題を分析していくことが必要である。

すなわち、近世大名の類別の基準としては、以下のようなものを挙示することができる。

第一節　将軍家の「家」的秩序に基づく類別

これは各大名の出自と徳川氏に臣従するに至った来歴に注目し、徳川将軍家を中心として、「家」的な擬制の下で諸大名を位置づけた時の類別のあり方である。すなわち諸大名を家門（一門）・譜代・外様に大別する、いわゆる三区分法的な類別基準である。(2) ここで「親藩」ではなくて「家門（一門）」の名称を採るのは、当時の社会で後者の呼称のほうがもっぱら用いられているほかに、「家」的な秩序の下で人々を類別するカテゴリーとして、大名家（藩）の場合に限らず、より広い一般性をもっているからである。

この三区分類法は近世の幾つかの武家故実書、柳営規式書などに見られるが、ここでは新井白石の『藩翰譜』(3) の分類に従おう。同書の記述は三区分法系統のうち、比較的早い時期に体系的かつ全大名を網羅する形でなされており、白石が厳格な学究であり、さらに幕政の中枢部にあったことからしても、同書の内容は充分に信頼のおけるものではないかと思われる。

『藩翰譜』の類別は三区分法そのものでなく、次に見るようにもう少し複雑な構成をもっているが、その基本にあるのは三区分法と同じ、「家」的秩序を軸にして諸大名を体系的に整序していこうとする態度である。すなわち同書

表６『藩翰譜』における大名類別（延宝８〈1680〉年時点）

徳川の家門大名	越前家（８家）　尾張家　紀伊家（２家）　水戸家（４家）　保科家（２家）　甲府家　館林家
松平の庶流大名	形原　深溝　能見（２家）　大給（３家〈含，石川〉）桜井　藤井（２家）長沢（２家）
徳川の外戚大名	水野（３家）　久松（４家）　増山
譜代大名	Ⅰ酒井（忠次流，２家）　本多（忠勝流，５家）　本多（康重流）　本多（成重流）　本多（康俊流，２家）　井伊（２家）　榊原　大久保　石川（２家）　鳥居（２家）　内藤（６家）　植村（家政流）　植村（泰勝流）　安部　渡辺　戸田（康長流）　戸田（尊次流）　戸田（一西流）　牧野（康成流，２家）　牧野（信成流）　松井　三宅　西郷　土岐　高木
	Ⅱ酒井（重忠流，４家）　土井（３家）　阿部（３家）　青山（２家）　永井（３家）　安藤　板倉（２家）　井上（２家）　森川　久世　稲垣　西尾　三浦　米津　伊丹
	Ⅲ奥平（２家〈含，松平忠明流〉）　小笠原（秀政流，４家）　小笠原（信嶺流）　岡部　諏訪　土屋（２家）　屋代　丹羽（兵次流）　山口　加々爪　北条　秋元　稲葉（正成流）　堀田（２家）　太田　朽木　内田　柳生　小堀
外様大名	Ⅰ池田（４家）　浅野（３家）　前田（４家）　京極（３家）　黒田（長政流，２家）　有馬（豊氏流，２家）　山内（２家）　堀（親良流）　堀（直寄流，４家）　伊達（４家〈含，田村〉）　細川（４家）　加藤（嘉明流）　藤堂（２家）　森（３家〈含，関〉）
	Ⅱ毛利（輝元流，４家）　島津（２家）　鍋嶋（４家）　蜂須賀（２家）　上杉　佐竹　岩城　秋田　相馬　丹羽（長重流）　立花（２家）　新庄　土方（２家）
	Ⅲ真田（２家）　九鬼（２家）　金森　分部　遠山　遠藤　一柳（２家）　市橋　桑山　仙石　溝口（２家）　南部（２家）　戸沢　津軽　六郷　水谷　那須　太田原　大関　亀井　伊東（祐慶流）　中川　有馬（晴信流）　大村　毛利（高政流）
	Ⅳ稲葉（貞通流）　脇坂　小出（３家）　加藤（貞泰流，２家）　谷　木下（２家）　相良　秋月　宗　松浦　五島　久留島　織田（４家）　建部　片桐　青木　伊東（長実流）

備考　新井白石『藩翰譜』（『新井白石全集』第１巻，国書刊行会）による。

の編序を示した凡例には「凡此譜、諸家を序つること当代（家康）の御子孫より始て御同姓の家に至り、其次は御外戚の家、其次は譜第の御家人をしるして、諸家の人々におよびぬ。家よりして国よりして天下に至ることは、其次第なればなり」とあり、その具体的な分類は表6に掲げた通りである。

（一）家　門（一　門）

これは徳川将軍の一族・庶子筋の大名たちを指すもので、基本的に家康の男子およびその子孫の諸大名を包摂するカテゴリーである。

そのなかでは尾張・紀伊・水戸のいわゆる御三家は別格のあつかいではあるが、ともに家康の九男義直、十男頼宣、十一男頼房から始まる大名家であって、徳川家門大名として捉えることができる。御三家の分家は連枝・庶流などと称せられるが、これも家門大名である。尾張徳川の分家である美濃高須および陸奥梁川の松平家、紀伊徳川の分家である伊予西条の松平家、水戸徳川の分家である讃岐高松、陸奥守山、常陸府中、同宍戸の松平諸家もまた家門大名として数えられる。

家康の子である二男秀康、四男忠吉、五男信吉、六男忠輝らは、それぞれ結城、東条松平、武田、長沢松平という他家の名跡を嗣いだが、やはり徳川の家門大名として遇せられる。これらは秀康の系統を除いて、無嗣断絶や忠輝のように改易配流に処せられたりしてみな絶家してしまった（七、八男は早世）。

この二男秀康の系統を「越前家」と称する。関ヶ原合戦ののち秀康は越前福井六七万石に封じられたが、秀康は将軍秀忠の兄であったから、この将軍家の兄筋にあたる越前松平家は将軍の規制もおよばない「制外の家」(4)とも呼ばれ、特権的な家柄と見なされていた。

秀康の子忠直は、自家こそ本来ならば将軍家であるべきだという思いとともに、大坂夏の陣で大坂城の一番乗りの大功を挙げながら、さしたる行賞もなされなかったことから深い鬱憤を含み、乱行が重なり、また参勤交代を怠るなど将軍家に対して公然と反抗の姿勢を示した。ここに幕府も意を決して元和九（一六二三）年に忠直の改易に踏み切ったものである。

忠直は豊後に配流され、代わって越前福井にはその弟で越後高田城主の忠昌が五〇万石をもって入封し、新たな越前松平家が出来た。他方、忠直の子の光長は忠昌と交代する形で越後高田に二六万石で封じられ、さらに光長の官位（朝廷官位については後述）が三位中将であったことから、この大名家は越後中将家と称せられ、徳川御三家に次ぐ格式を誇っていた。しかしこの越後中将家はいわゆる越後騒動を引き起こし、それがために五代将軍綱吉によって天和元（一六八一）年に取り潰されてしまった。(5) のちに元禄一一（一六九八）年に復活して、美作津山一〇万石に封じられた。

越前家の系統としてはこの他に、秀康の三男直政が寛永一五（一六三八）年に出雲松江一八万六〇〇〇石に封ぜられた。秀康の五男直基も一家の大名に取り立てられ、転封を重ねて最終的には武蔵の川越一五万石に落ち着いた。秀康の六男直良は播磨明石六万石の大名となった。

これが越前家一門と称せられる諸大名家であり、それぞれの分家もあわせてすべて八家となり、寛永から寛文期にかけての最盛期には、それらの石高総額は一一五万石にも上ったことから、越前家一門は幕藩体制の中で一大勢力をなしていた。

しかも、これら越前系の諸家は、後述する江戸城内の殿席制度の中では、外様国持大名らと同じ江戸城大広間を班席としており、徳川の家門大名でありながら外様大名的な性格を併せもつ特異な存在であったと言いうる。

『藩翰譜』で越前家と徳川御三家に続く保科家は、二代将軍秀忠の第三男正之が保科家の養子となったことから、のち家光の時代になって会津二三万石に取り立てられ、家門大名としての格式を整えた。甲府、館林の両家は、それぞれ家光の第二男綱重を甲府一五万石（のち三五万石）に、第三男綱吉を館林一〇万石（のち二五万石）に封じて、家門大名としたものである。綱吉はのちに五代将軍となり、また綱重の子の綱豊（家宣）は六代将軍となって徳川宗家を継いだために、両家ともに消滅した。

次に『藩翰譜』は家門大名に続いて、二群の大名家を配している。その一つは松平の庶流諸家である。家康の祖先松平親氏から父広忠までの代の間に松平家から分家独立して形成されていった松平の庶子家で、俗に十八松平と称せられているものの系統である。この十八松平の庶子家というのは、それぞれ所領の地名を名字として、大給、形原、深溝、藤井、桜井、能見、御油、竹谷、福釜などと区別するが、いずれも松平姓を称している。

そのうち江戸時代に入って大名に発展し、存続していったものは表6に示す通りである。石川（常陸小張一万石）、長沢（武蔵川越七万石）、大給（肥前唐津七万石）、形原（丹波笹岡五万石）、桜井（信濃飯山四万石）、能見（豊後杵築三万二〇〇〇石）、深溝（肥前島原六万五〇〇〇石）、藤井（大和郡山八万石）およびそれらの分家などがあった（他は一万石以下の旗本に留まった。なお領地石高は延宝八年時点のもの）。

これらの松平庶子家はそれぞれの時代には、松平宗家の親類筋として一門としての待遇を得ていたであろうが、家康が三河国を統一するころまでには臣下として服属しており、幕藩体制の下では譜代大名として位置づけられていた。しかし江戸時代を通じて諸大名の座順において、大給松平と桜井松平は隔年で「五位（朝廷官位従五位下）の上座」(6)と定められており、一般の平大名の中ではつねに首席を占める待遇を得ていた。すなわち三河時代の一門衆の名残であろう。

家門大名と譜代大名の中間的な今一つの群は、徳川の外戚諸家としての水野・久松松平・増山の三つである。水野は家康の生母於大の方（伝通院）の生家であり、その兄弟の信元の系統から福山一〇万石（のち結城一万石）、その甥忠元の系統から岡崎六万石（のち山形五万石）の大名水野家が出ている。猛将として名高かった水野勝成を初代藩主とする福山藩の水野家は、高い格式を有していたが、のち無嗣断絶となり、結城一万石として存続した。岡崎水野家は水野忠之、忠邦、忠精の三人の老中を出し、代々雁間詰の譜代大名である。

久松松平は於大の方が松平広忠から離縁してのち、久松俊勝に再嫁して生んだ康元・勝俊・定勝の久松三兄弟に始まる諸大名家である。久松三兄弟は家康にとっては異父弟になるわけであるが、兄弟親類に乏しかった家康は、彼らに松平の家号を与えて実の兄弟として遇した。久松松平の諸家は、後述の江戸城中の殿席が帝鑑間なので譜代大名と捉えるべきであろうが、右に述べたような事情から、家門大名として位置づける説も有力である。この久松松平の大名家としては、定勝の流れの伊予松山一五万石、伊勢桑名一一万石の両松平家が重要である。

増山氏は、家綱の生母お楽の方（宝樹院）の弟増山正利が、その縁で取り立てられたのに始まる（常陸下館二万三〇〇〇石）。この増山は雁間詰めの譜代大名として扱われている。

（二）譜　代

徳川家にとっての譜代者とは典型的には、家康の父祖の松平氏が三河の国人領主としてあった時代から累代に亙ってこれに仕え、また家康一代の間に臣従し、家康が天下を掌握し、征夷大将軍について全国の諸大名を臣従せしめた時点で、徳川家の身内の側に立っていた武士領主である。別の言い方をするならば、豊臣秀吉の天下支配の体制の中で、家康の直属配下の従臣としてあった者を指す。それらが江戸時代の中で一万石以上の大名に取り立てられていったものが譜代大名である。

しかし後述するように、幕府体制が確立してのち新たに徳川家に召し抱えられ、譜代大名として取り立てられる者もあるのであるから、外様・譜代の別はその臣従の時期でなされるものではなく、徳川将軍との臣従の関係のあり方に求められねばならない。

徳川の譜代家臣は松平宗家および家康の領国形成・発展に伴って、順次これに服属する形で形成されており、その臣従の時期の新古の差に従って区分される。特にその三河領国の形成期のものとしては、松平氏の居城の移動・発展に従って、松平郷譜代、安祥譜代、山中譜代、岡崎譜代などと呼ばれるものがある。(7) 徳川譜代家臣中の最古参の家柄で、酒井、大久保、本多、鳥居、石川、阿部、内藤などの諸家がそれに当たる。『藩翰譜』では武功の家（類別のⅠ）を初めに掲げ、次いで執事、御役の家（類別のⅡ）を載せている。

譜代諸家のうち、わけても酒井家は重要で、松平氏の祖親氏が諸国を流浪して三河国に来たり、同地の女との間に一子広親を設けたが、これが酒井氏の始祖となり、以後代々にわたって松平—徳川氏に仕えたとされる。広親には二子あり、長男氏忠の系統は称号にちなんで左衛門尉流と呼び、次男家忠の系統を雅楽頭流と称する。前者は武功の家柄で徳川四天王の一人酒井忠次を出している。後者の雅楽頭流は徳川家の家宰的存在で、酒井忠世・忠清ら歴代にわたって徳川幕府の老中・大老を勤める家柄である。

家康の代に取り立てられた譜代大名としては、榊原、井伊、永井、土井などがある。すなわち榊原康政・井伊直政・永井直勝らは、家康の側近にあって武功をもって大名に取り立てられた者。土井も家康生母伝通院の従兄弟の由縁ということで、土井利勝が家康に取り立てられたのに始まる。土井利勝は余りに重用されたので、家康の庶子ではないかという噂ももたれていた。

次に重要なのは国衆的譜代と言うべき一群の譜代大名（類別のⅢ）である。家康一代のうちに三河一国を統一し、さらに隣国の遠江・駿河・信濃・甲斐と領国を獲得し、さらに小田原北条氏の滅亡のあとを受けて関東へ入部するが、この領国拡大過程のなかで、それらの諸国の国人領主を相次いで服属させていった。これら独立の国人領主たちで家康に帰服し、その領国拡大策に協力していったものは優遇され、徳川家臣団の中に編入されていった。(8)

三河国では牛久保城主の牧野氏、二連木城主の戸田氏、作手城主の奥平氏ら。岡部氏は駿河の大守今川氏の被官で、ついで武田氏に属して駿河国清水の城主であったが、家康に帰服した。信濃国の諏訪氏や小笠原氏は旧来からの名族であるが、武田氏や上杉氏の侵略を受けるなかで家康に服属して、その信州の領国化に協力して徳川譜代大名となっていった。秋元、太田、三浦の諸氏は、小田原北条氏の被官で、北条滅亡ののちに家康の関東経営の観点から、徳川大名として取り立てられたものである。

彼ら国人領主の系譜を引く家臣というものは、一般の大名家ではもっぱら外様の大身家臣として位置づけられるのであるが、徳川家の場合は、将軍としてその周囲にさらに外様大名の一群を臣従させたために、これら国衆的家臣も譜代者の扱いとなるわけである。

次に徳川幕府が確立してのち、将軍の血縁やその恩顧に基づいて取り立てられ、大名に成り上がっていった新参譜代大名と呼ぶべきものがある。

稲葉氏は、稲葉正成の妻お福（春日局）が将軍家光の乳母としてその信頼が厚かったために、お福の子正勝が家光の乳母子として重用されて老中に列し、小田原八万石（のち淀一〇万二〇〇〇石）の大名となっていった。堀田氏も堀田正盛がやはり春日局の縁故の者（稲葉正成の先妻の子）であったことから家光に近仕し、その寵遇を得て佐倉一一万石の大名に取り立てられた。

なお稲葉氏について付言するならば、稲葉正成の本家筋で美濃国の在地領主であった稲葉貞通は、秀吉・家康に臣従して豊後臼杵五万石の大名に成長していった。この本家の稲葉氏はまごうかたなき外様大名なのであり、このように同一の家系・出自であっても、その大名としての成り立ちや将軍家との関係性によって、外様とも譜代ともなるのである。関ヶ原合戦の前後などという臣従の時期や血統的系譜によって、両者が自動的に区分されるものではないことに注意しなければならない。

このほかに『藩翰譜』の類別では外様大名であるが、さまざまな事情から幕府に願って譜代大名と同じ待遇を受ける、「願い譜代」と称せられる一群の大名があった。脇坂、相馬、大村、真田、丸岡有馬などの諸氏である。(9)これらは後述の江戸城における殿席が、譜代大名の控席である帝鑑間であり、また幕府の老中以下の役職に就任することもできた。

(三)　外　様

徳川幕藩体制における外様大名とは、豊臣政権下では徳川氏と同レベルで豊臣氏に臣従しており、徳川氏が慶長八年に将軍に任ぜられて徳川政権が成立してのち、これに臣従するに至った諸大名である。外様大名の類別についてもさまざまな基準があり、『藩翰譜』の分類は関ヶ原合戦における敵味方の観点が基準となっている。さらに領地の規模において国持大名であるか否かの区別も入っているが、これは重要な問題であるので後述する。そして今一つの類別として、大名としての出自、成り立ちの観点に基づくもので、「上方衆」と「国衆」の二区分も表6には加味されている。(10)

「上方衆」とは織田信長、豊臣秀吉の両政権の時代に、それぞれの配下の武将から大名に成長していった者で、池田・浅野・前田・京極・黒田・有馬・山内・堀・細川・加藤・藤堂・森・蜂須賀・丹羽・一柳・市橋・桑山・仙石・

溝口・織田・木下・片桐といった諸氏である。一般に織豊取立大名と呼んでいる。

彼らは徳川の天下にあっては傍流に甘んじるはずのものであったが、第二章に見たように、関ヶ原合戦において家康に与同し、徳川氏の覇権確立に大功を果したことによって、戦後に大加増を得て、日本全国の三分の一にあたる二〇ヶ国余をその系統の大名の領国とするに至った。それ故、これら上方衆—織豊取立大名は徳川幕藩体制にあって、なお一層有力な勢力として存在していた。

「国衆」とは旧族大名とも呼ばれているもので、中世の戦国大名、国人領主の系譜を引くもので、島津・伊達・毛利・鍋島・上杉・佐竹・最上・立花・宗・秋月・伊東・相良・南部・津軽・松前・松浦・五島などの諸氏である。これらの中には中世初期の開発領主、地頭にまで遡る経歴をもつものもあり、武士領主としての長い伝統のゆえに名族意識も強く、その意味で織豊取立大名と異なるところがあった。

［注］

(1) 山口啓二『幕藩制成立史の研究』(校倉書房、一九七四) 第三部一「藩体制の成立」。
(2) 中村孝也「大名の研究」(『三宅博士古稀祝賀記念論文集』岡書院、一九二九)、松尾美恵子「近世大名の類別に関する一考察」(『徳川林政史研究所紀要・昭和五九年度』)、児玉幸多『大名』(小学館、一九七五) 一八六頁以下、小川恭一『江戸幕藩・大名家事典』(原書房、一九九二) 下巻解説。
(3) 『新井白石全集』第一巻 (国書刊行会、一九〇五)。
(4) 大道寺友山『落穂集』(『改定史籍集覧』第一〇冊、近藤活版所、一九〇三)。
(5) 本書第十章「大名改易論」第三節参照。
(6) 『柳営秘鑑』(『内閣文庫所蔵史籍叢刊』第五巻、汲古書院、一九八一)。
(7) 中村孝也『家康の臣僚　武将篇』(人物往来社、一九六八) 二三頁。

(8) 中村同前書、北島正元『江戸幕府の権力構造』(岩波書店、一九六四)第一章第一節「領国統一の政治過程」。
(9) 「願い譜代」については、松尾前掲「近世大名の類別に関する一考察」、小川前掲『江戸幕藩・大名家事典』下巻解説など参照。
(10) 「上方衆」と「国衆」の区分については、松尾同前論文参照。

第二節　領地の規模に基づく類別

近世大名を領地の規模で類別するならば、国持大名(国主)、城持大名(城主)、陣屋大名(無城)に三分され、さらに国持格(准国主)、城持格(城主格)を加えて五分類される。武家諸法度に「国主、城主、一万石以上」と、領地の規模でもって大名を区分するのに基づくものである。

国持大名とは律令制国郡の一国一円規模ないし、それに準じる規模で領地を有する大名である。ただし徳川御三家は通例含めない。城持大名はまた城主とも呼ばれ、だいたい三万石以上で城郭を有するものである(1)。例外として三河田原の三宅(一万二〇〇〇石)や美濃苗木の遠山(一万二一石)などは、一万石台で城主大名である。城持大名格(城主格)は無城であるが、格式を城持大名に準じるもので、江戸城その他での席次や待遇が城持並みとなるのである(2)。陣屋大名は無城大名とも呼び、領地の居館が陣屋構えで城郭をもたないものである。

これら大名の類別のうち重要なのは国持大名である。これについてやや詳しく述べる(3)。国持大名については近世中期以降、「国持十八家」というふうに唱えられたが、それは前田(加賀・越中・能登一〇二万二〇〇〇石)、島津(薩摩・大隅・日向七二万八〇〇〇石)、伊達(陸奥仙台六二万五〇〇〇石)、細川(肥後五四万石)、黒田(筑前五二万石)、浅野(安

芸四二万六〇〇〇石）、毛利（長門・周防三六万九〇〇〇石）、鍋嶋（肥前三五万七〇〇〇石）、藤堂（伊賀・伊勢三二万四〇〇〇石）、鳥取池田（因幡・伯耆三二万五〇〇〇石）、岡山池田（備前三一万五〇〇〇石）、蜂須賀（阿波二五万七〇〇〇石）、有馬（筑後久留米二一万石）、佐竹（出羽秋田二〇万五〇〇〇石）、山内（土佐二四万石）、上杉（出羽米沢一五万石）、および徳川家門大名たる福井松平（越前三〇万石）、松江松平（出雲一八万六〇〇〇石）の一八大名を指すものとされている。(4)

さらに国持格の大名として、宗（対馬一〇万石格）、宇和島伊達（伊予宇和島一〇万石）、丹羽（陸奥二本松一〇万石）、立花（筑後柳川一〇万九〇〇〇石）などの諸大名があった。

国持大名はその多くが、将軍より「松平」の家号と将軍の偏諱を付与され、後述の朝廷官位も四位侍従ないしそれ以上の官位を有しており、諸大名の中でも格式が際だって高く、幕府の待遇も自余の外様大名や譜代大名とは大きく異なっていた。徳川幕藩体制のなかにあって、身分においても、領地領有の面においても自立性のきわめて高い存在であった。寛永一〇（一六三三）年の幕府の「公事裁許定」に、「一、国持之面々、家中幷町人、百姓目安之事、其国主可為仕置次第事(5)」とあって、国持大名は自己の領地について、幕府から独立した裁判権を有していた。また近世の中ごろ、仙台藩主伊達吉村は自分を含めた国持大名を指して、「昔之様ニハ無之候得共、今以テ全ク御普代衆之様ニハ無之、御下臣とも客人ともつかぬ様成御あひしらゐニ而候(6)」と語ったように、徳川将軍に臣礼はとるが、なお客分的性格をもった大名たちであった。

彼ら一八国持大名の領地を石高で見れば一八国持で七〇〇万石余、領国数では二二ヶ国ほどとなる。全国のほぼ三分の一を領有する政治勢力であった。殊に幕末・維新期に活躍する雄藩と呼ばれる大名のほぼすべてが、この国持大名であることを想起するならば、このカテゴリーの独自の重要さが了解されるのであって、国持大名を単なる大名一般の中に埋没させてはならないのである。

［注］
（1）加藤隆『幕藩体制期における大名家格制の研究』（近世日本城郭研究所、一九六九）一二四頁以下。
（2）小川恭一「大名概要―城主大名の特権―」（『研究紀要　日本古城友の会』一九五号）。
（3）第一章第四節の注（4）に記したように、律令制国郡の国には特別の制度的意味が込められており、単に領地が広いというだけでなく、本来的には国持大名のみが大名の名に値するものとして、質的に中小規模の大名から卓越していたものと解される。
（4）中村孝也前掲「大名の研究」、児玉幸多『大名』（小学館、一九七五）二〇三頁以下。
（5）『御当家令条』五一八号（『近世法制史料叢書』第二巻、創文社、一九五九）。
（6）『大日本古文書・伊達家文書』六、二三九九号。

第三節　朝廷官位に基づく類別

大名の官位は幕府の許可と奏請を経て、京都の朝廷より叙任される。五位のものについては、幕府の高家が年頭慶賀に京都に赴いたおり、その叙任の位記・宣旨をまとめて持ち帰り江戸においてこれを交付した。四位以上については、幕府老中から京都所司代宛の官位奏請の奉書を当該大名家に交付し、その大名家では使者を以てこの奉書を京都に送り、所司代の許可を経たうえで、朝廷の武家伝奏から位記・宣旨を受けるという手続きをとるものであった。(1)

徳川幕府の制度の下での大名の序列については、一般大名についてはその領知石高の多寡や家督の順に従ったが、朝廷官位が四位以上の大名の場合には、朝廷官位の上下の基準の方が優先するものであった。さらに同一官位の場合ではその先任の順であって、石高基準ではなかったのである。(2)それ故に、朝廷官位は大名間の序列、席次（座順）を規定する重要な基準となっていたのである。

さて大名の官位は、近世の初期のころはさまざまであったが、四代将軍家綱のころまでには各大名家ともその家の極位極官（「先途」）が定まってきており、これが大名家の家格の重要な基準の一つとなってきていた（だから大名当主が幼少で無位無官であっても、この先途に基づく家格によってその席次が定められた）。

各大名家の極位極官を、家格の定まってきた近世中ごろについて見ると、(3) 徳川御三家では尾張・紀伊家が従二位権大納言、水戸家が従三位権中納言。徳川家門大名では、会津松平（保科）家や越前松平家が正四位下中将、高松松平家が従四位上中将、また御三家の分家の松平諸家や松江の松平家も従四位下少将へと進みえた。

次に外様国持大名では、加賀前田家が従三位参議、薩摩島津家・仙台伊達家が従四位上中将で、あとは従四位下少将ないし侍従を先途としている。国持大名ではその嫡子の初任官位も従四位下（これを「四品《しほん》」と称する）ないし従四位下侍従であり、自余の外様大名と大きく異なっていた。

譜代大名では、譜代の棟梁と言われた彦根井伊家が正四位上中将と別格であり、あとは稀に四位の少将に昇進する者があったが、高い家格のものでも従四位下侍従に止まる。

これ以外の大多数の一般大名は外様・譜代を問わず、従五位下に止まるものであった。ただ一〇万石級の大名については、叙爵ののち三〇年ほどを経過した時には従四位下（「四品」）へと昇進しうる恩典があった。(4) けだし長年の将軍家にたいする奉公への褒賞の謂であった。

[注]

（1） 松平秀治「大名家格制についての問題点」（『徳川林政史研究所紀要・昭和四八年度』）、児玉前掲『大名』一九八頁、藤井譲治「日本近世社会における武家の官位」（京都大学人文科学研究所編『国家―理念と制度―』一九八九）。

（2）　小川前掲『江戸幕藩・大名家事典』下巻解説。
（3）　松平前掲「大名家格制についての問題点」、新田完三編『諸侯年表』（東京堂出版、一九八四）。
（4）　寛保三年幕府達「官位之定」（『徳川礼典録』上巻所収　原書房、一九八二）。

第四節　江戸城殿席に基づく類別

大名の類別のためのいま一つの重要な基準として、諸大名が江戸城に登城してきた際に控える部屋、すなわち「殿席」（「伺候席」ともいう）の別があった。[1] この殿席は既述の大名の類別基準たる、大名としての出自来歴の別、領地規模の別、朝廷官位の別の三者を総括した、最も包括的な大名類別の基準であり、当時の社会においても、殿席の別によって示された区分が、各大名家の属性を公式に表示するものと見做されていたのである。そして大名の殿席はすべて七つであった。

（1）　大　廊　下

「大廊下」とは、いわゆる松の大廊下に沿った部屋の名称で、諸大名のうち最高格式のものの控える部屋とされる。部屋の中は大きく二つに区分され、上の間は御三家、下の間は加賀前田、のちに越前松平が加わり、さらに文化・文政期以降には、将軍家の殊遇によって幾つかの大名家がこれに配された。

（2）　大　広　間

ここは外様や家門のうち四位の大名の控えるところで、島津・伊達・細川らの国持外様大名、越前系の津山・松江松平、御三家の分家の高須松平・西条松平など。その他、従五位の外様大名は後述の柳間に控えるが、四位に昇進すると大広間に移るものであった。丹羽・立花・富山前田などがその格であった。

（3）柳　間

これは一〇万石未満の中小外様大名の殿席で、旧族の国衆系統の松浦・秋月・伊東・大関・津軽や、織豊取立の上方衆系統の織田・木下・仙石・片桐など百家前後の外様大名があった。

（4）黒書院溜間

いわゆる溜間詰大名の席で、彦根井伊・会津松平・高松松平の三家が定席で、このほかに忍松平・姫路酒井・松山松平・桑名松平、および老中経験者の中から選ばれて、この席に配された。

溜間詰大名は一種の元老格待遇のもので、幕政の重要事項、老中の任命などについて将軍の諮問に与り、また老中と協議することもあった。定日の詰日というものはなく、五、七日に一度ほど登城し、老中と面談する機会をもった。(2)古く寛永九（一六三二）年、秀忠が死去して三代将軍家光の親政が開始された時、井伊直孝と松平忠明の二人に対して、在府して大政に参与すべしと命じたのが、この溜間詰大名の起源であると考えられる。(3)いずれにしてもこの溜間詰大名というのは、準幕府役人的な性格をもっており、その意味で溜間詰というのは他の大名殿席とはやや次元を異にしている。

（5）帝　鑑　間

松平の庶流諸家、両酒井・本多・榊原・大久保・戸田・牧野・奥平・小笠原・諏訪など、松平―徳川家の三河領国以来の有力譜代家臣、その後の領国発展過程のなかで、徳川氏に帰服して版図拡大に協力していった国衆的家臣がここに列んでいる。そして幕府の制ではこの帝鑑間の譜代大名をこそ、厳密な意味での「御譜代」と称していた。「すべて譜代の衆は、おほく開国の貴族」(4)という時、それは次の雁間、菊間の譜代大名と区別して帝鑑間の譜代大名を指しているのである。

（6）雁　間

これも譜代大名の殿席であるが、この譜代大名は「詰衆」と呼ばれて、交代で毎日この部屋に詰める責務を負っている。[5]帝鑑間の譜代大名が開国の貴族であるのに対して、雁間のそれは井上・森川・永井・安藤・土井・稲葉・大河内松平・阿部・久世・伊丹といった比較的新しい時代に、もっぱら吏務の才幹によって将軍の恩寵を得て老中などの役職に任ぜられ、そうして大名に取り立てられた者が多い。

安藤・稲葉・土井・大河内松平・阿部など雁間大名の多くは「御役家」と称せられるほどに老中・京都所司代・大坂城代・奏者番・寺社奉行などの幕府役職への就任頻度が高く、また石高の加増の機会にも恵まれていたことから、帝鑑間から雁間席へ移動を希望する傾向があった。これがため享保期の将軍吉宗は、譜代尊重の一環として、帝鑑間席の本来の譜代大名の格式の高さを内外に強調している。[6]

（7）菊　間

これは雁間と同性格の「詰衆」系の大名の殿席で、二万石以下の無城の譜代大名の詰所であった。[7]

大名の江戸城殿席を基準とする類別については以上であるが、これはただに大名の格式の分類に留まらず、同殿席の大名の間に同格大名の観念を形成することによって、幕府の行事についてのさまざまな作法・格式、あるいは幕令や諸々の政策に関して、大名間での相互照会や協議、申合わせを行う交流組織を生み出していった。これは政治的に重要な問題なのであるが、特にその役割を中心的に担ったのが、この同殿席大名の留守居役たちで構成される留守居組合であった。その政治的役割については第十二章を参照されたい。

近世大名の類別について検討を加えてきたが、このように相互に対比してみたとき、そのなかでは外様の国持大名という範疇が、際だった存在として浮かび上がってくる。それは領地の規模の大きさ、身分・待遇の優越、幕府・徳川家の支配・干渉からの相対的な自由、領国形成の自生性などの諸点において、自余の大名に抜きんでていた。

以下の論述ではもっぱら、政治史的に最も重要なこの外様国持大名という範疇に即しつつ検討を進めていきたい。

［注］

（1） 松尾美恵子「大名の殿席と家格」（『徳川林政史研究所紀要・昭和五五年度』）。

（2）（5） 『柳営秘鑑』巻三（『内閣文庫所蔵史籍叢刊』第五巻、汲古書院、一九八一）。

（3） 『徳川実紀』寛永九年正月晦日条。なお藤井譲治『江戸幕府老中制度形成過程の研究』（校倉書房、一九九〇）一〇四頁以下参照。

（4） 『有徳院殿御実紀付録』巻五（『新訂増補国史大系・徳川実紀』第九篇）。

（6） 辻達也『享保改革の研究』（創文社、一九六三）一〇一頁。

（7） この殿席はより正確には「菊間縁頬」である。これについては小川前掲『江戸幕藩・大名家事典』下巻解説を参照されたい。ただし『武鑑』でも単に「菊間」とのみ記している。

第五章　近世大名家における主従制と軍制

はじめに

大名家とは端的にいって武士の集団であり、主君と家臣との主従制的結合によって構成される軍事的集団、軍団にほかならない。中世の地頭・在地領主およびその系譜を引く国人領主、また名主層の中から分出されてきた新興の土豪・小領主たちは、本書第一章に見たごとく、中世末・戦国期の動乱の中で、自らの所領を防衛し、あるいはまた戦闘を通して他国・他領の領土を切り取り、その所領の拡大を計るべく、彼らはそれぞれに連合して軍事集団を構成していった。

その集団の構成は、あるいは彼ら個別の領主たちが一揆的に連合したのちに、彼らの中から盟主を選んでこれを集団の長として戴くような形態のもの、あるいはより強力な上級領主の下に――征服によってであれ、自発的な帰服によってであれ――統合されて、その臣下に編入されていくものなど、種々のコースを辿りながら、いずれも最終的には主君と家臣との主従制的結合によって組織された軍事集団を形成していった。それが近世の大名家の源由をなすものである。

この基本的な事実に即して、大名家臣の類型、主従制や身分制度、軍制や行政官僚制、総じて近世大名家の政治秩序の全体が理解されていかねばならない。

第一節　大名家臣の諸類型と近世的主従制

大名家臣の類別については、その基準として次のようなものが挙げられる。

第一に、大名主君との主従関係のあり方、家臣としての出自来歴を基準とするもので、大名の「家」の擬制的秩序の中における、それぞれの家臣の配置関係を示すものである。いわゆる一門、譜代、外様の別によるものであるが、各大名家によってその実際の類別制度とカテゴリーの名称は種々である。

第二に封禄の質とその多寡を基準とする類別。地方知行、切米取り、扶持米取りの別、およびそれぞれの多寡に基づくものである。ここでは封禄の質とそれぞれの量の差が家臣間の序列基準をなす。

第三に、御目見以上と以下との別。幕府の制度では、これがいわゆる旗本、御家人の別を画する基準であったように、ほとんどの大名家においても御目見の有無が、大名家臣を上士と下士に区分する一番重要な基準であった。

第四に、軍制に由来する身分秩序。大名家なるものは本来的には軍団としてあるのであるから、軍制秩序が家臣団の身分秩序を規定するのは当然である。ここでは大名主君を総大将として、一門・家老―番頭（組頭）―物頭―平士―徒士―足軽―中間・小者といった軍制上の階層区分があるが、これが取りも直さず大名家における家臣団の身分秩序一般を規定していた。

これらのさまざまな身分類別の基準のうち、軍制的な身分階層制は大名家内部の政治秩序を見ていくうえで重要なものであるが、これについては次節で考察することにして、ここでは第一の基準、家臣の出自、どのような経緯で当該大名家の家臣に編入され、その大名家の「家」的秩序の中でどのように位置づけられているかを主とし、自余の基準も考慮しながら、家臣の類別を検討しよう。

さて、このような観点からしたとき、大名家の家臣の類別については、基本的に次のようなものが挙げられる。㈠主君の一門親類、㈡累代の譜代家臣、㈢嘗ての同輩の家臣化、㈣武功のある新参者、㈤主君の寵臣、㈥武功のない新参者、である。

第一に一門家臣であるが、これは主家の分家筋ないし、主君の兄弟などの親族で家臣となっているものである。惣領制の名残をもつ秋田佐竹・仙台伊達家などの旧族大名家には、家臣の身分階層の中に一門衆という家格がもうけられていて、家臣団の中でも特別の地位を占めている。

秋田佐竹家の場合、北佐竹（角館五七三一石—知行所、以下同じ）・南佐竹（湯沢五七二〇石）・小場佐竹（大館五八〇一石）・東佐竹（秋田城下五五一八石）の「御一門」四家が設けられていて、家臣団中の最高身分をなしていた。[1] 伊達家では、やはり伊達の親族としての一門諸家が定められており、石川（角田二一三八貫、一門の上座）・白石（登米二〇〇〇貫）・留守（水沢一六一三貫）・亘理（涌谷二二六四貫）・伊達（亘理二三八五貫）・伊達（岩出山一四六四貫）・岩城（岩谷堂五〇一貫）・田手（宮床八〇七貫）・三沢（前沢三〇〇貫）・白川（真坂一〇四貫）などであった。[2]

佐賀鍋嶋家の場合は、小城（七万三二五二石）・鹿島（二万石）・蓮池（五万二六二五石）という徳川御三家にも似た分家が設けられ、のちに寛永年間に相次いで幕府直参の大名に成長していった。もっとも石高のうえでは本家佐賀鍋嶋家の三五万石の中での「内分」の分知大名としてであった。三家を分出したのちも、鍋嶋家の場合には、白石鍋嶋（九〇二五石）、神代（川久保一万一六六二石）、村田鍋嶋（六〇〇〇石）という鍋嶋庶流、および旧主竜造寺氏の血をひく村田（一万七七〇石）、諫早（二万六二〇〇石）、武雄（二万一六〇〇石）、多久（二万一六〇〇石）、須古（八二五〇石）の諸家を親類および親類同格という形で待遇していた。[3]

これは血統・血縁に由来する身分である。当然のことながら、その身分的優位性は、主君・主家の身分的優位性の派生である。もっとも後述の外様国衆系統の大身家臣をも、婚姻関係を通じて、あるいは苗字を与える（「賜姓」）など擬制を用いることで、有力家臣を一門待遇としていった。伊達家の一門家臣である石川・留守氏などは、そのような性格のものであった。

第二の家臣類型は代々主家に仕えている譜代家臣であり、主家・主君と長年に亙って苦楽を共にしてきた間柄にある家臣である。彼らは主君・主家の本来の下僕であり、前者に対して無条件・無制約の忠節を捧げなければならないものたちである。大久保忠教が言う「御家の犬」なのである。しかし、また主君の側も彼らの累代に亙る忠勤に対して、最大限の恩顧をもって報いなければならない。そのような道徳的制約が主君に課せられるのである。

譜代家臣といえば前章に見た徳川家の酒井・本多・大久保・鳥居といった諸氏が名高いが、長州の毛利家にあっても累代の譜代家臣として赤河・国司・粟谷・桂などの諸氏があり、代々にわたって奉行を勤める家筋の家臣とされていた。(4) 当該大名家が発展をして大をなした時には、彼ら譜代の者は、大名家の重臣に列せられていった。

三は嘗ては、同輩ないし敵対者などの対等の立場にあったものが、他方が大名に成長していくに伴い、その家臣に編入されていった者たちである。これは大名制度における外様国持大名に相当するもので、大名家臣の諸類型のなかで最も重要なものである。

長州毛利家は安芸・備後地方の国人領主（在地領主）の盟主として成長していったものであるから、その重臣の多くは嘗ての同輩である。毛利家の家臣団の身分類別では、かれら旧国人領主の系譜を引くものは「国衆」と呼ばれる。宍戸・熊谷・天野・山内氏らである。(5) 彼らは高禄を与えられて優遇され、特に軍制の面で最も重要な大組（平士を五〇名ずつ編成した軍制組織）の組頭は伝統的に彼ら国衆が占めていた。(6)

米沢上杉氏の場合も同様で、その本領たる越後国の国人領主たちで上杉氏と対立しつつも、最終的にはその越後統一に協力してその家臣となった本庄・色部・千坂氏などは、同家の最高の家格たる侍組に属する大身家臣として重きをなしていた(7)。

備前池田家の六家老のうち伊木・森寺氏は、池田恒興が織田信長から分与された所望の侍、片桐氏も信長から恒興に付けられた者である（残りの三家老については、土倉・日置氏は恒興以来の旧臣、池田出羽は恒興の孫である）。すなわち与力衆であって、純然たる家臣に比して客分的性格を有するものであった(8)。

阿波蜂須賀家の場合には初代蜂須賀家政の身近く仕えたもとからの家臣を「身付衆」といい、そのなかの有力な者を「身付老従」といった。益田・長谷川氏などがそれで、譜代家老である。これに対して豊臣秀吉の四国征伐に際して、秀吉の直臣で蜂須賀氏に付けられて従軍入国し、その後蜂須賀氏に臣従するようになった人々を「与力衆」といい、そのなかで有力な者を「与力老従」と称した。稲田・中村・林・樋口氏らがそれで、これは外様系の家老である(9)。彼ら「与力老従」は重用され、うち稲田氏は淡路城代に歴代任じた(10)。

このように第三の類型の家臣は外様大身として、譜代家臣と区別される「客分」的性格の家臣であり、家臣団中の身分階層序列でも一門衆につぐ席次の与えられるのが通例である。あるいは一門に擬してその待遇を受ける場合もあった。彼らの主君に対する主従制的関係は双務的・対等的性格を帯びることとなる。

家臣の類型の第四のものは、比較的新しく召し抱えられた者であるが、その後抜群の武功をたてた者、あるいは天下に知られたその武名の故に、新規に召し抱えられた者およびその子孫の者(11)。大名は軍団である以上、新参家臣であっても、このような軍事的能力の高い者の身分的地位は自ずと高くなるものであろう。越前の結城秀康や紀州の徳川頼宣らは天下の武功者を好んで召し抱えたものである。

後に第十章に見るごとく、安芸広島城主の福島正則の改易に際して、広島籠城戦を指揮統率した物頭大橋茂右衛門（知行高一〇〇〇石）はその鮮やかな采配のゆえに、福島断絶ののち松江松平家に知行六〇〇〇石で永代家老として招かれている。また赤穂浅野家に知行一〇〇〇石で召し抱えられた山鹿素行のような高名な兵学者といったものもこの類型に含まれるであろう。

家臣類型の第五のものは、主君の寵臣、側近の出頭人である。(12) 彼らは新参者であるが、主君の妻の由縁の者、主君の乳母子などその幼少時よりの側近の者、財政その他の吏務に長けた者などである。彼らはしばしば大名家内部で高い身分的地位を占め、大きな権力を振るうことがあるが、それは彼らの個人的な才能に拠ることも多いが、もっぱら主君の恩寵に基づくものである。したがって彼らの身分的地位は不安定なものであり、主君の代替わりに際して脆くも崩れていくのが通例である。

第六の家臣類型は徒士、足軽といった、いわゆる下級武士で、徒士の一部を除いて「御目見以下」の身分である。次節の軍制のところで詳しく見るが、彼らは槍、鉄炮・弓の歩兵集団を構成し、上士たる物頭（足軽大将）に率いられるのである。彼らの間にも譜代と新参の区別があったが、(13) 系譜的に見るならば彼らの出自は第一章に述べた、在地農村から兵農分離によって析出されてきた土豪・小領主層であった。彼らは鉄炮足軽などとして編成され、また与力・同心の形で上級武士（寄親）に付属せしめられていった。幕府を始め多くの大名家で足軽階層の者を同心と称するのはこの故である。

これら徒士・足軽層は平時には行政的用務や番卒に従事するが、時代の進展とともに行政的需要が高まり、物書、勘定、土木、治水、法制などの諸分野において下級役人の形でこの階層の者が雇い入れられ、これら下級武士層は増強されていった。(14)

大名家における家臣の類型としては、大体以上のようなものが基本的なものとして挙げられるであろう。もとより実際の家臣の身分序列は、もっと複雑に細分化されたものであるし、また家臣の実際のあり方からしてももっと多岐に亙るものであるが、それらも右の六つの類型の派生したもの、合成されたものとして、捉えられるのではないかと思われる。

家臣団編成の基本は主従制にある。そして右に見るように主従の関係は、両者が単に主君と家臣の関係にあるというだけのものではない。その主従関係の結び方や、その関係の時間的継続性の如何、および忠勤・功績の程度などによって、家臣と主君との関係は種々であったし、またそれは家臣相互の身分関係を規定するものであった。

右の関係のあり方が家臣団内部での身分階層的序列の根拠となることは当然であったが、このことはまた同時に主君の行為をも拘束する根拠となるものであった。すなわち、大名家が今日あるのは主君一人の力によるものではなく、家臣との協力の中で作りあげてきたものなのだから、主君・主家が弱小であったころからこれに従い、長年にわたって忠節と武功を重ねてきた者、あるいは各自の所領の運命を彼に託し、大名主君へと推戴することによって大名家の形成に貢献した旧在地領主たちが、身分的に優遇されるのは自然なことであろう。

この点は例えば「黒田長政遺言」[15]に「武士之軍功之多少ニヨリテ、夫ニ応ジテ大身小身、時之仕合ニテ候」とあり、さらに「播州・豊州ヨリ召仕候諸士ハ、何レモ身命ヲ抛、粉骨ヲ尽シタルモノ共也、今我大国ノ主ト成ル事、是全ク我等父子ノ計略ノミニ非ズ、臣下ノ力ヲ合セシ助ケニヨリテナリ」と明記されている。

また池田光政が嫡子綱政に与えた遺言について、光政が重臣たちに披露した言にも、「家に久しきものは伊予（池田綱政）の宝にて二たび得られぬものなれば、随分大切に取扱れ、家絶へぬ様にて毎も申含候事に候」[16]とある。池田家の場合、天正一二年の長久手の戦いで主君恒興・長男之助以下多数の者が討死をして大きな打撃を蒙ったが、家臣らの協力の下に若年の主君であった輝政をもり立て、後の備前三〇万石の基礎を築いていったものである。

「古きもの」と「良きもの」とが同義であるというのは、前近代社会の基本的な観念であるが、大名家において旧家・旧臣が優遇され、その政治体制が身分制的構造を有する根拠とは、このような大名家創成・発展に対する貢献という事実にほかならない。そして大名家なるものが軍団である以上、右の貢献とは一命を捧げて果たす軍功にほかならない。過去における軍功、将来に対して約束した軍事的貢献の度合が、大名家における身分的階層序列の基準をなしているのである。それ故に右の身分秩序の問題は、大名家の軍制に反映するものであり、これと密接な対応関係を有している。軍制が当該身分秩序を構成していると見ることも可能であり、身分秩序と軍制は事実上同義であるといっても差支えないほどである。

［注］

(1)『秋田県史』(秋田県、一九六四)第二巻、近世編上、第二章「藩制の成立」一〇二頁。「秋藩分限帳」(秋田郡大館中田家文書)。

(2) 小林清治「伊達氏における家士制の成立」(『史学雑誌』六二編八号)、斎藤鋭雄「仙台藩の家臣団構成——成立期の考察」(『日本歴史』二一九号)、『仙台市史1』(仙台市役所、一九五四)第三章「藩制の成立と城下の統制」九二頁。

(3) 藤野保『佐賀藩の総合研究』(吉川弘文館、一九八一)本編第二章「鍋島佐賀藩の構造」四七〇頁以下、五一〇頁以下。

(4) 河合正治『中世武家社会の研究』(吉川弘文館、一九七三)第三章「戦国大名としての毛利氏の性格」三九一頁、『広島県史』(広島県、一九八四)Ⅳの六「戦国大名毛利氏の領国支配」六一八頁。

(5) 河合前掲書三九二頁、前掲『広島県史』六一二頁以下。

(6) 市村佑一「長州藩における家臣団形成過程」(宝月圭吾先生還暦記念会編『日本社会経済史研究』近世編　吉川弘文館、一九六七)。

（7）　藩政史研究会編『藩制成立史の綜合研究―米沢藩―』（吉川弘文館、一九六三）第七章第二節「家臣団と知行制度」二三八頁以下。
（8）　谷口澄夫『岡山藩政史の研究』（塙書房、一九六四）第一篇第三章「家臣団の編成」七六頁以下。
（9）　『徳島県史』（徳島県、一九六五）第三巻・近世編、三九頁、和泉清司「阿波藩における家臣団の構成」（『歴史論』五号）。
（10）　松本博「淡路城代の成立をめぐって」（『史泉』三四号）。
（11）　長州毛利家の場合、同じく外様家臣であっても安芸・備後国の国人領主は「国衆」として別格優待されており、同家で「外様」と呼ばれるのは大内氏旧領の周防・長門両国の者、尼子氏の出雲・石見国の者で、降って毛利の家臣となった者が主である（河合前掲書三九三頁）。
（12）　辻達也「近習出頭人について」（『大類伸博士喜寿記念史学論文集』山川出版社、一九六二）、高木昭作「出頭人」（『日本歴史大系3・近世』山川出版社、一九八八）二四一頁。
（13）　徳川家の御目見以下の下級幕臣、いわゆる御家人については、譜代席、二半場、御抱席（一代抱え）の三区分がある（高柳金芳『江戸時代御家人の生活』雄山閣出版、一九八二。同書三一頁以下）。なお幕府および諸藩の下級武士の存在形態については、木村礎『下級武士論』（塙書房、一九六七）参照。
（14）　足軽（同心）の地位は藩によって種々であったが、幕府の制では士分ではないが侍の一種であり、苗字・帯刀を有し、日常は袴勤めであって、いわゆる中間・小者とは区別される身分であった（高柳金芳前掲書一一〇頁）。なお高木昭作『日本近世国家史の研究』（岩波書店、一九九〇）Ⅸ章「いわゆる「身分法令」と「一季居」禁令」参照。
（15）　『近世武家思想』（『日本思想大系』27、岩波書店、一九七四）二三頁。なお、本文この箇所の視角は後掲の服藤弘司『相続法の特質』に負っている。
（16）　『近世政道論』（『日本思想大系』38、岩波書店、一九七六）六八頁。

第二節　近世の軍制と身分制

戦国時代末から近世にかけての軍制においては、「備」という軍団編成上の単位が軍事的に重要な意味をもっていた。家臣団はその全員が、総大将たる大名主君の直接の指揮を受けて戦闘に臨むのではなく、それぞれ半ば独立して軍事行動を展開していく「備」に配属され、「備」の大将（旗頭）の指揮の下に行動する。この時代の戦闘は、このような半独立の軍事単位を軸にして展開されていくのである(1)。

一門・家老身分の者は、この「備」の旗頭として配下の武士を指揮する。一門・家老身分の者は、自己の家臣（陪臣）を多数抱えており、これでもって彼らの「備」の軍団の中核を構成する。また大名家の家臣のうち軽輩・足軽の者が、「与力」「同心」といった形で、これら旗頭に付属される。旗頭の直属家臣（陪臣）の欠を補うということで、加勢の意である。彼らは前者の家来として付属せしめられるのではないが、家来同然の形で前者の指揮を受けることとなる。

次に中老とか年寄といったクラスの者は「番頭」「組頭」、すなわち平士＝騎馬武者の長として、彼らを組別に編成したうえで、その指揮官として行動する。大名家臣団の中堅的位置にある平士は、このように組分けされたのちに、それぞれの組の長である中老・番頭の支配を受けることになる。この故に平士はまた、「組士」とも「番衆」とも呼ばれるのである。そして彼らを支配する中老・番頭は「組頭」ということになるのであるが、また組分けされた組士＝平士たちの中から世話役としての「組頭」を設けているところでは、「番頭」は「組頭」より一段高い支配役職となる。たとえば幕府の軍制などがそうである(2)。そして、このように組分けされた各組は、それぞれの「備」に配属され、旗頭たる家老の指揮下に入る。

次に配下に組士をもたない上級家臣の群がある。彼等は自己の直臣（大名家の陪臣）を率いて軍事単位を構成するとともに、寄り集まって軍団を構成する。各大名家で「寄合組」などと呼ばれているのがそれである。この寄合組も適宜に各「備」に配属される。

次に物頭の部隊がある。(3) 物頭とは「弓の者」「槍の者」「鉄炮の者」といった「者」の頭の意で、歩兵の指揮官を指す。物頭は代々の家筋の者もあれば、平士から一代限り歩兵部隊を預けられてなる者もあった。そして歩兵には准士格の「徒士」と、無格の「足軽」とがあった。この徒士という身分は士分と士外の中間にあり、勤功次第で主君の拝謁を得られる「御目見以上」の身分に昇格することが出来た。彼らも組分けされて「徒士組」を編成し、日常的には主君の外出時の供奉を主務とし、戦時にはもっぱら槍部隊となった。この徒士組の指揮官たる物頭は「徒頭」と呼ばれ、大名家によって扈従頭とか小十人頭などという名称をもっていた。

しかし物頭という場合には、足軽部隊の指揮官の意で用いられるのが普通で、俗に足軽大将と称される。足軽二〇〜三〇人ほどで組分けされ、それぞれ鉄炮、弓、旌旗などの部隊を構成した。このうち近世の軍事編成では鉄炮の比重が非常に高く、それ故に物頭と鉄炮頭とは同義で用いられることが多かった。弓の足軽は数も少なく、鉄炮足軽に含めて取り扱われるようになっていた。また旌旗の進退は全軍の士気に関わるものであり、旌旗を預かることは名誉と責任を伴った。(4) このようにして物頭の部隊がそれぞれ構成され、これまた各「備」に配属されて家老の指揮を受けることになる。

すなわち個々の「備」の構成は、まず家老クラスの者が旗頭として全体の指揮を取る。彼は自己の家臣をもって軍団の中核を形づくる。これに彼に付属された与力・同心が加勢する。その外郭に大名の家臣団によって構成される諸部隊が存在する。その主力は平士によって構成される騎馬隊としての諸組であり、これを番頭および組頭が指揮する。これと平行して徒士からなる徒組の槍部隊などがある。さらにその周囲の最前線に弓・鉄炮足軽部隊があって、物頭がこれを指揮する。このような形で個々の「備」が構成された。

豊臣系国持大名である蜂須賀家（阿波二五万七〇〇〇石）の事例でこれを見てみよう。(5)

同家の家臣団の軍制に基づく身分階層として、家老・中老（組頭、寄合）・物頭・平士（組士）・高取諸奉行・小姓・中小姓・日帳格・徒士・小奉行のおよそ一〇階があり、さらにその下に足軽・小者・手代といった無格者があった。

このうち家老身分（座席）は家臣団中の最高のもので、元禄期以降では稲田（知行高一万四〇〇〇石余）・賀嶋（同一万石）・山田（五〇〇〇石余）・長谷川（五〇〇〇石余）・池田（四〇〇〇石）の五家の者が独占するところであった。

家老五氏のうち賀嶋（もと細山姓）・長谷川の両氏は、蜂須賀家の初代家政の身近くもとから仕えた家臣で「身付衆」と呼ばれた。すなわち譜代系の家老である。これに対して、稲田・山田はもと豊臣秀吉の直臣で、その四国征伐に際して、秀吉から蜂須賀氏に付けられて従軍入国し、そののち蜂須賀氏に臣従した「与力衆」である。すなわち外様系の家老である。

この両氏の初代ともいうべき稲田九郎兵衛、山田織部ら七将は、慶長一九（一六一四）年の大坂冬の陣の合戦において大功を挙げ、将軍秀忠よりこの七将に感状が授けられる一方、主君蜂須賀至鎮には松平の家号が与えられるとともに、淡路国七万石が恩賞として加封され、蜂須賀家は二五万石の国持大名として徳川体制の下でその地歩を固めることができた。(6)それ故に、この功績顕著な右の七氏の地位が蜂須賀家において確固たるものになるのは当然であり、ことに稲田氏はこの功績によって代々洲本城代に任ぜられ、あたかも淡路一国の独立領主のごとくであった。(7)

次に中老身分は組頭・寄合組・鉄炮頭中老など三十六、七名ほどからなり、家老と同じく家格による世襲の身分である（知行高は二五〇石から二五〇〇石まで）。

このうち組頭は、一般家臣（平士）を一組二五名の組ごとに支配する。平士は阿波国で一一組、淡路国で二組に編成されており、組頭は両国で一三名である。この平士を組別に支配する軍制的地位は他の多くの大名家では「番頭」の名をもってするのが普通である。

寄合組は平士の組を預からない中老二一、二名を指し、戦時にはそれぞれ自己の家臣・従者（陪臣）を率いて戦陣に参加するものである。鉄炮頭中老は後述の物頭（鉄炮頭）の統率者としての地位にある二、三名の者であった。

物頭は歩兵・足軽の指揮官で、大名主君より彼らを同心として付属される形をとる。物頭一組はそれぞれ、鉄炮足軽二一人、あるいは弓足軽三二人、持筒足軽三〇人、籏足軽二〇人などから成っていた。物頭には世襲の家筋（代々鉄炮頭）が十数家ほどあるが、平士も勤功次第で一代限り昇格でき、物頭はおよそ二十数名ほどを数えていた（知行高は二〇〇石から一〇〇〇石ほど）。

近世の軍制では足軽鉄炮部隊は戦陣の最前線に布陣して、攻撃の先鋒を勤めるものであった。それ故にその部隊長たる物頭は名誉の身分とされ、平士の中の有能な者、功績を挙げた者の抜擢される地位であった。家臣団中のエリートの証しともいうべき呼称であった。

さて、平士（番士、組士）は軍団の中堅をなすもので、大名家臣の最も標準的な姿を示す。人数は約三〇〇名（知行高は一〇〇石から五五〇石ほど）、組別に編成されて組頭（中老）の支配に属する。平士は二五〇石以上の騎馬士とそれ以下の無騎馬士に別れ、騎馬士は馬を常飼することを義務づけられていた。平士はその知行高に応じて、自己の家来（陪臣）たる若党や槍・兜・その他の荷物持ちの中間・小者らを率いて軍陣に参加する形をとるのである。これが近世大名家の軍隊の戦闘員の最も基本的な単位をなしていた。

小姓は約一〇〇名（禄高は一〇〇石から五五〇石ほど）、平士に準じる身分で、軍制上は大名主君の旗本備に属する。小姓はもと扈従の意で、大名主君につき従う者を言った。他家で「御馬廻」と称するのも同義である。さきに述べた平士とここに言う小姓とは、武士身分としてはほぼ同格であり、平士なる者も含めて彼らは本来は大名主君の旗本に詰めていたと思われる。それが大名家がしだいに拡大し、軍団として膨張してくると、彼らは組別編成されて組頭（番頭）の統率の下に、各備に配属されるに至ったものであろう。

そして蜂須賀家の軍制では一人の家老は中老二組、物頭四組を率いる。物頭一組は鉄炮足軽二一人、あるいは弓足軽三二人、持筒足軽三〇人、籏足軽二〇人よりなっていた。

これらの「備」のうち、敵陣への最前線のものを「先鋒」とも「先手」とも呼ぶ。その次が「中押」「中備」、その次に総大将たる大名主君を中心とする「旗本備」がある。この「旗本備」は最も規模の大きいものであるが、「備」としての構成については自余のものと質的には変わらないのが通例である。それは量的に「備」が厚いといったものである。ついで全軍の最後部に位置するのは「後詰」「しんがり」である。

大名家とは本来的にはこのような軍団そのものにほかならないものである。したがって大名家内部の秩序・人的関係も、その対外的な関係も、領国統治のあり方も、この軍団としての本来的な性格に強く規定されることとなるのである。

こうして大名家における、大名主君―一門・家老―番頭（中老）―物頭―平士（組士）―（以上、御目見以上の上士層、以下、御目見以下の下士層）―徒士―足軽―中間・小者という軍制上の階層序列は同時に、大名家内部の身分秩序を規定する最も一般的な基準をなしていた。（補注）

そして、このそれぞれの身分的地位は何人によっても犯されがたい、永続的で客観的な性格をもつものであった。

家老・番頭といった家臣団を統率する重要な地位には、かつての国衆系の外様大身および譜代旧家の重臣が就いて、代々の家筋としてこれが保持されて、よほどの事情がない限りその地位が変更されることは見られなかった。(8)また他方では、平士も勤功次第で一代限り物頭に昇格することはできた。しかし永代物頭の家に昇格するのは至難のことであった。そのような性格のものであった。それ故にこの家臣各自の身分的地位というものは、後述の彼らの知行・封禄がそうであるように、大名家に関わる権益の総体に対する一種の「持分」のごとくに見做されていった。

さて、領国の防衛体制において、「備」制に対応するのが「支城」制である。「備」の大将たる家老クラスの者は城代・城番として大名領国内の「番城」「所」「役屋」などと名付けられた支城を預かり、ここに駐屯する形をとる。それは隣国との境であり、家老は「他国之手先」(9)だからである。蜂須賀家の場合も「阿波の九城」と称して、鞆浦・池田・撫養などの他国や辺境の押えとなすべき地に鎮城が置かれ、城代には家老が任ぜられ常駐する体制をとっていた。(10)

そして家老の知行はこの支城の城廻りに配分される。これは軍事基地としての支城の兵站部にほかならない。ここで収納される年貢米は兵糧であり、秣場は軍馬の給養地である。山林・竹木は武器や陣所構築の材料を供給する。そして知行所の農民は陣夫として割り当てられており、輜重の役に従事せしめられる。元和元（一六一五）年のいわゆる一国一城令にも拘わらず、このような防衛体制―知行制のあり方は寛永年間までは持続されていく。(11)

阿波蜂須賀家の場合、元和の一国一城令に基づいて支城の城郭の構え、塀、櫓などは取り払われていたが、石垣はそのままで軍事基地としての機能を保ったままに、家老がその城代として駐屯していた。しかし寛永一四（一六三七）年の天草の乱における原城の堅固さの経験から、一切の支城の石垣まで破却することが幕府より命じられ、各城番は徳島城下へ引き上げた。ただし池田・鞆浦・撫養の三ヶ所は国境近くの枢要の地であるから、これに代って陣屋が置かれた。

家老の知行所の機能とは右に見たようなものであるが、およそ大名家の家臣団の地方知行には多かれ少なかれこのような軍事的な意味があった。したがって、地方知行は家臣にとって武装自弁の戦闘者としての格式を示すものであり、また当該知行所を支配する領主としてこれに臨めるものでもあった。こうして地方知行には武士としての名誉の観念が強く付着していたことから、恒常的な平和の時代に入っても地方知行制は根強く存続し、これの制度的改革がいわゆる藩政の確立に際して重要な課題となった。

このような本来的な軍制—知行制の下では、後の時代に言うような意味での「藩政」も存在しなければ、役職制度—官僚制も大名家の中には存在しない。[12] ここで最も纏まった組織構成を示すのは軍団としてのそれであるが、それとても「備」—支城制に見られるように、それぞれが独立した軍事単位としてあって、大名家の全体に亙る組織的な政治体制として見るべきものはそこにはない。戦時とか重要な評定に際してとか、あるいは年頭・八朔以下の儀礼といったことのために、家老以下の重臣が本城に参集し、全体的な意思表示を行い、なにがしかの組織的な行為をなすといったことぐらいにしか表れないものである。

大名家の本来的な体制とはこのようなものであり、これに基づいて諸々の政治的関係が形成されることになる。そして、いわゆる「藩政」の確立も「藩政」の運営も「藩政」の改革も、この体制を前提にし、これに規定される形で展開されていくものである。

［補注］

ただし大名家の身分秩序について付言しておくならば、旧族大名家を中心にして、この軍制的身分秩序のうえにさらに、最上級家臣階層のための特権的な身分制度（「座格」の制度などと称せられる）の設定される場合がある。

たとえば仙台伊達家について見るに、同家の上級家臣の間では次のような身分階層が制度化されていた。[13] すなわち、「一門」

（伊達家の親族）、「一家」（伊達家の庶流および大身の旧在地領主の子孫）、「一族」（譜代の旧臣、旗本層）、「宿老」（伊達政宗の股肱の臣）、「着座」（藩政初期に奉行職に取り立てられた者）、「太刀上」（旧臣・大身家臣の分家）などである。これらは平士以上の伊達家臣団のなかでは、数からして二割弱の最上級家臣を対象にしたものであり、八割以上の一般家臣らはこの身分体系から排除されていた。

秋田佐竹家の身分制度も同様である。[14]ここでも「一門」四家のほかに「引渡」「廻座」「一騎」「駄輩」「不肖」の五つの身分類別があった。このうち後三者は知行高対応の身分階層で、不肖は三〇石以上、駄輩は七〇石以上、一騎は一五〇石以上の者を指していた。その限りでは知行高基準の身分秩序なのであるが、このうち一騎身分のなかから、その最上層部分が分出して、引渡・廻座という二身分が形成されたのである。

佐賀鍋嶋でも「親類」「親類格」「家老」「着座」という上層家臣を特定した身分制度があった。[15]

これらの上層家臣を特定していく身分秩序の制度化は、藩政の枢要部をこの特権的身分の者で独占する意図、あるいは譜代・旧臣たちの旧来からの特権を保持せんとする意図からでてきたものであろう。蜂須賀の軍制組織にも見られたように、その上層の家老・組頭クラスの地位は代々の家筋で固定されていたが、この特権的な上層の家筋をさまざまな名称をもって制度化したのが、これらの身分制度の意味であると考えられる。

なお、ここに家臣団の最上クラスの階層名称に「着座」とか「廻座」「引渡」などというのが見えていたが、これは儀式儀礼というものが身分秩序を規定する重要な要素であったことを物語っている。「着座」「廻座」といった名称は一見、政務の評定の場への参加を意味するような言葉に思われがちであるが、決してそうではないのであって、正月年始の賀儀などにおいて大名主君の傍らに着座し、宴をともにすることが出来る資格のある者という言葉に由来している。「引渡」という階層名称も、賀式の場で大名主君に相伴して、引渡し（本膳に盃三つ添えた膳部）の儀の待遇を受ける者というのが語義なのである。[16]

このことを因州鳥取の池田家の年始の賀儀について見てみよう。[17]元日には家臣一同登城してそれぞれ太刀目録を進上して儀式は進められていくが、興味深いのは、その日の晩に書院で執り行われる晩の御規式である。ここでの大名主君との共食のあり方が、同家の家臣の身分序列を規定していた。この晩の規式はすべて一七段からなっていた。

第一に主君が書院に出座の時、着座衆のなかでも最上級の荒尾両家（米子荒尾家、倉吉荒尾家）と和田の三家が二の間に着座して、引渡しから相伴する。第二は三つの土器による盃ごとであるが、相伴は前に同じ。第三は引渡しが下げられて雑煮の儀となり、ここから着座衆一〇家がすべて出座して相伴に預かる。第四は鰭の吸物であり、譜代番頭七家の面々がこれに参列した。ただし、その座席は三の間であった。こうして池田家の家臣団の上層クラスが序列をもちつつ、出座相伴することで賀儀はすすめられていった。

なお、その規式の第五から第一〇は盃ごとであるが、第一〇段に至って御城詰番頭、用人、城代、奏者、目付らの重役が御盃頂戴に預かった。これら重役といえども着座クラスの者からは、かくも身分的に下るものであることが、形のうえで表現され、相互に確認されることになる。そしてさらに一般の家臣に至ってはこの賀式に参加することも出来なかったのである。こうして同家の家臣団内部の身分秩序は、このような儀礼格式によって表現され規定されていたのである。

同家の最上級家臣の階層名称としての「着座」はこの賀式に由来するものであろうし、秋田佐竹家の「引渡」という階層名称もこれと同様の起源を有しており、池田家の荒尾両家・和田の三家が着座衆の中でも一段と抜きんでていたのと同様の事情にあるものであろう。

［注］

（1）高木昭作『日本近世国家史の研究』（岩波書店、一九九〇）Ⅷ章「「公儀」権力の確立」二〇三頁以下。

（2）進士慶幹『江戸時代の武家の生活』（至文堂、一九六六）一一九頁以下、新見吉治『旗本』（吉川弘文館、一九六七）五〇頁以下。

（3）新見吉治「武士の身分と職制」（進士慶幹編『江戸時代　武士の生活』雄山閣出版、一九六二）四二頁以下、高木昭作前掲書二〇九頁以下。

（4）鳥取県編『鳥取藩史』第二巻「職制志」二一頁以下、第三巻「軍制志」六頁以下。

（5）以下の叙述は特に断らない限り次のものによる。『徳島県史』（徳島県、一九六五）第三巻・近世編三九頁以下、『阿波藩民政資料』（徳島県、一九一六）上巻三三二頁以下、『徳島市史』（徳島市、一九七六）九頁以下、国立史料館編『徳島藩職制取調書抜』（東京大学出版会、一九八三）上巻所収「御作法御成来り替幷御家中とも以前ニ相違候品　草案」・「諸役人被仰付来格式之帳」、和泉清司前掲「阿波藩における家臣団の構成」など。
(6)『寛政重修諸家譜』第六輯二四二頁。
(7) 松本博前掲「淡路城代の成立をめぐって」。
(8) 長州毛利家では熊谷・山内・阿曾沼といった国衆的な家臣が、大組の組頭（番頭）の地位を伝統的に保持しており、それは大名主君毛利氏を中心とした身分格式が整えられ、毛利一門の勢力が高められていっても変わらなかった（市村佑一前掲「長州藩における家臣団形成過程」）。
(9) 谷口澄夫前掲『岡山藩政史の研究』第四章「地方知行とその変質」一〇〇頁。
(10) 前掲『阿波藩民政資料』上巻三三一頁、前掲『徳島県史』五一頁。なお「備」制において、家老に配属されている平士の各組は、組ごとに家老のいる支城の付近に居住するのが本来の形であったようである。因州池田家では後年になっても、米子の家老荒尾家に属する平士は米子組と称して米子に居住し、倉吉荒尾家に属する者も同じく倉吉組と称して倉吉に居住していた（『鳥取藩史』第二巻「職制志」、三三頁）。
(11) 前掲『徳島県史』五三頁。高柳光寿「元和一国一城令」（『高柳光寿史学論文集・下巻』吉川弘文館、一九七〇）三九五頁以下参照。なお第十章「大名改易論」第三節、福島正則改易時の広島城収公の際の福島側の領国防衛体制を参照。
(12) 高木昭作「江戸幕府の成立」（『岩波講座　日本歴史』近世1、岩波書店、一九七五）一四二頁。
(13) 小林清治前掲「伊達氏における家士制の成立」、斎藤鋭雄前掲「仙台藩の家臣団構成——成立期の考察」。
(14)(16) 根岸茂夫「秋田藩における座格制の形成」（『近世史論』一号）。
(15) 藤野保前掲『佐賀藩の総合研究』本論第二章第一節「政治過程および政治形態」四七八頁。
(17)『鳥取藩史』第三巻、「儀式志」。なお拙稿「武士の身分と格式」（辻・朝尾編『日本の近世7・身分と格式』（中央公論社、一九九二）参照。

第六章　知行制と封禄相続制

第一節　近世の封禄制度と地方知行

主従制は封禄の授受を媒介として主君と従臣との間で取り結ばれる、御恩—奉公の人格的な支配・服従関係である。そして、この主従制の媒介物たる封禄は、次の三つの基本型をもっている。(1)第一は石高で表示される現実の知行所(「地方知行」)、各家臣はその知行所から所定の年貢米を収取する。これは家臣団のなかでも平士以上の本来の武士の封禄の形態である。第二は右の年貢米相当分を藩庫から支給する「切米」。これは年間に二季ないし三季に分けて支給され、通常は米何俵といった形で表示される。これは徒士(歩兵)などの下士を対象としたもの。第三は同じく藩庫からの支給であるが、通常一日一人米五合の計算で月割り勘定で給付される「扶持米」。これは何人扶持という形で表示される。足軽層を対象とするものである。

もとより封禄の形態はこれにとどまるものではなく、これらの中間形態や混合形態があり、また上士層の武士が切米や扶持米の支給を受ける場合もあったが、封禄の基本形態は右の三つである。さて、このうちここで問題とするのは、大名家の平士以上の家臣団の本来の封禄の形態である地方知行のあり方についてである。

地方知行制は武家社会の主従制にとって本来的なものである。家臣は主君から宛行われた知行所を自己の裁量で支配・経営し、これを給養地として家臣は軍事的諸手段(武器・馬・兵糧・従者)を整え、それをもって主君に対して奉公をなすというあり方をしめすものである。

このような主従制—知行制的関係は日本の中世にも、ヨーロッパの中世にも広く見られるものであるが、日本近世のそれにおいては、この主君から宛行われた知行の性格が形骸化して、独立的な所領経営がなされえないものとなっており、藩権力によって強い規制を受け、藩権力による藩領支配の全体性のなかに組み込まれてしまっているというのが今日の一般的な見解である。この点は、主君に臣従する武士の存在の性格を見るうえからも、不可欠の検討課題をなすものなのである。

〔1〕　米沢上杉家　（出羽米沢三〇万石、のち一五万石）

まず中世・戦国時代以来の由緒を誇る上杉家の場合について見てみよう。同家の地方知行制度は次のようなものである。(2)

(1)　本年貢以外の小物成は主君の御蔵入り（越後・会津時代以来）。

(2)　平均免の制度を採用し、給人の物成過不足分に対して藩庫よりの引足高の加減がなされ、規定物成額の保障がなされている。

(3)　分散・相給知行の多さ。たとえば、長井郡一〇一ヶ村のうち一給村は一一ヶ村、二—一〇給五二ヶ村、一一—二〇給二三ヶ村、二〇給以上九ヶ村、といった具合である。

(4)　給人所属の名請百姓は、複数の給人に同時に所属している（「散りがかり」）。

(5)　給人の百姓使役・年貢諸役量を法令をもって一定量に制限。非分禁止、給人手作り地への百姓使役の禁止。

(6)　代官の権限による、給人百姓の年貢未進の処理。藩権力による処理。

(7)　給人の行政・裁判権の剥奪、下級領主権の喪失。

(8) 大身家臣は一村一給であるが、それでも蔵入地が一部には必ず介在している。旧国衆層の給地には大幅な特権が認められたが、それも藩権力の枠内でのことである。

〔2〕 紀州徳川家（紀伊和歌山五五万五〇〇〇石）

次に徳川御三家の一つ紀州徳川家については以下の通りであると報告されている。(3)

(1) 家臣は自己の知行所において、独自の民事・刑事の裁判権を行使することが出来ない。
(2) 年貢徴収権については、徴収することの出来る年貢の種類・数量がすべて藩によって他律的に決定される。
(3) 個々の家臣は城下町居住を義務づけられ、自己の知行所に自由に赴くことも叶わない。
(4) 知行所は父子相伝の家産ではなく、一代ごとに藩主から恩給されるもので、その場所は、知行割りと呼ばれる藩の行政的行為によって決定されるものである。
(5) 個々の家臣が藩権力から独自に、一揆的に結合することも禁じられていた。

このような事情の下で、知行所がかろうじて家臣各自の個別的支配領域としての性格を示すのは、知行所の百姓が年貢を直納することぐらいであった。しかし、その年貢も藩によって厳格に統制されていたとすれば、それは実質的に切米取りの武士と変わらないとされているのである。

〔3〕 岡山池田家（備前岡山三一万五〇〇〇石）

織豊取立大名である池田家でも、地方知行は変質していく。藩主権力の集中的統一過程において、現実に対処しつつ権力の確立を計るためには、一定の段階において地方知行制度を取ることが要請された。しかし、これは藩主権力の集中的統一性の確立と矛盾するものであり、藩庁行政機構、特に地方支配機構の整備、および農民支配政策の安定化とともに、その意味は失われるものとされる。そして地方知行の変質の結果は次の通りである。(4)

(1)　給人の給所も郡奉行の支配下におかれ、給人の独自の支配を許さない。知行の物件化現象。
(2)　知行所の分布状態、所有形態については複雑な分村制・相給制がとられた。これは給人の知行権の地域的分散と、収納の均衡を計ったためであろう。
(3)　国中平し免の断行。各年の全藩領の年貢収納総高を、全藩総高で除して免を算定して、各年の「平し高」を決定し、その免のうちの一定額を藩庫に納め、残りを給人に支給する方式。
(4)　知行所百姓は従前通り給人の知行対象。ただし、免・納所・すくい・未進など万事の作廻《さくまい》は藩主よりの指令。
(5)　山林竹木は給人の支配。ただし竹木を伐採するときには郡奉行に断るべきこと。

このうち、「平し免」制は形式的には時限立法であったが、しかし、その永久化が計られ、実質的な給所取上げというべきものであったとされている。しかし岡山藩では、天和二（一六八二）年になっても給人の給所よりの年貢収納の自己裁量が問題となっている。宝永年間には大体、藩当局の意向通りとなっていった由である。

藩政の確立期を画期として、各藩・各大名家では家臣団の地方知行の形骸化が進行する。年貢率は藩の決定に基づき、所領は細分化される。さらに行政権や裁判権も剝奪されることによって、知行の実質的内容は藩庫から支給される俸禄と変わりがなく、地方知行は名目化する傾向にあった。部分的に地方知行、家臣による所領経営の実質の残されたところもあるが、それとても中世・戦国期に比しては、所領支配の自己完結性が後退している点は首肯されるであろう。

一般的に見て一七世紀後半の元禄期までに、大部分の大名家で（大名家数で八五パーセント、知行石高で五五パーセント）藩庫から年貢米が支給される俸禄制へ変質し、自余の大名家についても制限的徴租権程度の知行権に限定されていることから、実質的に藩庫支給の俸禄制と大差のないものとなっており、このような俸禄制こそが近世的知行の典型であると見なされている(5)。

鈴木壽氏はこの問題についてより立ち入った理解を示されている(6)。近世的知行は単純に俸禄制に移行しているのではなく、地方知行形態もなお石高比率で五〇パーセント近くのものが残存しているのであるから、この事実を踏まえて捉えられねばならないとしたうえで、近世的地方知行制の特色は、生産高としての石高を宛行うというよりは、一定の物成高を宛行うことを知行割りの原則とし、この所定の物成高を受給しうる石高を交付するというところにあった、と指摘されている。

すなわち、知行所各村の石高は同一であっても、免はそれぞれの事情によって異同があるために年貢高が不同となる。近世的知行制の下ではこの年貢高の不同を均すために、さまざまな複雑な操作が行われることになるのである。多くの大名家で採られた方式は、あらかじめ三ッ五分とか四ッといった平均免を設定し、これでもって各村の実際の年貢高を除することによって擬制の石高を還元して算出し、この擬制石高に基づいて知行割りを実施していくものである(7)。岡山池田家の直高、筑前黒田家の拙高、尾張徳川家の概高、紀州徳川家の今高、肥後細川家の撫高などはこの擬制石高の制度である。また擬制石高を設定せずとも家臣の知行の平均免を定めておき、その予定年貢高と知行所からの各年の実際の年貢高との過不足を藩庫との間で決済する方式もあった。また特に平均免は設定しないが、知行割りに際して免の高い村と低い村を適宜配分することによって、家臣団の間の知行の内容の不同を回避するやり方は多かれ少なかれ、いずれの大名家においても採られていたものと推察される(8)。

したがって、地方知行といってもその本質は一定量の年貢高を家臣に保障していることにほかならない。それ故に鈴木氏はこの近世的知行形態を「物成渡知行形態」と規定するのである。そして、この意味において、近世的地方知行は俸禄と同一物になっているということ、そしてさらに、「物成渡知行形態」というこの基本性格が、一般行政・

司法権の形骸化の原因、極端な分散知行および相給知行の理由になっていることを指摘されるのである。

この近世知行制度についての鈴木氏の理解は誠に卓見というべきで、その本質を的確に捉えたものではないかと思われる。このように中世・戦国期の知行制と比較するならば、家臣の個別的な地方知行は実質的に解体されていき、藩権力による一元的な藩領支配の中に包摂・解消されていく傾向を示している。(9) しかしながら、このことはただちに家臣の知行の内容――封禄――に対する保有の度合いの低下・後退、あるいはそれに伴う給人的家臣の自律性の喪失を意味するものではなかった。

確かに給人の所領支配の形骸化は進んだが、鈴木氏の研究が示す通り、この一連の措置には給人の年貢取り米の安定保証という性格が伴っている。そして最近の知行制度について研究は、この「分散相給的知行形態」の導入が在地領主としての給人の自律性を否定し、藩主権力を確立すべく推進されたものとする従前の見解に疑問を提起している。この新しい近世的知行の形態は、年貢収納の豊凶に伴う危険の分散と、その均等・安定化の観点において、むしろ家臣団側からの要望によって採用されていたことがしだいに明らかにされつつあるのである。(10)

〔注〕

(1) 新見吉治「石高と扶持」(進士慶幹編『江戸時代武士の生活』雄山閣出版、一九六二)。
(2) 藩政史研究会編『藩制成立史の綜合研究―米沢藩―』(吉川弘文館、一九六三) 本編第三章第二節、第三節。
(3) 水林彪「近世の法と国制研究序説」(一)(『国家学会雑誌』九〇―一) 第一章第一節二。
(4) 谷口澄夫『岡山藩政史の研究』(塙書房、一九六四) 第一篇第四章第三節「地方知行制度の変質」。
(5) 金井圓『藩制成立期の研究』(吉川弘文館、一九七五) 一七七頁、同『藩政』(至文堂、一九六二) 三九頁。
(6) 鈴木壽『近世知行制の研究』(学術振興会、一九七一) 第四章「藩士知行所」第一節、第三節。
(7) 金井前掲『藩制成立期の研究』第三の一六「直高・今高・概高」、新見前掲「石高と扶持」。

（8）平均免を三ッ五分なりに予め定めておいて、各給人が毎年実際に収納した量との過不足を藩庫との間で決裁していく方式としては松代藩真田家や鳥取藩池田家のものがある。また村免の異なるさまざまの村の一部ずつを組み合わせて、その平均免が三ッ五分などになるように知行割を行っていくものとしては幕府旗本の知行制度がある（鈴木壽前掲書第四章、『鳥取藩史』第二巻「禄制志」一など参照）。

（9）もとより近世社会に入っても、家老クラスの上級家臣の地方知行がなお包括的な知行所支配権を維持している事例は数多く見いだすことが出来る。そこではいわば中世的な意味での自律性が持ち越されてきているわけであるが、本書の課題はむしろ、多くの給人知行においてかような中世的な支配権が解消しつつある動向の意味を、近世的国制の枠組みのなかにおいて探究するところにある。

（10）山本博文『幕藩制の成立と近世の国制』（校倉書房、一九九〇）第二部第四章「薩摩藩における寛永期の位置」、神崎彰利「相模国の旗本領設定」（北島正元編『幕藩制国家成立過程の研究』吉川弘文館、一九七八）、白川部達夫「旗本相給知行論」（関東近世史研究会編『旗本知行と村落』文献出版、一九八八）。

第二節　封禄相続制度と世禄制の定着

家臣の封禄に対する保有形式の問題は、近世の国制における主君と家臣団の間の権力関係を分析するうえで不可欠の問題である。けだし、家臣にとってその存在基盤をなす封禄の保有が主君の自由な意思に委ねられているならば、主君の権力は絶大なものにならざるを得ないであろうし、主君の無制約的な支配というものが家臣団に対して及ぼされることになるであろう。

封禄は家臣にとって安定的に保有されるものであったか、またそれは保有されたとしても「一代限り」のものであって、世襲的相続と言ったものは問題とならず、主君の一方的判断に委ねられるようなものであったのか。あるいはまた事実上の封禄世襲が行われていたにしても、主君がその改革に乗り出せばたちどころにそれが解消されていくような脆弱なものであったろうか。

家臣のその封禄に対する保有の度合を計る目安となるのは、第一にその相続のあり方である。家臣の家で家督相続の行われる際に、従前の封禄がどの程度保障されるかという点である。けだし封禄は主君と家臣との主従関係の中で特定の主君から特定の家臣に対して、奉公を条件に宛行われたものという契約的性格を持つものであるから、当事者一方の交替はこの封禄高の変更を被りうる、合法的で制度化された時期と言うことになる。したがって、この封禄高の変更を一番被りやすい封禄相続のあり方を見ることは、知行制全体についての認識にとっての重要な視点を提供することになるであろう。

その第二のものは、近世中期以降に広く見られる、藩財政の窮乏にともなう借知という問題の意味と、その実施のあり方である。以下この二点について見ていこう。

本節ではまず近世の封禄相続制度について検討する。近世武家社会の封禄相続については法制史研究者の間に長い研究の歴史があり、学説の対立もある。ここでは服藤弘司氏の研究に依拠しながら、この問題を概観していこう。[1]

（1）　中田薫の再恩給説

中田薫氏は幕府旗本の知行相続について、これを単なる事実的相続、父祖の知行の再恩給に過ぎないものとされている。すなわち、幕府の寛永二〇（一六四三）年の法令[2]に父不奉公の場合は実子でも跡式不許可と規定されているのに基づき、「家督跡式は幕府よりの仰付に依て始めて相続されるものである。而もこれを仰付くると否とは幕府の自由である」と結論づけられている。[3]

しかしながら服藤氏は中田説を批判して、右の寛永二〇令は、不奉公者という奉公義務違反者に対する警告的な規定であって、幕府の知行相続制は寛永一九年一〇月令[4]がむしろ基本法である。そこでは実子であれば幼少でも跡式の相違無き相続が明確に規定されている。

これは幕府の実際の運用においても確認されるところであり、室鳩巣の『献可録』[5]にも徳川家は家康以来の「世禄制」との証言があると指摘されている。さらに宝永武家諸法度には「継嗣は其子孫相承すへき事、論するに及はす」[6]と記されている点もこれを裏付けるものと言えよう。

（2）鎌田浩の相続期待権説

鎌田浩氏も中田説を批判して、「封禄の再恩給」という形態自体は、封禄の「相続権」の存在を否定するものではないこと、武士相続における最も一般的形態とされる譜代家臣についての実男子相続ではほぼ相続権と称して差支えない強大な期待権が付与されていたとされる。そして「主君は全くの恣意的自由意志で相続不許可とすることは制約されていた（中略）祖先のために身命をかけて忠勤をつくした家臣の家は反逆・犯罪等の場合以外は取潰すことはできないと考えられていた」[7]と結論づけられている。

（3）服藤弘司の差別的相続権説

服藤氏は、相続の主対象とされた封禄は、先祖の勲功を基礎に近世初期の幕藩制確立期に家臣それぞれの家について定められた家禄、単なる封禄ではなく先祖の勲功に基礎を置く封禄であるとされる。すなわち、勲功ある家臣の家にとっては知行・家禄は当然の権利であった。けだし当該大名家の所領石高なるものは大名一人の力で獲得したものではなく、家臣団との協力の中で勝ち得ていったものなのである。それ故に勲功ある家臣というものは、当該大名家の石高総体に対してその功績に応じた「持分」を有すると言うべきものであって、その保有している知行・家禄こそが、それにほかならない。したがって、それは当該大名家が永続するかぎり、その家臣の家と子孫に対して永く保障されるべきものであり、反逆・謀叛のような大罪を犯さないかぎり、本知の相違無い相続が原則とされた。

先祖の勲功抜群な者ほど相続保障が強く、封禄の家産化が強大であった。したがって大名家における譜代大身の家臣、「御家久敷者」というものは単に大禄が下賜されたというだけでなく、その封禄はあたかも家禄・世禄・家産といった観を呈し、決して容易にこれを奪われることはなく、一般家臣とは比較にならないきわめて強い相続保障を与えられていた。

先祖の勲功の効果は封禄者に差異を設けたのみならず、相続上の諸種の優遇措置が講ぜられる結果をもたらした。さらにまたそれ故に、相続人の選定に当たっては〝血統の正しさ〟(「筋目」)が強く要求される結果を生んだ、と指摘されている。(8)

そもそも各大名家の封禄相続の法規定を見る時、そこで問題となっているのは、1幼少相続、2養子相続、3兄弟相続、4親族による名跡相続、5新参者の相続、6御目見以下の者の相続、7本知以外の加増分の相続、等々といった本来の相続から外れた例外的な場合であって、これを各大名家でどう取り扱うかが問題となり、それぞれに特色のある封禄相続法を生みだしているわけである。そして相続法はもっぱらこれら例外的な場合によって埋め尽くされている訳であり、そして、これと対照的に、家老以下の譜代中堅家臣については成人した後継実子がある限り、その家臣の本知は家禄として、その全額相続が保障されることは当然のことであって、ほとんど問題にもならなかったものである。本来的な相続についての規定をほとんど見出すことができないというこの事実は、その確実さ安定さの表現にほかならないものである。最も強固で安定したものは、およそ法規に記されることはないといってよいであろう。

そしてさらに右に掲げた例外的な場合の幾つかについて述べるならば、まず1幼少相続に際して本知の一部削減がなされたり（減知制）、地方知行を藩庫支給の切米に変更するというようなことが多くの大名家で見られた。けだし幼少では軍事的勤務に耐ええないものであり、地方知行としての封禄は本来この軍事的勤務の対価物であるべきものだからである。しかし、これはあくまで暫定措置であって、当該相続人が成人すれば本来の本知に引き戻されていくものであった。(9) 佐賀藩の慶長一〇（一六〇五）年の条目でも、「親跡職、其子不足之仁ニ候共、連続たるへく候」と規定されている。(10)

5の新参者は本来は一代抱えであって、跡目相続は認められないものであった。相続の期待権は有していない。ただ親子の間での相続事実があるのみである。しかし、これも三、四代その相続事実を重ねれば、その封禄は家禄と観念されていった。他方、幕府や彦根井伊家では近世の早い時期から、新参者についても差別無くその封禄の相続を保障していた。

7の事例としては細川家の宝暦六（一七五六）年の改革「世減制」がある。これは慶安二（一六四九）年以前よりの本知は保障したうえで、それ以後の新知・加増分については、世襲を原則的に否定するものである。しかし、これとても家臣団は古法否定として激しく反発した。この問題については安永〜寛政の間に「世減之規矩」が制定されて削減率が法文化され、主君の恣意の入る余地を無くしている。(11)

また紀州徳川家は家臣の相続時の封禄の減額が規定されており、大名諸家の封禄相続法の中では家臣にとって最も厳しい部類に属するものであるが、それでも安藤・水野ら五家の国老、および執政職の者の封禄は完全に保障されていた。また一般家臣の中でも「駿河越之家筋」と呼ばれる、初代徳川頼宣の駿河領国時代以来の譜代旧臣については、加増分は削減されたが、その本知は相続者に対して最終的には保障されていくものであった。(12) この本知はいわば不動の「持分」というべきもので、子々孫々に対して相続保障の与えられた世禄であった。だから最も厳しい紀州徳川家にあっても、譜代重臣についてはその相続保障は揺るぎなきものであったのである。

同家の初期の相続事例の実際について検討するに、特に一〇〇〇石以上の重臣層については親の封禄の全額が相続されているのが大半である（この場合、加増分までもが多くの場合そのまま相続対象になっている）。「寛永十四年知行帳之内」(13)に見られる一〇〇〇石以上の家臣六六名のうち、封禄の相違無き相続のなされている者は四四名で、一三名が減額されているが、「駿河越」の旧臣の減額はわずかに四名である。だから、これら減額の対象となったのはむしろ例外と解すべきであり、相続人が幼少であるか養子であるか、あるいはまた被相続人においてなにがしかの不都合を生じた結果ではないかと考えた方がよいように思われる。換言すれば、通常の相続、すなわち特に事件もなく、成人の実子のある場合においては、これら重臣の相続はほぼ完全に保障されていたものと考えられるのである。

譜代重臣に対する相続保障が強固であった例証として、これらの家は、絶家になってもその取立てや再興の処置が採られたという一般的な事実がある。すなわち子孫が絶えたり、喧嘩口論から相手を討ち果たして当該大名家を出奔する（この時代多く見られたケースである）、などによって当該家臣の家が断絶した場合、できる限り一族の者をもってその名跡を嗣がせるように取り計らい、また出奔した本人の帰参も家柄の故をもって認められていた(14)。

次に、越前鯖江間部家の「御家中永禄御定書」は主君と家臣の協約形式をとったものであるが、ここでは藩祖間部詮房時代に召し抱えた旧家の者については、減知を行わないことを定めている(15)。米沢上杉家でも相続対象となるのは本知のみであり、加増の新知は相続を許されなかったが、寛文〜元禄のころから世禄制が一般的になっていく。個人の加増は世禄ないし二世に及ぶことが出来た(16)。

以上に見たごとく近世の初めの時点で、ほとんどの大名家において、その中核をなす譜代家臣団については「世禄制」の原則を確立していたのである。その意味で封禄は決して「一代限り」のものではないのである。それは主君・

家臣双方の代替わりごとに再給付するという知行安堵の手続きを踏むにしても、そこにはいわば〝授封強制〟の観念[17]が当然にも働いているわけであり、家臣側に特別の落ち度がない限り、主君の側の恣意や一方的な都合でもってこれを取り止めるなどということは、なしえないものであったのである。

〔注〕

(1) 服藤弘司『相続法の特質　幕藩体制国家の法と権力V』(創文社、一九八二)。
(2) 『御触書寛保集成』九七三号。
(3) 中田薫「徳川時代の家督相続法」(『法制史論集』第一巻　岩波書店、一九二六) 五三一頁。
(4) 「憲教類典」三之十三「家督養子」(『内閣文庫所蔵史籍叢刊』第三九巻　汲古書院、一九八四)。
(5) 『日本経済大典』第六巻。
(6) 『御触書寛保集成』七号。
(7) 鎌田浩『幕藩体制における武士家族法』(成文堂、一九七〇) 一〇六頁。
(8) 服藤前掲『相続法の特質』第一章「武士相続法」三六頁以下。
(9) 同前第一章第六節Ⅲ「減知制」三七〇頁。
(10) 藤野保編『佐賀藩の総合研究』(吉川弘文館、一九八一) 五一八頁。
(11) 鎌田浩前掲書二三九〜二四二頁。
(12) 『南紀徳川史』第九冊所収「享和三年・永世御法」六五五頁。
(13) 同書第九冊所収。
(14) 「御咎等被仰付候も家柄之者は帰参等早被仰付候事」(前掲「享和三年・永世御法」) とあり、家名存続の保障がなされていた。本人・親類の無い時は、他人をもってしても名跡の存続の措置がとられた。
(15) 平松義郎『江戸の罪と罰』(平凡社、一九八八) 所収「近世法」三〇頁。

（16）前掲『藩制成立史の綜合研究—米沢藩—』四一四頁。
（17）H・ミッタイス『ドイツ法制史概説　改訂版』（創文社、一九七一）一三〇頁。

第三節　借知制の意義

地方知行の形骸化と並んで近世中後期以後にほとんどの大名家で見られる借知制、すなわち多くの場合藩財政の窮乏に端を発して、家臣の知行地よりの取米ないし切米・扶持米の一部を収公する制度は、家臣団の封禄に対する保有の脆弱さを示すものとして理解されてきた。武士の封禄相続の強固さを唱えられる服藤氏も借知制の恒常化をもって、武士相続法の否定と見なされている。(1) そもそも給人の地方知行が形骸化され、実質的に藩財政の一環に組み込まれていた以上、給人の取米の削減は自由であり、借知制は地方知行制の形骸化の必然的な帰結であるとする理解が一般的である。

しかしながら、このような捉え方には疑問がある。すでに見たように地方知行の形骸化は、封禄保有の脆弱さを意味していないからである。むしろそこには、一定量の年貢の給付保障としての性格すら強く含まれているのである。たしかに、借知制は家臣の封禄内容の削減を意味するわけであるから、封禄保有の実質的否定であることはもちろんであるが、しかし、このことは保有権ないし所有権といった権利関係の観点からする時は、家臣の封禄に対する権利・権限の脆弱さを意味するものではない。むしろ逆説的ではあるが、借知制の存在は家臣団の封禄に対する保有の強固さの証明であると言わねばならない。何故なら家臣の封禄の削減の必要に際して、その削減が家臣から「借りる」という形式を踏むものであって、封禄そのものの一方的な収公という形はほとんどこれを見ることはできないからである。

けだし封禄を「借りる」とは、封禄が当該武士に帰属するものであることを前提的に含意しているわけであり、大名家の財政窮乏に際して、家臣の封禄の削減・収公という形ではなく借知という形を取るのが一般的であったことは、家臣のその封禄に対する保有の程度が、ほとんど不動のものであることを逆証するものなのであった。

右の事情は借知令の発布のされ方に端的に表現されていた。借知令発布に際してはその法文に、主君が自ら「心外」「不徳」と自責の念を表明した語句がみられるのであり、借知は不正常なものとして観念されており、主君の側の都合で家臣の封禄を削減することは、たとえ借用であっても恥ずべき行為と見なされていたことを示しているのである。さらに、それは形式的には最後まで時限立法の建前であった。特に借知を始めた当初はその返済が本気で考えられていたのである。以下の諸事例がこれらの事情を示している。

松代真田家では享保一四（一七二九）年が借知の初見であるが、この際に主君より家臣に対して一ヶ年の半知借上げの証文を入れ、期限時の返済を誓約している。(2) また同家では寛保元（一七四一）年より恒常的な半知制となるが、明和三（一七六六）年の触書ではこの半知制の継続状態を「甚御心外」と明記している。(3) それはどこまでも「御借高」なのであり主君の負債として観念されていたのである。

加賀前田家の場合、宝暦六（一七五六）年の最初の借知令（「上げ米」）では家臣の自発的申し出の形をとっている。そして幕末にいたるまで借知令発布に際しては、「心外」とか「心痛」とかの言辞によって家臣に詫びるものであった。(4)

紀州徳川家の天明七（一七八七）年の初の借知令には「我等不徳故之儀と後悔不少」と述べられており、そして六年間の時限立法であった。(5)

さらに享保七（一七二二）年の幕府の上米令は、全幕藩領主を対象とした最も大規模な借知令であったが、その法文には上米の措置を指して「御恥辱を顧みず」と明記されている。[6] 因みにこの一句を、本法令に挿入するように敢えて指示したのは、ほかならぬ将軍吉宗その人であった。[7]

このように借知令なるものは、主君の権力の発動による家臣団の封禄の一方的削減などといったものではなく、全般的な財政窮乏の下、それなくしては大名家—藩が立ち行かなくなってしまうという状況において、まず主君の側が自らの不徳・不明を詫びて頼み入れ、これを止むを得ざることとして家臣団の側がその要請を受け入れるといった性格のものなのである。それは武士道上の「頼む—頼まるる」という情誼的な呼応としてあるのであり、決して一方的な権力的措置としてあるのではないのである。

以上、本章では大名家における家臣団の封禄保有の問題について、地方知行の形骸化、封禄相続、借知制度の三点について見てきた。従前これらは大名家臣としての近世武士の、封禄保有の脆弱さを示すものとして受けとめられてきたが、すでに検討したように、これらの制度や事実はむしろそれと反対の性格を示すものなのである。近世武士は所領支配の個別的な自由こそ失ったものの、安定した年貢米の収取を保障してくれる封禄を保有するものであり、かつ世禄制度の下、その封禄保有の度合はほとんど確固不動のものであったのである。これは大名家における家臣としての個々の武士の自立性の高さの物質的な基礎をなすものであり、大名家の政治体制の非専制的性格、身分制的構造[8]の強固さの根拠をなすものであったと言うことができるであろう。

［注］

（1）　服藤前掲『相続法の特質』第一章第三節Ⅱ「相続法の動揺」一三六頁。

（2）鈴木壽『更級埴科地方誌』近世編上（更級埴科地方誌刊行会、一九八〇）四〇四頁。
（3）国立史料館蔵、真田家文書「御条目扣」（史料番号あ五七四）。
（4）服藤前掲『相続法の特質』一七二、四一九頁。
（5）『南紀徳川史』第九冊、五七三頁。
（6）『御触書寛保集成』一七〇九号。
（7）『兼山秘策』（『日本経済大典』第六巻）六〇二頁。
（8）ヘル（首長）の恣意が無制約的に貫徹する家父長制的＝専制的な政治構造の反対物であり、支配者権力がヘルと行政幹部との間に分割されており、ヘルを含む権力保有者相互間の「共働」においてのみ、具体的決定がなしうるような政治構造（M・ウェーバー『支配の社会学』創文社、Ⅰ四〇頁・Ⅱ三四六頁）。

第七章　近世官僚制と政治的意思決定の構造

はじめに

大名家の政治体制において、その軍制組織についで第二の重要な関係は、その大名家の領国の統治を目的として編成される行政的諸役人からなる官僚制的関係である。本来軍事組織としてあった大名家の主君—家臣団の総体は同時に当該大名領国を統治する公的機関として、法律の制定、裁判、治安警察そして民生一般に亙る行政的活動を行う。元和偃武以降の持続的平和の下で、この行政的役割の比重が高められていった。新田開発に伴う山林原野の管理や境界紛争問題、治山治水問題、また商品経済の発達に伴う作付品種の規制、商品の移出入問題、物価問題、あるいは都市部への人口流入と都市行政の問題、等々といったものが一斉に発生することとなる。

大名領国内で顕在化してくるこれら社会経済的諸問題に対処する必要から、大名家という軍制組織は、行政活動を主務とする公的統治機関としての性格を強めていくのである。

因みに、大名家のこの公的統治機関としての側面が「藩」と呼ばれるものである。「藩」はまたこの機関の統治対象たる大名領国の土地と領民の総体をも指す二重概念である。ここではもっぱら前者の意味でこの語を用いることとする。

第一節　近世官僚制の身分制的構造

さて、この統治活動の遂行のために行政的諸役職が設けられ、分業と協業、上下階統の組織をもった形で機関が構成され、家臣団は役人としてこの組織体の各部局に配属されていくのである。近世的国制においてはきわめて精緻な官僚制を生みだしたが、それは自由な任免が可能な近代的な官僚制とは異なるものであった。この近世的官僚制は前記の主従制的軍事組織の転用という形で構成されたものであった。この軍事的組織がそのまま、本来的にはこれとは無関係な領国統治の行政的局面に転用されることによって、その役職組織とそこで展開される官僚制の性格を強く規定するものであった。

近世官僚制の軍制対応的性格および身分階層的性格を、阿波蜂須賀家の場合について見てみよう。蜂須賀家の軍制および軍制に基づく同家の家臣団内部での身分階層秩序については第五章で見たように、家老、中老（組頭、寄合）、物頭、平士、高取諸奉行、小姓、中小姓、日帳格、徒士、小奉行のおよそ一〇階があった。そして、この蜂須賀家の場合、その領国統治を目的とする家臣団の行政役人への転化、官僚制的構成は次のような、軍制組織との対応関係をもっていた(1)。

家老身分は稲田・賀嶋・山田・長谷川・池田の五家が世襲しており、この中から輪番で藩政を統括する仕置役（一〜二名）、および藩主の江戸参勤に随行する江戸仕置役（一名）が任ぜられた。また右の五家老のうち稲田氏は別格で、代々淡路城代として淡路国を預かる立場にあった（もっとも行政上の役職としての洲本仕置役は稲田氏の世襲ではなく、中老身分の者から多く選任された(2)）。

次に中老身分は組頭・寄合組・鉄炮頭中老など三六、七名ほどからなり、家老と同じく家格による世襲の身分である。そして、この中老身分の者から、藩主の側近にあって政務の内評などに預かる重職たる近習役（年寄役）、淡路国の行政を統括する洲本仕置役、裁許所で士庶の訴訟を担当する裁許奉行、そして宗門奉行などが任ぜられた。

物頭は歩兵・足軽の指揮官で、第五章にも述べたように、近世の軍制では足軽鉄炮部隊は戦陣の最前線に布陣して、攻撃の先鋒を勤めるものであった。それ故にその部隊長たる物頭は名誉の身分とされ、平士の中の有能な者、功績顕著な者の抜擢される地位であり、家臣団中のエリートの証しとも言うべき呼称であった。

そして、この物頭身分の者から平時の行政的役職として、町奉行・普請奉行・目付・元〆役などが任命される。これらはいわゆる藩政確立以後の行政的活動が精力的に展開されるなかにあって、その中枢的役割を果たすところの諸役職であり、それらが、この物頭身分の者によって担われることになるのである。この行政的観点からも物頭階層の重要性が明確に見てとれるのである。

特に、家老・中老という最上級階層の者の地位・役職は世襲であり、平時の行政的能力が問われる時代状況の中ではその適応性を欠いていくのが明瞭であるのに対して、物頭身分は数多くの平士集団の中からの能力的な抜擢がなされるために、この階層およびその対応行政役職には有能な人材が集まる傾向を見せた。家臣団中のエリートと呼ぶゆえんのものである。(3)

さて、平士（番士、組士）は大名家臣の中堅層をなしており、大名家（藩）の行政官僚制の中心的な人的供給源をなしている。郡奉行・御蔵奉行・作事奉行・銀札場奉行・江戸留守居役など、官僚制上の基本的な役職のほとんどがこの身分階層の者から任命される仕組みとなっている。そして右にも述べた通り、平士にして有能な者、役職上において顕著な功績を挙げた者は、一代限りではあるが、身分と役職の昇格の途が開かれていた。

高取諸奉行はもと、年貢収納や治水勧農といった地方御用などに従事する非戦士を指したのが本義で、のち家臣団中の身分（座席）を表すものとなった。人員は約一〇〇名で任用役職としては膳番、藍場奉行、塩方代官などであった。

蜂須賀家の知行取＝上士層の諸身分（座席）と、任用役職との相当関係はおよそ以上のようなものであった。[4]同様の事情は他の諸大名家についても認めることができる。

上杉家の軍制では家臣団は「組」別に編成されており、この組がまた同時に家臣の身分標識ともなっていた。そして、その組別の身分階層が同時に役職編成および役職任用の基準をなしていた。上杉家の組編成は次の通りである。[5]

（1）侍　組

上杉氏にとっては越後国守護時代以来の外様大身の国衆、すなわち色部・須田・千坂といった越後の旧在地領主で、上杉家に帰服してその家臣となった者たちがこの侍組の中核をなしている。彼らの侍組としての地位はおおむね世襲である。彼らの基本的な軍役としては、江戸百日番がその内容である。始め三番、のち五番に編成されている。さて侍組の士から任命される役職は、奉行（国元の仕置家老）・江戸家老・侍頭・城代・小姓頭・傅役・役屋将（支城主）などの重職である。

なお上杉家ではこのほかに、組外として武田・畠山といった数家よりなる「高家」という家格があり、これは一族待遇の名家であり、身分秩序のうえでは侍衆の筆頭とされた。

（2）三　手　組

藩主の旗本であり、家臣団の中堅をなす。

①馬　廻　組　上杉謙信の旗本、上杉景勝の百騎衆に由来するもので越後侍中の大半を占める。五組から成る。

②五十騎組　景勝の旗本である上田衆五〇騎に由来する。五組から成る。

③与　板　組　上杉家の家宰であった直江兼続の配下の者に由来する。

さて三手組から任命される役職は、中之間衆・大目付・側衆・御膳番・町奉行・郡奉行といった中堅的役職である。このうち中之間衆は幼少家督で組並勤めの不能な者三〇名ほど。中之間年寄は三手組から選ばれ、本職を経由して侍組に昇格していく。

侍組・三手組、これに準ずる大小姓・外様法躰・御小納戸・御厩方を併せて上士という。

（3）　三　扶　持　方（徒士組）

これは徒士の組である。その代表は猪苗代組であり、越後譜代や信州の士の小身の者の子孫である。軍制上ではもっぱら侍衆の同心として配属される。その平時に任用される役職としては、勘定頭・代官・差紙役・諸番所・御普請方などの下級職がある。

猪苗代組に準ずるものに、御徒組・御守組・本手明組・新手明組・段母衣組（鉄砲組）・鉄砲組・三十挺手鎗組・弓組・諜者・芸者組・茶道・御台所組・御金蔵番などがある。段母衣組以下は組が一つの職分で、世襲のものである。

（4）　十八足軽組

これは足軽によって編成される諸組で、馬廻鉄砲組・五十騎鉄砲組・与板鉄砲組・馬廻鎗組・五十騎矢野組・与板矢野組・長手鎗組・小奉行組などがある。

侍組・三手組・徒組（三扶持方）・足軽組の四つが組編成の基本であった。そして、その内でも三手組以上の知行取りと、それ以下の扶持方との間に厳格な差別があった。そして、これらの軍制と身分的地位とは世襲されていくものであった。

役職編成がこのように身分階層的秩序を基準にして構成されていることにより、その役職体系は強く身分制的なステロ化を蒙り、各役職は限られた一定の身分家格の者の間で占有され、これら役職は彼らの家産のごとき観を呈していた。役職の任免も昇進もこの身分秩序に基づいて運営されるものであり、藩主が自己の意思に基づいて自由に、恣意的にこれを取り行うことは困難であった。

もっとも行政活動を任務とする官僚制にあっては、能力主義的要素も加味されねばならないので、軍制的身分秩序ほどの固定性はなく、個人の功績次第でかなりの程度の昇進は期待しえたが、それにしても役人任用の基本原理が軍制的身分階層秩序にあることは変わりなかった。このことは一面では、官僚制の保守性・非弾力性を意味するものであったが、他面ではこの官僚制が身分制的構造を有することによって、役人任用における主君の恣意性の排除、思いのままの役人任用による権力集中・独裁を制約する機能を果たしている。

このような官僚制の身分制的構造の性格は、一者への権力集中を阻止し、組織の成員各自の権利への配慮をもたらし、物事の決定に際しては、成員各自の意見・意向を重視し、手続き的なものに対する尊重の態度をもたらすであろう。総じてそれは、首長の意命に対して成員各自よりの異議申立ての自由を保障しているという意味で、国制上の重要性を有するのである。

〔注〕

(1) 『阿波藩民政資料』上巻、三三二頁以下、『徳島県史』第三巻、三九頁以下、国立史料館編『徳島藩職制取調書抜』上巻所収「御作法御成来り替并御家中とも以前ニ相違候品　草案」「諸役人被仰付来格式之帳」。

(2) 松本博前掲「淡路城代の成立をめぐって」。

(3) 徳川幕府の制では物頭は「先手鉄炮頭」「先手弓頭」の名で呼ばれている。戦陣では先鋒を勤めるとともに、平時では諸大名の婚姻や養子の縁組に際して、その出願の適否を見定めて、幕府にこれを取り次ぐ役目を果たした（松尾美恵子「近世武家の婚姻・養子と持参金」〈『学習院史学』一六号〉）。また火付盗賊改もこの先手頭の加役として設けられていた。先手頭は目付・使番・徒頭・書院番組頭などから選任され、槍奉行・新番頭などの番方の職のほか、日光奉行・山田奉行・佐渡奉行・駿府町奉行・京都町奉行といった重要な遠国奉行に転任していっており、勘定奉行や江戸町奉行などに至る階梯の一つをなすもので、幕府官僚のなかでもエリート的性格をなすものであった。

（4）　蜂須賀家の下士層の身分と役職との対応の詳細については、前掲『徳島藩職制取調書抜』上巻所収「御作法御成来り替并御家中とも以前ニ相違候品　草案」「諸役人被仰付来格式之帳」を参照されたい。

（5）　前掲『藩制成立史の綜合研究―米沢藩―』本編第二章第二節「諸組の編成と軍事体制」三七〇頁以下。

第二節　家老合議制の位置

大名家の官僚制的組織に関して今一つ興味深い事象は、次のような問題である。一般に大名家の仕置は近世初期の主君親裁体制（「直仕置」）から、中後期の家老政治・家老合議体制へという流れで捉えられているが、これは近世初期には強力であった主君の権力というものが、時代の経過とともにしだいに下降していき、家老層にその実権を奪われたような印象を与えるが、ここにはより本質的な要素が別にあるようである。

たとえば上杉家の場合、奉行（仕置家老）・城代は初期には旗本たる三手組から任命されており、したがって奉行は権力中枢でありながら、身分的には侍組を抜くものではなかった。寛永期以降、奉行職の家宰的性格が払拭され、奉行職は公的政治機関として位置づけられ、外様＝侍衆をも支配する体制が形成されていったのであるが、これは同時に侍組の者が奉行職に就任するという形でなされていったのである。三人奉行体制が構成され、政務は奉行・郡代の合議制、政令は両者の連判という執政の基本が形成されていった。すなわち、上杉氏の権力が全侍衆を覆うに至り、政治的公権的性格を獲得した時、同時に政治の実権が侍組の重臣層の手に移っているのである。[1]

備前三一万石余の池田家でもこの現象が見てとれる。ここでも藩政初期においては、軍事が主で「政事」は従であったことは自然で、池田輝政の播磨領国時代に国政を執行したものは、番頭級の若原右京（四〇〇〇石）と中村主殿（二〇〇〇石）とであって、家老たちはいずれも領内諸城（たとえば伊木豊後は三木城）に配され、城主（城代）・郡主（郡代）となって、藩鎮的役割を果たして国政を主宰しなかった。ついで利隆時代におよんでも、同様に番頭クラスの芳賀内蔵允（二〇〇〇石）・番大膳（二〇〇〇石）の両人が国政を担当していた。しかし光政の因伯領国時代になれば、家老はいずれも諸城の城主ではあったが、たとえば元和三（一六一七）年には家老日置豊前・土倉市正の両者が、同四年からは池田出羽（米子城主）・日置豊前（鹿野城主）の両老が国中の仕置を行っている。すなわちここに、家老が最高の行政職である仕置職につく端緒が開かれたものといえる。寛永一九（一六四二）年六月光政は藩政の改革を断行したが、この改革で最も注目すべきことは、行政の最高執行機関である仕置職に、池田出羽・伊木長門・池田河内の三家老を任じたことである。それ以後、仕置職には家老の格のもの三人が任ぜられることになり、仕置家老（用老・老中）となることによって最高の勢威をもつこととなった。[2]

佐賀藩の場合には藩主権が龍造寺氏から鍋島氏へ移行していくという特殊事情があるが、側近政治より家老執政体制へという、政治体制の変容の基本的な流れはここでも見て取れる。すなわち、ここでは近世初期には、鍋島生三（道虎）による側近政治が行われていたが、鍋島勝茂が藩主権を継承し、他方では龍造寺本家が断絶するにともない、龍造寺一門四家（多久・武雄・須古・諫早家）を加判家老に起用している。そして四家に軍役―財政問題を委任し、家中への出銀賦課、知行地の三分上地、四家知行地の上地、給人窮乏の打開策などを講じさせている。

ここでは公儀軍役負担のための財政運営、借銀返済問題への対応が課題となっているのであるが、このような事態と家老執政体制とが揆を一にして登場している。すなわち家臣中の最有力の者を仕置家老に任用して、藩の政務を一任することによって、この全体的な問題の解決・打開を計ろうとするものである。(3)

これらの諸事例が示すように、本来大名家の家老は初期には主君側近の家宰的性格のものであり、これが主君を補佐して一切の仕置を取り仕切っていた。それが主君親裁ないし直仕置なるものの内実である。しかしそこには、後世の意味での藩政は存在していなかったのである。

それが藩政の確立期たる寛永ごろになると、外様大身の者が家老として藩政の最要職を占めるようになり、以後は藩主の下で、複数家老の合議体制で藩政は運営されていくようになるのである。地方知行を宛行われていた給人たちは、それまで保持していた自己の知行地に対する個別的で自由な支配を失い、大名の「家中」に包摂されていくのであるが、それにともない、給人中の大身実力者たちは大名家の「家老」として位置づけられていく。(4)主君の側近家臣は表向きの仕置から退き、君側の諸用、家老との間の取次、主君の諮問への答申などの役割に限定されることになる。

この現象の意味することは、近世初期の主君親裁ないし主君独裁体制なるものはその仕置の内容が、後の時代に見られるような全体としての藩政の内実をもたず、せいぜい主君の蔵入地の差配と、それに基づく財政運営を対象とするような段階の政治形態であったということである。それがいわゆる藩政の確立とともに、家臣団の給地も一元的に統合されて藩領の全体性の中に包摂され、他方では年貢収取・治水・開発・勧農・救恤・治安・裁判等の全般的な行政行為が、この藩領全体に押し及ぼされていくような段階に至ると、外様大身の重臣を含む家臣団の総体が藩政の運営・決定に参与していくこととなるのである。(5)

だから家老政治とは、このような一元的な藩政の必然的な産物であったと見ることができるであろう。藩権力による一元的な統治が、家老以下の家臣団の知行所すべてに影響を及ぼすものである以上、彼らが藩政の運営に関与していくのは必然的な流れであったといえる。換言すれば、家老・重臣以下の者を藩政運営の中枢に位置づけることによって始めて、一元的な藩政というものが確立されえたのである。

もちろん、この転換はどこでもスムーズに成し遂げられたものではなく、多くの大名家ではこの事態に際してさまざまな政治的軋轢を生じていた。黒田騒動・相良騒動・柳川騒動・会津騒動・海部騒動など、これら著名な初期御家騒動はいずれも右に述べた一元的な藩政の確立に際して、主君と前代以来の旧臣・家老との間で生じた確執を内容とするものであった。そしてこの確執自体は主君の側の勝利に終わったかに見えた。しかしながら形成された藩政のあり方を見たとき、その政治運営は決して主君独裁の形ではなく、主君の下での家老合議制という形が一般的なものとなっているのである。主君の権力なるものはそれが藩領の全体を覆い尽くした時、逆説的なことに名目化していくのであり、藩という客観的な政治組織体の中に包摂され、この組織体の意思に従属せしめられることになるのである。藩権力の確立、一元的な藩体制の形成ということは、ただちに藩主権力の一元的な確立を意味するものではない。この二つの概念はしばしば混同されるものであるが、両者は全く別ものであり明確に弁別されなくてはならない。

［注］

（1）前掲『藩制成立史の綜合研究―米沢藩―』本編第一章第三節「奉行執政の成立と承応明暦の改革」三二六、三七五頁。

（2）谷口前掲『岡山藩政史の研究』第一篇第三章「家臣団の編成」八七頁。

（3）藤野前掲『佐賀藩の総合研究』本編第二章第一部二「側近政治より竜造寺執政体制へ」四八一〜四九三頁。

（4）朝尾直弘「将軍政治の権力構造」（『岩波講座・日本歴史』近世2　岩波書店、一九七五）四三頁、山本前掲『幕藩制の成

立と近世の国制』第二部第四章「薩摩藩における寛永期の位置」三〇四頁以下。

（5）　高木昭作「江戸幕府の成立」（『岩波講座・日本歴史』近世1　岩波書店、一九七五）一四二頁。

第三節　大名家（藩）の意思決定の構造

軍事的問題であれ、行政上の問題であれ、大名家（藩）はその直面する課題をいかに解決し遂行していくかについて、集団としての意思決定を行わなければならない。そして、この意思決定のあり方にこそ、当該集団の政治秩序や権力構造のあり方が、端的に表現されることとなるのである。

大名家（藩）における意思決定のあり方を見た時、図1のような類型のものが挙示されうる。(1) これはあくまで各大名家の具体的な活動からそれぞれ抽象した理念型であって、現実のものはこれらの複合形態・中間形態としてある。

大名家（藩）において主君の権威と権力とは絶大なものであり、公式的な意味での決定権は、主君一者が専一的に掌握しているものとされた。家老以下の家臣団は、ただこれに対して諫言という手段を用いて、主命の変更・再考を請願するのみであるとされた。しかしながら、この公式的な意思決定のあり方が、実際にもそのまま実現する「1主君独裁型」ようなあり方はむしろ稀なものであり、近世のごく初頭、藩政の確立期以前に見られるものである。

藩政確立期以後は家老政治が主要な形態となり、家老・中老・用人らの合議ないし諸事分担によって政務を処理し、特に重要な事項については主君の裁決を請うか、主君を交えた御前会議によって決定を行う。(2) さらに政治が家老・重臣に委任され、その責任の下に政治が運営され、主君の実質的な政治関与が極小化していくような形態も多く見られる。(3) こうして、実質的な観点からした時は、合議決定方式が大名家（藩）の意思決定の基本をなすことになると言いうるであろう。

さて、この合議決定ということについては、その合議の範囲が問題となるのであるが、それは家老・重臣に止まらず、より下位の行政諸役人にまで拡大されていると考えるべき根拠がある。すなわち、大名家（藩）の政策や法令の発布のあり方を見た時、行政諸役人の見解が決定を実質的に主導しているという事実がある。特に複雑・専門化した行政問題については、行政実務に携わる彼ら実務役人の判断・見解に依存せざるを得ないものなのである。ここで特に指摘したいのは、このような決定の型についてなのである。

実務役人層の意思決定への参与の一つの形態は、「5諮問—答申型」である。これは例えば財政問題のような実務的知識を必要とするような問題について、家老がこれを財政担当の役人に諮問し、その答申に基づいて問題を処理していくような形態である。

図1　大名家（藩）の意思決定〔実質的意思決定〕の諸類型

- 上位決定型
  - 親裁型
    - 1 主君独裁型（側近専断型）
    - 2 君臣合議型
      - イ．御前会議型
      - ロ．主君最終決裁型
  - 委任型
    - 3 専任家老責任型
    - 4 家老・重臣合議型（家老月番型）
- 下位決定主導型
  - 5 諮問—答申型（拡大会議型）
  - 6 稟議型

備考　（　）内は各型の亜型を示す。2「君臣合議型」は主君と家老・重臣らの合議によるもの，イ「御前会議型」は主君の臨席の下で会議を催す形態。ロ「主君最終決裁型」は家老・重臣の評議ののち，その成案に基づいて主君と協議を重ねて最終決定に至るもの。3「専任家老責任型」は特定管轄事項についての専決権をあたえられた家老が単独で決定していくもの，勝手掛家老制がその典型。5の亜型「拡大会議型」は実務役人が，主君・家老・重臣らの会議に諮問に与るべく参加し，かつ会議を主導していくようなもの。

信州松代藩一〇万石の真田家の場合には「御勝手元〆役」という財政問題全般を統括する役職があった。年間の財政収入を予測したうえで、各支出項目ごとに「積り」という予算を計上し、臨時の支出入に対して広く目配りをすることを職務とするものであった。それ故、各役職より家老に対して経費問題の絡んだ上申事項が生じた時には、家老はこの御勝手元〆役に対して、当該上申事項の処置如何を諮問し、その答申に従って決裁を行うものであった。[4] この種の諮問は、真田家においては「御尋物」と称され、御勝手元〆役のみならず、問題ごとに目付・郡奉行・勘定吟味役などといった関係役職に対して日常的に行われていた。一例を掲げておこう。

[史料1]　御勝手元〆役御尋物答書

（裏端書）「津田転、逗留中御賄之儀付申上　　御勝手元〆」

津田転、江府ゟ立帰罷越、逗留中上下五人、御台所御賄被レ下候様申立候趣、御尋御座候処、平常立帰罷候得は、上下三人分御扶持方は御賄所渡、雑用は　御台所渡ニ御座候処、此度種々御用ニ而、既ニ往来仕切御賄ニも被二成下一候儀ニ付、外御見渡ニ不レ拘、此度限申立之通、御聞済可レ被二成下一哉奉レ存候、此段申上候、以上

十一月

（国立史料館蔵、真田家文書・史料番号き一一四二号）

これは江戸詰め家臣の津田転なる者が、御用で一時松代に帰邑した際、その供の者五人に対する食事などの支給を申し立てた案件について、諮問を受けた御勝手元〆が家老宛に提出したものである。通例は三人分の支給しかないのであるが、このたびの津田の御用の大切さ（彼は本書第十二章で述べる江戸留守居役である）に鑑みて、例外的に認めるべきかとする答申である。文の始めに「……御尋御座候処」という文言で諮問内容を明示するのが、この文書の様式的特徴である。

さて、実務役人層の決定参与の今一つの形態は、「6稟議型」である。同じく次の真田家の事例を参照されたい。

[史料2]　長井村小役高引据一件等綴込伺書

（端裏貼紙）「長井村御小役高引居（据）幷八幡三ヶ村免相御手充引居之儀伺　御郡方」

A（郡方伺書幷附札）

口上覚

長井村

右村御小役高、年限を以、御手充被ニ成下一候処、当年年季明ニ付、願出、御代官精々申含、拾石返上為レ仕、残之分引居之儀、委細別紙之通申立候間、御聞済被ニ成下一候之様

（他一件省略─八幡三ヶ村免相引据関係）

右之通、奉レ伺候以上

十一月　御郡方

（附札）「可レ為ニ伺之通一候」

B（代官宮下善左衛門伺書）

口上覚

一、高弐拾石　長井村

右村之儀、先年より難渋御座候処、潰欠落之者有レ之、弁金引請、極難渋罷成候ニ付、手入詮儀之上、籾御手充、郡役幷御小役御手充、被ニ成下一、取続罷在候、右御手充追々返上仕、残三拾石戌年より去子年迄、年限を以、御引居被ニ成下一、今年猶又年明ニ付、引居願出候処、精々申含仕、拾石出精為レ仕、残書面之通、当丑年より卯年迄

三ヶ年之間、御引居被二成下一候様仕度、村方願書相添、此段奉レ伺候以上

十一月　宮下善左衛門

C（長井村三役人・頭立小前惣代連印願書）

乍レ恐以二書付一奉レ願候

一当村之儀、前々より難渋御百姓多罷在候、（中略）籾百五拾俵宛三ヶ年幷八拾六石余御小役、御手充被二成下置一、大小御百姓取続、難レ有仕合奉レ存（中略――小役手充引八六石余は逐次返上して残三拾石）、然ル処今年御年季明ニ付、御引居奉レ願候処、被二仰含一、村方江帰村仕、申談仕候処、拾石出精御返上仕、残弐拾石、今年より向三ヶ年之間以二御情一、是迄之通御引居被二成下一候様、大小御百姓一同奉レ願候、此上幾重ニも御憐愍之御意、奉レ仰候、以上

天保十二丑年十一月

長井村
名主　初右衛門㊞
組頭　喜代八㊞
長百姓　与左衛門㊞
頭立惣代　新十郎㊞
小前惣代　茂兵衛㊞

御代官所

（同前、真田家文書・史料番号く一五六号）

これは松代藩の長井村から、困窮を理由に小役（夫銀などの高掛りの小物成）の年季引きの延長を代官宛に出願してきたものである。同村は従前通り三〇石分全部の小役の免除を要求したが、代官の説得に基づいて一〇石分は納入し、

二〇石分はさらに三ヶ年の年季引きとなるよう、修正出願している。

これは見られる通り、三つの史料からなっている。長井村より代官所宛に小役年季引きの願書が提出され、代官はこれをうけて郡奉行宛にその伺をなす。郡奉行（郡方）は冒頭「口上覚」と記した伺書を作成し、これら関係史料を一綴りにし、そして綴込みの史料全体の端裏の部分に、事例のような伺い文言を記した紙片を添付し、勝手掛り家老に提出するのである。そして家老よりの回答附札が、郡奉行の伺書の奥上部に付されて返送されるという形をとっているのである。史料学的にも中々興味深いものなのであるが、真田家文書の中にはこのような種類の史料が大量に伝存している。

さてここでは、この綴込伺書という史料形態に表現された制度的な内容が問題となるのであるが、この事例では事柄が租税の赦免問題であるために、手限りの決裁ができず、支配系統を上って、代官—郡奉行—勝手掛り家老という順序で差図を仰いでいるわけであるが、ここで注意すべきことは、単に差図を仰いでいるのではなく、下位役人の側で当該問題の処置についての判断を具体的に示しており、その実施の諒承を求めるという形で事態が進行しているという事実である。この場合、代官の伺書の段階で決裁案は具体的に示されており、あとは単にその追認をするにすぎないのである。

このような、決裁文書が下位の担当役人の手で起案されて、修正の過程も含みつつ、上位での追認を受けていくという意味での稟議型の決定のあり方は、次章にも見るように幕府の官僚制度においても顕著であり、江戸町奉行から発布される触書の制定過程を見るならば、町奉行の側から触書案と発布の必要の理由書を添えて老中の下に提出し、その裁可を仰ぐという形で多くの場合進行していることを知る。

右の松代藩の事例に見られるごとく、また次章の「図3　天保改革における芝居町の移転政策決定過程」に見えるごとく、政策の決定に参与する者の数は多数に上るとともに、その「合議」の範囲は末端の諸役人にまで及んでいることを知る。そしてそこに、稟議型の決定の要素が入り込むことによって、組織体としての大名家（藩）の意思決定には、家老・重臣はもとより、実務に携わる末端役人までもが、実質的に参与していることを知るのである。

こうして大名家（藩）における意思決定については、その決定力が特定の人間・階層に局在するものではなく、末端役人にまで至る全階層に亘って配分されていると見るべきである。そして、この決定力なるものは、大名家（藩）の政治秩序を根底で規定している、「持分」的・身分階層的なものに対応したものと考えられる。大名家（藩）における意思決定の「持分」的構成というのが、以上の検討によって得られる推定である。(4)

そして大名家（藩）の政治秩序、政治的動態は、その意思決定の「持分」的構成という見方を導入するならば、よりよき理解が得られるのではないかと考える。すなわち、大名家（藩）における意思決定において、その決定力の「持分」の最大のものを有するのは、この身分階層秩序の最上位にある大名主君その人であり、主君はそれ故に大名家（藩）において絶大な権力を有するのである。しかしながら、第二として、主君が決定力を排他的に独占しているわけではなく、家老以下末端役人にまで至る自余の者の「持分」も考慮されねばならないのである。

一つの組織体としての大名家（藩）における意思決定はこれら各人、各階層の家臣・役人がそれぞれ有する、「持分」に応じた決定力の合算・比較の中で行われるものであり、主君が特定の意思を打ち出そうとも、自余の者の「持分」の総和がそれを上回る時には撤回されざるを得なくなるものと見ることができよう。大名家の政治秩序は、このような性格のものであったと考えられる。

［注］

（1）　組織における意思決定のあり方については吉富重夫『現代行政学』（勁草書房、一九六七）一五五頁以下参照。同書では意思決定の類型として、1垂直的決定としての決裁・討議・付議、2水平的決定としての合議《あいぎ》・協議、3回流的決定としての稟議、という類別を行っている。なお稟議制度については辻清明『新版　日本官僚制の研究』（東京大学出版会、一九六九）参照。

（2）御前会議の事例としては徳川将軍家で、三代将軍家光の時にこの方式がよく採られた（山本博文『寛永時代』吉川弘文館、一九八九、藤井譲治『江戸幕府老中制形成過程の研究』校倉書房、一九九〇）。その他、阿波蜂須賀家の宝暦九年の役高役席制の導入の可否を巡って行われた事例（拙著『主君「押込」の構造—近世大名と家臣団—』平凡社、一九八八）、幕末長州毛利家での藩論統一を巡って開催されている事例（井上勝生「幕末における御前会議と『有司』」〈『史林』六六巻五号〉）など。

（3）近世中期以降は、日常的にはこの委任型が一般的となっている。これは大名主君がもっぱら将軍家や他大名家との交際・規式事に携わることによって、領内政治の方は家老以下の諸役人に委任され、ただ、その政務の報告を受けて、形のうえでの決裁ばかりを行うというあり方が支配的になるためと思われる。因みに、長州毛利家の正保期の改革は益田元堯の指導の下に進められたが、そこでは藩主の権限は、参勤と大名交際、出陣時の下知、家臣召抱の弁別の三点に限定されている（市村佑一前掲「長州藩における家臣団形成過程」二一五頁）。

（4）大名家（藩）における意思決定の「持分」的構成とは、具体的には次のようなあり方を意味している。大名家（藩）の身分階層については先述したところであるが、これに「持分」を割り当てると次のような形となる。なお「持分」や各人数の数値はケースによって当然異なるものであり、次のものは説明上わかりやすい数値を仮にとったものである。

階層	主君	一門・家老	中老	物頭	平士	下士層
持分	50	6	3	2	1	0.1
人数	1人	5人	10人	20人	100人	500人
小計	50	30	30	40	100	50

右のモデルでは大名家（藩）の「持分」の総和三〇〇と計算される。これがこの組織体の意思決定力の全体を表現するも

のであり、成員各自の「持分」はそれぞれその部分を構成するものである。ここに主君の「持分」は五〇としたが、これは一対一関係で見た場合には、自余の成員に比して主君の権力が絶大なものであることを示している。しかしながら大名家（藩）の全体的意思決定に際しては、主君の意向は有力ではあるがそれだけではすまないのであって、自余の者の「持分」に応じた決定力をも含めた合算・比較の中で行われなくてはならない。主君が特定の意向を打ち出そうとも、自余の者の「持分」の総和がそれを上回る時には、主君の意思といえども撤回されざるを得なくなることを、このモデルは示している。

近世大名家（藩）における主君権力の二面性、すなわち主君の権力の絶大性と、それにも拘わらず主君権力が被拘束的なものという一見相矛盾する性格を、右のモデルは両立的に説明しうるのである。近世大名家（藩）は恐らくこのような政治構造を有していたものと思われる。

第八章　幕府政治における将軍の位置

第一節　幕府政治と将軍権力

徳川幕府もまた徳川家という一個の大名家（藩）としての内実をもつのであるから、徳川将軍とその家臣団たる旗本・御家人との間には、大名家（藩）の主君―家臣団と同質の政治的関係が存在するといえる。

しかしながら二つの異なる要素がある。一つは、将軍は単なる大名主君ではなく、全国統治の任にあたるものとしての権威と権力を有することである。だが他方では、幕府政治における行政的諸役人は旗本・御家人の直臣団から成るのみならず、それ自体独立の大名たる譜代大名が老中・若年寄として幕府中枢部を占めて政治を運営すること、さらに家門・有力譜代大名からなる溜間詰大名、および尾張・紀伊・水戸のいわゆる御三家が幕政の枢機に参与するという体制をとっていることである。

さて、このような幕府政治体制の中における将軍の政治的位置づけが問題となる。研究史を見た時、その政治体制について「将軍専制」としばしば呼ばれることがあるが、それは具体的には、寛永期の家光政権、元禄期の綱吉政権、享保期の吉宗政権の三つを主たる対象として論じられたものである。以下、これらの諸見解について、その立論根拠に着目しながら、順に検討していこう。

（一）　寛永期の家光政権

寛永期の家光政権の性格については、研究史上、幕府内部の政治体制の問題として、老中（年寄）制度の確立に基づいて譜代門閥勢力の合議制を基軸にして捉える考え[1]と、将軍権力の優越を強調して理解する考えとの二説がある。[2]最近の研究によるならば、家光親政初期の寛永一〇（一六三三）年前後の政治状況は、将軍家光による強権政治・恐怖政治の中にあったことが指摘されている。[3]

すなわち、家光は大横目（大目付）の役職を新たに設置して諸大名・幕府の閣老の監察を厳しくし、これがために老中たちが「おじおそれ候由[4]」と取り沙汰されるような状態にあったこと。また家宰的な特定実力者に権力が集中することを防止すべく、老中（年寄）の合議制を強要し、各人の職務分担を厳密に規定して越権的行為を厳しく禁止したこと。政策決定の面からしても、たとえば寛永一二年の日本人による奉書船海外渡航の禁止令（第三次鎖国令）は、奉書船を通じたキリシタンとの接触・武器輸入の情報が家光の耳に入ったため、即座にその決定がなされており、老中たちの意見などは考慮されていないようであること。

これらの諸理由によって家光政権の性格は将軍専制と規定すべきもの、老中の職務の本質は、将軍と諸大名らとの間の「取り次ぎ」というべきものなのであり、そこに見られるのは「家産制的官僚制」にほかならないとされている。

しかしながら右の見解については、次のような問題点を指摘しうる。すなわち先の恐怖政治ということで留意されねばならないことは、これらの政治現象は家光時代の全期を通じてのものではなく、親政初期の寛永一〇年前後の限定された期間のものだということである。つまり、この時期特有の政治状況を考慮せねばならないのであって、駿河大納言忠長との確執、熊本藩主加藤忠広・光広父子の謀叛の嫌疑、福岡藩主黒田忠之の謀叛嫌疑、加賀藩主前田利常の謀叛の風聞、そして、これら謀叛計画の首謀者として幕閣の中心人物土井利勝の名があがっていたこと、などの特異な事情があった（本書第十章第二節参照）。

政治状況はきわめて緊張したものであり、不安定で危険なものでもあった。このような状況の下で、強権政治、恐怖政治が出現し、相互監視的な雰囲気が醸し出されたからとて、それはあながち不思議なことではない。このような特殊な政治状況下に見られた政治形態をもって、幕府政治一般を規定するのは妥当ではないであろう。

現に、家光政権もこの寛永一〇年前後の危機的状況を乗りきって以後は、将軍と老中たちとの合議的運営が基本となっていく[5]。将軍と老中たちが直接に会同する「御前会議」の形態、あるいはまた老中・諸奉行たちが評定所などに会して政策を形成し、将軍にその裁可を仰いでいくような形態をとって幕府の意思決定が行われていた。

たとえば山本博文氏が紹介している、寛永一六年のポルトガル船追放令（鎖国令）の政策決定過程[6]を見るに、評定所における閣老の間での討議を経て大老酒井忠勝がその議論を集約する形で結論を出し、これを家光に提出したのち、一ヶ月を経て正式決定を見ている。ポルトガル船の追放政策は閣老の間では既定の方針となっていたのであるが、家光がこの裁可にさらに一ヶ月を要しているという事実は、この重要政策の実質的な決定が、将軍家光の意思とは別個独立に形成されていることを示すものなのである。

老中の職務の細分化と権限の限定、合議制の強制は、特定人物への権力集中の排除を、家光が意図したことによるものであることは事実であろう。しかしながら、このことによって将軍専制が幕府政治の中に確立されたということにはならない。むしろこのような体制を作ることは、全体として見れば閣老の権力が集団的権力として強大化し、将軍の権力を制約する傾向を持たざるを得ない。現に幕府の意思決定のあり方は、閣老らの寄合で実質的な決定がなされ、それを将軍が追認するという形がしだいに定着していくのである。

たしかに家光の施策や行動のなかに、老中政治の束縛を受けない、自由な政治指導を実現していこうとする志向性が存在することは事実である。しかしながら側近勢力に依拠した将軍独裁を推し進める時は、老中政治との矛盾、不調整から政務の混乱あるいは停滞を惹き起こし、幕府政治全体の力を失うこととなるであろう。将軍と閣老との合議決定というのが、家光政権が試行錯誤の末にたどりついた最も安定した政治形態であったと思われる。

(二)　元禄期の綱吉政権

近世の政治体制において「専制」が語られるとすれば、元禄期幕政の将軍綱吉のそれをおいてはないであろう。そして綱吉の政治を専制という場合、その具体的な内容は周知の「生類憐み令」であり、今一つとしては綱吉の無軌道な人事が挙げられる(7)。これらはともに綱吉その人の個人的嗜好がそのまま公的な政治行為として打ち出されているわけであって、その意味においてまことに「専制」の概念既定に合致するものといえる。

しかしながら次の点が考慮されねばならない。第一に挙げられる「生類憐み令」であるが、塚本学氏の近業によって明らかにされた通り、この政策は綱吉の全くの個人的な嗜好から出たものではなく、背景にそれを必然化する社会的な要請があったということである(8)。

すなわち、犬を保護する政策は綱吉政権になって初めて登場したものではなく、それ以前の家綱時代から見られるものであること。それは「食犬」を禁止するものであって、「食犬」とは当時社会に広がっていた「かぶき者」の風俗にほかならなかったのである。それ故に、「犬」というものには象徴的な意味があるのであって、「犬」を愛護するとは、この「かぶき者」の風俗を否定し、儒教的な徳治主義をおし及ぼすことを目的とした文明化政策であったと位置づけられるのである。現に生類憐み令は犬などの動物だけではなく、捨子・病人・老人といった社会的弱者に対する養育・救護をもうたっているのであって、その意味において、社会の文化的な面での充実を求める時代の要請に叶うところもあり、前田綱紀のような文人的な大名から支持されるような側面もあったのである。

ただそれが、綱吉一流の独善によって極端な形で押し及ぼされたことから、ひずみ、弊害の方を深める結果になったものと言うべきであろう。

第二の無軌道な人事の問題については次の点が指摘できる。綱吉はいわゆる「賞罰厳明」の名の下に、彼の意に叶う者は抜擢昇進させ、他方では些細な落ち度も許さず、諸役人を頻繁に解任・処罰していった。幕府人事は全く綱吉の意のままのごとくであったが、しかしながら注意されねばならないのは、綱吉の老中・老臣に対する態度は著しくこれと異なっていたことである。

大老堀田正俊は、綱吉の将軍継承の第一の功労者として重きをなしており、綱吉初期のいわゆる「天和の治」はこの正俊主導の下に進められていた。正俊は綱吉に対しても「しばしば直言をすすめてやまず(9)」と伝えられるように、その剛直ぶりを押し通して綱吉から忌避されるほどであったが、正俊は屈するところはなく、また綱吉もその故をもって堀田を罷免することはなかった。

綱吉が老臣を尊重していたことについては、次のようなエピソードもある。綱吉は信任第一の側近牧野成貞に対して、その参勤帰邑時に馬を贈る格式を与えたく、小姓の者をして老中に相談せしめた。しかし前代の遺老稲葉正則は「御馬下さるる家はかぎりあることなり」といってこれに同意しなかった。件の小姓はこれが将軍上意である故をもって重ねて強行に主張したが、正則は譲らなかった。このやり取りを知った綱吉は、「美濃(稲葉美濃守正則)がさまで申すに、など立返り、その旨我にきかせざる、老臣申所あらんには、幾度も其申所を聞え上ば、猶も衆議をとはるべき事なり」と言って、件の小姓を処分した由である。(10)

また綱吉の老中人事一般についての態度も、他のものと著しく異なっている。幕臣・側近役人を勤務不良の故をもって次々に罷免・処罰していった綱吉であったが、彼の三〇年に亘る長い治世の間でも、老中の処罰罷免は一人もいないというのは際立った特色なのである。かの大老酒井忠清の場合とて、罷免ではなく病気による自発的な辞職の形であり、病気養生に心すべき旨の将軍の懇詞まで下されているのである。これ以外では、西丸老中板倉重種という者に重大な不始末（自家の家中騒動）があって職を止められているが、この場合でも単に「御役御免之旨被仰出之」(11)とするのみであって、自余の者に対してなされたような、あからさまな処罰罷免の形はとっていない。

以上のことから将軍綱吉の専制政治の内容とされる、「生類憐み令」および人事の無軌道ということについても、それが綱吉の恣意にのみ委ねられていたものではなくて、社会的な条件に裏づけられ、また幕府老中制度という特有の政治構造によって限界づけられていたことを知るのである。

(二)　享保期の吉宗政権

享保期の吉宗政権についても、これを専制的であるとする見解がある。そして、その場合の根拠は、将軍が自己の意思・命令に忠実な官僚体制を構築したうえで、譜代門閥勢力の制約を受けることなくこの官僚陣を指揮・駆使し、幕政の主導権を一貫して掌握しているという事実に求められている。(12)

吉宗政権の性格を考える上で重要なのは、その政策立案過程の分析を通じて見られる次のようなあり方である。いわゆる享保改革における実際の政策立案のあり方を見た時、たとえば「相対済し令」のような重要な施策の処理では、まず評定所一座（寺社・町・勘定の三奉行によって構成される合議機関）において原案をつくり、それに御用取次を通して将軍吉宗が加わって非公式のうちに、何度も意見を調整して練りあげていく。そして成案を見るに至った段階で、始めて評定所一座は表立ってその政策案を老中に示して伺いを立て、老中から正式にそれを将軍に上呈、将軍の裁可を経て老中から発令されるという形態をとる[13]。

こうして政治運営の主導権は、三奉行らの実務役人を実際に掌握して初発審議を確保した将軍の手に握られるのであり、老中の果たす役割といえば、政治の形を整えるということにすぎないものとされている。吉宗政権を将軍専制とするのは、このような政治運営のあり方を指してのことなのである。

しかしながら、このような捉え方には問題がある。政策立案における実質的決定について将軍吉宗が積極的な役割を果たしているのは事実であるが、これはむしろ「政治的イニシアティブ」などといった概念で捉えられるべきものであって、「専制」と呼ぶのはあたらないばかりでなく、左の図2は吉宗政権がむしろその反対物であることを示している。

図2　吉宗政権における政策立案過程

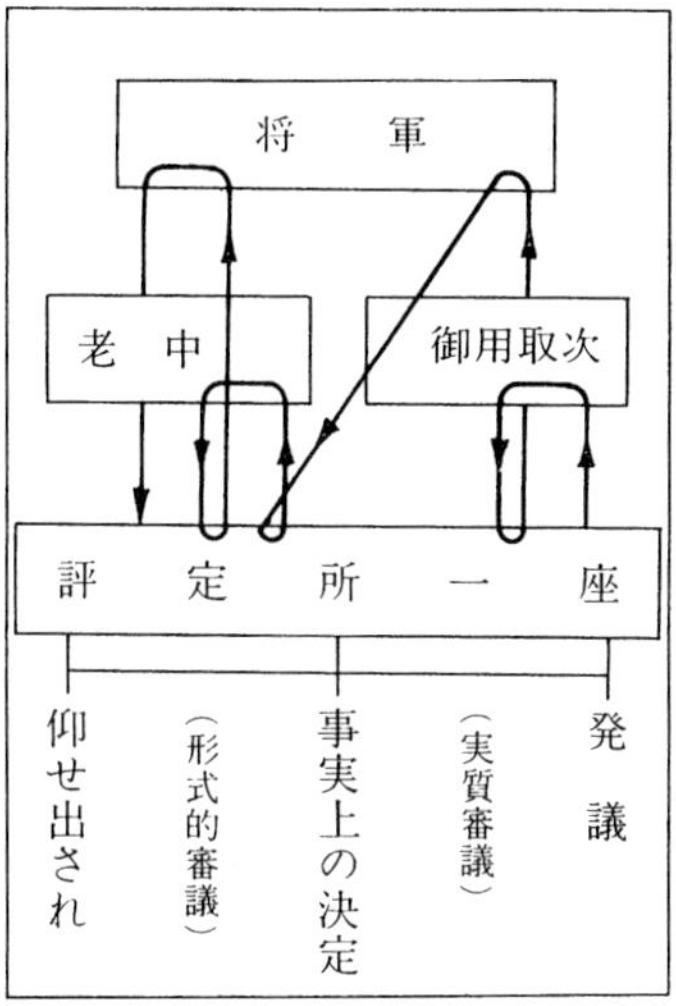

備考　大石慎三郎『大岡越前守忠相』166頁。

すなわち、将軍の専制的権力行使が可能であるならば、将軍吉宗は政策形成における初発審議を確保すべく内々に画策する必要はないのである。老中を通して政策案を上呈してきた段階で、不満・疑義があれば実務役人を呼び出して直接問いただし、当該政策を己れの適切と考える方向に改変すべく、老中以下に対してそれを指示すれば済むことなのである。それ故に、右のような内々での初発審議の確保への志向は、この政治体制がその反対の性格を有することを示唆している。すなわち、政策立案

図3　天保改革における政策決定過程

〔天保12（1841），江戸芝居小屋移転政策〕

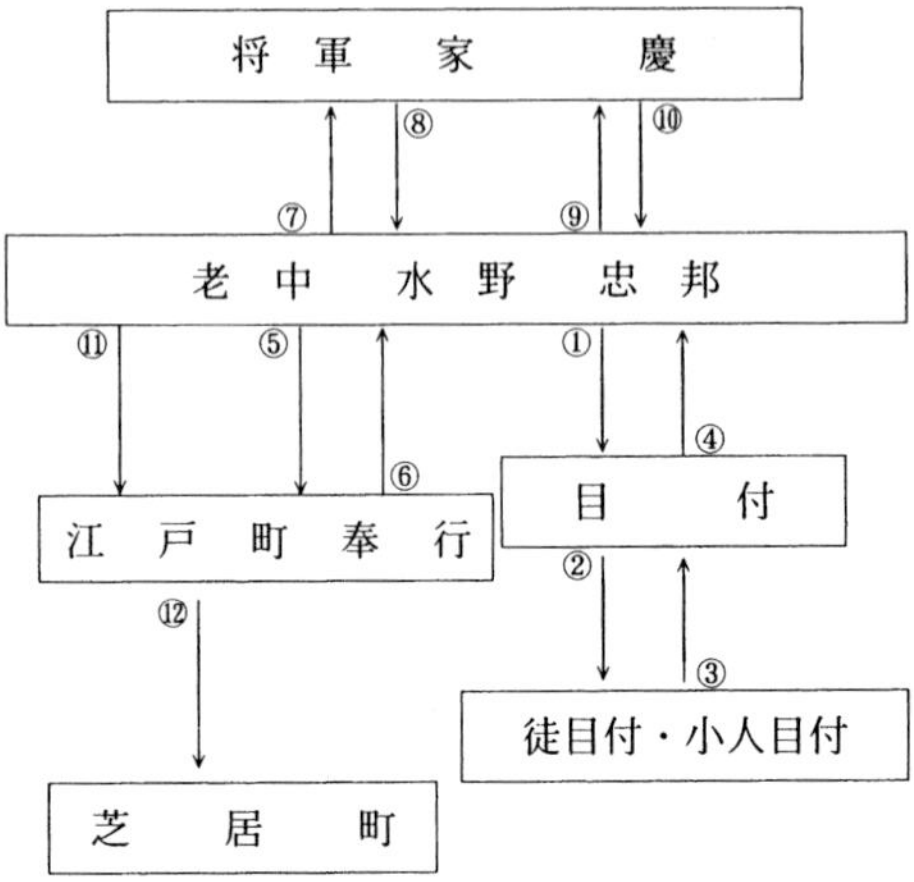

備考　藤田覚『天保改革』74頁に基づき作図。
①水野はこの問題についての取調べを目付に命じ　②目付は支配下の徒目付らに調査指令　③徒目付は，本問題の「風聞書」などを提出　④目付は評議して，芝居小屋移転を妥当とする旨の答申を，「風聞書」を添えて水野に提出　⑤水野は11月2日に，この「風聞書」を町奉行に下げ渡して評議を指令　⑥町奉行遠山景元は同月10日付で水野に答申し，芝居関係者の生活問題から同政策に反対　⑦水野はそこで将軍家慶の裁断を仰ぐ　⑧家慶は町奉行見解に賛意を示して，再評議を水野に指示　⑨同月20日，水野は再度将軍家慶に上申して，計画断行を要請　⑩家慶も今度はこれを裁可　⑪水野は町奉行に対して，芝居小屋の移転を指令，ただし関係者に対する補償措置についての配慮を付記。

過程において老中の判断・意向が公式的な形で明示されてしまった場合には、将軍といえども容易には、これを覆すことが困難であったことを意味しているのである。

　吉宗の政治はこのように老中に代表される譜代門閥勢力の身分的な立場を尊重しつつ(14)、しかもあらたな社会・経済的状況に対応して改革政治を推進すべく、老中政治の保守性によっては打開しえない諸問題について、吉宗自身の積極的な関与によって、実務役人層の提案する諸政策を、適切にして実現可能な方向に指導していくようなものであったこと、そのような性格の政治形態であったと理解できる。

　以上のように幕府政治について将軍専制の語られることはあるが、その語の本来的な意味でそれに該当するのは元禄期の綱吉政権ぐらいのものであり、その綱吉の政治とて従前考えられていたほどには無軌道のものではなく、老中制度の枠組みはこれを尊重しているし、その悪政の代表格たる「生類憐み令」についても、時代の要請に基づく合理的側面は備えたものでもあったのである。

　このような綱吉の政治形態を限界として幕府の政治体制は存在していた。この組織体の意思決定は一般的に見た場合、決して将軍専制というものではなく、将軍と老中および幕臣団との間での諸種の形態をもってする合議を基本とした、合議決定型構造を有していたというべきなのである。「将軍専制」ということは比喩的には語られることがあるにしても、その立論根拠に立ち入って厳密な検討を加えるならば、学問的には妥当しないものと言わざるをえないであろう。

幕府政治においては、享保期の政策決定過程に見られたように、政策提案がもっぱら下からなされているために、実務役人層の実質的な決定力が大きなウェイトを占めるものでもあった。その意思決定は、このような実務役人層にまでその決定力が配分されているわけであり、先に大名家（藩）において見たところの、意思決定の「持分」的構成というあり方が、ここ幕府政治についても妥当するのではないかと考える。

享保期以降の幕府政治について個々に検討していく余裕はないが、図3に掲げた天保改革期の江戸芝居小屋の移転問題に関する事例[15]は、幕府政治のあり方についての右の見方を裏づけるものである。ここには幕府という組織体の意思決定が特定の人物の意向によってではなく、その成員の複雑な相互作用、対立と調整の過程を経て成立するものであること、組織成員は将軍から実務役人に至るまで決定力をそれぞれに分有するものであること、そのような政治構造を有するものであったことが示されているであろう。

［注］

（1） 辻達也「寛永期の幕府政治に関する若干の考察」（『横浜市立大学論叢』二四巻人文科学系列第二・三号）、藤野保『日本封建制と幕藩体制』（塙書房、一九八三）Ⅶ「成立期江戸幕府の政治構造」、藤井譲治前掲『江戸幕府老中制形成過程の研究』第四章「老中制の確立」など。

（2） 北原章男「家光政権の確立をめぐって」（『歴史地理』九一巻二・三号）、朝尾直弘「将軍政治の権力構造」（『岩波講座・

日本歴史』近世2　岩波書店、一九七五)、山本博文『寛永時代』(吉川弘文館、一九八九)第二「家光親政の開始」、同『幕藩制の成立と近世の国制』(校倉書房、一九九〇)第三章第二節「寛永後期の将軍と『老中制』」など。
(3)　山本前掲『寛永時代』一二、一八、二四、五二、一一六頁、同『幕藩制の成立と近世の国制』一〇四頁以下など参照。
(4)　『細川家史料』一一五五号(東京大学史料編纂所編『大日本近世史料』東京大学出版会)。
(5)　藤井前掲『江戸幕府老中制形成過程の研究』二三〇頁以下。
(6)　山本前掲『寛永時代』九三、九六頁。
(7)　中村孝也『元禄時代観』(啓成社、一九一九)、辻達也「幕政の新段階」(『岩波講座・日本歴史』近世3　岩波書店、一九六三)。
(8)　塚本学『生類をめぐる政治』(平凡社、一九八三)一四〇頁以下。
(9)(10)　『常憲院殿御実紀』付録巻下(『新訂増補　国史大系・徳川実紀』第六篇)。
(11)　「柳営日次記」天和元年一一月二五日条(国立公文書館内閣文庫蔵)。
(12)　辻達也『享保改革の研究』(創文社、一九六三)、大石慎三郎『大岡越前守忠相』(岩波書店、一九七四)、深井雅海『徳川将軍政治権力の研究』(吉川弘文館、一九九一)。
(13)　大石前掲『大岡越前守忠相』一六〇頁以下。
(14)　辻前掲『享保改革の研究』一〇二、一〇三頁にもこの点が指摘されている。そもそも辻氏の将軍専制論は将軍による老中層の権力的抑圧という意味のものではなく、老中層の格式上の優遇が彼らの実質的な政治からの遊離を進め、その結果として将軍の政治指導力が飛躍的に高められたという意味のものである。そして辻氏は、寛政改革以後はこれとは逆に、老中層による主導権の掌握と、将軍の政治遊離がもたらされることを指摘されるのである(同書一二七、二九六頁)。
(15)　藤田覚『幕藩制国家の政治史的研究』(校倉書房、一九八七)第二部第三章第二節「芝居町移転をめぐる対立」一六六頁以下、同『天保の改革』(吉川弘文館、一九八九)七四頁以下。

第二節　享保改革における将軍と幕閣

徳川幕府における将軍権力の位置づけをめぐる問題、ことに享保期の徳川吉宗政権における将軍権力を中心とした政治体制の理解をめぐる問題において、享保九（一七二四）年閏四月二六日付の次の示達[1]は大事な意味をもっている。それは享保期の幕府政治の中で、どのような状況の下に出され、どのような役割を果たすものであったか、本節ではこの問題に立ち入って考えてみよう。

一、閏四月廿六日、於㆓羽目間㆒御老中御列座、対馬守殿（老中安藤信友）、三奉行江被㆓仰渡㆒候は、惣而御用向相伺候事、只今迄御銘々江申上候処、向後は御列座江可㆓申上㆒由、被㆓仰渡㆒候、かろき事候共溜候而成共、御列座江申上候様ニ可㆑仕旨被㆓仰聞㆒候、右之被㆓仰渡㆒相済、其以後又御呼、御同席ニ而被㆓仰聞㆒候は、御側衆を以御尋之儀は格別、奉行中より致㆓発起㆒申上候事は、先御老中江可㆓申上㆒由、只今迄御側衆江申達候以後、御老中江申候儀も有㆑之、又は御側衆ニ而相済、御存無㆑之儀も有㆑之、間違候間、右之通可㆑被㆓相心得㆒旨、被㆓仰聞㆒候事、

右之節罷在候分

牧野因幡守（寺社奉行牧野秀成）　松平対馬守（同前松平近禎）　大岡越前守（町奉行大岡忠相）　駒木根肥後守（勘定奉行駒木根政方）　久松大和守（同前久松定持）

従前、享保改革の研究においては、これを三つの時期に区分して捉えることが定説となっており、辻達也、大石慎三郎氏ともに吉宗が将軍を継承した享保元年から同七年ごろまでを前期、同七年の水野忠之の勝手掛老中の就任からを中期、そして松平乗邑が勝手掛老中に任命されて改革政治を担当する元文二（一七三七）年からを後期とする[2]。

さて、この改革時期の前期と、改革が本格化する享保七年ごろからの変わり目の時期に発布されたのが、前掲の享

保九年閏四月の老中列座での達であった。では、この達はこの享保改革の政治史の流れのなかでどのような意味をもつものであったのか。

辻氏はこの享保九年の三奉行への達などによって将軍側近＝側衆の権限は著しく縮小し、幕政の最も重要な部分は将軍と勝手掛老中との間で決定されるようになったとされ、幕府政治機構の中核を将軍―勝手掛老中―勘定所という系統に求めている。(3)

一方、大石氏も同様の見解を示していたが、のちに前節でも取り上げたような幕府の政策決定過程の分析を通して、吉宗政治は御側御用取次をもってする一種の側近政治であり、辻氏の重要視する勝手掛老中などはむしろ政治の形式を整えるための役割しか果たしておらず、実際に享保改革を推進したのは将軍―御側御用取次―三奉行という体制であったとされている。(4)

このように辻・大石氏とも享保改革が享保七年ごろから本格化するという点では一致しているものの、改革を推進した主体ないし権力構成のあり方については見解を異にしている。そして特に大石氏の見解に即して見た時、前掲享保九年閏四月の老中の達の位置づけを、どのようにすればよいのかが問題となるのである。

この点について、深井雅海氏は、『享保撰要類集』収録法令の制定過程を詳細に検討し、その法令の下達者・上申先および各役職で取り扱った法令の内容の分析を通して、次の結論を下している。(5)

すなわち三奉行ら実務吏僚に対する法令の下達は、もっぱら老中などから行われていたが、法令案や諸案件についての上申先となると、享保五年以降は側衆（御用取次）の有馬氏倫と加納久通に提出されて、将軍吉宗の指示、裁可を受けるものが急速に増加して、全体の半数以上を占めること。そしてそれら吏僚層からの上申案件でも、儀礼的な性格のもの（鷹野、武家供廻り、抱屋敷など）は老中へ提出され、民政・町政の行政実務に関わる実質的な性格の事案は側衆の両名に差し出されていたこと。ここからして、享保前期の幕政は老中を形骸化し、将軍―御用懸り（御用取次）側衆―実務吏僚という体制によって推進されており、ここに将軍吉宗主導による享保改革の一端を垣間見ることができるとされている。

ただし前掲「享保九年閏四月の達」が発令されてのちは、「薬種問屋一件」に関する法令案を例外として、三奉行ら実務吏僚層から有馬・加納両名へ上申される案件は見えなくなっている。こうして実務吏僚層からの上申案件は老中へ提出され、老中から側衆（御用取次）の有馬・加納を通して将軍吉宗の下にもたらされる形態に改められたことが確認される。(6)

深井氏はこの変更の意味について、「享保九年閏四月の達」は側衆の権限を縮小するためというよりも、老中列座＝老中合議制という組織を重視するために出されたものであること。そして享保改革は享保五年初頭から開始されたものであって、この享保九年閏四月のこの段階にこそ、改革政治を本格化させる体制を正式に整えたとみることができるとして、享保五年正月から同九年閏四月までの幕政は将軍吉宗主導による改革を軌道に乗せるため、主として将軍―御用懸り（御用取次）側衆―実務吏僚という、老中を形骸化もしくは無視する体制で推進されていたが、改革が軌道に乗り始めた同九年閏四月以降においては、将軍―御用懸り（御用取次）側衆―老中列座―実務吏僚（主として三奉行）という、老中をも含めた体制に改編したものとする。

ただし、こうした機構整備や組織重視は日常行政を円滑に処理し、改革を推進するには威力を発揮するが、いったん制度化された機構は、将軍の意志に関わりなく独自の役割と機能を発揮するようになり、案件の初発審議権を掌握した老中の権限は相対的に強くなるので、将軍は現実の政治から遊離してしまう恐れがある。そこで将軍吉宗は「御側衆を以御尋之儀は格別」という一項をもうけ、行政に直接にタッチできる途を残すことで、現実の政治を主導する

手段を維持しようとしたものである――以上が深井氏の前掲享保九年閏四月の達の解釈である。(7)

深井氏の幕府政策形成過程についての研究は入念詳細を極めており、幕政史の研究水準を著しく高めたもので、その意義は高く評価されなければならない。しかしながら、右の享保九年閏四月の達の理解については疑問を呈さざるを得ない。

この老中の達が、将軍吉宗の立場から発せられたとする点について、これはこの達の文言を見る限りそのような解釈は無理であろう。この達の語調からして老中層と側衆との間に、権限上の確執があることは明瞭であり、この老中列座の達は老中層の立場において、幕府執政としての老中の権限の堅持を計る観点から出されたものと見るのが自然である。

三奉行ら実務吏僚から上程される諸政策・案件の審議過程に、老中層を組み込むのがこの示達の目的であり、もし将軍吉宗の立場からなされたものであるならば、三奉行に対して将軍ないし側衆の有馬・加納から、自今の諸案件は老中へ先議上程すべきことを指示すれば済むだけのことである。このような老中列座での伝達という厳格な形式を、ことさらに持ち出す必要はない。

ちなみに法令や達の伝達は、通例は月番老中一人で月番若年寄一人侍座の形をもって行われるものであり、老中列座による伝達の形式は当該伝達内容の重要性を表現するものであって、そのことからしても、本伝達は老中層の断固たる意思の表明であったと解されるのである。

この点については、辻達也氏の指摘にもある次のような事態を踏まえて理解しなければならない。すなわち享保四年一月のことであるが、老中久世重之は目付を残らず呼び出して譴責することがあった。目付らが御用取次の有馬・加納に媚びて、老中を通さず彼らに御用を申し達することを不当として、固くこれを戒めたというものであった。この件について人々は久世を賞賛した由である。(8) また新任の下田奉行の現地へ赴任の件について、有馬氏倫が老中の所管事項を独断処置したことがあった。老中久世はこの独断越権行為に怒りをなして、老中列座へ有馬を呼び出して陳謝させたとのことである。(9)

このような事態こそ「享保九年閏四月達」に相即するものなのであって、御用取次と実務役人が結びついて、老中の頭越しに政務を処理していくという越権状態に対して、老中層が結束して行った権限回復運動として右の達を捉えるのが妥当であると思われる。

実際、この享保九年までは三奉行ら実務吏僚から上程されてくる案件や、起案した触書などは、その大半が側衆の有馬・加納に提出され、将軍吉宗の主導の下に処理されていっており、老中はせいぜい事後的にそれに関与するというったもので、文字通り老中の頭越しに政策が決定されていた。それに対してこの享保九年閏四月の老中達が発せられてのちは、先述のように、「薬種問屋一件」に関する法令案を例外として、ほぼすべての案件・法令案が老中に上程され、側衆への上申は見えなくなっているのである。

そして、このような政治運営形態が正規のものとして確定されたが故に、将軍吉宗は前節図2のような、内々での初発審議への関与の過程を組み込まざるをえなくなったのであろう。もしこの享保九年の制度改革が吉宗の立場で施行されたものであったのなら、新しい枠組みの中での将軍吉宗自身の新しい審議関与のあり方が、同時に制度化されていてしかるべきであるが、その種のものは全く見られない。ただ従前には公然と行われていた、側衆を通しての初発審議への関与というあり方が、内々のものとして非公然化したに過ぎないのである。そして、このことはまた、新しい審議ルートである三奉行—老中—将軍という制度には、将軍吉宗の立場からは特に何かを期待するものではなかったことを示唆している。

だから問題は二つに分かれる。一つは形式的、権限論上のものであり、ここでは将軍―側衆による老中権限の侵犯、形骸化の進行に対して老中層が結束して権限回復を求め、将軍吉宗の側でもこれを受け入れて老中の正規の政策審議権を尊重するという態度を示し、かつこれをほぼ完全に実行したということ。

しかし他方、吉宗は政治の実質的な主導に熱意をもち、享保前期でのような公然たる政治指導はできなくなったが、内々のうちに側衆を通して三奉行らと直結し、初発審議の機会を確保することによってその意思を発揮しえたということである。

三奉行ら実務吏僚層にとっても実質的な審議において、側衆・将軍のような広い裁量権・決定権をもった人物に指示を仰ぎ、決定を委ねることは、実務の観点からして不可欠であった。というのは、老中政治は基本的に先例主義[10]をとるために、新規の案件に対して消極的、抑制的に働きがちであるし、また老中合議の原則からしても新規の案件の迅速な処理には不向きな性格をもっている。元禄・享保期以降の経済発展は、従前経験しなかったような新しい問題――通貨、為替、物価、新規商品の開発、出版文化の隆盛、火災や人口の増大の都市問題、新田開発と治水問題、薬種開発問題、そして新しい商行為とそれを巡る紛争・訴訟など――を相次いで発生させており、それへの行政的・司法的対応が求められていた[11]。大量で新規の案件に対して、迅速にして体系的な処理が求められていた。

このような状況は老中政治に最も不向きなものである。その意味で、将軍は差し当たりは先例に捉われない、自由で迅速な判断を下せる立場にある。将来を見越した体系的、創造的な政策形成も可能である。側衆には当然にも有能な人物が抜擢されているから、これらの新しい、経済問題のような特殊能力を要求される問題にも、ある程度柔軟な対応が可能であろう。こうして三奉行らがこの時期の新しい実務的問題を巡って、老中の頭越しに側衆・将軍に指示・裁決を仰いでいくのは不可避なのである。老中の側にしても、これらの未知の行政的案件の処置については、判断を求められてもその対応に困惑するばかりであろう。

しかして、この将軍の決定はあくまで非公然のものだということである。これを老中の決定としなければならない。だから将軍の政治指導とは、実務吏僚層の上程してきた新規性の高い政策案について、現実社会の動向に目を配りながら、そしてこの政策案を老中政治と調和させ、実現可能なものへと修正・調整していくというところに核心があったのである。

こうして、権限論的には老中の主導権が、実質面においては将軍・側衆の政治指導がもたらされることになる。だから権限論的な意味で、享保期幕政において将軍専制を語ることは誤りである。他方、実質的な政治指導の問題についてであるが、これをもって「将軍専制」と命名するのは用語の乱用のそしりを免れないと思う。「専制」概念には、恣意的支配ないし権力的抑圧の要素が最低限不可欠と考えるが、[12]吉宗の政治指導にはそのような要素をほとんど認めることはできない。吉宗の政治指導の中で、老中であれ自余の幕府役人に対してであれ、それらの意見・意思を抑圧して、何がしかの決定を強行するような事例が少なからず発見されていくならばともかく、そのような事例が報告されていない現在、ここに「専制」を語るのは適切さを欠くものと言わざるを得ないであろう。

[注]

(1) 『教令類纂』二集第六五巻（『内閣文庫所蔵史籍叢刊』第二六巻 汲古書院、一九八三）所収、『徳川禁令考・前集』第二冊、七五九号。

(2) 辻達也『享保改革の研究』（創文社、一九六三）二七七頁以下、大石慎三郎「享保改革について」（『日本歴史』一三四号。のち『論集日本歴史7・幕藩体制Ⅰ』〈有精堂、一九七三〉所収）。

(3) 辻前掲書第五章「将軍独裁政治の支柱」一四三頁。

（4）大石慎三郎『大岡越前守忠相』（岩波書店、一九七四）10「大岡忠相の政治的地位」一六六頁。

（5）深井雅海『徳川将軍政治権力の研究』（吉川弘文館、一九九一年）第三章「享保前期における「御用取次政治」」八四頁。

（6）深井前掲書一一七頁。

（7）深井前掲書一一六〜一一八頁。

（8）享保四年正月付室鳩巣書状（『兼山秘策』〈『日本経済大典』第六巻〉）。

（9）『有徳院殿御実紀附録』巻六（『新訂増補　国史大系・徳川実紀』第九篇）一九八頁。堀隠岐守利雄が下田奉行に任ぜられて任地に赴く時、陸地を用いることの許可を老中久世に求め、ついで、その旨を側衆有馬に申したところ、有馬が即座にこれを許可したことから、老中久世は越権行為として有馬を咎めたものである。

（10）各種案件について月番老中は奥右筆に先例を調査させ、その意見を聞いて可否を決定し、差図を下した（本間修平「徳川幕府奥右筆の史的考察」〈『法と権力の史的考察』創文社、一九七七〉）。先例が見えない時は、老中全員を召集し、若年寄らを交えて合議決定する。

（11）辻前掲『享保改革の研究』、大石慎三郎『享保改革の経済政策』（御茶の水書房、一九六一）、津田秀夫『封建社会解体過程研究序説』（塙書房、一九七〇）。

（12）「専制」の概念は、恣意的支配、権力的抑圧、恐怖政治といった要素をもって規定するのが一般的理解である（『現代政治学事典』〈ブレーン出版、一九九一〉「政体」、『世界大百科事典』〈平凡社、一九八一〉「専制政治」の項など）。

第三部　幕藩体制の政治秩序

第九章　幕藩関係概論

はじめに

　ここでは、将軍（幕府）と大名（藩）との政治的関係がどのようなものであったかを見ていく。将軍は「武門の棟梁」と認識されていたごとく、将軍と大名との関係は、第一義的には軍事的な主従関係としてである。将軍は諸大名に対して領地を新規に宛行い、ないしは諸大名が従前より有している領地を安堵することによって、諸大名に御恩を施し、そのことによって諸大名の主君として彼らの上に君臨することとなる。

　諸大名は徳川将軍に臣礼をとってその従臣となり、前者より領地の新規宛行ないし旧領の安堵を受けることに対して、当該領地に基づいて給養した自己の家臣団を率いて軍役奉仕をなすことを原則とする。大名家（藩）が本来的には武士＝戦闘者の軍事集団、軍団であったごとく、幕藩関係もまた、将軍と大名との軍事的主従制を基礎に置いたところの軍事的関係が本来的なものであった。

　しかるにまた、徳川将軍は日本全土に対する統治の権能を有している。この場合、将軍とその政治組織たる幕府は公的支配を司る国家機関として、法律の制定、刑事・民事の裁判、治安警察そして民政一般に亙る統治行為を行う。他方、各地の大名もまた自己の家臣団を行政官僚制的に編成し、これをもってその藩内において右と同様の統治行為を遂行する。したがって日本全土の統治行為の体系は将軍が直接に執行するものと、大名の下に分有されて行使されるものとの重畳的構造を有することとなっている。そして、この統治行為の重畳的関係の実際のあり方はきわめて複雑な様相を呈しており、また時代の推移とともに一層複雑なものとなっていくのである。

この政治的関係は近世の国制の中でも最も重要かつ複雑なものなのであるが、そのあり方を解明していくことは、徳川将軍の天下支配の内容、その権限の範囲、そして、その現実の政治的力能がどのようなものであったのか、また他方では近世大名の領有権の程度がどれほどのものであったかを、具体的に確定していくこととなるであろう。

第一節　本来の軍事的主従制

（一）　御恩給付

幕藩関係の基軸をなす将軍の大名への御恩給付の中心は、将軍から大名に対する領地の新規給付である領地（領知）宛行、および大名が旧来から保有している領地（領知）の知行保証を意味する安堵とである。

近世幕藩体制の所領配置の原型をなしたのは、慶長五（一六〇〇）年の関ヶ原の戦いの後の、戦後処理と全国的な所領の再編成であった。この戦いでは、石田三成方についた西軍大名八八の大名が改易され、その領地四一六万石余が没収された。また毛利輝元ら五大名は領地を削減され、二一六万石余が没収され、この戦いによる没収高は、総計六三二万石余にのぼった。

他方、この没収石高は徳川家康方の東軍諸大名に配分されたが、第二章第一節に見たごとく、関ヶ原の戦いにおいて重要なことは、東軍の構成が、もっぱら家康に従軍して上杉討伐に向かった豊臣系の諸大名（福島正則・黒田長政・細川忠興・池田輝政ら）を主としてなされており、戦後の論功行賞はもっぱら彼らを中心にしてなされたのである。すなわち、西軍大名からの没収高六三〇石余の八〇パーセントにあたる五二〇石余が豊臣系大名に加増として宛行われたものである。

この折りの論功行賞としての領地宛行については、宛行の石高の大きさにも諸大名への優遇的配慮が示されているが、さらに宛行のやり方そのものにも興味深いものがある。

信濃国伊那一〇万石の城主であった京極高知の場合、家康に従って関ヶ原で戦い、戦後の論功行賞の対象となったが、この時に家康側は高知に対して報償の領地として、近江国の一部と越前国の一部とで分領の形でとるか、それとも丹後国一国をとるか、その希望に任すべしと伝え、高知は結局、丹後一国一二万三〇〇〇石の方を選んで、その領地として得たことが知られている。高知の場合、石高の増加は少ないものの、丹後一国を領有することで国持大名としての格式を得ることを選んだものであろう(1)。

また家康はその二男の松平秀康に対しても、越前国（六七万石）と播磨国（五二万石）とを示して選ばせ、秀康は大封の前者をとった由である(2)。

このように領地の宛行は大名側の貢献に対する正当な見返り、対価としてあるのだから、主君たる将軍（ここでは未だ天下人と呼ぶべきか）の一方的決定、一方的な恩恵付与としてのみある訳ではなくて、従臣たる大名の側の希望も取り入れ、あるいは交渉的な要素も含んだものとしてあり、双務的・相互的性格が含まれていることを考えなくてはならない。

もとより、この大名への領地宛行と、それによる全国的な所領配置には、幕府の全国支配の観点からする戦略的配慮が施されることは当然であり、それはまた後述の大名の改易・転封の政策とも関連するものであった。いずれにしても、この関ヶ原の戦い後の領地の再編成が、近世幕藩体制の地政学的構造の原型を形成していた。

関ヶ原の戦いによって新規に宛行われ、また敗北によって減封された大名にあっても、それら確定された領地石高については、改易や処罰的な減封を蒙らない限り、世代を重ねつつ、原則的にそれがそのまま保有・相続されていった。この保有・相続の承認は、「領地（領知）安堵」と呼ばれている。武家社会の主従制の下では領地の宛行は一代限りの建前で、代替わりに際してこれを「安堵」して、その領地の保有を確認・更新するという形をとる。将軍—大名間においても、将軍、大名の双方の代替わりに際して、この安堵の手続きがなされる。

将軍の側の代替わりに際しては、領知安堵状（領知朱印状とも領知判物とも称する）が大名側に交付される。なお、この領知安堵状には、領地の郡村の明細を記した領知目録が付随して幕府より発給される(3)。

また大名側の代替わりに際しては、当該大名家の家督・跡目の相続を幕府から承認してもらうことによって、領地の継承も同時になされるという形をとるものであった。蓋し、近世武家社会では「家」はその領地と相即不可分の関係にあったから、大名家の家督相続の安堵は、同時にその領地相続の安堵をも包含するものであったのである。

（二）　奉公としての役奉仕

御恩としての領地給付に対する反対給付は、典型的には、諸大名の将軍に対する軍役奉仕として表現される。将軍から宛行われた領地を基礎にして、大名は自己の家臣団＝軍団を構成し、その領地石高に見合った一定数量の従軍人数、騎馬、鉄炮・鑓・弓などを軍役として提供するものであった。

幕府の軍役の制は、三代将軍家光の寛永一〇（一六三三）年に確立された(4)。それは主として将軍の直轄軍団、旗本および一〇万石までの譜代大名を対象にしたものではあるが、当然のことながら、外様国持大名クラスの大身大名たちもこれに準拠して軍役を奉仕すべきものと観念されたのである(5)。

江戸時代のうちにおいて実際に大名の軍役動員のなされたものとしては、慶長一九、二〇（一六一四、一五）年の大坂の陣、寛永一四、一五（一六三七、三八）年の島原の乱、(6) そして幕末の異国船警戒のための海防、東北諸大名の蝦夷地出兵、慶応二（一八六六）年の長州出兵などを挙げることができる。(7)

軍役は諸大名が将軍に対して果たす奉公義務の中核であったが、それ以外にも準軍事的性格をもった奉公があり、しかも、それらの多くは、軍役と同一の原理に基づいて人数・武器を整えて、これを果たすものであった。次のようなものである。

(1) 将軍出行の供奉。これには将軍が江戸から京都へ上洛する時に随行する上洛供奉、将軍が日光東照宮に参拝する時の日光社参供奉などがある。この出行供奉には、将軍の警護と進軍の意味があり、これが軍役の性格を持つのは当然でもあろう。(8)

(2) 改易大名などの城地の受取り、在番。大名改易については、後述するように戦争の危険をはらむものであって、城地の受取りに動員された周辺諸大名は、家臣団を軍役編成してこれに出動させるものである。また接収した城の在番を命じられた大名は、新城主が入部するまでの間、これを軍事的に管理するものであった（第十章第三節参照）。

(3) 江戸城諸門の番衛、火の番、および将軍家の菩提所である増上寺・寛永寺の火の番。鎌倉時代の鎌倉番役が、将軍家の御家人役の重要なものであったように、主君の屋敷、居城の警固、勤番は、参勤する従臣の義務であり、参勤という行為の主要な目的であったと思われる。江戸に参勤してきた大名たちにとって、江戸滞在中に等しく負担させられる課役である。

(4) 他領検地。幕領や改易大名の明き領地の検地が、延宝から元禄期にかけてしばしば、大名の課役として命じられた。大名家では、家老クラスの者を長として、軍役に準じる形で検地役人団を編成して事にあたった。[9]

(5) 城郭普請・河川普請・寺社普請などの普請役。武士にとって普請という行為は、城郭普請がその典型であるごとく本来的に戦陣での課役なのであって、軍役の亜型としてあるものであった。ただ注意せねばならないことは、普請とは石垣組みや基礎の土台を築く土功の役を指すものであって、天守や城内の殿舎の建築をなす「作事」とは区別されるものであった。作事は武士の役ではなくて、あくまで大工の仕事であった。[10]

これら以外に軍役とは必ずしも言えないが、諸大名が幕府に対して果たすべき公役として、全国各地の関所番、幕府より犯罪などの理由によって預けられた預人の管理、幕府預地の管理などがあり、さらには、勅使接待役や朝鮮通信使逓送役などといった非軍事的性格の役務もあった。

これらの大名課役のうち普請役は江戸時代を通して、本来の軍役以上に重要な役割を果たしたものであるから、やや詳しく述べる。

家康の将軍宣下後の慶長八（一六〇三）年三月より、家康は江戸市街の大改造に着手した。駿河台の台地を崩して日比谷、呉服橋方面の低地、入海の地を埋め立てて江戸の大拡張を計画し、前田利長・伊達政宗・上杉景勝・池田輝政・福島正則・加藤清正ら六五の大名がこの大普請に助力した。ついで翌九年六月からは藤堂高虎の縄張りになる江戸城の大改築が始められ、池田利隆・加藤清正・浅野幸長・黒田長政・鍋嶋直茂・細川忠利らの外様国持大名にこの普請役が賦課された。同一一年にこの普請は成就し、さらに翌一二年には伊達政宗・上杉景勝ら東国諸大名に命じて天守台を築かせ、ここに江戸城の全体、本丸、二丸、三丸および西丸、五層の天守、二〇基の櫓、城壁、枡形の諸門、濠堤などが完成し、将軍の居城にふさわしい威容を見せるにいたった。[11]

これらの普請に際しては「千石夫」と称して大名の石高一〇〇〇石につき人夫一人とか、あるいは一〇万石につき石垣用の栗石一〇〇個というふうに宛課すものであった。もっとも諸大名の側では将軍家への忠勤の実を表すべく、規定の人数、数量以上のものを「嗜み」とか「馳走」と称して提供するのが常であった。

これら全国の諸大名を動員した城郭普請は、慶長九年の彦根築城、同一〇年の伏見城の増築、同一一年の駿府築城、同一三年の駿府火災後の再築、同一四年の丹波篠山築城、同一六年の名古屋築城と間断なく遂行されていった。これらの城普請は、なお大坂城に健在の豊臣秀頼の勢力に対する備えという戦略的な意味があったが、同時にまた第二章にも述べたように、諸大名は徳川将軍の命じるこれらの普請課役を実際に勤仕することにおいて、将軍―大名間の主従関係を相互に確認しあうという政治的意義をも有するものであった。

これら全国の諸大名による城郭普請は、三代将軍家光の寛永年間の江戸城の大増築をもってほぼ終わり、その後はもっぱら城の破損部所の修築とか城濠の浚渫工事に用いられた(12)。これに代わって重要な役割をもって登場してくるのが、大河川の普請であつた。これは近世の元禄・享保期以降に大河川流域での新田開発が盛んに行われたことから、河川管理、堤防構築、河道の設定、洪水対策など、大河川をめぐる広域行政的な諸問題がクローズアップされてきたことに基づくものである。

近世前期の城郭普請への大名課役が軍事的な性格をもち、将軍―大名間の主従関係の確認という意義をもつものであるのに対して、この近世中期以降に登場してくる河川普請への大名動員は行政的性格の強いものであって、本来幕府が行うべき広域的な行政事項について、諸大名を動員してその分担を求めたもので、これこそ「御手伝普請」と呼ぶにふさわしいものであった（この河川普請を対象とした大名普請役については本書第十一章第二節を参照）。

(三)　主従制の保証制度――幕府による大名統制――

武士の社会における主従制というものは主従の契約、主君の御恩に対して臣下の側が一命を捧げる忠誠を尽くすという合意を基礎にして成り立っている。だが、この忠誠契約が履行されるか、あるいは反逆の危険はないかについて、これの保証が問題となってくる。

将軍―大名の幕藩間でも、大名の反逆を防止して安定的な天下支配を実現し、諸大名を将軍の意命に従属せしめる必要がある。もとより徳川将軍家の有する軍事力、さらには御三家・家門・譜代の諸大名の軍事力をこれに合わせたものは、外様諸大名のそれを優に制しうるものではあった。しかしながら大名の反逆の危険は徳川家そのものの内部にも抱えられているのであり、松平忠輝・松平忠直・徳川忠長、あるいは大久保忠隣・本多正純らの事件が示すごとく、むしろ将軍に最も近い親類筋や譜代老臣といったところに将軍に対抗する勢力があり、これが外様有力大名などと結ぶ時には、いつでも体制崩壊の危機をもたらしかねない性格のものであった[13]。

それゆえ単に幕府の軍事力だけでは不充分なのであって、安定的な支配を持続させうるような制度を必要とする。むきだしの軍事力で制圧するのではなく、将軍・諸大名の双方があらかじめ了解しあった支配と服従の枠組みを規定する制度を設定し、その制度の規則的運用を続けることによって、支配が安定的に保障されていくようなあり方が求められた。この将軍―大名間の主従関係の保証制度として以下のようなものが挙示される。

（1）　武家諸法度

徳川幕府はその政治支配のために法令による支配を行ったが、その法令は必ずしも幕府がその内容を恣意的に定めたものを、大名側に一方的に強制するといったものではなかった。すでに第二章第二節に見たように、徳川幕府の法令発布の権限およびその法令の内容は、鎌倉・室町の両幕府の伝統と先例に依拠したものだという形式を踏まえていた。

大坂冬・夏の陣において豊臣氏を滅ぼした徳川幕府は、その元和元（一六一五）年の七月、戦勝祝賀の気分のさめやらぬ七夕の節句に際して、京都伏見城に参集した諸大名に対して武家諸法度一三ヶ条を伝達した。それは文武弓馬の道をもっぱら嗜むべきことから始まり、群飲佚遊の禁、法度違反者の隠匿禁止、叛逆殺害人の隠匿禁止、城郭無断修築の禁、新儀徒党の禁、私婚の禁、参勤作法規定、衣装・乗輿の規定などの諸条項からなるものであった。

武家諸法度は以後の将軍の代替わりごとに修正を加えられつつも、武家の憲法として位置づけられ、かつ幕府の大名統制、全国支配のうえで大きな役割を果たしていった。

そのなかでも城郭の無断修築の禁止については、元和五（一六一九）年の安芸広島四九万石の福島正則の改易がこの規定の違反を機縁とするものであった（第十章第一節参照）。参勤交代の規定についても、寛永五（一六二八）年の別所吉治（丹波綾部二万石）や寛文五（一六六五）年の一柳直興（伊予西条二万五〇〇〇石）などは、江戸への参勤の欠怠を理由に改易されている。その他、徒党の禁、私婚の禁なども、諸大名が軍事的同盟を結んで幕府に反逆するような事態を防止したという意味において、充分な効果を発揮したと言いうる。

このような重要な役割を担い、幕府の法令による支配の根幹であり、かつ、その出発点をなした武家諸法度であったが、すでに述べたように当時の社会において、この元和の武家諸法度は、「むかしの公方之法度、被レ成二御引直一可レ被二仰出一候由」というふうに受け止められていたのである。[14] すなわち、徳川幕府による武家諸法度の制定発布というものは、無条件絶対のものとして存在しているわけではなく、鎌倉・室町幕府以来の武家政治の伝統的権威によって正当化され、すでに発布されてきたものの修正再版という擬制を用いることで、はじめて当該社会において受容されるような性格のものであったのである。

（2）　参勤交代制度

徳川幕府の参勤交代の制度は、諸大名が将軍の居城である江戸に赴いて将軍に拝謁し、一定期間江戸に滞在した後に、自己の藩地に帰還して藩内の政治を見るというものである。三代将軍家光の寛永一二（一六三五）年六月に発布の、武家諸法度の第二条において「大名小名在江戸交替相定むるところ也、毎歳夏四月中参勤いたすべし」と規定し、外様大名については毎年四月を参勤および帰国の交代時期と定め、一年在府一年在藩の参勤交代を成文制度化した。その後同一九年には、従来在府を原則とした譜代大名についても六月ないし八月の交代、関東の譜代大名については二月、八月の半年交代を命じた。(15)

この徳川幕府の参勤交代の制度については、この寛永一二年の武家諸法度によって始められたと解しては誤りであって、すでにそれ以前の二代将軍秀忠の時代にもほぼ定期的な形で江戸への参勤交代は実施されており、さらにさかのぼれば豊臣秀吉の時代にも、その居城たる大坂や伏見に諸大名の屋敷をおき、諸大名にその領国との往復を行わせていた。

それ故に寛永一二年の武家諸法度はこれらすでに実施されていたものを、毎年四月を交代時期と定めて、隔年の参勤と制度化したことがその意義となる。これはもちろん諸大名にとっては大きな負担には違いなかったが、他面、参勤交代が時期的にも制度化されたことで、それまではもっぱら幕府側の政治的判断に基づいて不安定にして恣意的な運用のなされていたものが、ここに至って規則によって運用される安定的なものへと構成されていったものと言いうる。(16)

いま一つ大事なことは、国持大名を中心にして見られるところであるが、近世前期の寛永・寛文のころまでは、幕府は参勤してくる大名に対しては応分の合力米を支給するのを常としていたことである。それ故に、この参勤交代制度についても、それは本来的には将軍―大名間の相互主義的な性格を有していたのであった。しかしながら、この合力米支給のことは、幕府財政が悪化した五代将軍綱吉の時代のころから廃止されたもようである。[17]

さて、この参勤交代の制度に伴うものに江戸屋敷居住制度がある。これは大名領国において、家臣団を城下町に集住させる制度と同性格の施策であり、諸大名に江戸で屋敷を与えて在府年には一年間これに居住せしめるものだが、この江戸屋敷はまた大名の妻子を人質としてこれに住まわせておくところでもあった。これら参勤交代、江戸屋敷設置、大名妻子の江戸居住の三制度はあいまって、幕府の大名統制に最も大きな効果をもっていた。

右の大名妻子の江戸居住制は事実上の人質制度であったが、徳川幕府の制度として、なおこのほかに、「証人」の制と呼ばれる公式的な人質の制度があった。[18] これは藤堂高虎の建議に出るものとされ、大名領国内の有力者である家老クラスの重臣の子弟を交代で、証人すなわち人質として幕府に提出するものであった。

彼らは江戸でそれぞれ、各大名の証人屋敷と称せられる屋敷に居住し、幕府の証人奉行（これは幕府留守居役の者のうちから担当する）の監視下におかれる。この狭義の証人制度は四代将軍の家綱の時代まで続けられたが、文治主義的風潮の高まりの中で、戦国の遺風といわれたこの制度も寛文五（一六六五）年には廃止された。

しかしながら事実上の人質政策である大名妻子の江戸屋敷居住制度は、幕府の大名統制の基軸をなすものとして、幕末の文久二（一八六二）年の幕政改革の時に至るまで変わることなく持続されていった。

（3）　改易と転封

［改　易］　大名改易の第一の理由は軍事的なもので、関ヶ原の戦いにおいて徳川氏に敗北した八八の大名を改易して取り潰し、その領地四〇〇万石余を没収した。ついで大坂の陣で豊臣家を滅ぼしたが、それ以降は軍事的理由による大名改易はなくなった。

改易理由の第二は族制的理由と呼ばれるもので、大名の世嗣断絶によるものである。大名に実子があれば、特別の問題がない限り大名家の相続は円滑に行われたが、実子がなくして養子を迎える場合が難しかった。特に、大名が病気などで危篤状態に陥ってから養子を願い出る末期養子（急養子）は、徳川幕府の固く禁じて容認せぬところであり、これがため世嗣断絶となって多くの大名家が改易に処せられていった。(19)

改易の第三は幕法違反を理由とするもので、武家諸法度の条文違反などを問題とする。元和五（一六一九）年の安芸四九万石の福島正則の事例、すなわち武家諸法度の規定に違反して、自己の居城たる広島城を無断で修築したとして改易に追い込まれた事件がよく知られている。また寛永九（一六三二）年の肥後五二万石の加藤忠広の改易事件、すなわち加藤家から家光政権の転覆を企てる旨の密書が発せられたという嫌疑に基づく事件も、この類型の代表とされている。

右の両事件の改易理由にも見られる通り、そしてまた福島も加藤も豊臣秀吉恩顧の大名家であったこととも併せて、幕法違反を理由とする大名改易なるものは疑獄性の強いものとされ、もっぱら幕府の政略に発した権力主義的な大名取潰し政策と、一般的には見なされている。

こうして慶長六（一六〇一）年から慶安四（一六五一）年に至る初期三代の将軍の治世五〇年間のうちに改易された大名は、外様大名八二名、徳川家門・譜代大名四九名で、その総没収石高は一二一四万石余という膨大な数字にのぼっている。(20)幕府はこれらの領地を幕領に編入する一方で、無主空白地に親幕府勢力を送り込むことによって、その全国支配力を高めていったものである。

［転　封］　転封は大名の領地の配置替えで、「国替」「所替」「移封」とも呼ばれる。改易とならんで、幕府の大名統制策の代表として知られている。そして転封は多くの場合、改易によって発生する無主空白地への補塡という性格をもつものだから、改易の随伴的な政策としての側面をつよくもっている。

徳川家康は関ヶ原の戦いでの勝利をうけて、石田三成方の諸大名を取り潰すとともに、毛利・上杉・佐竹らの大身の大名を所領削減のうえ、戦略的要衝から遠ざけるべく転封した。他方でこれらの没収地は東軍に属した豊臣系諸大名に分け与えられたことで、中国・四国・九州方面へ彼らの一斉転封が行われ（第二章表4参照）、また彼らの転封したあとの東海道方面を中心にして、徳川系の家門・譜代大名が転封によって送り込まれて、近世の幕藩体制の所領配置の原型ができあがった。

これらの転封による所領配置は、幕府の全国支配のための手段としての戦略的意義をもっており、外様大名には大封を与える代わりに僻遠の地にやり、天皇・朝廷のある京都に対しては、家康の居る伏見城と譜代の井伊氏の近江彦根城をもってこれを扼し、大坂城の豊臣氏に対しては、彦根井伊氏と伊賀の藤堂氏で備え、また加賀前田氏に対しては越前と越後の両松平氏でこれを挟みこむ形勢をとるといった具合であった(21)。

そして前項について見たように、初期三代の将軍の五〇年間に多数の大名改易と膨大な所領没収が行われたが、その無主空白地へはもっぱら徳川系の御三家・家門・譜代の諸大名が転封によって配置され、家光将軍の末期には四国、九州、東北の全国各地にまで、これらの勢力が浸透し、徳川幕府の安定した全国支配の体制が形成されたものである。四代将軍家綱の時代からは政治情勢も安定し、大名の改易件数が減少するとともに転封もまた減少し、外様・家門大名を中心にして領国への定着傾向を見せるようになった。しかしながら譜代大名については、老中などの幕閣への任用に際して、関東方面への行政的転封が行われるために、これに連動した諸大名の間での転封（いわゆる「三方領地替」など）が後代まで見られた。

以上のような大きな政治力を発揮し、徳川幕府の全国支配にとって多大の効果をもたらした改易と転封であったが、しかしながら、これらの一連の処置が幕府の政治戦略――幕府にとっての潜在的脅威の除去、幕府の全国支配力の拡大・安定化――の観点から計画的かつ権力主義的に実行されていったもの、というような理解は慎まねばならない。この点については第十章を参照されたい。

(4) 監察制度

幕府は大名領内に各種の監察役人を派遣して、大名の政治向きを調査・監視した。それによって大名の施政を牽制し、その反逆の危険を予防とするとともに、当該大名家内部の対立や領内の紛争・軋轢から御家騒動や農民一揆の発生するのを防止することを目的とするものであった。そして幕府の監察制度にはいくつかの種類のものがあった。

第一は、将軍の代替わりごとに全国各地に派遣される巡見使である。全国を幾つかの区域に分け、幕府旗本たる両番(書院番・小姓組番)や使番を三名ずつ組として、それぞれの担当区域に派遣した[22]。巡見使は藩領の政治への介入を禁止されていたが、しかしその監察内容として、在地の民情や物価状態、大名領主の「仕置の善悪」などの実情把握を謳っていたから、その巡見行為による威圧・牽制効果には十分なものがあった。将軍の代替わりごとに全国各地の藩領の奥深くまで、幕府役人が入り込んでいくという事実の意義は決して否定されるものではなかった。それがしだいに儀式化したとしても、儀式もまた政治の一つの形態なのであった。

幕府の監察制度の第二として国目付がある[23]。これは江戸幕府が諸藩へ臨時に派遣した監察役人で、使番と両番から二名が選ばれて、幼少の大名の襲封間もない大藩へ多く派遣された。大名が幼少では家中の統制がとれず、しばしば御家騒動などを引き起こすことがあったことから、大名が成人するまでの間、将軍(幕府)が藩政を監督するという趣旨で発遣されるものであった。

国目付は数ヶ月にわたって藩地に滞在し、家中分限帳や国絵図などを提出させたり、領内巡見を行ったりして「国中仕置」の良否を調査した。延宝期までの国目付は、鳥取の池田氏に一三回、熊本の細川氏に七回、仙台の伊達氏に一四回など、継続的に派遣される場合が多かったが、天和期以降は一大名に対する派遣は一回限りとなった。

（5）その他

これらのほかにも幕府の大名統制の手段は多岐にわたったが、その一つに大名誓詞[24]がある。先にも述べたように、慶長一六（一六一一）年の三ヶ条誓詞は諸大名に江戸幕府の発布する条目を遵守すべきことを誓約させた。そしてその後も将軍の代替わり、および大名の側の家督相続時には誓詞を提出するのが例で、これを大名誓詞と称した。内容は、徳川将軍家を重んじてその発する法令を固く遵守すること、徳川一門や大名の中に幕府への不義を企てる者があっても一味しないこと、誠心誠意をもって徳川将軍への忠勤に励むべきこと、などである。ただし大名家や時期によっても、文言に差異がある。老中の役宅でこの誓詞に署名・血判するのである。

次に婚姻許可制度[25]がある。前近代、ことに封建社会においては婚姻は、政治的・軍事的同盟の重要な手段であり、かつ、その表現形式でもあった。それ故に、徳川幕府も諸大名が自由に婚姻関係を結ぶことを危険視して、無断無届の婚姻を「私の婚姻」として、武家諸法度で固くこれを禁じた。

大名が他家の大名などと婚姻を結ぶ時は、双方から幕府に願書を提出して許可を受けるのであるが、この願書提出に際しては、大名家が御用頼みの形で予てより大名家に出入りしている幕府の「先手頭の旗本」に、願書を託して提出するという手続きをとった。「先手頭の旗本」とは鉄炮足軽・弓足軽を支配する物頭のことで、幕府旗本のなかでも一〇〇〇石クラスの中堅エリートであった。彼らはそれぞれ各大名家に出入りして、諸事について幕府との仲介役をなしていた。

この婚姻の願書が、彼らの手を通して幕府に提出されることの意味は、軍事同盟の危険も含めて、当該婚姻について不正な要素の介在していないことの確認・保証というところにあったと思われる。もっとも、それは多分に儀式的な性格のものではあったであろうが、かかる手続きを通さねばならないという事実そのものが、大名に将軍への服属意識を覚醒させ、その現実を再確認せしめるという機能を有するものであったであろう。

〔注〕

（1）『徳川実紀』元和八年八月一二日条、京極高知卒伝。

（2）三上参次『江戸時代史』（講談社学術文庫、一九七七）（一）一八七頁。

（3）日本歴史学会編『概説古文書学・近世編』（吉川弘文館、一九八九）一三頁以下。

（4）山口啓二『幕藩制成立史の研究』（校倉書房、一九七四）二三九頁以下。なお徳川幕府の慶安の軍役令については根岸茂夫「所謂『慶安軍役令』の一考察」（『日本歴史』三八三号）、山本博文『寛永時代』（吉川弘文館、一九八九）二一九頁、高木昭作『日本近世国家史の研究』（岩波書店、一九九〇）三六一頁以下を参照。

（5）山口啓二前掲書二三五頁。朝尾直弘「将軍政治の権力構造」（『岩波講座・日本歴史』近世2、一九七五）一〇頁。

（6）島原の乱における軍役出動については中村質「島原の乱と鎖国」（『岩波講座・日本歴史』近世1、一九七五）、高木昭作「島原の乱について」（井上光貞他編『日本歴史大系』近世　山川出版社、一九八八）二五五頁以下。

（7）海防および蝦夷地警衛については藤田覚『幕藩制国家の政治史的研究』（校倉書房、一九八七）一九〇頁以下、針谷武志「近世後期の諸藩海防報告書と海防掛老中」（『学習院史学』二八号）、長谷川成一「北方辺境藩研究序説」（長谷川成一編著『津軽藩の基礎的研究』国書刊行会、一九八四）、浅倉有子「津軽藩の蝦夷地警衛―賦課方式と軍団編成に注目して―」（『人間文化研究年報』（お茶の水大学紀要）』六号）など参照。

（8）北島正元『水野忠邦』（吉川弘文館、一九六九）四〇〇頁、大口勇次郎「天保期の性格」（『岩波講座・日本歴史』近世4、一九七五）。

（9）大森映子「大名課役と幕藩関係――元禄十二年備後福山の幕領検地」（『歴史学研究』別冊、一九七八）。

（10）所三男「普請と作事」（『歴史評論』二五号）、三鬼清一郎「近世初期における普請について」（『研究論集（名古屋大学紀要）』三〇号）。
(11) 三上参次前掲『江戸時代史』本篇第一章第一節「将軍宣下および土木工事」、栗田元次『江戸時代史・上巻』（復刊・近藤出版社、一九七六）第二章「江戸幕府の成立」、山口啓二前掲『幕藩制成立史の研究』二三一頁以下。
(12) 善積美恵子「手伝普請について」（『学習院大学文学部研究年報』一四号）、同「手伝普請一覧表」（同前一五号）。
(13) 高木昭作前掲『日本近世国家史の研究』第Ⅶ章「出頭人本多正純の改易」参照。
(14) 第二章第二節参照。なお、塚本学「武家諸法度の性格について」（『日本歴史』二九〇号）にも、元和武家諸法度は室町幕府の建武式目の改訂版の色彩が濃いものとの指摘がある。
(15) 丸山雍成『日本近世交通史の研究』（吉川弘文館、一九八九）第四章第二節「参勤交代の旅行と藩財政」、波田野富信「参勤交代制の一考察―参勤交代制の形成過程―」（『日本歴史』三五九号）。
(16) 山口啓二・佐々木潤之介『体系日本歴史４・幕藩体制』（日本評論社、一九七一）三〇頁。
(17) 朝尾直弘前掲「将軍政治の権力構造」四九頁。
(18) 在原昭子「江戸幕府証人制度の基礎的考察」（『学習院大学史料館紀要』二号）。
(19) 進士慶幹『近世武家社会と諸法度』（学陽書房、一九八九）第二章「近世における遺領相続上の諸問題」、小柴良介「末期養子の禁緩和に関する一考察」（『皇学館史学』二号）。
(20) 藤野保『新訂幕藩体制史の研究』（吉川弘文館、一九七五）第二篇第二章第三節「徳川幕藩領国制の体制的確立」三四八頁。
(21) 三上参次前掲『江戸時代史』（一）本篇第一章第五節「土地配置の事」。
(22) 大平祐一「江戸幕府巡見使考」（服藤弘司等編『法と権力の史的考察』創文社、一九七七）、白神康義「藩政史料にみる「諸国国廻り上使」―寛永一〇年（一六三三）の幕府巡見使―」（瀧澤武雄編『論集　中近世の史料と方法』東京堂出版、一九九一）など。
(23) 善積美恵子「江戸幕府の監察制度」（『日本歴史』二四四号）。

(24) 日本歴史学会編前掲『概説古文書学・近世編』三五頁以下。
(25) 松尾美恵子「近世武家の婚姻・養子と持参金」(『学習院史学』一六号)。

第二節　統治行為的関係

先にも述べたように、将軍―大名間の関係は第一義的には軍事的主従制としてあるが、両者はまた公的支配を司る国家的機関として、それぞれ法律の制定・裁判・治安警察あるいは民政一般に亙る統治行為を行う。そして、この両者の統治行為は重畳的関係をなすことになるのであるが、それは次の二つの局面に表れてくる。一つは、大名領国間にまたがる支配違い、裁判管轄の違いの問題や、大名領国間の係争的問題である。いま一つは、幕府の全国政策として、幕領・大名領を問わず一律一円に施行されるような広域的性格の政治問題である。

(一)　他領・他支配間問題の規制

(1)　裁判管轄問題

幕藩体制の下での政治秩序の原則では、大名領国内の「仕置」、すなわち政治・裁判的問題は当該大名家(藩)に委ねられ、将軍(幕府)はその内政に干渉しない不介入の立場を取っていた。

寛永一〇(一六三三)年八月に幕府が制定した公事裁許定の一項に、「国持之面々、家中幷町人・百姓目安之事、其国主可レ為二仕置次第一事」[1]と明記されていて、国持大名領の訴訟問題は当該大名の裁定に全面的に委ねている。

この原則は刑事問題については、元禄一〇(一六九七)年六月の「自分仕置令」[2]においてより拡大されて確定した。

すなわち、一万石以上の大名の領内の刑事事件に関しては、獄門・火罪の極刑にいたるすべての刑事事件の吟味および刑罰執行の全般について、幕府の許可を経ることなくしてこれを行使することが認められた。他方で大名領間、支配人別違いの刑事事件については、これを幕府に届けてその吟味に委ねなければならなかった。この手続きを「奉行所吟味願い」[3]と称した（本書第十二章第三節〔軍事11〕参照）。

民事訴訟の分野では、大名領の領民が他領民と係争事件を起こして訴訟に発展した時、両大名領の役人の間で調停が行われるが、不調に終わった場合には幕府に提訴される。大名領民からの訴訟については、幕府側の窓口となる受訴奉行所は寺社奉行所である。

大名・旗本領などの私領民から幕府への提訴のためには、当該領主の「添簡」、すなわち幕府提訴についての領主の承諾書であり、幕府への依頼書としての意味をもつこの書付を必要とした。領主の「添簡」を有さない出訴は越訴と見なされ、原則的に禁止されていた[4]。

（２）論所裁定

大名領間の係争で最も典型的なものであったのが、境界紛争であった。そして、これは「論所」と呼ばれ、大名領主の間の争いであると同時に、その境界に田地や入会い山、沼沢・河海をもつ領民（農民・漁民）どうしの争いでもあった。

この境界紛争はしばしば幕府に提訴され、幕府役人の立会いの下での調停や、幕府奉行所での裁決がなされた。しかし「論所」は金銭訴訟などと違って、一般的な法理よりも、現地の実状や慣行に則って解決する方が適切であるために、提訴を受けた幕府も当事者間での相対交渉に問題を委ね、和解に至るように仲介・斡旋するものであった[5]。

この論所に深く関わるものに、新田開発およびその規制の問題があった。近世中期以降の新田開発の盛行は全国各地で境界紛争を頻発させることとなった。入会い山の開発は、入会い山の境界とその開発耕地の帰属を巡る争いをもたらした。沼沢や河海の開発は漁業権や開発耕地の帰属を巡る紛争を惹起した。

この種の境界紛争は近世中期以降に特徴的なものであった。それ以前の領地や村の境界は、これら山野河海という自然の障害物それ自体が構成している自然境界であった。これまで境界の役割を果たしていたこれら山野河海そのものが、開発の対象となってきたことから、境界概念が大きく揺らぎ、各地において一斉に境界紛争が発生することとなった(6)。

（3）新田開発規制

新田開発はまた、別の種類の面倒な問題を惹起した。近世中期以降の新田開発においては、大河川流域の沖積平野を開発し、これを耕地化するとともに、当該河川より用水を引き入れることでこの耕地の水田化をも同時に行っていたのである。それ以前には、築堤技術などの未熟さから手をつけられていなかった大河川流域の開発が、築堤技術・河川管理技術の進歩によって一斉に進んだ。それ自体、河川境界を巡る紛争を発生させるものであったが、河川開発はさらに別種の問題を起こした。

大河川流域の開発は、強固な長大連続の堤防を設けて河川流路をこれに閉じ込める形で行われるが、この河川の流路を過度に狭める時には、出水時に水害を激発しかねないものである。また各種の水制工を用いた河川流路のコントロールの技術が発達したが、これはしばしば自己の側の堤防護岸を強固にする反面、激流を対岸に向けることになって、対岸領域に水害を引き起こしかねない性格をもつものであった。一方の岸の堤防を過度に高くすれば、対岸に洪水を一方的にもたらすものでもあった。

このように河川流域の新田開発問題は、同時に治水問題でもあり、近世中期以降、最も複雑にして広域的な性格をもつ問題となったのである。

こうして新田開発の進行は、全国各地において領地間の紛争を引き起こし、幕府にも相次いで提訴されるなどして一大政治問題となっていった。この時期の最も重要な領地間係争問題であった。

幕府はこれに対して、享保七（一七二二）年九月に新田開発令を発して、これを規制した。[7] すなわち、私領一円内に含まれる場所の開発については、当該領主の権限に委ねた。しかし開発予定地の一部でも、他領の地先にかかる場合の開発は禁止され、この種の他領入組みの場所の開発については、すべて幕府の権限に基づいて開発をなすべきことを定めたのである。因みに、この方針は、刑事事件における「自分仕置令」の原則とその原理において同一のものであることに注意すべきである。

幕府は原則的に、大名・旗本らの私領地とは領知安堵状・領知目録で石高に結ばれた土地のみであり、それ以外の山野河海は公儀の土地であるという立場をとっており、享保新田開発令もここにその根拠をおいていた。しかしながら現実には、この幕府の原則が文字通り貫徹するのは困難であった。

高外地の山野河海であっても私領の領民は、そこで炭薪稼業、漆木・木の実の採集、漁撈を行っているのだから、彼らはこれらの土地に対する用益権を主張して、開発に反対を唱えた。また特に国持大名のような一国一円規模で領地を有するような大名領主も、自己の領有権が侵犯されることに対して、領主の立場で異議申立てを行って、幕府の開発政策に抵抗の姿勢を示した。[8]

それぞれの地域での開発計画について、幕府側が開発を強行したケースも見られるが、[9] 多くの場合には、開発を断念するか、関係地域の大名領主・領民との話合いによって開発した耕地を按分したり、[10] 幕府の開発予定地からの予想年貢分を大名側が幕府に納入することで当該山野河海の領有を大名に認めるなど[11]といった、双方の利益が考慮された妥協的・調和的な処置がとられるものであった。

（二）　全国的統治行為

徳川幕府は原則として大名領に対する不介入主義をとったが、幕府が全国的政策を展開していくうえで、大名領内の政治と関わらざるを得ない問題がいくつかあった。これらの諸問題は、将軍（幕府）の全国統治の権能と、大名家（藩）の領有権とが交叉するところであって、近世の国制の実態を解明していくうえで重要な局面をなしている。

（1）　キリシタン禁令・宗門改め

徳川幕府は大名家（藩）内部の政治には不介入を方針としていたが、当初からの数少ない例外の一つがキリシタン問題であった。キリシタンの摘発については、幕府は当初より強い姿勢で臨んでおり、大名領内のそれについても摘発の手を緩めなかった。もっとも、幕府の役人が大名領内に踏み込んでキリシタンを捕縛するようなことは差し控えられたが、幕府老中から当該大名家に対して摘発が命じられ、捕縛されたキリシタンは幕府に引き渡されていった。

キリシタン摘発の恒常的な制度となったのが宗門改制度[12]である。当初は幕領限りで行われていたが、四代将軍家綱の寛文元（一六六一）年七月、幕府は新たなキリシタン禁令を大名側に交付し、その第三条で「町人・百姓五人組を定、庄屋・町年寄、無油断改之候様ニ、領分堅可被申付候[13]」と、領分内で五人組を定め、恒常的にキリシタン改めを実施すべきことを命じた（本書第十二章第三節〔事例5〕参照）。

さらに同四年には、大名領に対しても専任の宗門改役人の設置と、毎年の宗門改めの実施を命じ、宗門改帳の作成を令した。この宗門改帳は人別改めと合体して宗門人別改帳となって全国的に作成されていった。しかしながら藩領のうち薩摩・長州・土佐の諸藩では庶民の宗門改帳はこれまでのところ発見されておらぬ由であり、また紀州藩では

その作成は子・午の年に限られ、記載人別は八歳以上という例外もある。(14)

宗門人別改帳はキリシタン禁圧の目的のほかにも、一般的な戸籍としての役割も果たし、さらに年貢・夫役の賦課台帳としても使われた。あるいはまた、その人別登録に従って、前項に見た幕府訴訟制度における支配違いの紛争・事件などの場合の裁判管轄の基準としても用いられた。

また享保六（一七二一）年から幕府は六年毎の全国人口調査(15)を実施したが、これに際しては、この各藩で実施され作成された宗門人別改帳の、当該年の集計値がそのまま幕府に報告される仕組みとなっていた。

（2）通貨問題

［領国貨幣］　幕府は金座・銀座において金銀貨を発行し、銅銭である寛永通宝については全国各地の鋳銭所において鋳造させて流通させていた。だがこのほかに、近世前期には全国各地の大名領内において、金銀貨である独自の領国貨幣(16)が流通していた。その幾つかの例を挙げるならば、加賀前田領の加賀小判・朱封銀、秋田佐竹領の秋田銀（院内銀・湯沢銀）、甲斐国の戦国大名武田氏以来の甲州金、長州毛利領の萩判などが著名で、このほか、津軽・会津・米沢・越後・信濃・飛騨・播磨・但馬・因幡・美作・土佐・豊後・日向・対馬などの諸国諸領で、灰吹銀が地方限りの流通をしていた。

幕府では慶長金銀貨（小判・丁銀・豆板銀）の鋳造の当初から、幕府貨幣による幣制統一の方針をもっており、慶長一四（一六〇九）年五月には諸国の「銀子灰吹」と「筋金灰吹」の鋳造の禁令を発している。しかしながら、この禁止令はほどなく撤回され、諸国の領国貨幣はむしろ増加する傾向にあった。全国の通貨を一元的に統合するには、幕府権力はこの段階では未だ未熟であった。

これらの領国貨幣は寛文ごろまでは流通していたのが確認されるが、元禄期にかけて急速に消滅していく。おそらくは幕府の元禄の金銀改鋳政策と関係しているもののごとくで、元禄金銀の大量流通と、幕府による金銀地金の吸収政策のために領国貨幣は消滅していったものと思われる。幕府の元禄改鋳政策は、単に悪貨鋳造による改鋳益金の取得の問題としてだけではなく、このような幣制統一の観点からも考えられる必要がある。それは次の藩札の問題にも示されている。

〔藩　札〕　寛文・延宝年間からの商品経済の発達を背景として、貨幣需要が高まり、大名領国内において領国内限りの通用通貨として藩札（金札、銀札、銭札）が発行されていった。(17)寛文元（一六六一）年の越前福井藩の銀札発行がその始まりとされ、長州藩は越前家系統の姫路藩に照会し、これに倣うかたちで発行に踏み切っている（本書第十二章第三節〔事例7〕参照）。おそらく他藩もこれらに追随する形で発行していったものであろう。

これらは前期藩札と呼ぶべきものだが、幕府は元禄金銀貨幣の大量流通の実績を踏まえて、宝永四（一七〇七）年一〇月に藩札の発行を禁止している。しかしながら、この禁止令は八代将軍吉宗の享保一五（一七三〇）年に解除され、後期藩札の発行が各藩においてなされた。ただし金札は禁じられ、銀札・銭札が流通することとなった。

全国の藩札発行状況については、明治四（一八七一）年の調査で、二四四藩で藩札の発行が見られ、そして経済的発展の度合の高い西日本諸藩での発行が顕著で、全体の七五パーセントを占めていた。

〔**鉱山領有**〕　通貨問題に関連していま一つ重要なものとして、大名領内にある鉱山の領有問題がある。豊臣秀吉は諸国の金銀山は公儀の所有との立場をとっており、大名領のものも大名に預け置くのだとして、一種の専有主義をとった。(18)生野・多田銀山を直轄したほか、大名領の鉱山においても、その大名の家臣などより奉行を任命し、他は領主の責任において運上を納めさせた。また、一時的に金山などを直轄扱いをした例もある。

江戸幕府も秀吉の方針を承け、石見・生野・佐渡・伊豆などの金銀山所在地を直轄地とした。一七世紀後期に興隆した銅山も直轄地にあるものが少なくない。また、鉱山を上知させた例もある。寛永一一（一六三四）年、出羽の延沢銀山の産銀増加により山形の鳥居氏から、寛文二（一六六二）年、摂津の多田銀山が繁栄したため高槻の永井氏から取り上げている。宝永元（一七〇四）年、伊予の立川銅山は直轄領の別子銅山と接続する関係で西条藩から上知させ、延享四（一七四七）年、陸奥（岩代）の半田銀山が好況となり、松平氏より移して佐渡奉行支配とした。

しかし国持大名などの領内鉱山については、その領有を是認していた。もとよりこれらの大名領の鉱山も、試掘・開坑・再掘については幕府へ出願し許可を得るを必要とした。また少なくとも近世初期の金銀山盛期では、間歩運上（採鉱税）はじめ鉱山からの税収を幕府へ献納するものであった。しかし幕府はこれを返還するのを例とした。慶長一二年に開坑の秋田佐竹領の院内銀山、寛永一八年に開坑の薩摩島津領の永野金山などがそのような処置を受けている。

実際、前項に見た全国各地の大名領における領国貨幣の存在と、幕府の慶長金銀貨による幣制の統一の断念という事態は、当該領内の金銀山に対する大名の事実上の領有を前提とせずしては、理解できないものであろう。

金銀銅山の領有については元禄時代が一つの画期をなしている。元禄期の金銀貨のための地金需要の高まりのなかで、幕府は大名領内にある鉱山を開発して金銀銅の増産を計る観点から、鉱山の開発を奨励するとともに、産出された金銀銅が大名領主の所有に属するものであることを法令をもって保証した。[19] この元禄八、同一一年の二度にわたって発布された法令をもって、大名領内の鉱物資源が大名領主に帰属するものであることが基本的に確定されたと思われる。

（3）　国郡制と行政

近世の幕藩体制の政治の枠組みの一つに、律令制以来の国郡という領域基準のあったことは注意されねばならない。[20]

すでに述べたように、外様大身の大名はその多くが国持大名として、その領地をこの律令制の国郡単位で有しており、しかも、この国持大名ということが幕藩制の中でも重要な資格と地歩を表現するものであった。

これは領主制、大名領主制の発展・拡大の中で、その領域の確定、あるいは「国分協定」に際して律令国郡を基準としたことに由来している。さらに遡っては、大名領主制なるものが鎌倉・室町幕府体制の下での守護分国にその起源をもち、大名の領国支配が一国の守護公権の継承としての「一職支配」の権限に基づくものという国制上の特質を想起する必要があるであろう（第一章第四節注（4））。

そして、この国郡の枠組みが、以下のいくつかの問題に見るように、幕藩制における全国規模での統治行為の展開に際して、さまざまに重要な役割を果たしているのであった。

〔国絵図〕　豊臣秀吉は天正一九（一五九一）年に、日本全国の国絵図と御前帳（検地帳）の作成を諸大名に指令し、これを提出させた。これは日本全土＝天下を掌握したことを示す最も象徴的な行為であるがゆえに、徳川家康もまた将軍に就くとこれに倣って、慶長九（一六〇四）年に国絵図と郷帳の作成・提出を全国の大名に命じた。[21]

幕府はそののち正保元（一六四四）、元禄九（一六九六）、天保六（一八三五）の三度、国絵図作成の命を諸大名に下した。国々では各郡村から村絵図などの資料を提出し、各国内の諸大名の役人たちは寄り合ってそれら諸資料を突き合わせ、境界などを調整したうえで幕府に提出した。

幕府は元禄国絵図に基づいて日本総図を作ったが誤差があったため、享保四（一七一九）年、将軍徳川吉宗は幕臣で関孝和の高弟でもあった建部賢弘に命じて、正確な方位測量に基づく修正を行わせて、同八年に日本総図を完成した。

国絵図と一緒に提出されたものに、全国の村々の村高を書き上げた郷帳がある。郷帳もまた各大名領主の別に関わりなく、郡ごとにその村名とその村高を記し、一国単位でその集計値を記載していくのを特徴としている。

［国　奉　行］　江戸時代初期の幕府の役職の一つに国奉行があった(22)。これは大名領や旗本領の私領と幕府御料が錯綜する畿内を中心とする一一ヶ国（山城・大和・摂津・河内・和泉・丹波・近江・伊勢・美濃・但馬・備中）に置かれ、御料・私領の別なく一国一円を対象として行政を担当するものであった。

その職務の内容は、第一に国絵図・御前帳（郷帳）の作成に携わり、担当国内の知行割りや裁判事務を行った。第二には、次項で述べる国役を担当国内に一律に賦課して、農民から国役として人夫を徴発し、築城や河川工事などの普請に従事させ、また大工頭中井大和守による職人からの国役徴発を援助した。第三には、幕府法令の担当国内への伝達であった。

国奉行はこのように国という広域的な単位でもって、担当国内の私領・幕領の別を超えた一元的な支配を遂行するための制度であった。それは徳川将軍と諸大名との主従制による人的な支配関係が未熟な状況下にあって、畿内近国のような豊臣氏や豊臣直属の中小大名の蟠踞している地域に対して、その支配を及ぼすのに一層適したものであった。本書第二章第二節に述べたごとく、徳川幕府は江戸城以下の城郭普請に際して、自余の諸大名に命じたようには、豊臣秀頼に対して大名普請役を直接に賦課することが出来なかった。しかし国奉行の徴集する一国平均の国役人足としてならば、豊臣領内に対してもその賦課が可能なのであった。

国奉行の制度には、近世初頭の徳川―豊臣の並立状況への対処という意味が認められる。それ故に、豊臣氏が滅亡し、将軍―諸大名間の主従関係が強固なものとなっていくに従い、国奉行の制度は一七世紀の中ごろには消滅していく。

［国　　役］　国役は律令制の国を単位として、幕領・私領の別なくその領民を対象にして一律に賦課する課役をいう。そして国役には右に述べたように、それぞれ農民と職人とを対象として賦課されるものの二種があった。

国役のなかでも重要な役割をもったのが、農民を対象として賦課される治水国役であった。治水国役は大規模な河川普請に際して賦課徴集されるもので、近世前期の畿内の淀川・大和川の国役普請に際しては、摂津・河内国から高一〇〇石あたり五人ずつ、延べ三万人余の国役人足が徴された。木曽川・長良川を有する美濃国では、「濃州国法」と呼ばれる独自の慣行による国役普請の制度があった。普請箇所のある村の負担を水下役と唱え高一〇〇石に一〇〇人ほど、これに助力する村の課役は遠所役と呼ばれ高一〇〇石に一八～三〇人ほどとされ、全体で延べ一五万人ほどの国役人足が動員された。そして、これらの国役人足に対しては、一人一日米五合の返し扶持を支給するのが一般的であった。(23)

先述のごとく、大河川中下流域の新田開発の盛行と、それに伴う水利・水害問題がクローズアップされてくるのが、元禄・享保期であった。幕府はこれら全国規模で顕著になってきた治水問題に対処すべく、関東から東海・甲信越・美濃・畿内へかけた日本の中央地帯の大部分に対して、この広域的な治水制度である国役普請制度を設定していった。これについては第十一章で詳述する。

将軍の代替わりごとに来日する朝鮮通信使の逓送については、従来は、沿道諸国の大名の人馬供出をもってなされてきたが、享保四（一七一九）年の来日時より請負の通し人馬によってこれを賄い、その費用が同七年に畿内より武蔵国までの東海道一六ヶ国の農民から、高一〇〇石あたり金三分余の国役金として徴収された。その後この国役は信使の来日ごとに賦課されたが、文化五（一八〇八）年のときには、日本全国に対して惣国役として高一〇〇石につき金一両が賦課された。(24)

これと類似の国役に、同じく将軍の代替わりに慶賀使として参府する琉球王使者（琉球使節）の人馬入用を賦課徴収するものがあった。また、文化一二（一八一五）、慶応元（一八六五）年の二度に日光東照宮で家康の法会の行われた際

に、これに参向する公家・門跡・諸大名の往還人馬費用が、関八州から近江国までの一六ヶ国に国役として賦課された。(25)

国役の今一つの類型として職人の国役(26)がある。近世の統一政権はもっぱら軍事的理由から、弓・鉄炮などの武具の調達、城郭の建築、道中伝馬の整備などを必要とした。織田信長は近江国の大鋸引、鍛冶、畳刺しなどの諸職人に対して、棟別銭以下の諸役を免許する代償として、信長の下に「国役作事」を勤仕すべき旨を命じている。この方針は豊臣・徳川政権に継承されて、畿内の大工職の者は、所領の別を超えて大工頭中井大和守正清に統括されたうえで、統一政権への国役勤仕という形をとって、城郭の建築や武具の調整にあたった。

江戸幕府はまた、江戸の町の建設にも職人の国役を効果的に運用した。幕府は畿内や関八州より職人を招致して、江戸の城下に「国役町」と呼ばれる一定の町屋敷を供与し、その代償として国役勤仕を求めた。(27)たとえば、諸方鉄炮差図役の胝惣八郎は鉄炮町を拝領して鉄炮職人を差配し、幕府の鉄炮御用をつとめた。鍛冶支配の高井五郎兵衛は鍛冶町を拝領し、関八州鍛冶職人を支配して幕府御用を勤めた。鍛冶職の国役高は年間に二〇日分の職人供出であったが、のち寛文七（一六六七）年よりは春秋二季に銀一七六匁ずつの代銀納制に変じている。伊阿弥家長は京中畳刺を召し連れて八重洲河岸屋敷を拝領し、年に三〇人分の畳刺国役を勤めている。また佐久間善八・馬込勘解由らは大伝馬町を拝領して道中筋御用の伝馬役を勤めた。

そのほか、職人国役の種目と国役町には、藍染役（紺屋町）、鋸匠役（大鋸町）、大工役（大工町）、木具工役（檜物町）、桶樽役（桶町）、鋳物役（鍋町）などがあり、近世初頭の国役町は六〇町余を数えていた。

（4）撫民政策

幕府は原則として大名領内の政治、特に民政に対して干渉することはなかったが、寛永末年の全国的な飢饉はその政策転換をもたらすこととなった。寛永一九、二〇年に全国を襲った凶作によって、全国各地の都市・農村におびただしい飢民を発生させていた。

これは近世初頭以来の軍役や、連年にわたる城郭普請を中心とした普請役など、幕府が諸大名に賦課した過重な課役がその原因をなしていた。これらの過重な課役は大名領内の農民に転嫁され、また陣夫・普請人足として徴発されることにより、農民を疲弊させ、農業生産を阻害するものであったが、その堆積した矛盾が一時の凶作をきっかけに全国的に噴出したものであった。寛永一四年の島原の乱もまた、このような状況の現れの一つであった。

この寛永末年の大飢饉は、幕府が諸大名に対して際限なき課役を要求する戦時型の政治形態を改めて、平時の民政や勧農を重視する行政中心の政治への政策転換をもたらす機縁となったものであった(28)。

幕府は飢民に対して施米などの救恤活動を行うとともに、倹約令を発し、また酒造制限令を出して、食用米穀の確保と価格の高騰防止に努めている。そして、これらを大名領を含む全国政策として打ち出していくのであった。特に酒造制限令はこののちも全国法令としてたびたび発布され、この時期の幕府の全国的な統治活動を特色づけるものとなっている(29)。

この幕府の撫民政策に呼応して、大名領ではその後も飢饉や風水害が発生した時には、田畑の損毛高や被害人馬の数量を書き上げて、幕府に届け出ることが制度的に確立されていった。寛文年間からは代替り巡見使条目の一項に「御料・私領共に町在々所々、仕置善悪可被承之事(30)」と明示され、大名領の政治への不介入の原則は保持しつつも、このような公然たる監視をなすことで、その牽制効果は充分に発揮されていったものと思われる。

実際、農政を顧みず、領民に対して苛斂誅求を行って領内を疲弊させ、農民一揆を引き起こすような大名は、その故をもって改易に処せられることとなった。島原の乱を引き起こした松倉勝家(寛永一五年改易)、同じくまた島原の領主となりながら苛政を行った高力隆長（寛文八年改易）、時代が下っては美濃国郡上八幡領主で郡上一揆を引き起こした金森頼錦（宝暦八年改易）などの事例がそれにあたっている。けだし、領民への苛政は道徳的に見て不仁であるのみならず、さらには農村を疲弊荒廃させ農民一揆を引き起こすことによって、幕藩制の政治体制そのものを危うくするものであって、その観点からも安定的な民政を保持することは、全幕藩領主の政治的指導者としての将軍（幕府）の必須の課題であり責務であった。

この飢饉、災害時における、幕府主導による全国的な民政の展開は、享保飢饉以降のいわゆる三大飢饉などに際しても見られるところであった。あるいはまた前項で述べたように、広域的な水害に際してなされる、河川修築としての国役普請もまたこのような政策的意義をもつものであった。

（5）　米穀問題

米作中心の経済体質をもった近世社会では、米穀の需給および米価の問題は幕府の経済政策の中でも特別重要な位置を占めていた[31]。すなわち、飢饉その他の原因からする米穀の欠乏は、都市部における米価の高騰と飢民、餓死者の発生をもたらして社会不安を醸し出すものであった。他面、過度の豊作による米穀の供給過剰と米価の低落とは、手持ちの米穀の売却で生活する武士層と農民層とに打撃をあたえるものであった。幕府・藩の財政を悪化させる要因でもあった。

米穀問題が、幕府の具体的な政策として打ち出されてきた最初は、実に酒造制限という問題であった。それは前項の寛永末年の飢饉における、幕府の救済策、米穀供給政策としての酒造制限であった。米穀のこの当時の最大の需要は酒造米としてのそれであり、この酒造米の半減、三分一減を藩領を含む全国に指令することで、大量の米穀の確保を計ったものである[32]。

米穀はまた兵粮物資として、「城詰米」として各地の城に戦略的な意味をもって備蓄されていた。各大名がこの城詰米を独自に保有していることはもちろんであるが、その外に幕府は、公儀の城詰米として各地の城にこれの備蓄を命じていた。それは譜代大名のみならず一部外様大名の城も含まれていた。延宝四年（一六七六）には全国の五九城に、合計二四万石余の城詰米の存在したことが知られている。そして、この公儀の城詰米については、その備蓄費用および詰替え費用は、幕府から支給されるものであった(33)。

近世中期以降の新田開発の盛行、および稲作生産力の増大は米穀の収穫量を増大させたが、反面供給過剰から米価の慢性的低落状況を生み出し、この時期の大きな政治経済問題となっていった。「米将軍」の異名をとった八代将軍吉宗をはじめとして幕府はこの問題の解決に取り組んだが、その施策はまた新たな矛盾を惹起し、一層大きな政治問題へと発展していった(34)。

米価の下落に対して幕府は、江戸・大坂の商人の資本を用いて米価引き上げに努める一方、幕府自身も米の買上げに乗り出し、同時に二〇万石以上の諸大名に対してもこれと歩調を合せて買入れに出動すべきことを命じた(35)。これは言ってみれば、米価問題における大名助役（「御手伝い」）という性格のものであった。もっともこの計画は、発動直前になって西国で蝗の害が発生して、逆に米飢饉に至ったために中止された。

幕藩関係の中での米価対策として、宝暦年間からは「囲米」「廻米制限」が次になされた。大名の石高一万石につき籾一〇〇〇俵といった形で領内に備蓄して、大坂や江戸へ回送して米価を圧迫しないようにしたものである(36)。しかしながら、諸大名の立場としては大坂などの米市場に年貢米を回送し、もって参勤交代や江戸滞在のための費用を調達する、あるいはすでに大名貸から借り入れている負債を、大坂米市場での年貢米の売却でもって支払っていく財政構造になっているのであるから、この年貢米の回送を制限されることは、大名側にとって死活的な問題となる。

幕府はさらに諸大名が大坂蔵屋敷で発行する米切手についても、その規制に乗り出した。蔵屋敷での米切手の過剰発行が「過米切手」「空米切手」として現われ、市場を混乱させ米価の下落をもたらすものであったからであった。幕府はこれを取り締まるべく種々の方策を打ち出し、天明三（一七八三）年には藩蔵屋敷に立ち入って蔵米の在庫を確認し、発行米切手に改印を加えるという米切手加印制を発令した。しかし、この幕府の統制策に対しては、毛利・黒田・細川といった外様国持を中心とした大名諸家が強く反発した。こうして米を巡る経済問題は、深刻な政治問題へと展開されていったのである。

これらの問題の詳細は第十二章に譲るが、以上のように統治行為の分野の諸問題は、幕府と藩との間に複雑な関係をもたらすこととなっている。そして、それらの事象を通して、近世の国制の具体的な様態を認識することが可能となるのである。

［注］

（1）『御当家令条』五一八号。
（2）『御触書寛保集成』二四九八号。
（3）平松義郎『近世刑事訴訟法の研究』（創文社、一九六〇）第一部第一章第一節「自分仕置令」。
（4）小早川欣吾『近世民事訴訟制度の研究』（有斐閣、一九五七）第四第一節「訴訟の開始」。
（5）小早川欣吾前掲書第五「論所に関する訴訟手続」。
（6）(10)　杉本史子「近世中期における大名領知権の一側面」（『日本史研究』二六二号）。
（7）『御触書寛保集成』一三五九号。
（8）杉本史子前掲論文に見られる備前岡山藩での児島湾の干拓と興除新田開発の事例など。
（9）大石慎三郎『享保改革の経済政策』（御茶の水書房、一九六一）一八六、一八七頁。

(11) 中井信彦『転換期幕藩制の研究』(塙書房、一九七一)四一頁以下。
(12) 圭室文雄『日本仏教史　近世』(吉川弘文館、一九八七)、藤井学「江戸幕府の宗教統制」(『岩波講座・日本歴史』近世3岩波書店、一九六三)。
(13) 『御触書寛保集成』一二三三号。
(14) 速水融「宗門人別改帳」(『日本古文書学講座』近世編1　雄山閣出版、一九八四)。
(15) 関山直太郎『近世日本の人口構造』(吉川弘文館、一九六九)。
(16) 榎本宗次『近世領国貨幣研究序説』(東洋書院、一九七七)。
(17) 作道洋太郎『日本貨幣金融史の研究』(塙書房、一九七五)。作道氏は寛永一四年発行の尼崎藩の銀札の存在の可能性を指摘されている(同書第一章「近世信用通貨の発展形態」)。
(18) 小葉田淳『日本鉱山史の研究』(岩波書店、一九六八)八、三九八、五九一頁。
(19) 『御触書寛保集成』一七五九・一七六五号。
(20) 山口啓二・永原慶二「日本封建制と天皇」(『歴史評論』三一四号)。
(21) 秋澤繁「天正十九年豊臣政権による御前帳徴収について」(「中世の窓」同人編『論集　中世の窓』吉川弘文館、一九七七)、川村博忠『江戸幕府撰国絵図の研究』(古今書院、一九八四)二七頁以下。
(22) 高木昭作前掲『日本近世国家史の研究』第Ⅲ章「幕藩初期の国奉行制」。
(23) 原昭午「近世美濃における国役普請」(『歴史学研究』三〇二号)、村田路人「摂河における国役普請体制の展開」(脇田修編著『近世大坂地域の史的分析』御茶の水書房、一九八〇)。
(24) 『御触書天保集成』六六〇一号、『日本財政経済史料』四巻、一〇一九頁。
(25) 『御触書天保集成』五五七六号、『日本財政経済史料』九巻、九四二頁。なお享保一三年の徳川吉宗の日光社参に際して国役人馬が用いられたとの指摘がある(大友一雄「日光社参と国役」『関東近世史研究』一八号)。
(26) 高木昭作前掲書第Ⅳ章「幕藩初期の身分と国役」。

（27）三浦俊明「江戸城下町の成立過程―国役負担関係を通してみた町の成立について―」（『日本歴史』一七二号）。
（28）佐々木潤之介『幕藩権力の基礎構造』（御茶の水書房、一九六四）5「慶安の幕政改革」。
（29）（32）　藤井譲治「家綱政権論」（『講座日本近世史　二』有斐閣、一九八一）。
（30）『御当家令条』三二一号。
（31）幕府の米政策については、土肥鑑高『近世米穀流通史の研究』（隣人社、一九六九）、米切手については作道前掲書第十章「近世証券市場の形成と蔵米切手の流通」、米穀生産と幕藩制下の経済構造との関連については本城正徳「近世中後期における経済発展と米穀市場」（『日本史研究』二五九号）など参照。
（33）柳谷慶子「江戸幕府城詰米制の機能」（『史学雑誌』九六編一二号）。
（34）中井信彦前掲『転換期幕藩制の研究』第一章第二節「金融統制と御用金」四四頁以下。
（35）『御触書寛保集成』一九〇四号。
（36）『御触書宝暦集成』一三一七号など。

第十章　大名改易論

はじめに

徳川幕府の対大名政策の代表的なものの一つとして、大名改易の問題があることは周知の通りである。これは後述のような幾つかの理由によって、大名の領地を幕府が没収し、当該大名がそれまで保持してきた武家社会内での身分的地位を剥奪し、その大名の「家」を廃絶せしめてしまうか、ないしは、小規模の大名・旗本の形にまで落としめて、家名の存続のみを認めるようなものである。「除封」とも「領地召上」とも呼ばれる(1)。

この大名改易なるものが大規模に、そして、特に前期を中心にしてであるが、頻繁に実行されたことは、徳川幕藩体制の他に見られない特色であることからして、早くから研究者の関心を惹くものであった。そしてまた、以下のようなさまざまな観点から、この問題へのアプローチがなされてきた。

まず戦前の徳川時代政治史の到達点である三上参次、栗田元次両氏の研究(2)の中で、大名改易の実証的研究が進められていったが、そこでは大名改易の原因について、関ヶ原の戦などの戦争に基づくものとしての「軍事的原因」、後嗣者の欠如によるものとしての「族制的原因」、武家諸法度などの幕法への抵触や不行跡によるものとしての「法律的原因」の三類型が立てられ、この区分法は基本的に今日まで承認されている。

戦後では、藤野保氏の大名改易に関する数量的分析の研究があり、その詳細な大名改易表によって本研究の基礎が構築された。藤野氏の研究はさらに、この大名改易が全国の大名配置に及ぼした影響の観点から、幕藩制的所領配置の動態と、幕府の全国支配の趨勢とを解明している。(3)

さらに、数は必ずしも多くはないが、個別の大名改易事件を主題として、それぞれの事件の経緯や、その実態の解明を試みた諸論考が発表されている。(4)

さて大名改易の意味については、戦前に徳冨蘇峰がその著『近世日本国民史・徳川幕府統制篇』(5)において、一連の大名改易――特にいわゆる「法律的原因」によるとされる改易――が徳川幕府の全国的統制策の一環をなすものであり、その支配の安定・拡大の観点から遂行されたところの、政略的な大名取潰し政策として論じてより、それは今日に至るまで一貫した見方となっており、われわれの常識とすらなっている観がある。

もっとも、大名改易を徳川幕府の政略であるといっても、そこには若干のニュアンスの違いはあるのであって、議論の一つの型は、大名側の些細な落ち度を捉えては、これを好機と改易に処していったとするものであり、他方の型は、その「落ち度」すら計画的に用意されたものとして、幕府の改易政策の謀略的側面を強調するものである。そして、それは当然のことながら、個々の改易事件によってもそれぞれ評価は違ってくるであろう。しかしながら、幕府による大名改易なるものが、政略的で権力主義的な性格を帯びたものとする点では、ほぼ意見の一致を見ているといえるであろう。

さて大名改易については、幾人かの研究者は、右の権力主義的政策観を踏まえて、幕府がこの改易という行為を実現・遂行しうる力能、根拠の面からこれを近世の国制のうえに位置づけ、あるいはこの大名改易という特異な事柄から近世の国制の特質を規定しようとしている。

そこでは、この幕藩体制における権力の集中性、専制性ということが、議論の主軸をなしており、所有関係の面では「封建的土地所有の将軍への帰属」という命題によって定式化されている。このような権力・所有関係の特質を生じた根拠として、一つには、これを中世末・戦国期の熾烈な闘争および全国全領土の統一的把握を目指した太閤検地の帰結と見なしている。(6)あるいは、幕藩領主の軍事力構成の観点から、鉄炮を基軸とする武器の上位者への集中に根拠を置く、上位者の圧倒的強大の原則にこれを求めている。(7)さらには、幕藩体制下での生産力の低位性、すなわち個別封建領主制の脆弱さから上位権力への全面的依存と、上位者への封建的土地所有の集中の必然性を考えようとするものがある。(8)いずれにせよ、幕藩体制における上位者権力の圧倒的優位性と、「封建的土地所有の将軍への帰属」の問題が連関的に捉えられ、そして、それが大名改易を実現せしめるところの国制的次元での構造的な力能として理解されている。(9)

このようにレベルを異にする幾つかの問題があるが、徳川幕府による大名改易はどの場合であっても、幕府の権力政治の脈絡の中で捉えられてきており、しかも、それは特に疑いを挟む余地もない一つの常識と化しているのである。

しかしながら大名改易を、幕府の政略的で権力主義的な行為と規定できるかどうかは、実は明確なことではない。特に大名改易がどのような事情と経緯に基づいて実現されたかについては、その事実関係の面での研究は余りなされていないのが実情である。確かに大名改易という出来事が、徳川幕府の全国支配の拡大と安定化に寄与したことは事実であるが、この結果から、大名改易が幕府の政略的な意図によって引き起こされたものとするのは必ずしも妥当な推論ではない。

大名改易を実現せしめうるものは、ただ徳川幕府、将軍権力の圧倒的強大性として定式化されているところの「力」のみであるのか。そしてまた、そのような圧倒的に強大な「力」を背景とした将軍権威に対する、大名側の一方的な恭順としてのみあるのか。大名改易が実現されていく過程と、その社会的なメカニズムは具体的にはどのようなものとしてあるのか。本章ではこの大名改易の実態解明と、そして同時に、この大名改易なるものを通して見た近世の国制の性格を究明していくことを課題とするものである。

以上の問題を検討すべく、本章では近世の大名改易の二大疑獄とされる、安芸四九万余石の福島正則、肥後五二万石の加藤忠広の両改易事件について、その事件の事実確定を主眼にして再検討していきたいと考える。この二事件はその疑惑性の故に、近世の大名改易に言及する論著がほぼ例外なく取り上げるものであり、そこからして近世の大名改易の歴史像を形成してきた中心的な事例なのである。それ故に、従前の大名改易像の再検討を試みる本書においても、特にこの二事件を主要に取り上げるものである。

そしてさらに自余の改易事例をも踏まえながら、近世の大名改易という歴史事象の一般的な意義解明を目指していきたいと考えている。

［注］

（1）「改易」は罪を犯したことを理由に官職や身分を剝奪するの意で、中世では荘官職や地頭職といった職とそれに伴う領地の権利を没収する制裁を指した。近世の徳川幕府の『公事方御定書』の規定では、それは士籍削除の追放刑の一つで「一、改易　大小渡、宿ぇ相帰、夫より立退申候、但、家屋敷取上、家財無構」とされている。これは一般の旗本・御家人クラスの者を対象とした規定であると思われ、大名改易の時には本文に述べたごとく、やや緩やかに広い範囲の問題を扱えるような定義の方がよいように思われる。

（2）三上参次『江戸時代史』（冨山房、一九四三、復刊・講談社学術文庫、一九七六）、栗田元次『江戸時代史・上巻』（一九二七、内外書籍『綜合　日本史大系』一七巻、復刊・近藤出版社、一九七六）。

（3）藤野保『新訂　幕藩体制史の研究』（吉川弘文館、一九七五）。

（4）徳川幕府による大名改易については、江戸時代政治史に関する論著のほとんどが言及するけれども、これを主題とする論著は少ない。福島・加藤事件に関するものは各節の後注に掲げたが、その他に大名改易を主題としたものとしては次のものがある。元和八年の幕府年寄本多正純の失脚の経緯を、俗説を排して基本史料にのみ即して論じた池田晃淵「本多正純改易始末」（『史学雑誌』三―七）、同じく本多正純の改易を当時の幕府内部の政治関係や越前の松平忠直らの動向との関連で考察した高木昭作「本多正純の改易を巡って」（『栃木県史研究』八号、のち同『日本近世国家史の研究』岩波書店、一九九〇、所収）、近世初期の駿・遠・豆三国の所領配置の変遷を跡づけた杉山元衛「慶長・元和期における駿・遠・豆の改易と転封について」（『国学院雑誌』一九六九年五号）、松平光長の改易に伴う高田城の受取記録を紹介した山田裕二「榊原氏（村上藩）の高田城受取記録」上・下（『新潟県史研究』一二・一三号）、藩主水野忠恒の乱気から改易に処せられた信州松本藩水野家の改易の次第と城受取りの関係史料を提示した金井圓「水野家改易史料について」（同『藩制成立期の研究』吉川弘文館、一九七五）、伏見奉行でもあった大名小堀氏の改易過程を詳細に跡づけて幕府の大名改易政策の意義を追究した藤田恒春「大名「改易」の構造」（『史泉』六五号）、また東北の旧族大名最上氏の改易を扱った福田千鶴「最上氏の改易について」（『日本史研究』三六一号）など。

（5）　民友社、一九二四、復刊・講談社学術文庫、一九八三。

（6）　伊東多三郎「幕藩体制」（『近世史の研究』第四冊「幕府と諸藩」、吉川弘文館、一九八四）二二頁以下、安良城盛昭『太閤検地と石高制』（日本放送出版協会、一九六九）二一九頁以下、藤野保『日本封建制と幕藩体制』（塙書房、一九八三）三二頁など。もっとも安良城氏の著書ではこの命題は大名の「転封」の事実によって論じられているが、それは当然にも大名改易の問題と連関するものであろう。

（7）　佐々木潤之介「幕藩制の構造的特質」（『歴史学研究』二四五号）。

（8）　芝原拓自『所有と生産様式の歴史理論』（青木書店、一九七二）一五六頁。

（9）　このような見方に対する批判的見解としては、藤井譲治「幕藩制領主論」（『日本史研究』一三九・一四〇合併号）、拙稿「幕藩制下における大名領有権の不可侵性について」（同前一八七号）など。

第一節　元和五年の福島正則改易事件

（一）　福島正則改易を巡る既往の評価

福島正則の改易は、周知の通り、彼の居城たる広島城の無断修築に関わるものであり、それは大要以下のように見なされている。すなわち広島城の破損修築に際して、城郭の無断修築は幕府の武家諸法度の固く禁ずるところであったが故に、正則は幕府の執政本多正純の許にこれを届け出た。そして正純はこれを諒承したふうの返答をしたため、修築を実行したところ、突如幕府より無断修築の宣告を受けて改易に処せられたとするものである。すなわち本多正純の策謀に陥ったのであり、幕府の外様大名淘汰の政策の犠牲となったにほかならないとされている。

福島改易事件については、古く瀬川秀雄氏の「福島正則の改易を論ず」なる長大な論考があるが、事件の構図についての理解は基本的に同じものであり、城郭の無断修築云々は全く表面的な理由であって、要は幕府にとって潜在的な脅威である豊臣系大名の雄たる福島を除去するのが本事件の狙いであり、福島改易は家康の将軍秀忠に対する遺命であったとされている。

江戸時代政治史を扱う論著はいずれもこの福島改易事件に関説するが、右のような事件の構図は基本的に踏襲されているようである。

さて福島改易事件については大体右のような見方が一般的となっているが、しかしながら、これは幕府側が公式に表明している改易理由とは大分に異なるものである。特に注意さるべきは、福島正則の改易は、城郭の無断修築そのものを理由にして発動されたものなのではないということである。この無断修築の件は、正則の関ヶ原の一戦における戦功、徳川幕府の覇権確立に対する貢献に鑑みて、いったん宥免されている。そして、この宥免の条件とされた、広島城の破却のあり方をめぐって、福島側が破却条件を履行しなかったなどの理由をもって改易に処せられているのである。

これまでの本事件に関わる研究でも、この点についての掘り下げた検討が見られない。だが正にこれらの事実関係や、それを巡る喰違いこそが重要なのであり、幕府側の述べている改易理由を単に表面的なものとして排斥するのではなく、今一度正面から取り上げ、これを定説的な同事件の構図と付き合わせて吟味することが必要である。

従前の定説的な見方は、実は『福島太夫殿御事』(5)なる著述物——おそらくは福島遺臣の手で後代に記された福島正則の一代記——に依拠して構成されたものなのである。(6)同書は後代史料とはいえ、記述の内容には誇張・歪曲は余り見られず、かなり正確なものであると信頼するに足りるところがあるが、しかしながら同書は正則の立場を擁護する観点で記すものであるから、正則側にとって都合の悪い部分は回避し、あるいは筆先を濁らせているであろう。それはあくまでも、正則側の言い分を叙述したに過ぎないものである。それは、それと対立している幕府側の言い分と付き合わせることによって、真実探索の支点を提供することになるであろう。

これに対して幕府側の福島改易についての言い分は、この元和五(一六一九)年六月一〇日、伏見城に諸大名家より老臣一人ずつを召集して、正則の改易を発令した際の事情説明のなかに示されている。この時、幕府年寄が列座する中で、本多正純から同改易についての説明がなされたが、その場には秋田佐竹家からは梅津政景が、仙台伊達家からは茂庭良綱が出席しており、彼らによってそのおりの模様が記録されている。

しかして正則の立場の弁明をなす『福島太夫殿御事』の記述と、右の幕府側の公式的説明との間には次のような三つの大きな相違点が存在している。

両者の相違の第一点は、広島城修築の届出の有無に関わるものである。

福島側の言い分では、同城の修築については、元和四年の間から再三にわたって幕府執政本多正純に届けをした後、同五年正月二四日から普請に取りかかったものとしている（「明る正月廿四日より普請に取かかり、矢倉・へい打こわし、石垣をつき直し、二月中に大分の普請過半出来」(7)）。幕府側の説明では、広島城の普請は元和四年中にすでに結構になされていた（「去年太輔城普請結構被レ至」(8)）、届けは全く事後的になされたものであり、それ故に、本多正純もこれを将軍に伝えるのをためらったとしている（「以後矢(失)念致、御法度を不二申上一候而普請仕候と、様々御年寄衆迄被レ申候へ共」(9)「其義ハ普請以後ノ事ナリ」(10)）。

第二の対立点は広島城の破却のあり方を巡るものである。すなわち無断修築の件については一旦宥免ということとなったが、この宥免の条件であった広島城の破却のあり方を巡って、双方の言い分に喰い違いが見られる。福島側では、新規の城普請の箇所を破却し、矢倉、石垣を崩すように申し付られたにより、その通りに破却を実行したと主張している（「件之新御普請之所破きやく、矢倉、石垣くつし、石垣石三つのみ残し、こわし候様に被二申付一候に付、右之通打崩し申候事」(11)）。

幕府側の説明では、「以来御法度のため」として、本丸はそのまま残し置き、二ノ丸、三ノ丸、遠囲いまで総て破却するようにと命じたところ、正則は「忝よし御請」をした（「本丸計置候て、二ノ丸、三ノ丸、遠かこいまて、無レ残破却至候へと、被二仰付一候処ニ、忝由御請被レ至」(12)「因テ本丸ハ残シ置キ、其外悉ク破リ捨ヘキノ旨仰出サル」(13)）。しかるに人手の不足を理由に破却は進まず、二ノ丸・三ノ丸・遠囲いには手をつけず、本丸についてだけ城壁を取りのけ、少し土をなで落とした程度に終わっている旨、目付より報告があったものとしている（「城をハ二ノ丸、三ノ丸、とをかこひまて、手を不レ付差置、本丸計壁ヲ取、少土ヲなておとし候由、横目之衆被二申上一候、御検使をも不レ被二申請一候」(14)）。

第三の点は、やはり宥免条件に関わるものであるが、無断修築の禁を犯した罰として福島正則の嫡子や孫を幕府側に人質として提出することが約束された由であるが、この条件の履行を巡っても双方の言い分は対立している。福島側は、正則の嫡子忠勝は初め上洛を（将軍秀忠は当時上洛中）拒んだが、結局は家老福島丹波の説得で上洛を果たしたとする[15]。幕府側の主張では、将軍秀忠の上洛以前に忠勝の上洛、さらに忠勝の子を江戸に出す旨を申しながら、忠勝は将軍上洛後にようよう来たり、忠勝の子に至っては今に江戸に来ぬとのことである（「備後上洛之儀、御上り以後やう〳〵のほり候、まこの備後子共、于レ今江戸へ不レ下候」[16]）。

事件の本質に関わる問題の事実関係の認識において、両者の主張は大きく喰い違っている。次項では事態が推移した同時期の第一次史料を用いて、この相違点の意味を検討する。

（二）　同時代史料による福島改易事件の検討

本項では福島改易事件を巡る福島側と幕府側との双方の主張の相違点について、それぞれの事柄が生起した同時期の第一次史料を用いて、その事実解明を試みてみよう。

（1）　広島城の修築時期と届出の有無を巡る問題

この問題については、次の三通の福島正則の書状が重要である。これらは松江市所蔵の「大橋文書」[17]の中に残されたもので、正則の家臣の大橋茂右衛門[18]に宛て差し出されたものが、同人の子孫に伝えられたものである。

［史料1］　広島城修築（〈元和五年〉正月一二日付、福島正則書状「大橋文書」）

尚以舟道具共、雨露ニ不レ当やうニ小やニ念を入よく仕候て置可レ申候、以上

むまの年極月十六日の書中之趣、具令二披見一候

一ひろしま本丸・二の丸・三の丸、同備後やしきの内、其外そうがまへのやくら・へいそこね候、つくろいの大工・やねふき其外入めの帳壱ほん、則はんをせしめ遣候

一石ふねの作事、此方左右次第ニ可㆓申付㆒候、但旧冬拾たんほ壱そう二かいたなつけ申候ぶん、又九たんほ三ぞうかぢ木すゑ申ぶんハ急度可㆓申付㆒候、右の外ハ先ふね作候義無用にて候、謹言

正月十二日　　宰相（花押）

よし村又右衛門殿

大はしもへもん殿

年欠の書状であるが、差出書に「宰相」とあるのが年代推定の鍵となる。正則は元和三年六月二一日に官位を昇せられて、参議・従四位下に叙任されている。(19)「宰相」は参議の唐名であり、右の書状は元和四年以降のものとなる。したがって書状冒頭の「むまの年」は元和四年であり、本書状は元和五年正月一二日のものということとなり、本書状に記されている広島城の修築こそ、正に問題となっているそれにほかならないものである。

本書状によるならば、広島城の本丸・二の丸・三の丸、忠勝の屋敷の内部、その他惣構えの矢倉・塀が破損したことから、その修繕のための大工・屋根葺その他の入用について国元家臣の大橋らより送付されてきた帳簿について、正則が承認決裁の判を記して返送したというものである。

この書状では広島城の修築はすでに開始されているのか否か判然とはしないが、ただ修築箇所が本丸から惣構に至るまでの広汎に亙っていることだけは確認できる。

さて、次の正則の書状は、この城郭修築がすでに執行されていることを示すものである。

［史料2］　同　前　（〈元和四年〉一一月二二日付、福島正則書状「大橋文書」）

去月廿八日の一つ書之書中一々令二披見一候
一荷舟石舟の書付参着候
一当年申付石舟の書付も具令二披見一候
一城廻へい矢倉雨風ニそこね候所つくろい無二油断一申付候由、是又尤之義ニ候、万事其表之義、無二油断一せいを入候てくれ可レ申候、将又昨日廿一日のあさ於二御城一、御ちや被レ下、弥　御前之仕合無二残所一候、皆々気遣在レ之間敷候、来二月ハ公方様御上洛之取沙汰ニ候、左様ニ候ハヽ、我等御いとま正月中ニいて可レ申候間、帰国ほとあるましく候、右如レ申万事其元之儀せいを入可レ申候、謹言

十一月廿二日　　宰相（花押）

大橋もへもん殿
吉村又ゑもん殿

本書状も差出書の「宰相」からして、元和三年か同四年のものであるが、右の書状と内容的に関連していること、および文中の「昨日廿一日のあさ於御城、御ちや被下」については、『徳川実紀』元和四年一一月二一日条の、将軍秀忠が江戸城において諸大名に御茶振る舞いをしたとの記事に合致していることからして、本書状は元和四年のものと考えられる。

本書状によるならば、[史料1]の書状にいう広島城の修築とは雨風によって破損した城廻りの矢倉・塀を対象とするものであることを知るが、同時にこの修築は、大橋らの側より正則に「一つ書」を差し出した「去月廿八日」、すなわち元和四年一〇月末にはすでに執行されていたことを本書状は語っているのである。これは広島城の修築の実施時期を巡る対立において、幕府側の説明の方が妥当であることを示すものである。

さらに重要なことには、右二点の書状が言及している修築だけに止まらず、それ以前にも広島城の普請を実行していると判断される痕跡がある。次の正則書状がそれである。

［史料3］　同　前（〈元和四年〉五月一九日付、福島正則書状「大橋文書」）

尚以、やばせ西の二ッのやくらの材木も出候哉、石垣いてき候ハヽ、やかてたてさせ可レ申候、将又
舟道具もくろくせしめ、二郎右衛門・又八ニ相渡し候は、様子やかて可二申越一候、以上
去月廿六日之書状并其表作事之目録、具令二披見一候、殊外何もはやく令二出来一候、いそく普請にてハ無レ之候間、惣やう内の方も、へいをよく干候て、白土をかけ可レ申候、則作事之目録具ニ見申ニ付て、我等名を書候て其方へ相戻候、又茂右衛門尉ニ申候、京けんにん寺の屋敷の地わり相越候様ニと先度申遣候、（中略）将又拾たんほの荷舟を拾そう作り度候、水の二郎右衛門・ほしの又八方へ右之舟いた同道具共山ニ出させ候へと申遣し候間、舟大工せのをと令二談合一、もくろくを仕、二郎右衛門・又八ニ可二相渡一候（中略）かの舟板出候ハヽ壱そうつつも当年よりつくらせ可レ申候、謹言

五月十九日　　宰相（花押）

大橋茂右衛門尉殿
吉村又右衛門尉殿

本書状も差出書を「宰相」とするところから、これは元和四年のものと考えられる。書状の内容は三つの事柄からなっていて、後の二つは京都建仁寺内の屋敷地割りの件（元和五年に予定の上洛時の宿舎の用意）と、荷船の建造の件についてのものであるが、第一の用件がほかならぬ広島城の普請に関わるものと解せられるのである。

本文では塀の作事について述べ、尚々書の部分では石垣普請と、その完成後の矢倉の建造について指示をしている。

文面よりして、これは城郭普請と解するほかはなく、またこの時期、江戸や大坂その他での天下普請は行われていないから、これは広島城の普請であると見なさざるをえないのである。

この点については、九州小倉の城主細川忠興がその子忠利に宛てた元和四年六月二六日付の書状の中に、簡単にではあるが「一、大夫殿居城之普請之儀、得二其意一候事[20]」と記しているのが、その裏づけとなるように思われる。細川忠興の書状において「大夫」とあれば、「左衛門大夫正則」のことを指すものであり、この書状は忠利が得た広島城の普請の情報を、父の忠興に報知したものへの返事と見ることができる。

以上によって福島正則が広島城の普請に着手したのは、『福島太夫殿御事』のいうごとく元和五年に入ってからではなく、すでにそれ以前のことであったこと。しかも、その普請は、一つには［史料1・2］が示している元和四年秋の風雨被害に対する修築であり、そしてそれだけでなく今一件、同年四月ごろより石垣普請を含む大規模な城郭普請の実施されていた可能性が高いのである。

伝えられているような、幕府執政本多正純に再三断った後にようやく着手したというような性格のものでは決してないのである。状況からして無断実施であったと思われる[21]。そして先述の幕府側の説明にあったように、普請を行ってからの事後的な報告ばかりがなされたのであろう。はた目には危うい限りのやり方であるが、三通の書状に見えるところでは、正則はほとんどこれを意に介していないようである。

そして、これが将軍秀忠の耳に入り、正則は元和五年四月になって幕府の糾問を受けることとなるのである。因みに、福島の普請の始終を密に見ていた細川忠興は、かかる事態を迎えて、「内々如二申候一加様ニ可レ在レ之儀と存候[22]」と、その子忠利に書き送っている。

（2）　広島城の破却条件を巡る対立

広島城の無断修築の件については既述の通り、これを破却するという条件で正則の宥免が公表された。次の、四月二四日付で幕府年寄衆（老中）が京都所司代板倉勝重に宛てた連署の奉書に、その次第が明示されている。

[史料4]　福島正則、広島城破却の詫言（『譜牒余録』[23]巻三一「本多中務大輔之三」）

急度申入候、仍福嶋左衛門大夫殿居城、不レ被レ得二御意一被レ致二普請一候儀、御耳立申候処、不届之由被二仰出一、則彼居城被レ致二破却一、御前相済申候、其許ニ而、何茂無二心元一可レ被レ存候間、被二相尋一候衆へハ、右之段可レ被二仰遣一候、将又左衛門大夫殿国境之衆幷松宮内少(池田忠雄)殿・本美濃(本多忠政)殿なとへハ、貴殿より相済候趣可レ被二仰入一候、恐々謹言

四月廿四日

板倉周防守(重宗)
安藤対馬守(重信)
土井大炊助(利勝)
本多上野介(正純)
酒井雅楽頭(忠世)

板倉伊賀守(勝重)殿
人々御中

尚以、公方様御上洛も五月五日と被二仰出一候間、可レ被レ成二其心得一候、以上

このように広島城の破却ということで一応の解決を見たのであるが、しかしながら後から振り返った時、この破却の対象と内容は具体的にはどのようなものとして取り極められていたか、判断に苦しむところがある。

すなわち、右の連署奉書では単に「彼居城被致破却」とのみあるが、細川忠興は彼が得た情報に基づいて、その書状に「新敷普請之分、石垣・矢倉不レ残破却候へと被二仰出一」[24]と記しているし、『福島太夫殿御事』もこの点に関し

ては「新普請之所破きやく仕候得との上意」と、新規普請分の破却が条件であったとしている。
しかるに先述の幕府側の説明では、破却条件は、本丸は残し置き、二の丸以下をことごとく破却すべきものであったこと、そして福島側はそれを履行しなかったというのである。これは次の正則に宛られた幕府年寄の連署奉書にも明確に記されている。

[史料5] 福島正則改易申渡（『東武実録』[25] 元和五年六月）

今度広島普請之事、被レ背二御法度一之段、曲事ニ被二思召一候処、彼地可レ有二破却一之旨、依二御訴訟一、構二置本丸一、其外悉可レ被二破却一之由、被二仰出一候、然所ニ、上石計取除、其上以二無人一、送二数日一之義、重畳不届之仕合思召候、此上は両国被二召上一、両国為二替地一、津軽可レ被レ下之由、被レ仰二出之一候也、謹言

六月二日　安藤対馬守
　　　　　　　重信

（三名略―板倉勝重・土井利勝・本多正純）

酒井雅楽頭
　忠世

福島左衛門大夫殿

この破却条件の喰い違いについては、当初は新規普請分の破却としていたものを、六月の改易発令時になって、右のような本丸以外の破却というように急に言い変えたと見ることもできなくはないであろうが、そのような露骨な歪曲はかえって幕府の威信を傷つけることからして、その可能性は少ないように思われる。
破却条件はやはり当初から、本丸ばかりを残し置いて、二の丸以下を悉く破却するというものであったと考える。

それは、この福島の行った広島城の修築のあり方からしても納得のいくところなのである。すなわち、この普請の規模は［史料1］にある通り、本丸以下、二の丸・三の丸から惣構の塀・矢倉の全体に及ぶものであったこと。そして［史料3］の書状や『福島太夫殿御事』も認める通り、それは石垣の基礎から根本的に築き直すような全面的な普請であったのである。それ故に、この場合には新規普請を破却するとすれば、広島城のほとんどすべてを破壊せねばならぬ羽目になるものであったと推測される。これだけ広範囲に亙る普請であったから、新規普請分の特定の仕方も、それの破却の確認のやりようもなかった、ということではないであろうか。それ故に、本丸は残し置き、自余の分を破却するという破却区域を特定する形での宥免条件になったものと思われるのである。そしてそのことを指して、新規普請分を破却することで宥免に至ったと、一般には受けとめられたということではないかと思われる。

さて、この破却条件を巡って、福島側は「件之新御普請之所破きやく」し、矢倉・石垣まで崩したとし、幕府側は「城をハ二ノ丸、三ノ丸、遠かこひまて手を不付指置、本丸計壁ヲ取、少土をなてをとし」あるいは「上石計取除、其上以無人、送数日」として両者の主張は対立しているごとくである。これは一見対立しているかのようであるが、仔細に見るならば両者の言うところは必ずしも矛盾するものではない。すなわち、福島側の言う破却の実行が、もっぱら、その本丸についてのことだと解すると、両者は事実上同じことを語っているわけである。

すなわち、福島側は広島城の破却について、本丸分については壁・矢倉・石垣までかなり大規模に撤去したものと思われる。しかしながら二の丸以下については人手不足として、その破却を怠ったということではないかと判断される。

幕府と取り極められた破却条件が先のようなものであったとして、何故に福島側はそれと異なる破却の仕方をしたのであろうか。幕府の破却条件では、本丸はそのまま残し置いてよいことになっていたにも拘わらずである。

図４　広島城正保城絵図（国立公文書館内閣文庫蔵）

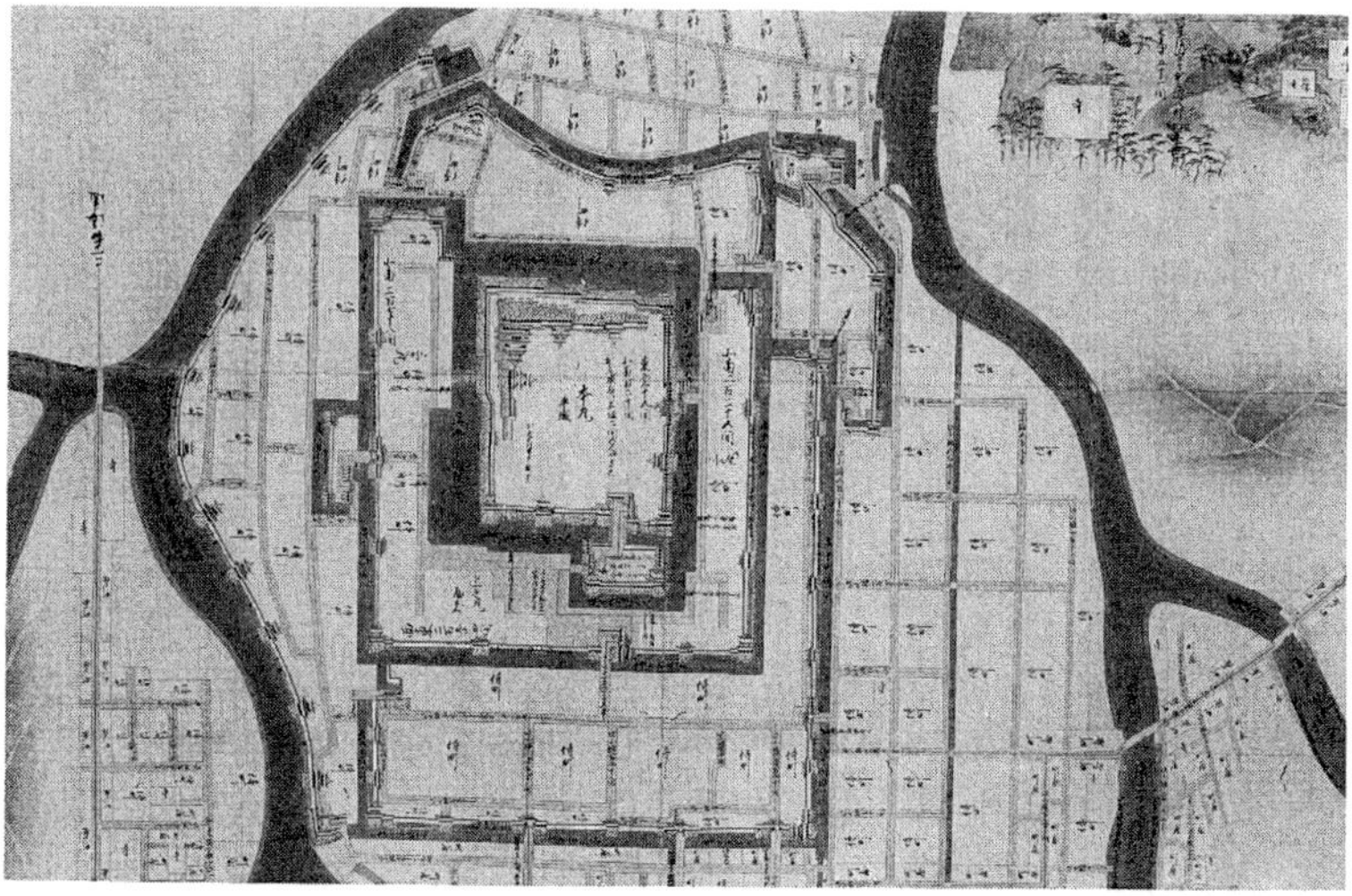

破却条件を国元に伝達する際に、誤解があったのであろうか。これはそうではないと思われる。幕府は福島を改易するに際して、その六月九日に上洛中の福島忠勝の下に上使を派遣して、福島側の破却条件不履行の事実についての申開きを求める処置をとっているのであり、破却条件の錯誤があったならばそこで解決されるであろう。しかるに忠勝は「万事親次第」として弁明を拒否しているのである。(26)

この忠勝の態度からして、福島側の採った処置は充分に意識的なものであったと想像される。すなわち、二の丸以下惣構が破却されることによって、広島城が裸城になってしまうことへの恐れがかく然らしめたものと推測される。

図４に掲載したものは内閣文庫蔵の正保年間の浅野時代の広島城絵図であるが、これを見るに、同城は均整の取れた典型的な環郭式の平城で、もし二ノ丸以下の外郭を破却してしまうと、その規模は一挙に三分の一ほどに縮小してしまう。さらに広島城の生命は外堀を巡る遠囲いの構えにあり、そこでは一町おきに総数三〇を数える二層櫓・多聞櫓が配置され、鉄壁の守りを敷いている。これが破却されてしまうと、同城は城としての機

能をほとんど喪ってしまうであろう。

それ故に、逆に本丸の方をかなり顕著に破却することで恭順の意を示し、それでもって宥免されんことを期待したものではないかと想像されるのである。

（3）　人質の提出を巡る問題

この問題についても両者の言い分に対立があるようであるが、これも事実認識では両者は一致している。すなわち、福島側は忠勝は約束通り上洛したと言うものの、彼が最初には上洛をためらい、家老福島丹波の説得でようやく動いたということを認めているのであり、これは忠勝の上洛が遅延したという幕府側の非難と事実において合致しているのである。忠勝の子を江戸に提出する件の不履行については、『福島太夫殿御事』は何も語っていないが、忠勝が自らの上洛についても肯ぜなかった態度からして、その子供を江戸に送るのをためらうということは自然なことであり、この問題についてはは幕府の指摘の方が正しいような印象を受ける。

以上三点について福島・幕府双方の本事件の経緯を巡る言い分の対立を見てきたが、結論的には、第一の城郭の無断修築の件、第三の人質提出条件の不履行の件の二つは、幕府の側の主張が首肯されるものである。

第二の城郭破却条件の不履行の件については、かなり複雑な内容と双方の思惑が絡んでいるようで、一概に判断しかねるが、福島側が二の丸以下惣構に至る部分の破却を等閑に付したという事実は動かないのではないかという心証を得るものである。

全体として見た場合、当時の第一次史料の示すところは、伏見城での本多正純による事件の経緯の説明と矛盾せず、それの正しさを裏づけているように判断されるのである。

このように福島改易事件は従前考えられていたような、本多正純の手になる幕府の政略の所産といったものではないのである。むしろ本多らの幕府年寄衆は、福島の無断修築の一件を穏便に済まそうと努めていたのである。[27]しかしながら、この宥免の条件であった広島城破却および人質の提出の不履行という事態を前にして、幕府はその威信を堅持する上からも、福島の改易に踏み切らざるを得なくなった。そのような性格の事件であったと理解するのである。

なお本事件より三年後の元和八（一六二二）年、本多正純は失脚して改易に処せられていくが、この事件に関連して高木昭作氏が紹介された次の史料は、福島改易事件の全体像を考えるうえで、参考となる貴重なものである。それはやはり細川家の書状であり、本多正純の改易の理由について記したものであるが、そのなかに正純の罪状の一つとして、ほかならぬ福島改易事件の際の正純の態度が挙げられている。それは次のようなものである。

［史料6］　福島改易の経緯（元和八年一〇月二一日付、細川忠利書状〈忠興宛〉[28]）

一、福島殿御法度を被レ違、普請被レ仕通、両度御耳ニ立候処、弥被二聞召一不届儀候条、急度可レ被二仰出一与上刕（本多正純）ニ被二仰聞一候処、尤との御請被レ申、四五日過候而又被二申上一候ハ、福嶋御果シ候ハヽ、諸大名之内十人斗頭をそり引籠可レ申之由、上刕被レ聞候間、先被二差延一、城を御わり被レ成可レ然之由、被レ申候内、大夫殿江戸へ御下候間、江戸へ被レ参候上ハ、先城をわられ候様ニと被二仰出一候処ニ、御請被レ申候、然処ニ城之割様そさうなる由、又御耳ニ立候間、御上洛被レ成、御聞届候処ニ、弥不届大夫被二申付一様に候間、縦十人も組候へ、急度可レ被二仰付一与被二思召一、俄ニ従二伏見一、大夫所へも御使者を被レ遣、城を御受取候事

すなわち、福島の無断居城普請のことが二度まで将軍秀忠の耳に入り、秀忠は立腹して本多正純に福島を厳罰に処すべきを命じたところ、正純はいったん承知をした。しかるに四、五日して正純は、福島を取り潰した時には、諸大名のうち一〇人ばかりは、これを不服として徒党を組んで徳川家より離反するであろうことを申した。そこで秀忠も福島の改易は見合わせて、広島城を破却することで決着をつけようとした。そして福島もこれを承知したのであった

が、同城の破却の仕方が杜撰であることが秀忠の耳に入ったので、上洛をして確認したところが、正則の破却の指示の仕方が不届であることが分かった。そこで秀忠は、たとえ一〇人の大名が徒党反抗しようとも福島の改易を断行すると決意し、これをただちに実行したというものである。

右の書状にあるごとく、福島正則の居城の無断修築を立腹している将軍秀忠に対して、正純は宥める側にあったのである。それは関ヶ原合戦において大功があり、徳川家の覇権確立にとって、外様大名の側の第一の功労者たる福島を取り潰したとあっては、不安と疑心を抱く外様大名らの一斉離反の恐れも考えられ、ようやく安定した幕府の体制を危地に追いやることともなって、好ましくなかったからである。

以上のように、福島改易事件は幕府側の策謀によるといった性格のものではなく、多くは福島側の行動の方にその責めが帰されるべきものなのである。幕府、特に本多正純以下の年寄衆は幕府体制の安定化のためにも、この問題は穏便に解決させたく、その方向で努力しているのであった。

しかし、ほかならぬ将軍秀忠その人が、この問題については強硬な立場を崩さなかったということである。いったんは正純の説得で妥協した秀忠であったが、しかしながら城の破却条件が履行されていない旨の報告を受けて激怒し、本多らも今度は庇いきれず、幕府の威信を堅持する上からも、秀忠の主張通り福島の改易に踏み切ったというものである。

福島正則改易問題については、以上のように理解するものである。

［注］

（1）　元和元年武家諸法度の第六条は次のように規定する。「一 諸国之居城雖レ為二修補一、必可二言上一、況新儀之構営堅令二停止一事」（『御当家令条』三号〈『近世法制史料叢書』2〉）。

（2）　広島県編『広島県史』近世1（広島県、一九八一）六八頁。
（3）　『史学雑誌』八編一・三・四号。
（4）　辻達也氏は、本多正純に謀略の意図があったわけではないが、秀忠政権となって家康時代の一人執政としての力をすでに失いつつあった正純に依存し過ぎたところに正則の没落の原因があったとする（『日本の歴史・江戸開府』〈中央公論社、一九六六〉三四〇、三五五頁）。朝尾直弘氏は、福島正則がキリシタンに寛容であり、広島がキリシタンの隠れ家、溜まり場となっていたことが、禁教政策を推進する幕府から危険視され、改易に追いやられた原因であるとする（『日本の歴史・鎖国』〈小学館、一九七五〉一二三頁）。
（5）　『改定史籍集覧』第一五冊、別記部第一九五（近藤活版所、一九〇二）。
（6）　これと別に「福島正則記」なる一書があるが、その叙述している事実関係は、基本的に『福島太夫殿御事』と同じである。
（7）（11）（15）　『福島太夫殿御事』。
（8）（9）（12）（14）（16）　東京大学史料編纂所編『大日本古記録・梅津政景日記』（岩波書店、一九五七）。
（10）（13）　平重道編『仙台史料大成・伊達治家記録』三（宝文堂、一九八三）。
（17）　松江城城山管理事務所保管。なお以下の正則書状は『広島県史・近世資料編Ⅱ』に四九号、四一号、六二号文書として収録されている。
（18）　大橋茂右衛門は慶長末年の福島家の分限帳では「千石、物頭」（『広島県史・近世資料編Ⅱ』）、この元和四年の広島城の普請・作事の奉行であったと思われる。彼は福島家改易で牢人したのち、松江藩松平家に六〇〇〇石の高禄で召し抱えられ、その子孫は代々松平家の家老を勤めて幕末に至っている（国立史料館蔵、出雲国松平家文書「列士録」）。
（19）　『大日本史料』同日条、「福島家系譜」（『広島県史・近世資料編Ⅱ』一七頁）。
（20）　東京大学史料編纂所編『大日本近世史料・細川家史料』一六三号（東京大学出版会、一九六九）。
（21）　この福島の広島城普請と同じ元和四年六月ごろ、豊前小倉の細川家でも小倉・中津の両城の普請を計画していたが、細川家ではこれにつき「当城・中津普請之儀、大炊殿被レ得二御意一、則自二御奉行衆一、普請可レ仕旨御折紙到来候間、則只今返事申、大炊殿迄遣候」(同年六月二六日付、細川忠興書状〈『細川家史料』一六三二号〉)と、幕府側の普請許可の書付を受けるという手続きを踏んでいる。この問題については藤井譲治「大名城郭普請許可制について」(『人文学報』六六号)参照。

(22)(24)　元和五年四月二五日付、細川忠興書状(『細川家史料』一九一号)。

(23)　国立公文書館内閣文庫蔵。

(25)　『内閣文庫所蔵史籍叢刊』第一巻(汲古書院、一九八一)。

(26)　「梅津政景日記」元和五年六月九日条。同書には「御使ニ而、何やらん御書物被㆑遣候、此はつれ御座候ハヽ、申上候へと、公方様より御理之由、備後殿御返事ニハ、万事親次第之儀ニ御座候間、親御返事申上次第ニ、何れ之道ニも被㆓仰付㆒候へと、御返事被㆓申上㆒候由」と記されている。

(27)　前掲『福島太夫殿御事』のなかに、無断修築の件の申開きを幕府より命ぜられたのに対して、正則が「私しハ腹切申候外無㆓御座㆒」と答えるばかりであった時、幕府年寄の土井利勝は「太夫殿も又何とそ御請の被㆓仰上㆒様も可㆑有㆓御座㆒候」と正則の家臣に語ったという叙述がある。これも、問題の穏便な解決を求める意向と解釈できるであろう。

(28)　「部分御旧記」(熊本県編『熊本県史料』近世編第一冊、四〇三頁)。

第二節　寛永九年の加藤忠広改易事件

寛永九(一六三二)年、幕府ではその正月に大御所秀忠が死去し、三代将軍家光の親政が開始された直後の同年六月一日、肥後熊本五二万石の城主加藤忠広の改易が発令された。こうして加藤清正の跡は絶やされ、豊臣家ゆかりの大名家が今また一つ消滅した[1]。幕府はさらに、この改易によって九州に生れた空白に乗じて、親幕府勢力をそこに配置することで、その全国支配力を飛躍的に高めることに成功したのである[2]。

(一) 本事件を巡る既往の評価

加藤忠広の改易事件は、右のような事件の結果から見た幕府の圧倒的な有利さと、そして何よりも事件の理由とされた、家光政権転覆の密書の発給という事態の異様な性格が、本事件をして幕府の計画的な謀略に出るものとする見方を、ほとんど不動のものとしてきたのである。本事件の経緯については数多くの野史、実録の類が種々の説を伝えているが、ここでは幕府正史たる『徳川実紀』に収載された説を掲げよう。(3)

寛永九年の四月ごろ、幕府小姓組番士室賀源七郎正俊の家に、差出・宛名を欠いた書状を持ち来る者があった。室賀の家人が受取りを拒んだところ、その使いの者はその後、この書を幕府代官井上新左衛門の門内に投げ棄てた。井上がこれを披見したところ、幕閣第一人者たる土井大炊頭利勝を首謀者として、天下を傾けんとするもので、将軍家光のこのたびの日光社参の虚を窺って挙兵するにつき急ぎ同意すべしとの内容であった。井上は驚いてこれを執政の下に訴え、この密書を持参した者の探索が命じられた。江戸の町中を日々尋ね求めたところ、麹町あたりでこれを捉えることを得、糾問したところ加藤忠広の嫡子光広の家士前田某という者であった。

結局、この密書は加藤光広の手になったものであると決定され、これを機に肥後熊本の加藤家は改易に追い込まれてしまったとするものである。

以上の内容だけでも人をとまどわせるに足るものであるに、『徳川実紀』はさらに本事件の別説として、実は土井利勝が、偽って自己を首謀者とする謀叛の廻状を諸大名の間に流し、大名らの本心・帰趨を計り見たものであるという伝承をも掲げているために、一層本事件の性格を混沌としたものにしてしまっている。

こうして事件は実態不明のままに謀略性の臭いだけが漂うものとなっており、それ故に研究者もまた、実態究明の泥沼に入りこむことを避けて、本事件が幕府に結果的にもたらすことになった利益の観点から、これを位置づけるのを常としてきたように思われる。

本事件を多かれ少なかれ、幕府の計画性、政略性において捉える見方はほぼ一貫したものであり、それは今日の研究にまで継承されているものなのである。(4) そして一層重要なことには、本事件は福島正則改易事件と並んで、幕府による政略的、権力主義的な政策の代表例と見なされており、それが徳川幕府の大名改易政策全体の見方、位置付け方を決定していたところがあることである。肥後加藤家の改易事件は、その「政略」性の如何を巡って、幕府の大名改易政策全体に対する評価、さらには近世幕藩体制における権力関係、政治秩序のあり方を定める要石の役割を果たすものなのである。

(二)　同時代史料による加藤改易事件の検討

加藤改易事件については、その事件の特異さから野史・実録物の類がこれをさまざまな形で伝えている。しかしながら今、無批判にこれらの説を採り入れていくならば、議論は荒唐無稽なものに流れていってしまうであろう。ここではもっぱら第一次史料、すなわち事件と同時進行的に作成されている書状、書付、日記などの諸史料のみを用いて、本事件の実態を追究していくこととしよう。

本事件の第一次史料として、幸いにわれわれは二種類の系統の史料群を手にすることが出来る。一つは、第一節の福島事件でもしばしば援用した「細川家史料」であり、豊前小倉藩主細川忠利とその父忠興（この時すでに隠居して「三斎」と号している）の往復書状である。加藤事件が起こった時期、藩主忠利は国元に居たが、三斎忠興は在府中であり、事件は隣藩の熊本藩加藤家に関わるものであっただけに、忠興の本事件に対する関心は殊のほか深く、情報収集を積極的に行って国元の忠利に逐次報知している。そのため、われわれはその残された書状から多くの事柄を知ることが出来るのである。

今一つは、土佐藩山内家に伝えられた「山内家御手許文書」(5)である。これは山内家の在江戸の藩主・家臣らより国元に江戸の近況・情勢や用向きなどを報知した書状類から成っており、この加藤改易事件についても数多くの言及が見られるために、本事件の解明にとって貴重な役割を果たしている。しかも二系統の第一次史料群が残されたために、さらに、これらを相互に付き合わせることが出来、そのことによって事実確定の精度を高めることができる利点をも、幸いに有しているのである。

では、これらの諸史料を用いて本事件の経緯を追っていくこととしよう。本事件についての最初の言及が見られるのは、この寛永九年の四月二七日付の細川三斎書状(6)（忠利宛）であり、そこでは「一、加藤肥後（忠広）むすこ豊後守（光広）事、此まへ左近右衛門（細川家臣道家立成）かたゟ申遣由候、其後何共しれ不レ申候、替儀候は左近右衛門ニ申付、慥成もの下可レ申候、肥後守所へも切々注進之由候、可レ被レ上哉、但被レ上間敷候哉、此方にて積りにくゝ候、如何様其辺被ニ立聞一可レ然候」と簡単に述べている。

すでに加藤忠広の嫡子光広のことが噂に上っていたようであるが、事態の詳細はまだ分かっていない。熊本へも江戸から頻繁に注進が行っているようであるが、加藤忠広が出府することになるかどうかは自分のところでは判断しかねるので、国元の方で注意しておくようにとの指示を送っているものである。三斎は翌二八日付でも忠利宛に書状(7)を発しているが、依然として事態が不明であることを告げている。

さて、土佐山内家では同年四月晦日付で、次のような内容の覚書を入手している。これを送付してきたのは「松平美作守」、すなわち伊勢国長嶋城主の久松定房で、土佐藩主山内忠義の妻（久松定勝の女）の弟にあたる人物である。(8)

この定房の兄は伊勢国桑名一一万石の城主久松（松平）定行であり、将軍家光の信頼の厚い徳川家門大名の一人であった。山内家はこの久松松平家と懇意にしており、しばしば幕府のことについての情報や助言を得ている関係にある。(9)

そのようなことから、次の史料も幕府の中枢部から出てきた、確度の高い情報と考えて差支えないように思われる。

［史料7］　加藤光広の密書の風聞（寛永九年四月晦日付、松平美作守覚書「山内家御手許文書」）

一、日光御成前ニ井上新左衛門所へ、誰となき文箱ヲ持候而、参番之者ニ相渡候処、名所も無二御座一候故、番之者請取不レ申候へハ、そとの駒寄ニゆい付置申候、以来新左衛門見出シ、文箱之内ヲ見申候処、大炊殿《（土井利勝）》・加賀肥前殿《（前田利常）》申合、別心被レ仕候儀、達二上聞一、御成敗ニ落付申候条、弥存被レ定、大炊殿ニへつしん被レ致尤ニ候、左候は脇詰をハ可レ仕之旨趣《（ママ）》請文ニ書添候文ニ而御座候故、新左衛門御年寄中へ懸二御目一候へハ、則被レ立二御耳一候処、文箱持参之者、見知候は為レ捕可レ申之旨、新左衛門ニ被二仰付一、彼者ヲ則捕申候、主を御尋被レ成候へハ加藤豊後殿者ニ而御座候、文之儀ヲ御穿鑿被レ成候へハ、主人申付候条持候而参候様ニ申候由承候、肥後守殿も内証ニ而呼ニ被レ遣候様承候、肥後殿無二御下一候は落着仕間敷由ニ候

いわゆる密書の発給された経緯は先に掲げた『徳川実紀』の記述とほぼ同様であるが、ここには、その密書なるものの内容が具体的に記されている。すなわち、土井利勝と加賀百万石の前田利常とが申し合わせて将軍家光に異心を抱いておることが、家光の耳に入って御成敗をされることに決まったので、土井も心を決めて反逆を実行されて然るべきである。その時には自分もこれに御手伝い致すべしとの誓約をなしたものの由であった。そして密書を持参した者の言ではこれは加藤光広の申付によったものとのことで、加藤忠広が出府しないことにはこの件は落着しないであろうとしている。

日付はやや遅れるが、細川三斎も密書の内容についての情報を入手し、次のように忠利に書き送っている。

［史料8］　加藤光広の密書の風聞（寛永九年五月一五日付、細川三斎書状『細川家史料』九五八号）

一、今度豊後書物ニハ、日光へ御社参候而、あれにて大炊可レ被レ成二御誅伐一儀慥ニ候、然間、こが《古河》と今市との間之在所にて候へ共、我々其名を忘候、其在所所よく候間、是非共先を被レ仕候へ、日比申合候ごとく、御跡をくろめ可レ申と書候て、此儀偽ならさるとの起請を書、名をは不レ書、名乗ハ信康と書、血判を仕、井上新左衛門と当所ニ仕たる由候、北国肥前殿之儀、世上ニハ申候へ共、彼書物ニハ無レ之由候、此儀を去所にて雅楽殿《酒井忠世》被レ語候、それを又去人ニ語申たる由候而、其二番目之口より我等直ニ承候事

この情報の出所を三斎は、幕府年寄筆頭の酒井忠世であるとし、それの又聞きであると断っているが、事件の概要および密書の内容もほぼ前掲の久松定房の覚書と合致している。

この二史料からして、いわゆる密書の内容として当時了解されていたことは次のようになる。将軍家光は土井利勝に不届の儀あるとして、これを誅殺せんとしている。よって土井は是非とも先手をとって、家光に反逆を企てられるべきである。その時には、日頃の申合わせの通り、自分も偽りなくこれをお助けするという、起請文の形式の文書であったということである。三斎の書状では、その名乗りは「信康」というものであった由である。加賀藩主前田利常の名がそこに記されていたかどうかは不明である。

右の二史料の文面から、今少し密書の内容に立ち入って検討するに、この密書は一般的に謀叛への決起を呼び掛けているものではなくして、土井利勝に謀叛に踏み切るように勧める形になっていることが注意されるべきである。それから三斎書状において、反逆を実行した時には「御跡をくろめ可申」とあるのは、この反逆の跡を紛らかす、欺いて隠すの意であろうか。そうであるならば、ここで想定されている家光に対する反逆は、挙兵型のものではなくして、毒殺のような暗殺型のものということになるであろう。つまりは、家光の暗殺を企てる内容のものと読めるのである。

さて、密書の内容をそのようなものとして世上で了解していたにしても、これらの情報の究極の出所は幕府の中枢部である。これらの情報は信頼できるものであるのか、いわゆる密書は本当に存在しているのか、そして加藤光広がそれを発給したというのは事実であるのか、これらの諸点が次の解明課題である。

この間、細川三斎の書状では、加藤光広の小姓が捕えられて尋問を受けているとのことや、家光が酒井忠世・土井利勝・井伊直孝らと頻繁に協議をしている模様であるなどの情報が記されているが、ここに注目すべきはその五月二四日、将軍家光が五人の有力国持大名を江戸城に召して、本事件について語ったという次の記事である。

[史料9]　幕府より五国持大名への説明（五月二四日付、細川忠興書状『細川家史料』九六〇号）

一、加肥後当地著之様子、飛脚三人上せ申進之候つる、今廿四、政宗（伊達）・北国之肥前殿（前田利常）・嶋大隅殿（嶋津家久）・上杉弾正殿（上杉定勝）・佐竹殿（佐竹義宣）被レ為レ召、加肥後無届と　御直ニ被二仰聞一、此中ニ取沙汰仕候書物二ツ、右之衆へ御見せ被レ成、御代始之御法度ニ候間、急度可レ被二　仰付一と　御諚之由候、その時伊掃部殿（井伊忠孝）、加様之儀は急度被二　仰付一候ハて不レ叶儀と被レ申由候、如レ此ニ候間、今朝之内、可レ為二切腹一と存候事

すなわち、伊達政宗・前田利常・島津家久・上杉定勝・佐竹義宣という在府中の有力五大名が召されて、問題となっている密書がこの五大名の前に提示された。そして家光から直接に、加藤家を処分する旨を申し渡されたとするものである。今まで口説にしか上ることのなかった密書が、ここで初めて幕府外の人間の目に触れたのである。この五月二四日に江戸城で行われた出来事は密書の実在について、これを肯定的に受けとめるべき心証を強くするものである。

右の件については「山内家御手許文書」の側でも確認できる。

[史料10]　同　前（五月二六日付、柴田覚右衛門披露状「山内家御手許文書」）

昨日去方江伺公仕候処ニ、被レ成二御意一候は、一昨日廿四日ニ加賀之肥前守殿・島津大隅守殿・松平陸奥守殿（伊達政宗）・

松平伊予守（松平忠昌）殿・佐竹右京殿、御城へ被レ為レ召、右加藤豊後殿御内之者上ヶ申書物、五人之御衆へ被レ成二御見せ一、
上意被レ為レ成候は、加様ニ童部かましき書物にて候へ共、御代替之事候条、急度御穿鑿可レ被二仰付一候間、何も
左様ニ被二相心得一候へと上意之旨ニ御座候由申候条、右之段致二言上一可レ然由被レ成二御意一候

この書状を認めている柴田覚右衛門は山内家の江戸留守居役で、「去方」として名前を伏せているが、おそらくは幕府関係者から内密の条件で情報を入手し、これを国元の藩主山内忠義の下に報知しているものである。

さて、この柴田の入手した情報では五名の大名のうち、先の上杉定勝が越前福井藩主松平忠昌に変わっているが、前田・島津・伊達という外様大名の三巨頭を含む有力五大名であることに変わりはないであろう。そして、この五大名に対して、家光は加藤光広の家司から出たという密書を見せ、このように子供じみた書物ではあるが、治世の始まりである故に、ゆるがせにせず厳重に吟味処断するものであるから、皆そのように心得おくようにと申し渡した由である。

このようなあり方を見るならば、この二四日に江戸城で行われたことは、単に加藤家を改易するという幕府の意思を宣告したというだけのものではなくて、それに至るための重要な階梯として位置づけられていたということであろう。端的に言うならば、ここで行われていることは「証拠開示」の手続きだということである。加藤家改易を断行する意思を固めた幕府は、改易が不可避であることの根拠を示すべく、当該密書の公開に踏み切ったものなのである。そして、それによって加藤家改易の処分の不可避性についての、有力国持大名の理解と了解を取り付けることが、この二四日に江戸城で行われたことの意味であったと考えるものである。

このように、幕府は密書は紛れもなく実在しており、それは加藤忠広の嫡子光広の手から発給されたものとの断定を下していたが、他方、加藤家側のこの問題についての態度はどうであったか。

密書を発給したとされる加藤光広の小姓らの取調べが行われていた由であるが、この五月二二日には加藤忠広が熊本より出府してきて品川に到着し、二三日には池上本門寺へ入り、さらに、すでに光広が謹慎している泉岡寺なる寺院へ移り、父子共に「寺入り」による謹慎蟄居の行動を取っている。(10)「寺入り」は言うまでもなく、犯罪者が刑罰の赦免・軽減を歎願しての謹慎行為であり、罪の自認がその前提である。

その加藤父子の下に、上使として幕府年寄の永井尚政と稲葉正勝の両名が遣わされたが、その時の様子を三斎は次のように報せている。

[史料11]　加藤父子の糾明（同月二八日付、細川三斎書状『細川家史料』九六一号）

其後永井信濃殿・稲葉丹後殿被レ遣候、其様子ハわきの者不レ承候、肥後御返事ハ、ゐんより下へおり、せかれ無調法を仕出候、御検使次第いか様ニも可ニ申付一由被レ申候、又豊後ハ、私むさと仕たる儀ヲいたし候条、御諚次第ニ覚悟仕と、ゐんの上より被レ申たる由候、此儀は、伝説なから慥成儀候

三斎は右の加藤父子の幕府上使に対して取った態度の話は、伝聞とはいえ、確かなものであるとしている。これに続けて情報の出所については書けないとしているのであるが、これは細川家と稲葉正勝との親密な関係を考えれば、上使で赴いた稲葉自身からの話と推測され、およそ事実であると見てよいかと思う。

先の「寺入り」もさることながら、ここでも加藤父子は不調法の次第を詫びるのみであって、今回の密書一件が冤罪であるとの抗弁は、他の史料も含めて一切これを見ることが出来ないのである。

以上の諸点からして、この加藤事件において事実として判断できるものは次の通りである。第一に、密書は確かに実在し世上に出た。第二に、それは加藤光広の手から発給された。第三に、密書の内容は土井利勝に将軍家光に対する弑逆を、おそらくは暗殺としてのそれを勧めるようなものであったこと、以上である。

幕府は最初この密書一件には父の加藤忠広も関与しているものと考えていたようである。そして江戸の酒井忠世の屋敷に忠広と加藤家家老の加藤右馬丞正方を呼んで、老中らによって吟味が重ねられたのであるが、その結果、忠広は無関係で全く光広一人の仕業と決定された。そして、また密書も全く光広のたわごと、悪戯以外の何物でもないという形で、この問題は処理されることとなったのである。

しかしながら、それが全くの悪戯だけのものであったか、それとも、それ以上のものを期待してのものであったか、その光広の心の内は知るよしもない。問題はそれが単なる悪戯であったとしても、きわめて悪質な悪戯であり、一笑に付して見逃しに出来るような性格のものではなかったということである。この密書が、いかなる意図から発せられたものであれ、世上に及ぼした影響はきわめて深刻なものであった。密書の発せられたこの寛永九年四月というのは、大御所秀忠が同年一月に死去して、家光将軍の代が始まったばかりの政治情勢も不安定な時であった。加えてこの家光政権は、駿河大納言忠長という危険な問題を抱えたままでの船出を余儀なくされていたのである。将軍家光以下の幕府首脳がこの密書の存在を知った時の、衝撃がいか程のものであったか想像に余りがある。

ましてそこでは、こともあろうに幕閣の中心人物たる土井利勝が、謀叛の主役に擬せられていたのである。密書がたとえ悪戯に過ぎないと誰しも思ったにしても、現実には土井の立場が微妙になり、あらぬ疑念が彼に向けられていくのは避け難いことであった。密書の噂が頻りであったころ、細川三斎はこれは虚妄であろうと判断していた。しかしながら、「右之分ニ候へ共、誰も大炊殿之手前へも懸り可レ申と申候[11]」と土井に影響の及んでいくのは否定しうべくもなかった。家光は、この密書を虚妄と見なしているためか、土井の出頭は以前と変わりがなかった。しかしながらそうであっても、「是ハ態《わざと》なさるゝ儀も可レ在レ之哉事[12]」と、幕府に動揺はないのだと敢えて振る舞っているのではないかと、評されることになるのである。そしてまた別の筋からは、土井利勝は去年から、堀直寄や脇坂安元といった大名一七、八人より一味の起請文を取り置いていたなどという風説が真しやかに伝えられることとなるのである[13]。

密書の目的が世上に動揺を与え、将軍・年寄衆の間の離反を策し、幕府の分裂を誘おうとするところにあったとすれば、それなりの効果を現し始めていたのである。事件の解決にさらに手間取り、家光が万一をおもんぱかって土井に差控えなどの処置を取ったとすれば、その効果は一層大きなものとなっていったであろう。密書がたとえ悪戯であっても、それは一人歩きして政治的分裂状況を惹き起こす可能性があり、決して見逃しにできないきわめて悪質なものというのは、このような事情を指してのことなのである。

幕府はこの密書一件で断固たる処置を取ることを決定しており、加藤家の改易は免れなかったが、改易理由として謀叛の罪で加藤家を処分することは避け、加藤忠広の日頃の不行跡と江戸に生まれた男子を母子共に密かに国元に送り、「公儀をかろしめ曲事」という理由をもって同家を改易に処したのである[14]。

加藤忠広は出羽庄内に配流されて酒井宮内大輔忠勝に預けられ、堪忍分として一万石が給された。光広は飛騨国に配流されて金森出雲守重頼に預けられ、一〇〇人扶持が給された。こうして加藤清正の跡、肥後加藤家五二万石は滅亡した。幕府の処分は果して苛酷であったか。細川三斎はこれについて、「命を被レ成ニ御助一、最上庄内酒井宮内殿へ御預被レ成、堪忍分一万石被レ進由候、父子共ニ無ニ御成敗一候て不レ叶所、被レ成ニ御免一候事、御慈悲故と申事ニ候[15]」との見解を書状に認めている。

［注］

（1）本事件については、中野嘉太郎『加藤清正伝』（青潮社、一九〇九、復刊一九二九）、弥富破摩雄『加藤忠広公』（加藤忠広公顕彰会、一九三六）、平野流香『加藤忠広公伝記資料』（熊本県教育会肥後文教研究所、一九三七）、矢野南溟「加藤清正の遺害及加藤家の改易」（『史学界』三巻一・二・三号）、渋谷敏実「加藤忠広配流一件覚書」（『熊本史学』三二号）およ

び注(4)の論著がある。このうち矢野南溟氏の論文は、細川家文書を用いて考察した秀逸のものであるが、事件の見方において幕府の政略性を当然の前提とするために密書発給の事実関係の意味が曖昧になってしまい、その研究成果がその後の研究史のなかに継承されずに至っている。

(2) 熊本には外様大名ながら幕府の信頼の厚い豊前小倉の細川氏が五四万石で移封し、小倉には譜代大名の小笠原氏が入り、豊後にも小笠原一門が配置され、豊前・豊後は譜代大名の押えるところとなって幕府の九州支配は格段に強化された（朝尾直弘「将軍政治の権力構造」〈『岩波講座・日本歴史』近世2、一九七五〉、藤野保前掲『新訂　幕藩体制史の研究』三五一頁）。

(3) 『徳川実紀』寛永九年四月一五日条。

(4) 辻達也前掲『江戸開府』三五八頁、藤野保前掲『新訂　幕藩体制史の研究』三四三頁、朝尾直弘前掲「将軍政治の権力構造」九頁、熊田重邦「家光の大名統制について」（『魚澄先生古稀記念　国史学論叢』、魚澄先生古稀記念会、一九五九）一九一頁、山本博文『寛永時代』（吉川弘文館、一九八九）一一頁。

(5) 高知市、山内神社蔵。ここでは東京大学史料編纂所の影写本に拠っている。

(6) 『細川家史料』九五五号。

(7) 『細川家史料』九五七号。

(8) 『寛政重修諸家譜』（続群書類従完成会、一九六四）第一、二九三頁。

(9) 山内家と幕府との仲介者としての久松松平家の役割については、高木昭作前掲『日本近世国家史の研究』第X章「初期藩政改革と幕府」参照。

(10) ［史料10］五月二六日付の柴田披露状に「御父子共ニ御寺入ニ而御座候」とある。

(11)〜(13) 寛永九年五月一五日付、細川三斎書状（『細川家史料』九五八号）。

(14) 後藤是山『肥後国誌』上（九州日日新聞社印刷部、一九一六）三八頁。この加藤父子に対する申渡しの内容は諸大名に伝達されており、次に掲げるものは、それに対する小倉藩主細川忠利の請書である（『熊本県史料』近世篇第一「部分御旧記」一〇九頁)。

六月三日之御奉書、同十五日酉之刻、至小倉参著致拝見候、今度加藤肥後守息豊後守、不届儀を書廻候ニ付而、遂御穿鑿、豊後ハ飛騨国へ被成御預、肥後守儀は近年諸事無作法、其上於江戸生候子母共ニ御理も不申上、国元へ遣候儀曲事ニ付、国を被召上、庄内へ被遣候由、乍恐御尤成儀共奉存候、就其為御仕置、内藤左馬輔・石川主殿・稲葉丹後守・伊丹播磨守被差遣候、自然人なと入申儀御座候ハヽ、内々其心懸仕相待、御上使之衆御差図次第ニ可致之由、奉得其意候、恐々謹言

六月十六日

酒井雅楽頭殿／土井大炊頭殿／酒井讃岐守殿／永井信濃守殿／内藤伊賀守殿／青山大蔵少輔殿
御報

なお薩摩藩島津家の江戸家臣の島津久元・伊勢貞昌の両名は、同年六月二日付の国元家臣宛の書状でこの一件について、「誠いかなる天罰にて、物くるひの様成儀を被仕候哉と、世上之沙汰にて候」(『旧記雑録後編五』〈『鹿児島県史料』黎明館、一九八五〉五二〇号文書）と記している。

(15)　六月一日付、細川三斎書状（『細川家史料』九六二号)。

第三節　大名改易の実現過程

前二節の事例に見たように、これまで最も政治的な疑獄性の濃厚なものとされてきた福島・加藤両家の改易問題であるが、その事実経過を丹念に検討するならば、決して、幕府側の政略的・一方的な処断ということはできないであろう。

このように徳川幕府による大名改易は、その事態の内容の面からして政略的なもの、あるいは何がしかの既定方針

に基づいた権力主義的政策といった性格のものではないことが了解されるであろうが、そのことはまた大名改易という事態の形式面、すなわち大名改易の実現過程における、その実現のあり方の側面についても指摘しうるところなのである。本節では、既述の二事例に自余の大名改易の事例をも加えつつ、もっぱら大名改易の実現過程の性格・特色について見ていこう。このような重要政策の実現のされ方、形式的な面にこそ、当該国制の政治的、権力的性格が端的に反映されるものだからである。

なお大名改易の実現過程のうち、(一)では改易の決定過程を、(二)では居城と領地の接収を対象とする改易の執行過程を検討することとする。

(一) 改易事情の公開の原則

(1) 諸大名への事情説明

[江戸城などへ召集のうえでの伝達] 表7は徳川幕府の覇権が確立した元和元(一六一五)年の大坂の陣以降の、国持大名を中心とした大名の改易の一覧表であるが、この改易の際に、その事情や背景について幕府から諸大名に対してこれを伝達するという行為が、幾つか史料的に確認される。

第一節に見た、元和五(一六一九)年の福島家の改易事件では、その六月一〇日に諸大名の老臣を伏見城に集め、そこで幕府老中列座の中において本多正純が、同事件の経緯と福島改易を発令した事情について詳細な伝達をした。第二節の寛永九(一六三二)年の肥後加藤家の改易の折りにも、その六月一日に、江戸城に出仕してきた諸大名に対して、加藤家改易の理由を伝達している。

さて問題となるのは、この幕府の伝達行為の意味であろう。改易事情についての幕府の伝達行為は、大名改易という政治過程の中でいかなる位置づけがなされるものであろうか。考えられる一つの意味は訓戒、警告としてのそれであろう。福島の場合は、城郭の無断修築の禁という幕府の法度に対する違反が事件の中心であり、加藤の場合は密書の発給という謀叛の嫌疑に関わるものであったから、諸大名への伝達にそのような意味が込められるのは当然といえる。幾つかの御家騒動に端を発して改易に処せられた大名家の場合には、そのような意味あいが強いと言いうる。しかしながら、以下のような事例とも併せ見るならばそれだけではすまないのであって、この大名改易に際しての事情伝達には、より政治的に重要な意味が存在していることを知るのである。

すなわち表7に示した通り、寛永一〇（一六三三）年に改易となった出雲堀尾家の場合は無嗣断絶であり、同二〇年の会津加藤家の場合は自発的な領知返上の申し出を改易理由とするものであり（それが真実の理由であるかどうかはともかく）、それ故に、その事情伝達を警告・訓戒として捉えるのには、ややそぐわないものを感じるのである。

たとえば堀尾家の改易の場合、幕府は在江戸の国持大名たちを江戸城に集めて、幕府元老格の井伊直孝および酒井忠世・土井利勝・

改易事情の伝達	典拠
（不　　明）	
伏見城で諸大名家臣に伝達	「梅津政景日記」ほか
（不　　明）	
諸大名に伝達，私書状でも伝達	「部分御旧記」
諸大名に老中より個別伝達〕	「部分御旧記」
（不　　明）	
（不　　明）	
月次登城の諸大名に罪状伝達	「幕府日記」ほか
在府諸大名へ伝達	「幕府日記」ほか
在府国持大名へ伝達	「幕府日記」ほか
（不　　明）	
（不　　明）	「明良洪範」
在府御三家・諸大名へ伝達	「幕府日記」ほか
在府国持大名らへ伝達	「稲葉日記」ほか
幕府諸有司に伝達〕	「松平大和守日記」
端午節句登城の諸大名に伝達	「松平大和守日記」
在府諸大名に伝達	「松平大和守日記」
（不　　明）	

付したものは外様大名を，△印を付したものは無嗣断絶を示す。

表7　国持大名の改易事情の伝達

年　月	改易大名	領地石高		改易事情と事後措置・関連事項
元和2・7	松平忠輝	越後高田	60	不行状，将軍への不敬。伊勢朝熊配流
5・6	福島正則*	安芸広島	49.8	城郭無断修築，破却宥免条件の不履行。川中島4.5万石に移封，逼塞
6・8	田中忠政*△	筑後柳川	32.5	無嗣断絶
8・8	最上義俊*	出羽山形	57	家中騒動。近江・三河国に1万石下賜
〔　8・8	本多正純	下野宇都宮	15.5	不臣の振舞い等。出羽由利に配流
	松平忠直	越前福井	67	不行状，将軍への不服従。豊後萩原に配流，子に越後高田26万石下賜
寛永4・1	蒲生忠郷*△	陸奥会津	60	無嗣断絶。弟忠知に伊予松山20万石下賜
9・6	加藤忠広*	肥後熊本	52	妻子の無断帰国など。出羽庄内へ配流
9・10	徳川忠長	駿河府中	55	不行状，将軍への不服従。高崎逼塞
10・9	堀尾忠晴*△	出雲松江	24	無嗣断絶。（領地返上申出）
11・8	蒲生忠知*△	伊予松山	24	無嗣断絶。（2度目の無嗣断絶）
14・6	京極忠高*△	出雲松江	26.4	無嗣断絶。甥高知に本領分の6万石を播磨龍野にて下賜
17・7	生駒高俊*	讃岐高松	17.1	家中騒動，国元家臣の大量脱藩。出羽由利へ配流，1万石下賜
20・5	加藤明成*	陸奥会津	40	国政不調により領地返上申出。隠居，子明友に石見吉永1万石下賜
〔万治3・11	堀田正信	下総佐倉	10	無断帰国。子正休に切米1万俵下賜
寛文6・5	京極高国*	丹後宮津	7.8	家中騒動。南部重信に預け，嫡子以下も諸家に預け
天和1・6	松平光長	越後高田	26	家中騒動。松平定直に預け，切米1万俵下賜
元禄10・8	森　長成*△	美作津山	18.6	末期養子発狂。無嗣断絶。父長継に備中西江原2万石下賜

備考　元和2年以降の国持大名の改易について表示する。〔　〕を付した2件は参考として併載する。*印を
単位　石高＝万石。

酒井忠勝の三年寄列座のうえで、次のような将軍家光の意向を伝達している。

[史料12]　出雲堀尾家改易理由の伝達（酒井家文書「幕府日記」(1)寛永一〇年九月二七日条）

堀尾山城守事、云二年来之好一、云二壮年一、御奉公申上時分、病死不便思召、息於レ有レ之は跡職、雖レ可レ被二仰付一、無レ之、其上遺言ニは雲隠両国、就二差上レ之、為二御仕置一被レ遣二上使一也、此段、御直、可レ被二仰聞一処、依二御不余気一、以二右四輩一所レ被二　仰出一也

すなわち、病死した堀尾忠晴には後継実子がなかったこと、また本人も、生前に領知返上を願い出

ていたなどの理由に基づいて、領地収公の処置に至った旨が伝達されている。

寛永二〇年の会津加藤家の改易の場合は、一層詳細な説明がなされている。五月三日に在江戸の国持大名をはじめとする諸大名を江戸城白書院に召して、元老格の井伊直孝、土井利勝・酒井忠勝の両大老、および堀田正盛・松平信綱・阿部忠秋・阿部重次の四老中という、この時期の幕閣の全員が列座のうえ、酒井忠勝と松平信綱から次のような詳細な内容をもった伝達がなされた(2)。

[史料13]　会津加藤家改易理由の伝達（稲葉家中文書「日記抜書」(3)寛永二〇年五月五日条）

一、加藤式部(明成)殿、近年病者ニ罷成、国之仕置も不二罷成一、よき家来之者も不レ残、御用ニ難レ立候間、せめての御奉公ニ会津差上申度と、去年七月より御訴訟被レ申ニ付而、御老中色々御異見候得共、達而被レ申故、当三月御耳ニ立、御内々ニ而様々被レ遂二御穿鑿一、御代々御取立と申、その上、左馬介(加藤嘉明)子ニも候と被二思召一、御用捨ニ而内蔵助(加藤明友)ニ知行相渡、其身ハ隠居をも仕候得与被二仰出一候得共、右之通、仕置可二申付一人茂無二御座一候間、其段も御免被レ成候様と被レ申上一候ニ付、存心根も有レ之哉与、松平伊豆(老中松平信綱)殿を以、御尋被レ成候得共、別之儀も無二御座一候由、以二誓紙一被二申上一候付而、式部殿、如レ望、会津四十万石被二召上一、子息内蔵介ニ石見ニ而、堪忍分壱万石被レ下、式部儀、内蔵介領内ニ罷有候様ニと、於二酒井讃岐殿宅ニ一五月二日被二仰渡一候

すなわち、加藤明成は自分が病気となり、政治を任せられるしかるべき家来もいなくなったとして、昨年七月以来、会津四〇万石の返上を幕府老中の下に申し出てきていた。これに対して幕府老中は明成に思いとどまるように説得していたが、今年の三月になって将軍家光の耳にこのことが入ってしまった。家光は内々に明成を調べて、嫡子明友に所領を相続させ、自分は隠居するのがよいとの意向を示したが、明成はそれも辞退した。さらに老中松平信綱をもって事情を尋ねたが、明成はこの度の申し出に何の含みもない旨を誓紙をもって言上した。そこで幕府は会津領の収公

を決定し、嫡子明友に石見国で一万石を堪忍分として下したというものである。

この時期のいずれの史料を見ても、右とほぼ同内容のことが記されており、この折りの幕府の事情説明は、詳細にして委曲を尽したものであったことを知る。(4)

この加藤明成の改易については、これに先立つ会津騒動の折りに、明成に背いて退去した元家老の堀主水を、領地に引き換えても成敗せんと幕府に訴えたその所業の帰結であるとする、古くからの説がある。(5)また最近では、寛永一九、二〇年の大飢饉に際して、領内の手当の不行届を咎められてのこととする説もある。(6)

それ故に、右史料の幕府の説明にあるごとく、それが全く明成の自発的意志による領地返上であったか否かについては、もとより、なお検討すべきことではあろうが、ここで特に指摘したいことは、たかだか一大名の改易について、幕府がかくも詳細にして、内輪の経緯にまで立ち入って説明をしているという事実である。改易事実の公表という限りでのことならば、加藤明成から幕府に領地返上の申し出があったので、これを受け入れて、領地を収公したというほどのことの伝達で問題はないように思われる。

それ故に、返上申し出をいったん慰留したとか、嫡子に相続させて本人は隠居すればよかろうと説得したが、本人がなお誓紙まで提出したので、止むを得ず領地収公に至ったなどとかいった、入念を極めた幕府の説明のあり方は、警告とか訓戒とかいったものとは全く別の性格のものであると判断せざるを得ない。すなわち、この自発的な領地返上という異様な事態に対して、諸大名の疑念と動揺を鎮め、幕府として領地収公の処置が如何ともしがたいものであったことについての弁明であり、諸大名の了解を取り付けようとした行為であったと解釈するほかはないであろう。内部事情の公開による了解取付けの行為として位置づけるべきものであろう。

このことは、実は福島改易事件のそれについても指摘しうることなのである。元和五年、伏見城における福島改易の事情伝達は、本多正純の「御理」としてなされており、かつ年寄衆（老中）列座のうえ酒井忠世は「何レモ気遣ヒ被レ致間敷ノ旨上意ナリ」と述べ、福島正則の改易による諸大名たちの間の疑念と動揺に対する配慮の措置として、この伝達行為の位置づけを自らしているのである。[7]

実際、福島事件以外の場合にも大名改易の事情伝達は幕府によって、諸大名の「気遣い」への配慮として、しばしば明示的に位置づけられているのである。

元和八（一六二二）年九月の最上改易に際しても諸大名に対してその事情伝達が行われたが、さらにそれとは別に、小倉藩主の細川忠利の下には幕府年寄の土井利勝から「自筆の捻文」が到来している。そして、それは「気遣たるへきと候て」[8]という趣旨でなされたものであった。

寛永九（一六三二）年一〇月の徳川忠長の改易に際しては、細川忠利は在国中であったために、幕府から細川家への改易事情の伝達は老中奉書によってなされているが、同奉書の尚々書には、「遠国ニ而候間、無二御心元一可レ被二思召一与存申入候」[9]と記されている。

また、万治三（一六六〇）年の伊達綱宗逼塞事件でも、諸大名らの「気遣い」「心元無さ」に対する配慮と明示したうえで、幕府から事情説明がなされている。[10]

このように大名改易の際の改易理由の諸大名への伝達は、当の幕府によって、諸大名の間での「気遣い」、すなわち疑念・不安に対する配慮の措置であることが明言されてもいたのである。これらの事実からしてこの幕府の事情伝達は、もとより警告的意味も含まれるものではあるが、基本的には諸大名側の疑念解消のための事情説明行為、幕府の処置の不可避性についての弁明行為として理解しうるのである。

さて、この改易理由の伝達行為については、江戸城などに諸大名を召集して、幕府老中から伝達されるのが基本形式であった。しかしながら、幾つかの変型が見られる。

元和八年一〇月の宇都宮城主の本多正純の改易に際しては、幕府は年寄筆頭の酒井忠世と土井利勝を上使として、黒田（筑前福岡五二万石余）・加藤（肥後熊本五二万石）・森（美作津山一八万石余）・池田（備前岡山三一万石余）・細川（豊前小倉三九万石余）の西国の五大名の江戸屋敷に派遣し、改易の事情説明を行っている。この幕府の処置に対して、細川忠利は「いつも加様之儀ハ、惣様被㆓召出㆒、被㆓仰聞㆒候、此度ハ面々ニ被㆓仰聞㆒候、人々ニゟ被㆓仰聞㆒様替申候哉と存儀ニ候事」(11)と、その父忠興に報じている。

この文面からも、この種の改易問題に際しては諸大名が江戸城などに召されて、改易事情について幕府より伝達を受けるのが通例であったことが裏付けられるのであるが、ただし今回のこの個別伝達は異例であって、幕府が大名家ごとに事情説明の内容を違えているのではないかと、細川忠利が推測している点は興味深いところである。

この折りの事情説明の中にある、福島正則を改易したならば大名一〇人ばかりが徒党して幕府から離反する云々のくだり（第一節［史料6］）は、確かに微妙な問題であって、大名家ごとに事情説明の内容を違えているものかとの推測は的確かもしれない。おそらくは、右の事情の故に、上使派遣による大名家ごとの個別伝達という異例の形式になったものであり、それは江戸城への諸大名召集による事情説明の変型と見てよいであろう(12)。

今一つの変形として、幕府老中の奉書をもって事情説明を行うことがあるが、これは大名在国の場合の処置で、江戸城での諸大名への説明と同義と考えてよいであろう(13)。

なお、諸大名を江戸城などに召集して大名改易の事情伝達をなすことは、表7からすると、無嗣断絶による改易については寛永一〇年の堀尾家の場合以後は行われていないようである。無嗣改易は当然の法行為として、特に説明を要しないという態度を示したものと解すべきであろうか。ただし、これを補うかのように、無嗣改易の場合も、それまでのように完全断絶とするのではなく、親類の者に幾許かの石高を給して家名の存続を認めるという処置を施している。

〔幕府役人よりの私書状による事情説明〕　大名改易に関する事情説明は、右に見たような公式的な形によってだけではなく、他方では幕府役人よりの私書状の形でもってなされるようなあり方も見られた。元和八（一六二二）年の最上家の改易に際しては幕府より諸大名に対して一般的な事情説明がなされていたが、先述の通り、小倉藩細川家に対してはさらに、同事件についての事情説明のために、幕府年寄の土井利勝から自筆の私書状が届けられていた(14)。

細川家文書でさらに見るに、寛永九（一六三二）年の徳川忠長の高崎幽閉の事情については、幕府年寄稲葉正勝から細川忠利宛の私書状で(15)、また、同一七年の生駒・池田両騒動の顛末については、その詳細が幕府の勘定頭であった伊丹順斎から自筆の書状でもって細川忠利に伝えられていることを知る(16)。

万治三（一六六〇）年の伊達綱宗逼塞事件でも、阿波蜂須賀家文書によれば、同家に対して幕府側衆の久世広之から詳細な事情説明のための書状が送られていた。それは「様子無㆓心元㆒、可㆑被㆓思召㆒与存」という趣旨で認められたものであった(17)。

〔その他の伝達方式〕　右の二つの方式のほかにも、幕府はやや略式ないし間接的な形での伝達も行っていた。

そのような諸大名への事情説明の中で興味深いものとして、寛永一五（一六三八）年の鍋島勝茂の詮議に関する事情説明がある。すなわち、同年の島原の乱の鎮圧の際に、鍋島軍が抜駆けを行ったことが軍令違反に問われて、幕府評定所においてその詮議がなされていた。この件について、同年七月一日に江戸城に月次登城してきた諸大名に対して、老中の土井利勝・酒井忠勝・阿部忠秋・松平信綱および大番頭松平勝隆の五人が出座し、「皆々不審ニ可被存候」という理由で、鍋島勝茂の評定所詮議の経緯を説明している。そして、この伝達は公式のものではなく、「雑談」として述べる旨を断っている。[18]けだし、これは処分決定途中の経緯説明であり、幕府としても鍋島の改易までは考えておらず、ただ諸大名の間の懸念・動揺を鎮める必要から、このような措置をとったものであろう。

幕府はまた、特に諸大名を召集して伝達するにはおよばないものとして、老中から幕府諸有司に対して事件の事情説明を施し、彼らを通して大名・旗本などへ間接的に情報が伝達されていくことを期待するようなものもあった。

万治元年一一月三日、堀田正信の改易について執政方より詰衆・諸物頭に申渡しがなされている。[19]次に万治三年、伊達綱宗逼塞事件でも世上の動揺を「気遣」って、老中の酒井忠清と阿部忠秋とから江戸城内の諸役人に対してその事情説明がなされている。そして諸大名家では、留守居役がそれら幕府役人から又聞きする形で、情報が伝達されていく仕組みになっているのである。[20]

寛永一五年七月の、島原の乱の責めをおって松倉重政が改易切腹に処せられた際には、幕府の大老酒井忠勝の屋敷に諸大名家の留守居役が召集され、右の旨が伝達されている。[21]留守居役の制度や留守居組合のような情報伝達組織が発達してくると、このような非公式な形であっても、幕府側の事情説明・情報は充分に伝達・流通することになるであろう。しかしながら、これはあくまで非公式ないし略式の伝達方式と位置づけられていたようである。

（2）　改易実施についての事前了解の取付け

前項のものは幕府が特定の大名家の改易について、それを決定ないし発令したのちに、諸大名に対してその背景的な事情の説明をして、幕府の処置の正当性・不可避性についての了解を得ようとしたものであった。これは事後了承の形をなすものであるが、大名改易時において幕府の行う改易事情の公開は一般的にはこの方式であった。

しかるに、改易に至る事情が無嗣断絶のような明白なものではなく、複雑錯綜しており、疑惑性が高く、かつ当該大名の改易が重大な政治的結果を招く恐れのあるようなものであるときには、改易の決定以前の段階で、諸大名に対して事態を公開し、それによって幕府の処置の正当性を訴えようとすることも行われていた。

その一つのあり方は、改易決定に際しての、有力諸大名に対する事前の了解取付けである。これは第二節の、寛永九（一六三二）年の肥後加藤家の改易事件の過程で採られた幕府の処置の中に典型的な形で見られる。

すなわち加藤忠広の嫡子光広が家光政権転覆の密書を発給したとの嫌疑について、幕府は同年五月二四日、前田利常・島津家久・伊達政宗という外様国持大名の三巨頭を含む在江戸の有力五大名を、特に江戸城に召して、将軍家光みずから問題となっていた密書の実物を五大名の前に提示し、そのうえで加藤家を厳重処分すべき旨を述べているのである。傍らに控えていた元老格の井伊直孝もまたこれを受けて、かような不届に対しては断固たる処置をなさねばならない旨を述べたのである。

ここでなされている幕府の処置は、単なる加藤家の改易の宣告というものではない。加藤家改易の一般的事情説明は、改易発令後の六月一日に江戸城において、月次の登城出仕をしてきた諸大名に対して行われているのである。それ故に、この有力五大名に対する措置はそれと全く性質の違う特別のものなのである。

そこでは、加藤光広の密書発給という疑獄的な響きのある問題について、それが虚説でもなく、また幕府による捏造でもないことを明らかにすべく、あえて世上に出た密書の実物を五大名の前に提示して、それを踏まえて加藤家に対する厳重処分の意向を述べているのである。それ故に、これは単なる改易発動の通告というものではなく、証拠開示による幕府の判断の正当性・不可避性についての立証行為であり、改易発動についての事前の了解取付け行為として理解すべきものと考える。有力五大名を特に選んで行っているところに、幕府の処置への理解と協力を要請する意味合いが示されているといえる。

この事前の了解取付けについては、元和五年の福島正則の改易事件においても、同様の手続きを見ることができる。同年の四月二五日段階では、福島正則の城郭無断修築の件をもって、幕府は同人の改易を実施すべく決断していた模様である。そして、そのために幕府は東国の有力三大名、上杉景勝・伊達政宗・佐竹義宣の三大名を召して、その「請合」をとるべく予定していたとのことである。しかしながら第一節に見た経緯のごとく、福島側が広島城を破却する条件で無断修築の件はいったん宥免に至っており、このために右の措置は取止めとなった由である。すなわち、幕府はこの三家の老臣に対して「曲事ニ被二仰付一儀ニ候ハヽ、三人之衆被二召出一、御請合可レ被二成置一候得とも、御用捨被二成置一候間、不レ被二召出一候[22]」の旨を伝えている。

右において予定されていたことは、福島改易についての「請合」が東国の三人の国持大名と特定されていることからして（西国大名については不明）、単なる改易事実の伝達ではなかったと推測される点に注意されねばならない。すなわち、それに至る前段階の措置であり、幕府の改易政策の発動についての事前の了解取付け行為、ひいては幕府の施策への支持取付けの行為として理解すべきものではないかと思われる。

天和元年（一六八一）の越後騒動による越後松平家の改易については、後述するところであるが、同家が結城秀康の嫡統として徳川一門中の枢要の家柄であることを考慮してか、将軍綱吉はその処置について御三家筆頭の尾張家の徳川光友と相談している。そして後者から「能々御思案、御尤奉存候」との具申を受け、この問題への慎重な対応を迫られている[23]。おそらくは、この尾張光友の意見具申が本問題の処置を次項に見るような、公開の場での問題決着という手順へと進ませていったものではないかと思われる。

（3）　御前公事への大名陪席

大名改易に際しての、その事態・事情の事前公開については、前項の有力大名に対する事前の了解取付けのほかに、御前公事への大名陪席というあり方があった。そもそも特定大名家における事件・騒動についての将軍の御前公事、およびそれへの大名陪席という事実については、これまでの幕藩体制論の中で看過されてきた重要問題の一つなのである。

特定大名家に関する事件や家中紛争が幕府の審理の対象となった時、通例は幕府の評定所や幕閣の役宅に関係者を召喚して、事件の吟味取調べを行い、証拠・証言を取り揃え、また紛争当事者を対決せしめて正否の裁定を下した。そして、より重大な政治的事件においては、江戸城に関係者を召喚し、将軍親裁の形で審理を行った。これが御前公事である。[24]寛永一二（一六三五）年に発生した対馬宗家の柳川騒動は、御前公事にもちこまれた大事件の一つであった。同事件は周知のごとく、徳川将軍と朝鮮国王との往復国書の文字の改竄を巡る、宗義成とその家臣柳川調興との君臣抗争を内容とするものである。[25]将軍家光の親裁によるこの御前公事に際しては諸家の史料に、「登城ニて様子可レ被二聞召一之通、御触御座候」[26]、「諸大名衆、不レ残、被二罷出一、御直ニ対決被二聞召一」[27]とあって、同年三月一一日に、御三家、伊達政宗・前田利常・島津家久・毛利秀就・細川忠利ら外様国持大名を含む、在江戸の諸大名は残らず江戸城に召集され、柳川一件の御前公事に陪席して、その裁判の模様を目のあたりにしたのである。

幕府は右の過程を踏まえて、その翌日一二日に再び諸大名を江戸城に召集し、柳川調興の津軽配流と、国書改竄に関わった松尾七右衛門父子の処刑、および宗義成の無罪・本領安堵を発表している。[28]

この柳川騒動は、結果的には、大名改易には至らなかったが、その可能性を孕んだ重大事件であった。そしてかかる重大事件の御前公事に、諸大名を陪席させることで事態の実情を公開し、それでもって幕府の処置の公正性・正当性についての、信頼を確保しようとする政治手法は注目されるところである。幕府政治には、このような公開主義に基づく支持取付け、同意取得といった側面が、少なからず存するのである。

諸大名陪席の下での御前公事が、大名家の改易に至ったものとしては、天和元（一六八一）年の越後松平家のいわゆる越後騒動がそれである。

越後松平家は、秀忠将軍の兄筋の結城秀康の嫡統を嗣ぐものとして、徳川一門中でも屈指の家柄を誇っていた。同家では藩主松平光長の妹婿でもあった筆頭家老の小栗美作正矩が、光長の信任を得て藩政の実権を握り、また領内政治にも業績をあげて確固たる地位を築いていた。このような時、藩主光長の嫡子綱賢が病死をしたところから、にわかに後継者問題が起こった。(29) 後嗣には光長の異母弟であった永見市正長頼の子万徳丸が挙げられたが、小栗美作の子掃部（母が光長妹）も光長の甥として後継有資格者と目され、ここから小栗派と反小栗派との権力闘争が顕在化していった。反小栗派としては、故永見市正の弟の永見大蔵や松平家の七大将次席の荻田主馬、および八五〇余名の血判誓詞を認めた譜代家臣があった。そして小栗派一三〇余名がこれと対峙して、あくなき藩内騒動を繰り広げていた。

延宝七（一六七九）年、幕府は永見大蔵・荻田らを家中人心を惑わすものとして、他家御預けに処したが、これは小栗派が幕府大老の酒井忠清を動かした結果の、片落ちで不正な処分として非が唱えられていた。そして翌八年に将軍が家綱から綱吉に代替わりしたのを機に、同事件は再審の運びとなったものである。

評定所での取調べを経たのち、天和元年六月二一日、江戸城において将軍綱吉による同事件の親裁がなされた。そして、これには徳川御三家、甲府宰相綱豊、そして在府中の譜代大名、また幕府の番頭以下の諸有司が召集され、彼らの陪席の中で御前公事が進められた。(30) 柳川一件の時と異なり、この公事陪席には外様大名は除外されているが、これは対象の事件が徳川一門に関わるが故のものと、理解してよいであろう。

さて、図5はこの折りの参集者の配置・座席を示したもので、(31) 御前公事の場の模様、および諸大名の陪席の具体的なあり方を伝えるものとして貴重である。裁判には、江戸城大広間が使われ、将軍はその一の間中段に着し、公事の

図5　越後騒動の御前公事

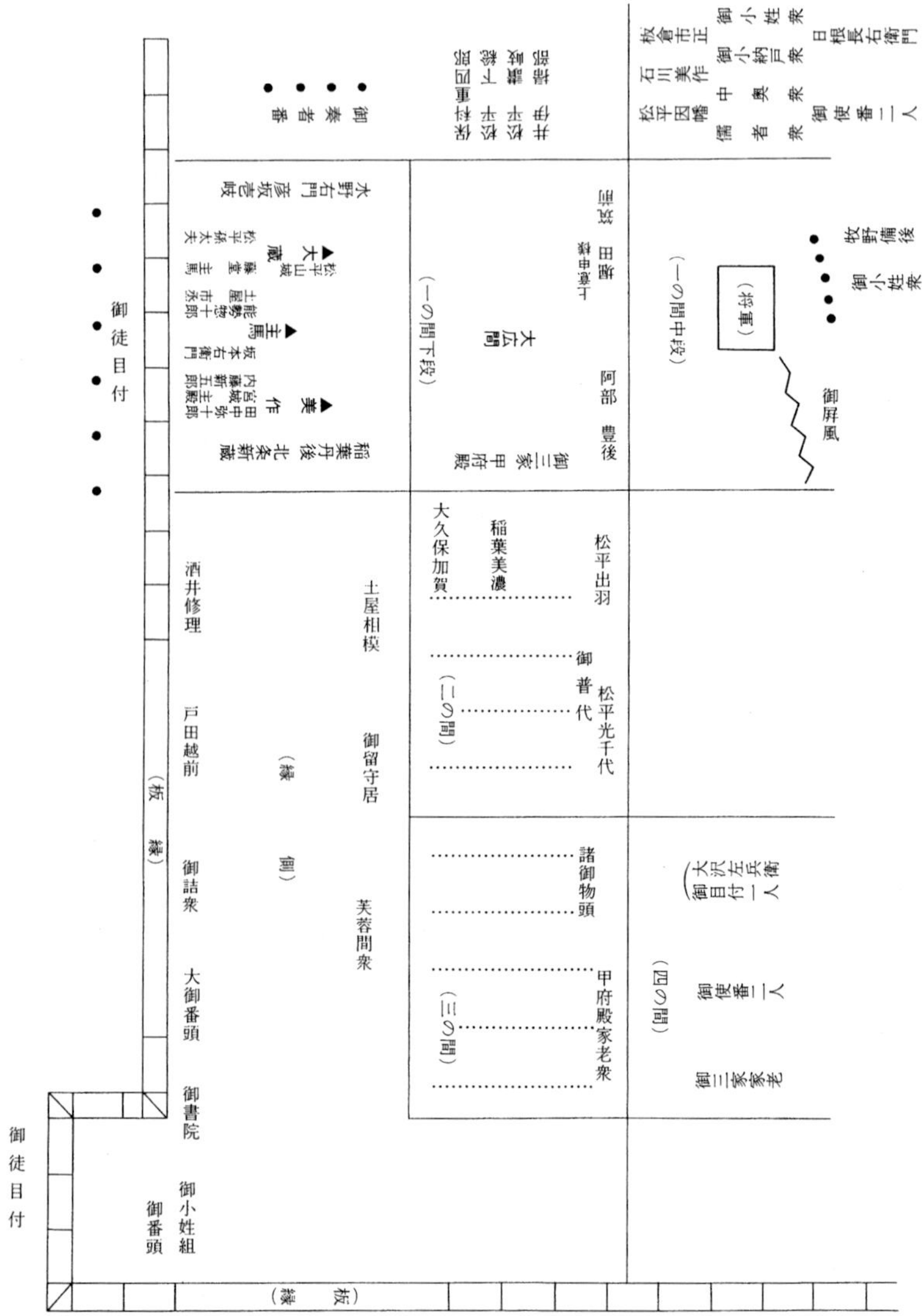

備考　「越後光長公御領没収之節御用控」所収の絵図による。(　) 内の文字は筆者の補入。

当事者たる小栗美作と永見大蔵・荻田主馬の三人は、この一の間縁側にならぶ。幕府老中のうち審問など公事運営を直接担当する堀田正俊と阿部正武は、将軍を背にして下段の奥に位置し、稲葉正則・大久保忠朝の両老中は二の間に控えている。さらに元老待遇である溜間詰の井伊ら四大名が列座して、老中の公事進行を輔佐する形をとっている。

さて、この御前公事に陪席する諸大名は、御三家と甲府綱豊が一の間下段のやや特別の席を与えられ、自余の諸大名はこの大広間の二の間、三の間に着座して、裁判の始終を傍聴するという形をとるわけである。

裁判は、小栗と反小栗両名の審問と双方の非難の応酬に終始するものであった。御前公事の終了後、将軍綱吉は御三家と甲府綱豊に向かって、「三人之者共、不届にくき者共ニ候」との意見を述べたが、御三家らはこれに対して「上意之通」の由の挨拶返答をなした。(32) 以上のような手順を踏んだのち、同月の二二日に小栗父子の切腹と永見・荻田らの八丈島遠島、そして同二六日に越後松平家の改易と領地収公が発令されたのである。

御家騒動が一向に止む気配のない越後松平家ゆえに、その取潰しは、将軍綱吉の意向としては早くからあったようである。しかし、この意向に対しては、先述のごとく、御三家筆頭の尾張光友が越後家の家柄を顧みてのことであろう、「能々御思案、御尤奉存候」と再考を促しており、綱吉としては独断で問題を処理しがたい情勢にあった。そこで綱吉は、この事件を徳川諸大名に公開して、越後家の内部抗争が解決不能なほどに根深いものであり、それ故に改易が不可避のものであることを示し、将軍の恣意・専横の非難を避けるとともに、幕府の処置の公正さ、正当さについての支持と了解を取りつけようとしたものと考えられるのである。

(二) 戦争行為としての城地受取り

幕府から大名の改易が発令されても、それでただちに当該大名の領地と居城が幕府に移管されるものではない。それは軍事的に、「力」でもって奪取せねばならぬものであり、大名改易の執行過程は、それ故に戦争行為としてある。それは統一国家における地方行政官の解任と役所・管轄区域の引渡しとは、根本的に異なる性格の行為なのである。[33]

（1）　城地受取りのための軍事動員

大名改易が発令されると、幕府は当該大名の居城と領地の接収をするための要員を選定し、現地にこれを派遣する。要員は、幕府側の人員と接収城地の周辺諸大名から動員されるものとからなる。

寛永九（一六三二）年の肥後加藤家改易時の、熊本城以下の受取りの要員について見てみよう。まず幕府側人員は次のような構成となっている。[34]第一に「上使」、これは将軍の名代であり、この時には幕府老中の一人で、将軍家光の信任の最も厚い稲葉丹後守正勝が選ばれている。次にこの大名改易という事柄の刑事的・軍事的性格からして「目付」が全体の監察をなすべく任ぜられている。秋山修理亮正重・曾我又左衛門古祐の二名。次に伝令役としての「使番」で、石河三右衛門勝政・朝倉仁左衛門在重の二名。そして改易に伴う会計的業務、すなわち所領や城米金の算用、および郷村高帳・算用帳などの諸帳簿の引渡業務のために、勘定方役人が同行する。「勘定頭（勘定奉行）」の伊丹播磨守康勝一名、「勘定役」能世四郎・諸星満右衛門の二名、といった構成である。

そして城地受取りの総指揮をとる上使稲葉正勝は、その手勢として、騎馬一三〇騎、弓・鉄炮五〇〇挺、総勢三〇〇〇人を率いて、江戸より遥か肥後国熊本まで赴くのである。

勘定頭の伊丹播磨守康勝と、内藤左馬助政長（陸奥平七万石）・石川主殿頭忠総（豊後日田六万石）は肥後国の国政を沙汰すべく、有馬左衛門佐直純（日向延岡五万三〇〇〇石）は熊本城の在番を、それぞれ命ぜられる。[35]

これとともに、肥後国周辺の諸大名が軍事動員をかけられる。松平右衛門佐忠之（筑前福岡五二万石）・細川越中守忠利（豊前小倉三九万九〇〇〇石）・松平長門守秀就（長門萩三六万九〇〇〇石）・鍋島信濃守勝茂（肥前佐賀三五万七〇〇〇石）・中川内膳正久盛（豊後岡七万石余）・秋月長門守種春（日向財部三万石）・島津右馬頭忠興（日向佐土原三万石）・相良左兵衛佐長毎（肥後人吉二万石余）・伊東修理大夫祐慶（日向飫肥五万七〇〇〇石）・木下右衛門大夫延俊（豊後日出三万石）の一〇大名である。彼らはそれぞれに軍役人数の定に従って軍隊を派遣し、肥後との国境を固め、これを包囲する態勢を整えるのである。

大名改易に伴う城地の受取りは、このような形での軍事出動として進められることになるのである。

（2）　籠城と開城

前項に見たような数の幕府軍および動員された周辺大名の軍勢によって包囲される中で、改易大名の城地の接収が行われる。このように大名改易の執行過程が、軍事的行為として遂行されるものであることは、これまでも指摘されてきたところであるが、他方この軍勢を迎え受ける改易大名家側の対応については言及されることがなかった。だが、この城地接収の執行過程のなかに、きわめて重要な軍事的契機が含まれているのである。

この問題をまず、元和五年の福島正則の改易に伴う、その居城広島城と安芸・備後の両国の接収の過程について見てみよう。福島の改易は、将軍秀忠が当時上洛中であったために、伏見城で六月一〇日に発令されたが、正則は江戸屋敷に止めおかれていたために、牧野駿河守忠成と花房志摩守正成が上使として江戸に下向して正則に芸備両国の収公を伝達した。

他方、現地へは幕府年寄（老中）の安藤対馬守重信と永井右近大夫直勝の両名を上使とし、広島城の受取りには酒井宮内大輔忠勝（越後高田一〇万石）と本多縫殿助康俊（近江膳所三万石）、その在番に本多美濃守忠政（播磨姫路一五万石）が派遣され、周辺の大名としては加藤左馬助嘉明（伊予松山二〇万石）・森美作守忠政（美作津山一八万六〇〇〇石）・松平阿波守至鎮（阿波徳島二五万七〇〇〇石）・松平宮内少輔忠雄（備前岡山三八万石）・生駒讃岐守正俊（讃岐高松一七万三〇〇〇石）・松平土佐守忠義（土佐高知二〇万二〇〇〇石）らが動員されて、芸備両国を包囲する態勢をとった。[36]

これに対して福島家臣団は籠城で抗戦の構えをとった。藩主正則は江戸にあり、その嫡子忠勝も京都にあったが、国家老福島丹波の総指揮の下に福島家臣団は籠城態勢にはいった。広島の本城では正則の奉行であった吉村又右衛門や大橋茂右衛門らが指揮官となって、福島家臣四〇〇〇余人が籠城した。さらに芸備両国の各支城も臨戦態勢に入り、備後国の主城三原城を梶田出雲、幕府軍と対峙の最前線たる神辺城を筆頭家老の福島丹波、瀬戸内海側の要衝たる鞆ノ城を大崎玄蕃、北辺の三吉城を尾関監物、同じく東条城を長尾隼人と、福島家の家老たちがそれぞれ守備して、幕府軍の芸備両国侵入を阻止した。

安藤・永井の両使は備中国笠岡の陣所から広島に使いを送って、城を退いて明け渡すべきことを求めた。福島側の城将吉村・大橋の両名は鉄炮足軽一〇〇人余を率いて、広島外港の音戸の瀬戸まで出向き、ここで瀬戸内海沿いにやってきた安藤・永井両使と会見した。吉村・大橋の両名は、たとい将軍の命なりとも、居城の留守を預かるうえは、主君正則の直命なくして城の引渡しはありえず、開城を求めるとあらば、開城引渡しを命ずる旨の正則自筆の書付をもたらすべきことをその条件とした。[37]

安藤・永井の両使は、遥か遠方の江戸から正則の手書を取り寄せることの困難から、これに難色を示したが、福島側はこの条件を譲らなかった。幕府側には実力攻撃の意見もあったが、結局、江戸に使いを送って正則自筆の開城指示の書付を取り寄せることとなった。この時の正則の手書の控えは、今に残されている。次のものである。

［史料14］　福島正則の開城指示の手書（「森田完氏所蔵文書」『大日本史料』第一二編三元和五年六月二日条）

為二御使一牧駿河殿、花房志摩殿御下候而、上意之趣被二仰聞一候、今度広島普請仕候付而、両国被二召上ケ一、則さかい宮内殿、本田縫殿殿、広島・三原御請取ニ御越候間、急度御両人様へ渡可レ申候旨、其方より留守居之者共

ニ可ニ申遣一候、菟角牧主馬を下し候而尤ニ候、為ニ替地一鶴河(津軽)候

六月十四日　　　　　　　　　　左衛門太夫
　　　　　　　　　　　　　　　　　はん
備後守殿

この文書の宛所は嫡子備後守忠勝になっているが、これは何人が広島籠城の総指揮をとっているか不明であったが故であろうか。ともあれ、この正則自筆の開城の墨付が広島にもたらされ、城将以下がこれを披見して承知し、こうして広島城を始めとする福島領の城地が異議なく幕府側に引き渡されたものである[38]。

この藩主手書こそが、この軍事的問題の決着の極め手となっているのである。籠城した福島家臣団は、包囲の幕府軍の圧倒的軍勢の前に無抵抗で屈服したのではなく、幕府軍の領国侵攻を阻止したうえで、藩主の直命を待っての開城引渡しという、名誉ある撤退をなし遂げることができたのである。

因みに、この福島家臣団の籠城と藩主手書を受けての整然たる撤退の全体的な指揮をとったのは、筆頭家老の福島丹波であるとされ、彼の武名は一躍天下に響きわたり、福島家断絶の後は各地の諸侯から再仕官の招請が相次いだものである。もっとも、彼は隠棲して再び主取りをすることはなかった。また広島本城の籠城指揮をし、幕府上使とわたり合った知行一〇〇〇石の物頭大橋茂右衛門は、第一節の注(18)に記したとおり、福島家断絶のちは松江松平家に六〇〇〇石の高禄で召し抱えられ、同家の永代家老の栄誉まで与えられた。この破格の好遇は、広島籠城戦での水際立った振舞いにより、これまた武人としての誉れを輝かしたが故のものであった。

福島家臣団は芸備両国の城地の引渡しに際して、籠城臨戦態勢をとって幕府軍の領国への侵入を阻止し、藩主の開城指示の手書を取り寄せてのち整然と開城撤退するという遺漏なき処置によって、天下にその武名を挙げることがで

きた。そして、ここで重要なことは、この福島家臣団の挙措進退はまことに厳正にして理に叶い、武士の面目を施し、また家臣の本分を尽くしたものと見なされたために、それは後代に対して、大名改易時の家臣団のとるべき行動についての範型を提供することとなったのである。

すなわち、寛永九年の肥後加藤家の改易に際しても同様の事態が生じた。加藤家の改易と忠広・光広父子の配流が江戸で発令されると、国元の家臣団は熊本城に集結して籠城の構えをとった。隣国豊前小倉藩の細川三斎はその状を聞いて、これを「此以前福左太身上（福島左衛門太夫正則）、被レ成二御果一候時、福島丹波仕様奇特と諸人申候つる間、其ことく二隈本之留守居も仕物と存候」[39]と見なしており、藩主細川忠利も豊後岡藩主の中川久盛に宛てて、「不レ残居城へはいり候由、それハ左様ニ可レ有二御座一候、先渡候へと肥後方（加藤忠広）ゟ被二申越一迄ハ左様ニなく候て不レ叶儀ニ候事」[40]と述べている。ここからも籠城と藩主手書を待っての開城引渡しが、大名改易時の国元家臣団のとるべき当然の行為、作法として確立されつつあることが知られる。

幕命がいかにあろうとも、これに抗して国元家臣団が城地を死守するのは当然のことであり、藩主よりの手書が到来するまでは、籠城態勢をとって幕府軍による城地の接収を阻止すべきであるとするのが、幕藩領主を含む武家社会全体の共通見解となっていきつつあったのである。こうして大名改易時の国元家臣団の行動規範、作法が右のような形で確立され、後代に至るもこれが貫徹されていったのである。

寛文年間に丹後宮津の京極家で起こった京極騒動は、藩主高国とその父で隠居の安智斎との確執と家中の紛争を内容とするものであった。長年に亙った騒動は解決することなく、ついに寛文六（一六六六）年に幕府より改易されるに至った。[41]だがこの折りにも、国元家臣団は籠城した模様であり、宮津城の開城引渡しを指示する藩主高国の次のような手書が発せられている。

［史料15］　京極高国の宮津城開城指示の手書（『武家厳制録』二〇〇号）

一、丹後守家来ェ遣之自筆之状

上使之面々御着以前、家中并町在々迄騒動不レ仕様、急度可二申付一候、上使於二到着一は、城之儀は不レ及レ申候ぇ共、従二其差図一、早速引渡可レ申候、然は今度之仕合不調法故、家中之者可レ致二流牢一と、不便不レ及二是非一候、此旨侍中可二申聞一者也

五月六日　京極丹後守高国判

落合主税殿
沢図書殿
伊木七郎右衛門殿
中江民部殿

さらに天和元（一六八一）年の越後騒動の折りにも、この作法が確認される。越後家の改易が発令されると国元家臣団は籠城の態勢に入り、高田城の引渡しについては、「越後守様御書拝見不仕内は相渡間敷」[42]の旨を唱えていた。これに対して国許家老の片山主水・山崎九郎兵衛に宛てた、次のような藩主光長の手書が送られた由である。

［史料16］　松平光長の高田城開城指示の手書（『会津藩家世実紀』天和元年六月晦日条）

以二上意一、越後領分被二召上一候、依レ之、松平日向守殿（大和郡山八万石）・秋元摂津守殿（甲斐谷村五万石余）、高田并糸魚川両城、御受取可レ有レ之候間、無二相違一、可レ被二相渡一候、恐々、　六月晦日　越後中将光長

このように大名改易時の、国元家臣団の籠城と開城についての進退は、武士道上の作法として厳格に遵守されていったのである。幕府もまた、福島家の事件を先例として、踏襲的にこれを受け入れていった。こうして城地の接収と

いう大名改易の執行過程は幕府権力の一方的貫徹、力尽くの制圧行動としてではなく、籠城抵抗を示す改易大名の家臣団との折衝、大名領有権に対する尊重、この過程全体に亙る厳格な作法、手続きを踏まえての実行、そして籠城家臣団の名誉ある撤退というあり方をとることになったものである。

福島家臣団は、大名改易という近世の国制にとって最重要の問題において、このような慣行的制度をその実現過程のなかに具備せしめるに至ったものであり、その歴史的意義は特筆に値するものであると考える。

［注］

（1）　姫路市立図書館蔵。

（2）　国立公文書館内閣文庫蔵、「寛永録」（史料番号一六三―一九二）同年五月三日条。

（3）　京都府淀稲葉神社蔵。

（4）　前掲「寛永録」同日条、藤井駿他編『池田光政日記』（国書刊行会、一九八三）同日条など。

（5）　斎木雪村「会津騒動」（国史講習会編『御家騒動の研究』）、徳富蘇峰前掲『近世日本国民史・徳川幕府統制篇』。

（6）　藤田覚「寛永飢饉と幕政」一・二（『歴史』五九・六〇輯）。

（7）　『伊達治家記録』元和五年六月条。なお前掲［史料4］に見えるがごとく、福島正則が広島城破却の詫言をなして宥免に至った折りにも、幕府はこの事情を伝達すべく、京都所司代の板倉勝重に対して「何も無心元可被存候間、被相尋候衆へハ、右之段可被仰遣候」という指示をしている。

（8）　元和八年九月一五日付、細川三斎書状（『細川家史料』三四六号）。

（9）　細川家文書（藤井譲治『江戸幕府老中制形成過程の研究』第二編九八号文書、校倉書房、一九九〇）。

（10）　拙著『主君「押込」の構造―近世大名と家臣団―』（平凡社、一九八八）九〇頁。

（11）　元和八年一〇月二一日付、細川忠利披露状（『熊本県史料』近世篇第一冊、四〇四頁）。

（12）　本多正純の改易事情の伝達は、東国大名には江戸城召集による一括伝達方式でなされているが、これは福島事件の折りに想定された「大名一〇人の徒党離反」云々の大名が、福島と同類である西国の豊臣系大名を指すと見なされたからであろう。

(13) 寛永九年六月三日付、幕府老中連署奉書(藤井前掲書、第二編八三号文書)。
(14) 元和八年九月一日付、細川三斎書状(『細川家史料』三四六号)。
(15) 寛永九年一一月五日付、稲葉正勝書状(『熊本県史料』近世篇第一、二七八頁)。
(16) 寛永一七年八月一六日付、細川忠利書状(『熊本県史料』近世篇第一、一九七頁)。
(17) 前掲拙著、九〇頁。
(18) 寛永一五年七月二日付、山内忠豊披露状(岩崎又右衛門宛)(山内神社蔵、「山内御手許文書」)。
(19) 「(酒井本)幕府日記」(国立史料館、史料番号P八〇〇八―四六)。
(20) 前掲拙著、九〇頁。
(21) 寛永一五年七月二一日付、柴田覚右衛門等連署披露状(「山内御手許文書」)。
(22) 『梅津政景日記』元和五年四月二五日条。
(23) 『松平大和守日記』天和元年五月二七日条(三一書房、一九七七)。
(24) 御前公事の事例として次のようなものを挙げることができる。

慶長一四年九月　信州川中島一二万石の松平忠輝の家臣・国老ら対立し、大御所家康の下で公事対決。家老皆川広照流刑。

同　一五年二月　越後春日山三〇万石の堀忠俊の長臣堀直次とその弟直寄の確執、駿府で家康・将軍秀忠両者の御前で公事対決。直寄勝訴、堀家三〇万石改易。

同一七年一一月　越前福井六七万石の松平忠直の家臣争論、江戸城西丸で家康・秀忠御前で対決。本多伊豆守勝訴、反対家臣流罪。

同一八年一〇月　石見津和野三万石の坂崎直盛と伊予宇和島一二万石の富田信高との公事争論。駿府で家康・秀忠御前で対決。富田改易。

元和二年　三月　陸奥会津六〇万石の蒲生忠郷の家臣蒲生源三郎と町野長門守との確執、駿府の家康の御前で対決。町野流罪。
同　四年　八月　肥後熊本五二万石の加藤忠広の家臣両派の対立、江戸城大広間で将軍秀忠の御前公事。加藤美作ら流罪。
〔以上、典拠はいずれも『大日本史料』〕

(25)　柳川騒動については田代和生『書き替えられた国書』(中央公論社、一九八三)、荒野泰典『近世日本と東アジア』(東京大学出版会、一九八八)参照。
(26)　山口県文書館蔵、「福間帳」寛永一二年三月一〇日条。
(27)　寛永一二年三月晦日付、細川三斎書状(『細川家史料』一三一八号)。このおりの御前公事および諸大名陪席の座配図は、田代前掲書一四八頁、荒野前掲書二〇六頁に掲載。
(28)　「福間帳」同年三月一二日条。
(29)　「越後騒動」(北島正元編『御家騒動』人物往来社、一九六五)。
(30)　『松平大和守日記』天和元年六月二一日条、『会津藩家世実紀』同日条。
(31)　津山市立郷土博物館蔵、松平家文書、「越後光長公御領没収之節御用控」(国立史料館、写真紙焼版史料番号P八一〇八—四七)。
(32)　『会津藩家世実紀』天和元年六月二一日条。
(33)　藤井譲治「幕藩制領主論」(『日本史研究』一三九・一四〇合併号)。
(34)　淀稲葉神社蔵、稲葉家中文書、「家譜(稲葉正勝譜)」(国立史料館、写真紙焼版史料番号P七二〇八—四六)。なお天和元年の越後松平家改易の際の城地受取軍の構成について、村上藩榊原家のものを詳しく知ることができる(山田裕二「榊原氏(村上藩)の高田城受取記録」上・下〈『新潟県史研究』一二・一三号〉)。
(35)　『徳川実紀』寛永九年六月四日条。

（36）『大日本史料』元和五年六月二日条。
（37）「東武実録」元和五年六月条（『内閣文庫所蔵史籍叢刊』第一巻、汲古書院、一九八一）なお「福島太夫殿御事」（『改定史籍集覧』第一五冊別記類一九五）では、福島丹波を広島城の籠城指揮官とし、また音戸瀬戸へ出向いたのは大橋・吉村両名のほか、福島式部・水野次郎右衛門とも合わせて四名としている。
（38）「東武実録」元和五年六月条。
（39）寛永九年六月二九日付、細川三斎書状（忠利宛）（『細川家史料』九七九号）。
（40）寛永九年六月一八日付、細川忠利書状（『熊本県史料』近世篇第一、一一四頁）。
（41）『徳川実紀』寛文六年五月三日条。
（42）『会津藩家世実紀』天和元年六月晦日条。

結　語

本稿は、近世の大名改易についての、従前の歴史像を再検討することを課題としてきた。幕府による大名改易を政略的にして権力主義的なものと見做す理解こそが、近世社会一般ついての従前の歴史像、すなわち将軍権力の圧倒的強大性、大名以下の武家領主の存在を意のままに操作しうる不可抗の絶対性としての「将軍専制」、あるいは「封建的土地所有の将軍への帰属」という歴史像を生みだしてきたところの、主要な根拠であったといえるであろう。

本稿はこのような大名改易の従前の理解に対して、もっぱら事実関係の面から、その修正を求めるものなのである。それは主として、以下の三つの問題からなっている。

（1）改易の原因とされた事件の内容、その実態についての理解ここでは大名改易の原因事実についての従前の理解、その大名改易が幕府の既定の方針の実現としてあるとする見方、幕府によって意図的かつ操作的に遂行されていく大名取潰し政策として捉える認識が問題である。

大名改易の従前の認識形成に大きく貢献したのは、元和五（一六一九）年の安芸広島四九万八〇〇〇石の福島家、寛永九（一六三二）年の肥後熊本五二万石の加藤家の両改易事件であった。しかしながら第一節に見たごとく、福島正則の場合については、⑴まず、改易の原因となった広島城の無断修築の件については、当時の第一次史料からして、正則は幕府側に許可を求める兆しもなく、少なくとも二回に亙って城郭の修築を早い時期より行っていること。⑵幕府側はこれに対して、年寄の本多正純らはむしろ、この問題を穏便に片づけようと努力していたと見なしうること。しかしながら本問題の宥免条件の不履行という事態を迎えて、幕府としてはその威信を堅持するうえから、改易の実行に踏み切ったという性格のものであること。

寛永九年の肥後加藤家の改易事件は、加藤忠広の嫡子光広が、家光政権の転覆を内容とする密書を発給したことを理由とするものであった。しかしながら、これも同時代の第一次史料が示すごとく、光広が右の内容の密書を発給したのは動かしがたい事実なのである。そして、それは単なる戯事として片付けるには、当時の政治状況からして余りに重大な事柄であった。光広個人の処罰で済ませるのも考慮の一つではあったであろうが、加藤家そのものの改易に至っても、事柄の性格上やむを得ないものであり、当時の世上の受けとめかたも、そのようなものであったと思われる。

近世の大名改易を論ずる際には必ずといってよいほどに取り上げられ、その歴史像の形成の主要根拠となってきた両事件であるが、以上のように、それは幕府の側からの政略によるものでもなければ、些細な事柄を、理不尽にも、改易理由にまで仕立てた権力主義的な強圧政策ということも出来ないのである。

（2） 改易の決定過程

ここでは幕府による、一方的な命令強制としての改易発動という先入観が支配的であった。大名改易は、幕府が独自に判断して決定し、これが当該大名に申し渡され公表されていくものという自明性の予断があり、この大名改易の決定過程の権力論的意味について検討を加えるという関心が、そもそもこれまで存在しなかった。

大名改易の決定過程を見た時、それは外部に対して秘密主義的で臨むのではなく、むしろ第三節（一）に述べたごとく、さまざまな形をとっての事情説明をむしろ積極的に行っており、それによって幕府の施策に対する了解と支持を取りつけようとする姿勢が顕著に見られるのである。よって、あえてこれを改易事情の公開の原則と呼ぶものである。

肥後加藤家の改易時における密書の有力五大名への提示や、御前公事への大名陪席という措置は、改易事情の「公開」と評価しうるものであろう。また改易の事後的説明であっても、安芸福島家や会津加藤家の改易事情の説明は、その背後の経緯の詳細にまで立ち入ったものであり、改易事実の単なる公表というものよりは、むしろ「公開」――今日的意味での「情報公開」とはもとより異なったものではあるが――と形容できるような性格の行為ではないかと考える。

（3） 改易の執行過程

改易大名の居城と領地の接収に際しては、幕府の命令の下に大規模な軍事力が動員されるならば、問題なくその執行がなされることは、これまた自明のこととされ、この執行過程についても立ち入った検討は行われてこなかった。だが、ここにも、きわめて重要な権力論的問題が伏在していたのである。

改易大名家の城地の接収は、決して幕府の軍事力による力尽くの制圧としてあるのではなかった。大名家の家臣団は、幕府の軍事力に対しては死守の構えで籠城態勢をとり、些かも屈するところはなかった。そして、この軍事対立を解決するものは、ただ改易大名自身の開城指示の手書なのであった。

改易大名の城地の接収に際して当該大名の手書が必須の条件をなし、これをまって始めて開城引渡しが可能となるという作法・慣行が、近世武家社会において確立されていたということは、同時にまた次の問題を提起することとなっている。

すなわち、諸大名の城と領地は、徳川将軍から宛行われたものという知行形式を持っているが、このことは直ちに、それら城地が将軍に専一的に帰属することを意味してはいないということである。改易大名の城地の引渡しに際して、当該大名の引渡しの指示なくしては、将軍の命をもってしてもその執行を実現しえなかったという事実は、将軍のもつ全国全領土に対する領有権、あるいはその政治的支配権なるものが、限定されたものであったことを証示することになるであろう。将軍の全国規模での領有権、支配権なるものは、大名の存在を媒介とせずしては、その大名の支配下にあるものに対して、おし及ぼしえないという関係が、逆説的なことながら、この大名改易の執行過程のあり方を通して確認されることとなっているのである(1)。

徳川幕府による大名改易政策の性格について、以上の点を指摘したい。そしてそれは自ずから、大名改易についての従前の見解を踏まえて定立されてきた、近世の国制を巡る理解についても再検討の必要を提起するものと考える。

［注］

（1）　田原嗣郎『赤穂四十六士論』（吉川弘文館、一九七八）においても、赤穂浪士の行動の中に「主君の主君は主君でない」という、封建的主従関係を規定する原理を認めることができるとして、その観点において幕藩制的な政治秩序を理解すべきことが指摘されている。

第十一章　国役普請論

はじめに

本章では、享保五年（一七二〇）の幕令[1]によって始まる国役普請制度を考察の対象とする。近世における治水制度の一つである当該制度の内容は、諸国の河川普請、水害発生箇所の復旧普請に際して、国持大名および二〇万石以上の大名はこれまで通りに自普請をなすこととし、それ以下の領主で自普請の困難な場合には、幕府が総費用の一〇分の一を負担して普請を遂行し、残余を国役金として幕領私領の区別なく高割りして、その農民より取り立てるというものである。

国役普請については先学の諸研究[2]の少なからぬ蓄積をもち、その事実関係がしだいに明らかにされつつあるが、その歴史的意義に関しては消極的な評価が支配的であったように思われる。すなわち、法令にいう私領救済は表面的なものであり、当該制度の本質は、国役という課役の形で農民に負担を転稼するもの、または幕領分の普請負担を私領に転稼する、幕府の支出削減政策であるとする見解である[3]。筆者はこのような見解に疑問を抱くものであり、国役普請制度成立の必然性を当該時期の社会状態および政治的推移のなかに検討し、その歴史的意義を明らかにすると共に、本問題を通してみた近世中後期における国制の変容の過程を追究することを課題とする。

［注］

（1）『御触書寛保集成』一三五六号（以下「『寛保集成』一三五六」のごとくに略記。宝暦・天明・天保の各『御触書集成』についても同様）。

（2）国役普請制度に関する従来の研究としては、『明治以前日本土木史』（日本土木学会、一九三六）、喜多村俊夫『日本灌漑水利慣行の史的研究・総論編』（岩波書店、一九五〇）、大石慎三郎「幕藩体制社会の構造」（『歴史学研究』二四二号）、原昭午「近世美濃における国役普請」（『歴史学研究』三〇二号）、同「幕府法における国役普請制について」（『岐阜史学』五七号）、大谷貞夫「享保期忍藩領における治水事情」（『国史学』七六号）、同「享保期関東における国役普請」（同八六号〈ともにのち同『近世日本治水史の研究』〈雄山閣出版、一九八六〉所収）、村田路人「摂河における国役普請体制の展開」（脇田修著『近世大坂地域の史的分析』〈御茶の水書房、一九八〇〉などがある。

（3）主要には原昭午氏の見解である。中井信彦『転換期幕藩制の研究』（塙書房、一九七一）第一章「宝暦・天明期における幕府の経済政策」、難波信雄「幕藩制改革の展開と階級闘争」（『大系・日本国家史3　近世』東京大学出版会、一九七五）における評価もこれに近いものである。原氏は享保期の国役普請に、幕府の新田開発政策遂行にとって不可欠の補完物としての意義を与えられつつも、自余の時期のそれについては本文のごとき消極的評価に止められている。

第一節　国役普請の制度史的概観

（一）　享保国役普請制度の形成

享保五年五月二二日発布の国役普請令[1]が、同月二一日に決定された日光大谷川・竹ケ鼻川の普請を直接の目的とし、かつ、それに惹起されて成立したものであることは大谷貞夫氏のすでに明らかにされているところである[2]。そして、

表8　国役普請地域一覧

	国役指定河川	国役賦課規定額	国役賦課対象国	同左 総石高
I	利根川・小貝川・荒川・烏川・鬼怒川・江戸川・神流川	3000～3500両	武蔵・下総・常陸・上野	288万1000石余
		3500両以上	安房・上総を加える	336万5000石余
II	稲荷川・大谷川・竹ケ鼻川・渡良瀬川	2000～2500両	下野	66万7000石余
		2500両以上	陸奥を加える	176万8000石余
III	富士川・大井川・安倍川・天龍川・千曲川・犀川	5000～5500両	駿河・遠江・三河・信濃・甲斐郡内領	159万石余
		5500両以上	伊勢・伊豆を加える	196万4000石余
IV	関川・保倉川・信濃川・魚野川・阿賀野川・飯田川	2000～2500両	越後	80万8000石余
		2500両以上	出羽を加える	172万8000石余
V	木曾川・長良川・郡上川	2000～4000両	美濃	――
		4000～4500両	近江を加える	107万3000石余
		4500両以上	越前を更に加える	144万7000石余
VI	桂川・木津川・守治川・淀川・神崎川・中津川	（畿内8川 1万両以上の時は五畿内総懸り）	山城・大和11郡 摂津・河内9郡	114万7300石余
VII	石川・大和川	（同　上）	河内7郡・大和4郡・和泉	36万8000石余

備考　「御勝手方御定書」（国立公文書館内閣文庫蔵）による。

これを端緒として国役普請制度は享保九年にかけて表8のごとくに拡大、整備されていく。

享保九年五月、「国役普請之儀、享保五子年被仰出、国分川々金高定法」[3]の見出しをもつ国役普請の施行細則（以下「細則」と略記）が制定される。国役普請指定河川と国役賦課国とは表8に示したように、この「細則」制定からはブロック方式を採るのであるが、それを念頭に置きつつ「細則」の主要条項を摘記するならば次の通りである。

(1)　普請が幕領私領のいずれで行われようと、各ブロックで普請費用が規定額を超過すれば国役割とし、それ以下なら国役割としない[4]（第一条）。

(2)　私領よりの普請出願で国役普請となった場合（「私領願国役普請」と呼ばれる）は、その私領普請分の費用を、最寄の国役普請指定河川の普請費用に加えて国役割とする（第二条）。

(3)　国役割をする場合、幕領の普請分については一〇分の一を幕府の純粋支出として、残余を国役割とする。

私領願国役普請の時は、普請箇所のある村の村高一〇〇石に付き一〇両を私領の負担（以下「私領出金分」と呼ぶ）とし、残り費用中の一割を幕府が負担して、自余を国役割とする。ただし、国役は私領出金分を提出した村にも割掛かる（第三条）。

(4)　私領より国役普請を出願した場合、その普請費用が村高一〇〇石に付き一〇両以下の普請はもちろん却下。一〇両以上でも、その領主の分限高に応じて自力普請の可能なものは却下。

たとえば領主の分限高が三〇〇石の時、その知行地内の村の川普請費用が三〇両以下であれば申請を却下する。この分限高一〇〇石に付き一〇両以内は自普請という分限高条項は、享保一四年に同五両の基準に改正された（第五・八条）。

(5)　私領より出願のない場所を、幕府より見分を遣わして普請をした場合には私領出金分を出すに及ばない。ただし、この私領普請分の費用は国役割のある時に一緒に賦課する（第七条）。

およそ以上である。これらの規定より導き出される国役普請の諸形態についての分類整理を行うならば、次のごとくである。

まず注意せねばならないのは第一条の規定である。規定額を超過すれば国役割となるがそれ以下なら国役割としない。すなわち宝暦九（一七五九）年に勘定奉行らがこの条項を検討して、たとえば第Iブロックならば「三千両以下は御入用御普請ニ致候趣ニ相聞」[5]と述べたごとく、御入用御普請として扱われるのである。したがって国役普請と公儀御入用御普請とは事後的に区別されるだけであって、その普請の実働形態において何ら本質的な差異はないのである。ともあれ、かかる幕府の財政支出削減を第一義とする型の国役普請は、本来的な国役普請と呼ばれるべきものである。

ついで国役普請が、私領において行われる際についての二つの規定がある。その一つは、第二条に基づく私領願国役普請である。それは同条文に「私領之分、入用記置、いずれの年成とも（中略）可割合候事」とあるように、その普請費用がいかほどであれ、私領よりの出願が受理された時から国役割を前提とした普請の形態なのである。そして村高一〇〇石に一〇両の私領出金分を伴う点が、この型に特有なものとなる。

今一つは第七条によるものである。すなわち私領よりの出願なくして、当該私領の普請をなすものである。これは「幕府発動型の国役普請」とでも呼ばれるべきものであろう。そして、この型の国役普請においては、私領出金分を納入しなくてよい定めになっているのである。

以上の検討により、私領に対して行われる国役普請の二つの型を析出しえたのであるが、ここで問題となるのは通説を代表すると思われる原昭午氏の議論である[6]。そこでは私領分の国役普請があれば、すべて私領出金分（村高一〇〇石に付き金一〇両）が強制されることになっているのであり、これは氏において「私領願」の概念が欠落しているのと正しく対応しているのである。

筆者は通説の誤謬を「細則」第七条の誤読に基づくものと判断する。第七条の原文は次の通りである。

一、私領より願無之場所、此方より見分遣、致普請候節は、村高百石拾両づゝ之割合不取立之、国役掛有之節割合可申事

但、是は又其品に寄可申義に候間、此分を其節可及相談事

この条文の「国役掛有之節割合可申事」は、「普請の時には私領出金分を出さないでよい（すなわち私領出金分も幕府が立替支出し）が、国役賦課をする時に一緒に取立てる事」と一見解せるようであり、そうであれば私領分普請は

出願の有無に関わらず、結局、私領出金分を取り立てられることになってしまうであろう。

しかし、この「割合」の語の意味は、第二条の規定との関連で理解されねばならないのである。第二条の但書に「私領より願に付、国役普請に成候時者、川々無差別、国役可相成近辺之川へ入用差加、可割合、尤其年近辺之川々国役割合無之候はゝ、私領之分入用記置、いづれの年成共、其国役掛有之節、差加可割合事」とあり、第七条の「割合」が「私領分普請費用を、(各ブロックごとの)全普請費用に加えて、国役として割合う」の意であることが明らかになるのである。

第二条、第七条は共に私領分についての国役普請の規定であるが、享保国役普請制ではブロックごとの国役割規定額が設定してあり、年によって国役割の無い年があるために、「国役掛有之節、可割合事」の補足規定を設けざるを得なかったのである。(7)

以上、私領出金分の有無によって截然と区別される「私領願」と「幕府発動型」という二つの型の国役普請——私領に対する国役普請——を構想しうると考える。そして「幕府発動型の国役普請」については、これの最も拡大された形態として、幕府が発意的に幕領私領一円の普請をなすものがある。これは「一統御普請」(8)と呼ばれる。これも費用は国役割されるのである。(9)

享保一七年、西国筋の蝗害対策を理由に国役普請制は中止される。(10)とはいえ、表9にも散見する通り、宝暦八年までの中断期間にも国役賦課が行われている、後述の越後高田藩内にも延享五(一七四八)、宝暦元年と国役普請が行われている。これらの臨時的な国役普請のもつ意味については第四節で検討する。

(二)　宝暦国役普請制度とその展開

宝暦八（一七五八）年一二月二一日、国役普請制の復活が発令される[11]。同法令の発布事情は、勘定所吏僚と勝手掛老中堀田正亮との折衝および評定の次第を記した「国役御普請之儀、評議仕候趣申上候書付」[12]によって知ることができる。

この評議での主要関心は一にかかって河川普請に対する幕府財政支出の削減にあり、その結論は、国役普請制を発令すると私領普請分が随伴するために幕府の普請支出は膨張することになるが、それらは立替支出（「取替金」と呼ばれる）なのであって、幕府の純支出はその一〇分の一で済むのであるから国役普請制を発令すべきこと、そして国役金の徴集を徹底するならば「先年之通、御取替金多溜候儀、有御座間敷事」と、享保国役普請制で生じたような多額の「取替金」の滞留による失敗の轍は踏まないとしている。この問題については後に詳しく検討する。

ついで翌宝暦九年閏七月一日付の「国役普請之儀に付申上候書付」[13]がある。その内容は前記享保九年「細則」に対する勘定奉行以下の修正意見であり、これが宝暦国役普請制を性格づけることになる。享保のそれと次の点で顕著な相違がある。

(1) 国役割の賦課規定額を撤廃し、急破御普請の費用はすべて国役割とする。他方、国役賦課については村高一〇〇石あたり、関東は銀二〇匁、その他のブロックでは三〇匁を徴集限度額とする[14]（第一条）。

(2) 国役指定河川の支流ならば同じく国役割とする（第二条）。

(3) 享保国役普請制にあった分限高規定の撤廃。すなち領主分限高に拘わりなく、普請所村高一〇〇石に付き一〇両までの普請は自普請とし、それ以上を国役普請にする（第五条）。

さて宝暦期以降の国役普請に関する法令は、その普請費用の節減について命じたものがほとんどである。宝暦一二年には川除普請費用が年額七〇〇〇両を限度とする枠を設けられ、国役普請十分一御入用もこのうちに収められることになる。[15]これを「御定高」というが、明和八（一七七一）年のそれは四〇〇〇両へと圧縮され、[16]約八年間継続した後、安永七（一七七八）年、七〇〇〇両に復している。[17]

国役普請に制限が加えられるのは下って享和元（一八〇一）年のことである。[18]ただし制限されるのは国役普請一般ではなく、私領願国役普請である点に注意せねばならない。これの増加が幕府財政に圧迫を加えるからである。いわく「私領願国役普請之儀、近年は願も多有之（中略）国役金其年々之取立高とは不足いたし、年々御取替金償ひ戻し之期も無之候」と。

ただし、これは法令ではなく勘定所普請方内部での示達であり、普請の際の目論見の軽減を言うのみであって、国役普請の願が制限されているわけではない。個別領主に対して、その出願を法令を以て制限するに至るのは文化八（一八一一）年になってである。[19]この国役普請出願制限令が、文政四（一八二一）年に再令された後、[20]同七年九月、国役普請万石以上停止令[21]が出されるのである。

> 諸国川々国役普請之儀（中略）追年御取替金相嵩、御入用多ニ候条、万石以上之分は先暫之間、国役普請被及御沙汰間敷候、依之堤川除修復等自分ニて普請可被申付候、右ニ付国役金は不及差出候、尤只今まで普請出来候入用金之内、割残り之分ハ、割合取立ル筈ニ候（後略）

国役普請制度は文政七年の万石以上停止令を以て、幕藩制下におけるその歴史的使命を事実上終えるのである。

［注］

（1）幕府法令発布の日付は『徳川実紀』による。

（2）大谷貞夫前掲『国史学』八六号論文三三頁以下。

（3）『日本財政経済史料』第四巻八二〇頁（以下「『財経史料』四―八二〇」のごとくに略記）。この史料が享保九年のものであることを考証されたのは原昭午氏である（同氏前掲論文二頁）。

（4）普請は幕府が一旦全費用を支出してなすのであるから、その費用の国役割は大体その普請の翌年に行われている。表9参照。

（5）『財経史料』四―八三四。

（6）原昭午前掲『岐阜史学』論文三、八頁。

（7）私領出金分が「私領願」と強固に結びついていることは次の「細則」第六条の規定からも知り得るところである。

一、一村之内相給人有之、一人者国役普請願、一人者不相願候共、国役普請に成候時者、たとへ願無之、相給川通に知行無之候共、村高百石拾両之割合可為出事

私領分普請が総て村高一〇〇石に付き金一〇両の私領出金分を強制されるのであれば、右のような入念な規定は全く無意味というべきであろう。

（8）用語としては『天保集成』六二二六などに見える。

（9）たとえば後述する宝暦八年のものがそうである。

（10）『財経史料』四―八二七。

（11）『宝暦集成』一〇四七。以下、これを宝暦国役普請令と呼ぶ。

（12）『財経史料』四―八二八。

（13）『財経史料』四―八三四。

（14）原氏はこの条文について、幕府は実際の普請費用の多寡に拘わらず一〇〇石あたり銀二〇匁を常に賦課することになり、国役金は「一般の高掛物とかわりのない性格を示すにいたる」とされている（前掲『岐阜史学』論文五頁）。しかし原文は「弐拾目を限、割合可仕候」と限度額について規定しているのであり、したがって原氏の評価は訂正を要する。表9で享和期以降が二五匁台で推移している点については、後述する幕府取替金の残高の累積現象から考察されるべきであろう。

（15）『天明集成』二四七六。

(16)『天明集成』一八三六。
(17)『天明集成』一八四二。
(18)『財経史料』九―二一五。
(19)『天保集成』六二五一。
(20)『天保集成』六二六二。
(21)『天保集成』六二六七。

第二節　享保期の社会情勢と国役普請

既述のごとく享保五年の国役普請令は、同年五月に行われた日光諸川の普請遂行を直接の目的とするものであった。そして、この普請は幕領についてのみなされ、私領はこれに含まれてはいなかったのである。(1)ここからして、国役普請令の直接的な発布意図が、幕府の普請支出の削減にあったものとみて誤りはないであろう。

然るに享保一七年の同普請制の中止令の文言には、「今年西国中国辺、作毛夥敷虫付候に付、御料は夫食、私領へは拝借等被仰付、旁以御入用多候条、御料私領共国役普請、一両年者御沙汰及間敷候」(2)とある。国役普請制が普請支出の削減をなすどころか、逆に支出圧迫をなしていることを物語っているのである。そしてすでに見たごとく、宝暦八年の当該制度の評議内容から、この圧迫が「取替金」の未償還分の累積によるものであることを知るのである。

享保国役普請制の下、国役普請の総支出中に占める私領分普請入費額については、その数年分が次の通り記録されている。(3)享保五年の初年は下野国大谷川・竹鼻川を対象とするもので、総額二七〇〇両で私領分は含まれず、同九年は関東・東海道・信州の諸川で総額四万六〇〇〇両、私領分三万七〇〇〇両。同一四年は関東・東海道の諸川で総額四万九〇〇〇両、私領分二万三〇〇〇両。同一五年は関東・東海道の諸川で総額一万五〇〇〇両、私領分が四六〇〇両となっている。

このように国役普請の総費用のうち、私領を対象とする金額は各々五〇パーセントおよびそれ以上に達するものであり、主要には「私領願」でなされたであろう私領分普請の増大、そして、それに伴う立替支出の累積圧迫が当該制度を機能麻痺に追い込んでいたのである。

このように見てくるならば、享保国役普請制はその当初の目的としては単なる支出削減策として採られたのにも拘わらず、その政策運用過程で全く別個の機能を有するに至ったと解釈せざるを得ないのであって、国役普請制のこの期における活動形態と、またかかる形態を採らしめた歴史的条件について、成立事情の究明とは別個の考察をなさねばならないのである。

（二）　新田開発の盛行と水害激発状況の形成

水田稲作農業を生産の中軸とする近世社会において「水」の問題が領主にとって必須の関心事であったことは言を俟たない。そして河川改修工事は近世初頭の利根川・淀川の瀬替から始まり、[4]他方では伊奈忠次の手になる備前堀を代表とする数多くの灌漑用水路の開鑿工事が行われてきた。[5]したがって河川普請は初期以来のものであるのだが、近世中期以降のそれは初期とは異なる様相を呈してくるのである。

表9は元禄元（一六八八）年以降の河川普請記事を『徳川実紀』などより抽出したものであるが、中期以降の河川普請を初期のそれと異ならしめるものは普請の連年性であり、そして、それが水害の連年性によってもたらされている

という事実である。普請の内容も、河川の流路変更や開鑿ではなくして浚渫作業、堤防修復、護岸工事が中心となるのであり、総じて水害後の復旧工事としての性格を強くもつと言えるのである。

かような形での治水問題が発生するのは、表によっておよそ元禄の十年代ぐらいからと見てよいであろう。美濃においては幕領の定式春普請の始まるのが元禄期からというが[6]、それは全幕領的に見ても元禄〜正徳の間に設定されていると思われ[7]、堤防修復を主内容とする普請が毎年定期的に行われるようになったという事実は、中期以降の治水問題がこのころより発生するに至ったと見做す指標たりうるであろう[8]。

河川の洪水現象、それ自体は超歴史的な自然現象である。しかし洪水が災害を伴うところの水害という形に転化する時には、そこに人文的・社会的契機が介在してくるのである[9]。

宝暦九年になる地方書『地理細論集』[10]にはこの水害発生のメカニズムが鮮かに説かれている。「普請の仕方を考るに古来は左のみ大破無之事と相見、御損地も只今程は無之事と被存候、享保之始、宝永頃よりも普請丈夫に成、夫より新田開発に付、水落等も柵も段段丈夫に出来、水行直路堀割等被仰付、次第に水勢強相成、今に至て不得止事、普請丈夫に不仕立候ては不叶様に相成候（中略）水勢悉く強候故、稀に押開候所は大造に地を堀、土砂夥敷押出し、古へ五町歩損候所は、拾町歩も弐拾町歩も損候様に相成候」と。

すなわち大河川流域の氾濫原への新田開発の進行に伴う、長大連続堤防の築造と河道の固定化ないし圧迫化、そしてまた「当時は川より田の方へ一丈も下り候趣」という「天井川」の形成、それらが正に水害激発の全原因をなしているとするのである。

古島敏雄氏によると、幕初以来元禄に至る新田開発においては、用水源として貯水池の利用されることが多く、引水の用に供せられた。河川は小河川に限られていて、大河川の下流域一帯は利用されないままであったという。築堤技術の拙い段階においてはある程度以上の出水は予定されており、河川敷も広く与えられていたので出水はあっても水害は少なく、幕初の新田開発が多くの社会問題を伴わなかったのはこの故であった。元禄期はかかる形での新田開発が限界を迎えた時であった。

このころより深刻になる幕府・諸藩の財政窮乏は、年貢増大要求を切実なものとしており、これが築堤護岸工事技術・堰切技術の高度の発達と結びついて、従来触れ得なかった大河川の流域の開発が一斉に進行した。そしてかかる運動が前述の地方書に展開するごときメカニズムを通じて水害激発の状況を生み出すに至ったのである、と。古島氏の所論は、およそ以上のようなものである(11)。

水害激発―普請の大規模化という一般的傾向が財政に与える圧迫度は、窮乏の一途をたどる個別領主にとって前時代に比して相対的に増大することはもちろん、絶対的にも増大していくのであって、この過程の累積的進行が個別領主をして自力普請を不可能ならしめ、幕府への依存を高めていくことになるのである。私領願国役普請の背景をなすものは、疑いもなくかかる事情である。

国役普請の今一方の側面である幕府発動型の国役普請、そして、その最高の形態である一統御普請について見るならばこうである。大河川流域の新田開発の進行が水害激発に結びつき、そして、その因果関係が意識化され究明されればされるほど、今や水害は個々の洪水発生箇所の問題としてではなく、当該河川全体の問題として、その全体的な管理の問題へと発展していくのであり、治山、新田開発規制まで含み込んだ問題として、総合的な治水政策の樹立が要請されるに至るのである。

『地理細論集』に言う。「堤押不切、川内計大水通候様に仕候はゝ川下にて悉難儀可仕(12)」と。『隄防溝洫志(13)』も普請場のみに目を奪われることの危険性を警告し、さらに水制工の一つ「大聖牛」について、「川の瀬を変ずるに霊妙なる者なり、凡そ達瀬の右の方に衝擢来て崩壊する処に、大聖牛を造て居るときは其瀬忽ち変り、左に向ひて斜走し一夕の間に向の岸しを衝き崩すに至る、容易ならざる者なり」とし、総じて未熟な知識で川除普請を行う時、意外なる大患を引き起こす点を指摘する。

享保以降の治水政策はこのような問題に直面していたのであり、それは新田開発の不可避的進行によって、いよいよ事態を尖鋭化させていくような性格のものであったのである。そして事態が右のようなものである以上、幕藩制的な入組支配の下では、その解決は個別領主の能力を遥かに越えたところに存したというべきであり、かくて、それは治水専門の技術官僚陣の充実(14)――その代表者が紀州流工法とともに登場した井沢弥惣兵衛為永である――、そして、その知識・技術の集積を踏まえた、幕府による一元的な河川管理によってなされねばならなかったのである。

一統御普請の、より本来的な理由については以下の各節に亙って論及するところであるが、そこにおいても如上の技術的条件がその背景をなしている点は忘れられてはならないのである。

(二)　国役普請をめぐる諸階級の動向

表9について特徴的なことは、享保二年より同二〇年までの間、御手伝普請が皆無だという点である。この期間は享保国役普請制の施行時期に当たっているわけであり、ここに享保国役普請制の政治史的な意味を見出すのはきわめて自然であるように思われる(15)。

前述したごとく近世中期以降に特有な治水問題の発生は元禄の十年代に求められるのであるが、表9に見る通り御手伝普請もまたこれに添うようにして登場してくる。綱吉政権の末期に顕在化してきた新たな治水問題は、河川普請への大名助役の動員という形でその対応がなされたのであるが、享保期にはこの大名助役が姿を消してしまうのである。

そして治水問題は終息したのではなくして正にその逆なのであるから、享保国役普請制は御手伝普請の代替物としての意義を有したと言うべきであろう。されば、国役普請制を中核に据えた政策体系としての享保治水政策の基調は、御手伝普請の緩和による個別領主財政の保全と、他方での水害激発状況下での個別領主救済にあったのである。そして国役はこの関係を媒介するものであり、全負担を農民に転稼することによって当該政策の実現を計っていく槓杆とも見做されるものであった。

だが農民と国役普請との関わり合いを見るならば、農民は国役を賦課される対象であると同時に、国役普請を招来する主体でもあった。この関係を以下に見ていこう。享保期の農民の動向を示すものとして、武州多摩郡蓮光寺村他六ヶ村よりの幕府への歎願書を挙げる。(16)

乍恐以書付奉願上候　武州玉之郡　関戸村・寺方村・和田村・市ノ宮村・藤川村・下川原村・蓮光寺村、〆七箇村

一、右七箇村之儀は玉川東面ニ当り罷在村々ニて御座候間、年々満水に御田地川欠ニ罷成申候、別而去々卯之秋満水ニて玉川水筋替り、七ヶ村江押付流、殊ニ水先強相当り候間、御田地過半欠ヶ失候ニ付、御地頭様方ニ茂御小給ニ御座候得共、年々御合力被下、七ヶ村惣百姓銘々自分入用ヲ以、水除等仕来、困窮至極仕候所、只今ハ我々共居屋敷江川押付、村方も危罷成難義仕候、依之御地頭様方江川除普請願上候得共、大川殊ニ大分之場所ニて御座候間、御小地之御儀故、普請不及御力、大勢之百姓迷惑仕候間、隣村御支配御代官岩手藤左衛門様江、当二月中川除御普請奉願候所、被仰渡候ハ、私領普請は御公儀様御入用ニて難成儀与被　仰渡、奉承知候得共、只今之通仕置候ては又候満水ニ、右七箇村不残川欠ニ罷成、我々共御田地ニ離レ居住を失ひ及餲命ニ、右七ヶ村亡所可仕与迷惑至極奉存候付、御訴訟申上候、以御慈悲ヲ、右之場所御見分被為仰付、七ヶ村相続仕候様被為仰付

被下候は、大勢之百姓難有可奉存候、以上

右之趣、稲生下野守（勘定奉行稲生正武）様江御訴訟申上候所ニ、御地頭方より御添状無御座候付、御取上ヶ難被成旨被仰渡承知仕候得共、別而卯之秋満水より玉川水筋替り申候、然共御地頭方御小身ニ付不及御力、勿論惣百姓困窮之上不相叶、迷惑至極仕候、御地頭方ニも御難儀被思召候得共、御公儀様ニ被仰上候義も六給ニ御座候得は御互ニ御遠慮之筋ニ有之と相見江、御添状も不被下、然ル上は当夏ニも満水仕候者、七ヶ村ハ川原ニ不（可カ）罷成躰ニ御座候ニ付、乍恐直訴奉候、以御慈悲ヲ七箇村無別儀、続罷有候様ニ偏ニ御救奉願上候、以上

享保十年巳四月

武州玉之郡知行所

小角藤兵衛	関戸村
右同人	和田村
松平内膳正	藤川村
天野内膳	蓮光寺村
右同人	下川原村
小角藤兵衛	寺方村
幸嶋助左ェ門	市之宮村
中山助兵衛	
曾我七兵衛	

案文で宛所を欠くが、勘定奉行稲生[17]に断られた上での「直訴」であるから幕府老中を想定したものであろうか。いずれにせよ、ここでは「御地頭方御小身ニ付、不及御力」と領主の無力さが明言され、農民は幕府代官、勘定奉行そ

して老中クラスの大官へと公儀普請を出願するに至っているのである。このような、農民の幕府への訴願運動による国役普請の実施については、大谷貞夫氏の紹介されている享保八～九年における忍藩領久下村の場合にも見られるところである。(18)

国役普請を巡る農民の動きは、自領主への期待喪失と、幕府への積極的な運動の形態をもった救済要請の姿を常にとる。この事実は、幕藩制下の政治的な基本要素である幕・藩・農民の相互関係を捉える上で重要な論点を提示するとともに、本章の直接の関心事である国役普請制（特に宝暦のそれ）の性格究明において不可欠の手懸りを与えるものなのである。

次に享保国役普請制運用の実態に立入らねばならないのであるが、大谷氏によれば、忍藩久下村ではその後享保一二、一六年に公儀普請を願出たがいずれも却下され、国役普請の実施は結局、享保九年の一回限りであったという。(19)多摩蓮光寺村の享保一〇年の歎願も代官・勘定奉行と却下を申し渡されている。この享保一〇年は国役普請制がすでに軌道に乗っているはずの時期であり、そうであるなら享保国役普請制のこの消極性は見逃されてはならないであろう。

これらの事情を政策面で表現しているのが、先述の享保九年「細則」の第五条「分限高条項」である。これによれば私領願国役普請の場合、同一額を要費する普請でも、領主の分限高が大きくなれば国役普請に該当しなくなるのであり、忍藩一〇万石の久下村の場合、享保九年以後の申請が却下されていったのはこの規定に触れてのことと思われる。この規定によれば、当該普請箇所の費用が一万両以上でなければ、忍藩領内の村の川普請は国役普請の適用を受けられないわけである。

この分限高規定は分限高一〇〇石に付き一〇両であったものが、享保一四年に同五両に改められている。これは明らかに「私領願」に対する緩和措置であるが、改正されるという事実の中に、この規定が空文でなく実効力を持つものであったことが雄弁に語られている。分限高条項が厳格に適用される限り、大名領からの「私領願」は事実上切り捨てられることになるであろう。ここからして、享保国役普請制のもつ個別領主救済の側面は、旗本級の領主層に限定されてくるであろう。

(三)　寛保二年の関東水害

享保期より宝暦〜天明期への移行に当たって、歴史上の重要な転換点をなすのは寛保二（一七四二）年の関東大水害である。この事件のうちに享保期的な問題の総決算と、宝暦〜天明期を特徴づける諸事象の生起とを併せ見ることができる。

寛保二年八月に起こった未曾有の大水害は、その被害が江戸を中心に関東・信州一円に及び、松代・小諸・忍・河越・岩槻・古河・関宿の諸城が大破し、溺死者は数を知らなかったという。[20]幕府は浅草米蔵を開放して「村々大小人数之多少不及吟味、御料私領之わかちなく米相渡させ可申」[21]ことを指令して救出活動を続ける一方、一〇月に入ると池田・毛利・細川・藤堂ら西国大名一一氏の「御手伝」を動員して、関東諸川の流域一帯の復旧普請に乗り出すのである。[22]

この河川普請は幕領・私領の別なく被災地一円を対象とする、いわゆる「一統御普請」であった。その全貌は判明していないが、助役大名の一人細川氏に割り当てられた普請丁場は江戸川・古利根川・庄内古川以下全長四三里余、その堤防・内郷樋の修復が御手伝普請の内容であった。[23]このなかには当然無数の旗本領が含まれていたであろうし、藩領では関宿の久世領が藤堂氏の割当であったこと、同じく忍の阿部領が毛利氏による普請を受けたことなどが確認される[24]。藩領ではさらに信州松代の真田領が、幕府代官大草太郎左衛門による公儀御普請を受けたことを知り得る[25]。因みに真田家文書の水害関係史料は必ず寛保二年の水害より記述しており、元和八（一六二二）年の転封によって犀川と千曲川に挟まれた松代の地に入部して以来、寛保二年は以後も続発していく同藩の水害経験にとって逸すべからざる画期となったのである[26]。

この大水害の前に個別領主の自力復旧が不可能であることは明白であった。幕府の政策はかかる状況の下、その転換を余儀なくされ、ここに辺境有力大名の「御手伝」を動員して、幕領・私領の別なく一円広領域を対象とする一統御普請という新たな普請形態の創出、他方では後述する私領願国役普請の拡大という二大対応を確定するに至るのである。

われわれはこの節を閉じるに当たって、寛保水害を目のあたりにした同時代人の興味深い観察に耳を傾けてみよう。

「東北の地堤こと〱破れて川と平地と一ッになりしかは、大名十一人に仰付られて堤を築事半年はかりにしてやみぬ、（中略）みなこれ近年新田をひらく事を諸役人中規模のよふに成て、水道をかへ古池を埋め、山をあらし、樹を伐りて山々はけ山に成ぬ、かかる事のつもりて江戸開しより以来、聞もおよハぬ大水度々に及へり、移りかはる世のならひにこそ」[27]

［注］

（1）『財経史料』四―八二九に享保五年分の普請費用として金二七〇〇両を掲げ、注記して「野州大谷川、竹鼻川御普請、私領分無之」とある。

（2）『財経史料』四―八二七。

（3）『財経史料』四―八二九。

(4)『明治以前日本土木史』(以下『土木史』と略記)四二・一〇四頁。
(5)『埼玉県誌』(浦和町、一九一二)上巻、五四〇～五四五頁。
(6)丸山幸太郎「近世美濃の治水制度」(『岐阜史学』五七号)三五頁。
(7)「定式御普請御入用も相嵩候、正徳以来度々被仰渡」(『財経史料』四―八一三)。
(8)具体的には宝永元年の関東水害を中後期型の最初のものとする。
(9)藤井素介「戦後における災害論の展開」(『駿台史学』八号)。
(10)『日本経済叢書』巻一四(日本経済叢書刊行会、一九一五)所収。同書二三三・二三四頁。
(11)古島敏雄『近世日本農業の構造』(『古島敏雄著作集』第三巻、東京大学出版会、一九七四)二一五頁～二二一頁。なお、享保期の大河川支配による灌漑の代表例として見沼代用水を挙げることができる。利根川に元圦を設けたこの用水によって約一五万石の新田創出に成功するのである(『土木史』五四一～五四五頁)。
(12)『日本経済叢書』巻一四、二三三頁。
(13)『佐藤信淵家学全集』一八八・一九四頁。
(14)享保期の治水機構の整備については、原昭午「一八世紀初頭の美濃における治水問題」(『地方史研究』五六号)六二・六三頁に詳しい。
(15)この点に関しては、すでに善積美恵子氏がその論考「手伝普請について」(『学習院文学部研究年報』一四)一〇〇頁で指摘されている。善積氏は享保期における手伝普請一般の消失を幕府の上米制との関連で論じておられるが、治水問題の観点からは本文のごとくに纏めて差支えないと考える。
(16)富沢家文書(国立史料館蔵)。
(17)稲生下野守正武、享保八年一一月一九日より幕府勘定奉行(『徳川実紀』同日条)。
(18)大谷貞夫前掲『国史学』七六号論文、二三頁。
(19)同右二四、二五頁。

(20)『徳川実紀』同年八月一・八日条。『東京市史稿・災異篇二』(東京市、一九一五)二一六頁以下。
(21)『寛保集成』一四一二(寛保二年八月)。
(22)『寛保集成』一三七二(寛保二年一〇月七日)。

　今度関東筋出水ニ付、御料・私領共川々普請所之儀、従　公儀被　仰付候間、可被得其意候、(後略)

(23)『関東筋出水ニ付川除御普請御手伝帳』(以下『御手伝帳』と略記)(細川家文書〈熊本大学蔵〉)。
(24)同右、寛保二年一一月一九日条。普請所のうち関宿領に注記して「此所は藤堂和泉守様御場所」とある。また「阿部家公余録」寛保三年条に「四月五日松平大膳大夫(毛利宗広)様御家来、毛利筑後方より御普請成就ニ付、頃日此表引払候付、案内旁高木彦兵衛と申者、行田町迄差越申述候」(『阿部家史料集一』〈吉川弘文館、一九七五〉三六七頁)とあり、忍藩が毛利氏の御手伝普請を受けたことを知る。
(25)真田家文書『国役御免除一件』(国立史料館蔵)に「一、寛保三亥年、御入□(料カ)御普請　大草太郎左衛門様」の一条がある。大草は幕府代官である(『寛政重修諸家譜』〈続群書類従完成会、一九六四〉——以下『諸家譜』と略記——第一六、三四六頁)。
(26)文政六年(推定)一二月に真田藩より幕府に提出した私領願国役普請の願書を抄出する(『文政七年・無題〈国役普請一件〉』)。

　私領内信濃国埴科郡・水内郡・更級郡・高井郡之内、千曲川・犀川、寛保二戌年洪水以来、年々川筋相変、度々水損、追年荒所多、明和二酉年大水ニ而、城中破損幷村々損地夥敷出来候付、奉願見分有之、拝借金壱万両被　仰付、修補取続之手当仕候所、其後度々水損ニ而、御届申上置候四万石余之永荒所茂、立返不申候上、明和五子年大雨満水、田畑荒所多、奉願国役御普請被成下、其後安永八亥(ママ)、寛政元酉年、文化元子年、同四卯年、文政三寅年、水満ニ付、其度毎奉願国役御普請被成下、水難相防重々難有仕合奉存候、(後略)

(27)「窓の須佐美」(『東京市史稿・災異篇二』三一一三頁)。

第三節　宝暦国役普請制度の歴史的位置

（一）　国役普請の復活

宝暦八（一七五八）年一二月、享保一七（一七三二）年以来停止されていた国役普請が明年より復活する旨が幕府より示達された。翌年より発効するとあるが、国役賦課表（表9）に明らかなごとく、この宝暦八年分の普請費用が武蔵他三ヶ国に国役賦課されている点に注目せねばならない。

すなわち宝暦七年の全国的な水害に対し[1]、幕府は翌八年六月にかけて一統御普請を以て復旧に臨んだが[2]、この多額に上ったであろう普請費用の解消が法令発布の直接的理由であったように思われる。これが宝暦五年以来強化されてきた幕府の倹約政策[3]の一翼を担うものであること自体は疑いもないところであり、法令発布の表面的事情は享保五年の場合と同様であるように見える。

だが宝暦国役普請制には享保のそれと異なる一項がある。すなわち、「分限高条項」の撤廃である。この撤廃により分限高二〇万石へ向けて上昇するほどに、個別領主は国役普請の恩恵を蒙っていくものであり、それは一〇万石級の個別領主よりの私領願国役普請の該当件数を急増させることを意味するものなのである[4]。

これは先の普請支出削減の意向と正面から対立するものである。だから宝暦国役普請制は相対立する二つの課題――幕府の支出削減と個別領主の救済――を二つながらに解決する方策として打ち出されているのであり、歴史の新たな状況の下における幕藩制的対応の一つの集約点として、当該制度は位置づけられることになるのである。

（二）　国役普請と御手伝普請

享保期においては国役普請は、御手伝普請の代替物としての意義を与えられたのであった。だが表9の国役賦課項目と御手伝普請施行とを比較するならば、寛保二年の関東諸川に動員された御手伝普請以降のものは、国役賦課と合体している事実を知るのであり、これより御手伝普請と国役普請とは享保期のそれとは異なる関係をとり結ぶに至るのである。

寛保二（一七四二）年の一統御普請に際して、幕府は西国一一大名を助役に動員したのであるが、この普請費用に関して延享三（一七四六）年に武蔵国一国に一〇〇石あたり金一分と銀七匁四分、翌四年に残金分として同一〇匁を賦課しているのである。(5)この国役賦課はいかなる意味をもつものであろうか。

この時の助役大名の一人、細川氏の普請支出入勘定は前記の細川家文書『御手伝帳』(6)について知ることができる。人足賃・運送資金の調達は国元での在中への賦課(7)と商人よりの借入で賄ったようであるが、問題は支出の方にある。運送船賃の支出については明瞭なのであるが、支出第一項目に「諸色運送弐割半之御出方」といういささか不分明な表記がある。これは「諸色の運送」か「諸色と運送」なのかも決し難いし、加えて残余の七割半分の支出はどうなるのであろうか。

この手懸りを与えてくれるのは、『御手伝帳』に収録された幕府よりの申渡しの一条「一、御林根伐材木、其外圦樋・竹木・萱・蛇籠等御買上之品々、請負人又ハ村方分、其場所江相廻候て(カ)、御普請役立合、一色御手伝方江、請負候取〆り共取計、其日々遣候程、尤御普請役印形帳面ヲ以、可被相渡候」(8)であろう。すなわち、これらより竹木・圦樋また水制工たる蛇籠など（「諸色」と称される）は幕府の入用分として、御手伝方に渡されていたものと思われるの

表9　元禄以降河川普請一覧表

	幕府河川普請年表	助役大名	関東諸川国役金 村高100石当金額.（　）内は国役徴集年	同左国役普請施行年
元禄1	3/29 関東諸川堤防修築　6/28 堤防巡察勘定方帰謁			
〃 11	4/28 目付中山時春，河村瑞賢大坂河渠巡察，元禄12・3/15 成功帰謁			
〃 12	3/7 常陸川巡察			
	3/16 久能山領堤防修理			
	8/9 日光川筋修築			
〃 15	6/11 利根川点検			
〃 16	3/30 美濃諸川水路浚利			
	7/11 利根川浚利			
宝永1	1/15 大坂川修治			
	4/1 大和川水路修治，6/28 "助役"	植村，九鬼ほか4氏		
	7/11 本所堤防修築　10/21 "助役" 宝永2・2/18 利根・荒川浚利　4/13 助役行賞　閏4/15 成功	山内，佐竹ほか2氏		
	12/28 日光諸川浚利			
〃 2	閏4/18 近国河功（浅草川辺）"助役"　5/21 深川・浅草川修治	牧野，水野ほか3氏		
	7/28 大井川堤防修築			
〃 3	5/7 古利根川河功			
〃 4	11/16（地震諸道堤防破損所修理）　12/1 "助役"	本多，酒井，真田		

〃 5	閏1/9 相州河功“助役” 6/28 成功	池田，土井ほか３氏		
〃 6	4/25 相州川路巡察 7/21 駿・相河渠浚利“助役” 宝永7・2/25 相州河渠浚利“助役”	藤堂，松平． 堀田，諏訪，安部		
〃 7	7/5 勢州長島修築“助役”武州六郷渡場修築“助役”	細川，黒田ほか２氏		
正徳 4	2/28 利根・荒川浚利 3/28“助役” 7/28 助役行賞	酒井，相馬，松平		
〃 5	12/22（幕領巡察）			
享保 2	7/25 木津・新大和川浚利 享保3・4/25 成功			
	9/1 関東・駿・遠・参諸国川渠浚利，成功			
	11/1 大井川浚利，勘定の徒派遣			
〃 3	12/1（大井川堤防修築法規）			
〃 4	10/26 葛西水利，勘定ノ徒褒賞			
〃 5	5/21 日光諸川浚利 9/19 成功			
	7/7（利根川辺村邑巡視）			
〃 6	9/1 京坂河渠巡視			
	9/7 下総・常陸諸川堤防修理 12/19 成功			
			匁 分 厘 毛	
〃 7	2/28 大井川河渠修理 7/23 成功		金２分 銀 4. 8. 0. 0 （享保７）	享保 7
〃 8	9/10（諸国水害地勘定の徒巡見）		0 (8. 3. 0. 0)（ｶ）(〃９)	〃 8
〃 9	関東利根川ほか，鬼怒・渡良瀬川，富士・安倍・大井・天龍，千曲，犀川等国役普請．（享保10・9/29 国役金徴集）		2 6. 8. 0. 0 （〃 10）	〃 9
〃 12	利根・江戸・荒川堤防修築（享保13・11/28 国役金徴集）		0 7. 7. 0. 0 （〃 13）	〃 12

	幕府河川普請年表	助役大名	関東諸川国役金 村高100石当金額. (　)内は国役徴集年	同左国役普請施行年
享保13	8月 安倍・大井・酒匂川国役普請（享保13・11/28 国役金徴集）		2　13. 7. 0. 0　(享保14)	享保13
〃 16	1/26 利根川以下，浚利・入樋ノ事ニ依リ勘定ノ徒褒賞		1　1. 3. 0. 0　(〃 15)	〃 14
	3/25 甲・信州河渠浚利			
〃 17	8/17 利根川以下修治		1　7. 4. 0. 0　(〃 17) 1　7. 5. 0. 0　(〃 18) 1　5. 5. 0. 0　(〃 19)	〃 17
〃 18	8/27（井沢為永，伊勢幕領検察）			
〃 19	4/19 大井川浚利			
〃 20	12/11（井沢為永，美濃より帰還）			
元文1	1/12 大井川浚利“助役” 4/28 成功	蜂須賀，南部		
〃 3	6/26 大井川浚利 10/15 成功		1　3. 5. 0. 0　(元文2)	元文2
〃 5	10/29 大井川堤防修築巡視			
寛保2	6/15 大井川堤防巡視 7/28 駿・遠州河渠巡視帰謁			
	8/23関東水害地巡視 10/6“助役” 寛保3. 4/13 助役行賞	毛利，池田ほか9氏	1　7. 4. 0. 0　(延享3)	寛保2
延享4	9/15 大井川浚利 11/23 東海道河渠浚利“助役” 寛延1・7/1 助役行賞 7月〔一統御普請完了令〕(以下〔一統完了令〕と略記，なお，第三節注(2)（p. 365）参照)	山内，鳥取池田ほか4氏	0　10. 0. 0. 0　(〃 4)	〃 3 延享1
寛延1	1/7 諸国河渠修治			
宝暦3	12/25 濃・尾・勢州河渠修築“助役” 12/27 勘定奉行一色政沆，濃・尾・勢州河渠修築管掌 宝暦5・6月〔一統完了令〕	島津		

	3/15（大坂両川口新墾監視）	
〃 7	6/19 諸国水害地巡視　9/24下利根川堤防修築．11月関東，東海道，濃・勢・甲州川々浚利検察 宝暦8・6/2〔一統完了令〕	
〃 8	3/5 越後松ヶ崎阿賀野川開鑿　宝暦9・3/12 阿賀野川新鑿．	
〃 9	5/25 摂津安治川口修理成功	
〃 13	3/4 濃・勢州，北国河渠修築査検	
明和 1	2/25 淀川辺巡視	
〃 3	2/7 濃・勢・甲州河渠堤防修築“助役”　5/15 甲州成功帰謁，助役行賞　7/1 濃・勢州成功　8月〔一統完了令〕	毛利，脇坂ほか8氏
〃 4	1/29 関東諸国河渠浚利“助役”　6/15 助役行賞 6月〔一統完了令〕	伊達，浅野
	12/10 濃・尾・勢州河渠堤防修理　明和5・4/5“助役” 7/1 成功帰謁，助役行賞　7月〔一統完了令〕	有馬，蜂須賀ほか3氏

0	5. 3. 0. 0	(宝暦10)	宝暦 8 〃 9
0	2. 4. 0. 5	(〃 11)	〃 10
0	8. 1. 8. 5	(〃 12)	〃 11
1	2. 1. 9. 5	(〃 13)	〃 12
0	4. 4. 0. 8	(明和 2)	〃 13
0	2. 0. 5. 6	(〃 3)	明和 1
0	2. 0. 3. 1	(〃 4)	
0	5. 1. 8. 3	(〃 3)	〃 2
0	3. 5. 4. 0	(〃 5)	〃 3 〃 4
0	7. 4. 8. 5	(〃 6)	〃 5
0	3. 3. 7. 4	(〃 7)	〃 6
0	2. 5. 5. 1	(〃 8)	〃 7
0	4. 7. 5. 4	(安永 2)	安永 1
1	3. 8. 0. 0	(〃 3)	〃 2

	幕府河川普請年表	助役大名	関東諸川国役金 村高100石当金額．（　）内は国役徴集年			同左国役普請施行年
安永4	3/2 関東諸国河渠浚利　5/20 関東諸国，甲州河渠浚利 "助役"　7/1 助役行賞	越中前田，津軽ほか2氏	1 1	4. 3. 3. 0 4. 4. 5. 0	（安永4） （〃 5）	安永3 〃 4
〃 5	7/2 濃・勢州河渠堤防修築		1	1. 6. 9. 5	（〃 6）	〃 5
			1	11. 0. 0. 0	（〃 7）	〃 6
〃 7	11/5 濃・勢州河渠堤防修築　安永8・1/29 "助役"　4/28 奉行，助役行賞　6月〔一統完了令〕	鳥取池田	1	0. 5. 0. 3	（〃 8）	〃 7
〃 8	11/19 東海道河渠修築　安永9・1/29 "助役"　3/15 成功　3月〔一統完了令〕	藤堂	0	10. 3. 7. 7	（〃 9）	〃 8
〃 9	12/5関東諸国河渠修築　天明1・2/19 "助役"　3月〔一統完了令〕 4/1 助役行賞	池田，大久保ほか4氏	0	7. 0. 7. 5	（天明1）	〃 9
天明1	2/1 甲州堤防修理　3/22 "助役"	南部，亀井				
〃 3	4/26 濃・尾・勢州河渠営築　7/12 "助役"　9/1 助役行賞　9月〔一統完了令〕	内藤，仙石ほか3氏	1	2. 5. 5. 0	（〃 3）	天明2
	8/25 浅間降灰地復興　天明4・1/27 "助役"　閏1/22 成功．助役行賞　2月〔一統完了令〕	細川	1	14. 5. 0. 0	（〃 4）	〃 3
〃 5	10/10（下総手賀沼墾開，利根川水利）					
〃 6	8/20 関東諸国河渠浚利　12/6 "助役" 天明7・3月〔一統完了令〕	池田，浅野ほか18氏	0	10. 6. 0. 0	（〃 8）	〃 6
〃 7	12/20 東海道河渠浚利　天明8・2/7 "助役"　3/7 助役行賞	酒井，柳沢				
寛政1	1/8 濃・勢州河渠浚利　3/8 "助役"　5/15 助役行賞　5月〔一統完了令〕	越中前田，丹羽ほか4氏				

	10/17 浅草大川浚利 10/25“助役” 寛政2･6/17 助役行賞	立花，阿部，秋元
〃 3	5/24 東海道・甲州河渠浚利“助役”	酒井，鍋島ほか2氏
	12/25 関東，東海道諸川修浚 寛政4･閏2/4 成功 4月〔一統完了令〕 閏2/8 神田・江戸川浚利堤防修築“助役” 9/5 助役行賞	佐竹
〃 4	12/25 東海道・甲州諸川修復 寛政5･7/21“助役” 7月〔一統完了令〕	池田，毛利，相良
〃 5	8/4 関東諸川修復検視 寛政6･3月〔一統完了令〕 4/23“助役”	松平，松浦，加藤
〃 8	6/19 濃・勢州，東海道諸川浚利“助役” 6月〔一統完了令〕 12/15 助役行賞	丹羽，鍋島，松平
〃 10	9/15 濃・尾・勢州，東海道諸川浚利 寛政11･2月〔一統完了令〕 4/27“助役”	鳥取池田，藤堂ほか7氏
享和1	3/5 濃・尾・勢州水行修築 6/7 成功 6/22“助役” 12/19 助役行賞	浅野
	12/9 船蔵前幷本所河渠浚利“助役” 享和2･1/29“助役”	佐竹，真田ほか2氏
〃 2	1/28 濃・勢・甲州川渠修造 4月〔一統完了令〕 5/26“助役”	蜂須賀，京極ほか4氏
〃 3	2月〔一統完了令〕 5/10 関東，東海道，甲州川渠修理“助役”	細川，牧野ほか6氏

0	19. 7. 0. 0	（寛政2）	寛政1
0	16. 5. 0. 0	（〃 6）	〃 5
0	17. 2. 5. 6	（〃 7）	〃 6
0	19. 5. 5. 0	（〃 11）	〃 10
0	24. 6. 1. 9	（〃 12）	〃 11
0	24. 6. 0. 0	（享和1）	〃 12
0	24. 6. 0. 0	（〃 2）	享和1
0	27. 9. 0. 7	（〃 3）	〃 2
0	25. 6. 7. 3	（文化1）	〃 3

備考 “幕府河川普請年表”は『徳川実紀』および『御触書集成』による。“助役大名”は善積美恵子氏「手伝普請一覧表」（学習院大学文学部研究年報15）による。“関東諸川国役金”は『日本財政経済史料』巻9，および「武州富沢家文書」（国立史料館蔵）所収の“国役出金令”によって，国役金を当該国役普請のあった年に掛けてある。この項目は利根・荒川を中心とする第Ⅰブロックのもののみである。

である。宝暦三〜五年の著名な薩摩藩による濃尾勢州の木曾川他の河川普請、いわゆる宝暦治水の場合についてはこの関係がはっきりしている。普請終了に伴って薩摩藩役人が、この御手伝普請に関した幕府入用分についての勘定帳を作製しているが、その末尾の部分を掲げるならば次の通りである。(9)

　　勢州金廻輪中より同国海辺地蔵辺迄　四之手水行御普請
　水行之分
　合金四千三拾六両壱分永八拾八文四分諸色代・大工賃御入用
　　外運送幷諸人足ハ一式御手伝方より相勤申候

（中略）

　四之手　水行・圦樋・急破御入用
　　　御材木四拾壱本八厘　長弐間壱尺角廻
　都合　此根切四拾本　長五間より弐間半迄　目通四尺六寸廻より壱尺八寸廻迄
　　金四千三百七拾両二分永百四十九文三分
　外運送幷諸人足、仮〆切入用等ハ一式御手伝方より相勤候
　右は（欠損〈尾州勢州川々水行幷圦樋急破共〉）御普請御手伝被仰付、御入用之御材木幷竹木諸色之儀は向々より請取之、請負人江相渡、御入用、書面之通御座候、此外諸運送、諸人足等之儀は松平薩摩守方より相勤、御普請相済、御勘定仕上申候、以上、（後略）

だから御手伝普請においては人足賃・運送費用が助役大名の負担となり、材木・大工賃そして諸色代金が幕府入用に建てられたものと解し得るのである。

さらに、この宝暦治水の場合、普請に先立って幕府勘定方で作成された入用見積(10)が残っているが、これによれば幕

府入用分が材木四六四〇本余と金一万六三四〇両余。御手伝方が金七万六九六〇両となっており、材木分を度外視すれば、幕府入用分は全体費用の二〇パーセント弱が予定されていることになるのである。

以上の検討からこの期の御手伝普請においては、竹木・諸色代などよりなる、全費用の二割程の幕府入用が籠められていること、そして寛保二年の場合に見るごとく、この幕府入用のいくばくかが国役割という形で流動化されていたことを推定しうるのである。

次に御手伝普請の内容について見るならば、寛保二年の場合、幕府よりの申渡しに「御普請仕立方之儀ハ御手伝方より差構不申」[11]の一条があり、普請の技術面については幕府が一元的に管理するのであって、御手伝方の多数の家士は村請負にされた普請の監督をする意味でのみ配置されているのである。[12]

しかし、ともかくもこの寛保段階では普請は御手伝方の着手とともに始まるのであったが、[13]「御手伝」の内容が以上のものであるからには明和期以降それが形式化していくのは自然の成行きであった。すなわち幕吏が全普請を担当し、助役大名よりは入用金をのみ提出させる体制に移行していくのである。

これを鳥取藩池田家の場合についてみると、安永八（一七七九）年の濃勢州の助役では、正月二八日に命を受けるが、すでに普請は「過半出来」であり、「役人大勢罷越候ニはをよひ申間敷」と幕府より申し渡されている。鳥取藩役人は二月一九日に美濃笠松に着いて同二三日に丁場受取りを済ませるが、普請は二四日より二八日までに終わり、一方で上納金三万九〇〇〇両余を四月一〇日、一八日に幕府の江戸城蓮池御金蔵に運んで「御手伝」を完了している。[14]総じて新しい形式の下では普請の開始時期と「御手伝」の被命時が乖離するという点が特徴となる。[15]上納金の割当が「御手伝」の内容であるために、普請がほぼ終了し普請費用決算の目途がついた時点で助役大名の選定が行われるからである（この場合、大名の分限高一万石に付き一〇〇〇両内外の割当がなされる）。[16]

名実共に上納金形式になるのは、美濃においては寛政一一（一七九九）年からというが、[17] 次の享和三（一八〇三）年の勘定帳[18]は「高割出金方式」による御手伝普請の全貌を示すものである。

東海道筋・甲州・濃州・勢州川々御普請御入用幷出金御勘定目録

一、金八万四千五百九拾三両永百三拾壱文九歩　　御入用

内
金壱万五百四拾六両
永百四拾弐文七歩　　出金之分
金七万四千四拾六両三分
永百四拾弐文七歩

此訳
金三万八千五百八拾四両
永弐百拾四文四歩　　松平阿波守出金之分（蜂須賀治昭、阿波徳島二五万七〇〇〇石）
金壱万五百九両壱分
永六拾九文壱歩　　松平飛彈守出金之分（前田利孝、加賀大聖寺七万石）
（中略）
金五千弐百五拾四両弐分
永百五拾九文六歩　　細川能登守出金之分（細川利庸、肥後高瀬三万五〇〇〇石）

惣高四拾九万三千弐百八石余
但壱万石ニ付金千五百壱両壱分永八拾壱文余
（中略）
右は東海道筋・甲州・濃州・勢州川々御普請御入用之内、諸人足賃出金之分、前書之通上納有之候、（後略）

幕府は普請の総てを担当し、総費用八万四五九三両余（一一・五パーセント）を立替支出した後、一万五四六両余（一二・五パーセント）を

公儀御入用とし、残余七万四〇四六両余（八七・五パーセント——これを「諸人足賃」としている点に注意）を六大名に対し、分限高を基準とした高割出金を命じているのである。かくてここに明確に高割基準をもった御手伝普請の容姿が完成するのである。

そしてまた、これは表9に明らかな通り、国役賦課とも合体しているのである。だから完成したこの普請形態は次のようになると考えられる。幕府が一元的に普請を遂行し、総入用を立替支出する時、これは公儀御入用普請であり、次で入用分の八割強を助役大名に負担出金させる側面において御手伝普請となり、さらに幕府入用分のうち、おそらくは一〇分の九が国役割りされるに至って、これはまた国役普請としても立ち現れてくるものであろう。

このような三位一体型の普請形態を、次節で述べる私領国役普請と並んで、幕府普請制度の完成された姿を示すものとして理解するものである。

(三) 幕府治水政策の推移

宝暦国役普請制度の果たすべき政策課題は、幕府の支出削減と個別領主の救済という基本的に相対立した問題の統一的解決であり、当該制度の効果的運用とはこの対立的統一の達成の謂にほかならないのである。しかし忘れてはならないのは、この統一力が幕府そのものの力に依存しているという事実であり、個別領主としての幕府の弱体化はこの統一力を後退させ、対立的側面の顕在化につながるということなのである。それは幕府が公儀として具有する、全国全領土に対する統治権能の消失を意味することとなり、国役普請制の挫折はその具体的な現れと見ることが出来るであろう。宝暦より文政七年の万石以上国役普請停止令に至る過程は、以上のような政治史的表現を受け得るであろう。本節では右の大雑把な見通しを、幕府治水政策の分析を通じてより具体的なものにしていきたいと考える。

宝暦—天明期における幕府治水政策の基調を示すものとして、次の書付を挙げることができる。(19)

安藤弾正少弼(勘定奉行安藤惟要)様御渡候御書付、附札松平伊豆守殿

東海道筋川々御普請所見分之御勘定方、当月十一日迄に出立被致候、御領分村々之内、川除破損之場所等、若見分受度旨、相願候村々も有之候はヽ、右見分御勘定方へ、於場所願書差出、其段拙者共へ御達御座候様致度候、乍然私領村方計之願にては難取上儀有之、尤御料所村方加り候願にても場所に寄、難取上筋も有之候得共、先は壱ヶ村にても御料所村方加り候て、相願候得者取計致能方に御座候、若見分相済、御勘定方罷帰候後、願出候ては願後れに相成、難取上筋に御座候間、村方相願候はヽ右見分之時節相願候方宜御座候

これは文面より推して、安永八年一一月に始まる東海道諸川の一統御普請に際し、三河国吉田領主松平伊豆守信明より進達された、普請所選定についての伺に対する幕府勘定奉行よりの回答であると判断できる。(20)

ここには、この期の幕府治水政策の有する二面的性格が端的に表現されている。すなわち、「私領村方計之願にては難取上儀」の語に、一統御普請といいながらもそれが幕領中心主義のものであることを思い知らされるのである。しかしながら、この書付の重要性は、このような幕領中心主義の中で私領普請分への明確な配慮をなしている点、特に私領村方よりの普請申請の途を拓いている点にこそあると言わねばならない。

右の書付との対照を際立たせるものは、寛政期以降に現れてくる次の法令である。(21)

此度関東筋村々出水ニ付、堤川除切所破損之分、御普請目論見水留築立被　仰付候、勿論村々依願、御普請被仰付候筋ニは無之儀ニ付、於場所々、百姓共願出候共、不取上筈ニ候間、決て願出間敷候、

右之趣、御料は御代官、私領は領主、地頭より村々ヱ不洩様可申渡候

右之趣、向々ヱ可被相達候

八月

これは天明六（一七八六）年七月の、関東大水害に対する復旧の一統御普請に際して出されたものであるが、ここにおいては村方願が完全に否定されているのである。そして、この型の「村方願禁止令」は、以後の一統御普請に際して必ず発布されるようになり、寛政期以後の治水政策の重要な基調をなすに至るのである。

この政策転換は法令で見る限り、天明六年八月を以て時期が画されるのであるが、この法令発布の経緯を吟味していくならば、われわれは興味ある事実に逢着するのである。この法令の発布は幕府の『天明日記』(22)によって、八月二九日になされていることを知るのであるが、実はこれに先立つ同月二〇日前後に将軍家治の急病を機とする田沼政権倒壊の一大政変が起こっているのである。(23)そして同二四日には田沼政権の手がけた一連の施策——全国御用金令、印旛・手賀沼開発、大和金剛山の金鉱探索——の停止が触れ出され、二七日には田沼意次以下の罷免が正式になされているのである。(24)

かように見てくるならば、同月二九日に出された前記法令の歴史的意味はきわめて明瞭になるのであって、それは田沼的政策の否定形としての性格を露わにしているのであり、この法令もまたその意味において優れて「寛政期的」と評価しうるのである。したがってこの法令には、寛政期の治水政策の基調と、それが否定しているところの宝暦—天明期の基調とを併せ読みとることができるのである。

宝暦—天明期は幕府の公儀としての権能が最も強化拡大された時期であった。私領願国役普請においては大名領よりのそれが体制化され、一統御普請では私領村方よりの普請出願を受容する方向で政策運用がなされている。それらの政策態度は必然的に普請の範域を拡大するものであり、そこにおいて私領への支援・救済が積極的に打ち出されていると言わねばならない。これこそが賄賂と放漫財政の色調で包まれた田沼政治の内実なのである。

寛政改革の倹約政策とは、このような公儀としての役割を幕府自らが放擲することを意味するのである。一統御普請は続行されるが、普請所の決定は幕府の専断に委ねられるのであり、必然的に普請範域は縮小されていく。普請対象についても本来の堤川除に限定され、「内郷堤往還道橋樋類等破損之分」は切捨てられて自普請が強制されることになるのである。[25]この方針は私領願国役普請にも反映して、これを縮減する方向で処理されていく。

彦根藩の井伊家世田谷領では、安永—天明年間に三回の公儀普請を受けているが、[26]寛政五（一七九三）年になって「玉川通川除普請、向後　公儀江願申間敷」旨を申し渡されているのである。[27]田沼・松平定信の政権担当者の政策理念の差異がいかようのものであれ、かかる政策変更は疑いもなく幕府財政破綻の直接的な帰結である。[28]とはいえ、危機の一層の昂まりの中で田沼的政策に代わるものを打ち出し得ず、ただ厳格な倹約と個別領主救済の急激な切捨てを以て臨むのであれば、それは領主間矛盾を激化せしむるに終わるのみであろう。松平定信が早くも寛政五年に「勇退」せざるを得ないゆえんなのである。

それ以後の諸政権の対応はより現実的なものである。そして私領願国役普請についても、件数的にはむしろ盛んになるとの感が強い。享和元（一八〇一）年の普請役への申渡しもこれを述べている（第一節参照）。そして、それはまた「取替金」の累積と、財政破綻に帰結せざるを得ないであろう。国役普請制は個別領主救済と財政破綻とのディレンマを克服し得ないままに、文政七（一八二四）年の万石以上停止令に至るのである。因みに、その国役割償還が進捗したと思われる天保一三（一八四二）年時点での取替金未償還額は、金二一万三六〇〇両余であった。[29]

［注］
（1）『徳川実紀』同年六月一九日条。
（2）宝暦八年六月付で次の達が出されている（『宝暦集成』一〇四八）。

関東筋・甲州筋・東海道筋、濃州勢州川々御普請被　仰付候面々、為御礼、老中・大岡出雲守ぇ可相越候、若年寄支配之分は相模守・大岡出雲守・若年寄ぇ可相越候、（後略）

寛延期以後、普請完了の時点でたびたびこの型の達が出されるのであるが、これによって「老中支配之分」たる大名領、「若年寄支配」の旗本領がその普請範域に組み入れられていたことを知り得るのであり、したがって、その普請が「一統御普請」であったと解せるのである。因みに、これは『宝暦集成』一〇四三（寛延元年）の「今度川々御普請、私領之分も従公儀被　仰付候ニ付、為御礼、老中不残可相廻候」の変型であると考えてよいであろう。ともあれ、この型の達を「一統御普請完了令」と呼ぶことにしよう。その発布状況は表9に見るごとくである。

（3）『宝暦集成』八三四・八三八ほか。

（4）分限高条項の撤廃は宝暦国役普請制の要をなすものである。原昭午氏はこの点についても、中小領主への援助強化の意義を認めようとはされない（原氏前掲『岐阜史学』論文五頁）。筆者は自説の正当性を、第三節における具体的事例で証明するつもりである。

（5）『財経史料』九―一一六（延享三年一〇月）。

（6）御手伝御用金大概之差引

一、五万五千八百五拾両

　御普請料として御国より御手当之金子

（中略）

一、壱万千百両

　内郷御入目として才覚相調候分

合八万弐千弐百五拾五両

　御出方左之通

一、四万五千両程

人足賃村渡、内郷御入目、且又諸色運送弐割半之御出方ニ相成可申哉之分

一、壱万三千両程

圦樋差廻候運送、其外通ィ船土取船代、圦樋切組候大工手伝、夫共此分別ニ茂出可申哉

一、壱万弐千両程

御小屋矢来御高札御定杭箱番所歩板等之代

一、七千両程

竹木縄明俵其外荒物一式

（中略）

合拾壱万五千三百五拾五両

差引三万三千百両　不足

この勘定は寛保三年四月時点での概算である。

（7）『熊本藩年表稿』（熊本藩政史研究会、一九七四）寛保二年一〇月一一日条。

（8）（11）寛保二年一一月、「条々」。

（9）『岐阜県史』（岐阜県）資料編・近世五（以下、『岐阜県史』と略記）五二五頁。

（10）同右、二九〇頁。

（12）『御手伝帳』寛保三年二月六日条など。

（13）同右、寛保二年一〇月一八日条。勘定奉行神尾春央より「役人被呼寄候分ハ、右参着待合候而ハ延引可成候間、先当時詰合候役人ニ而、少々充成共（中略）取懸り候様ニは成間敷哉」との申入れがあったが、細川側では国元よりの人数の到着を待ちたいと断り、着工は細川側の体制の整う一二月まで延びている。

（14）『鳥取藩史』第四巻、財政志二、七四頁。

（15）むしろ終期を示していると言うべきで、この点は国役賦課表との対比をなす時に注意せねばならない。

(16)『岐阜県史』「解題」一八頁。

(17)同右、一八頁。鳥取藩はこの年五月一二日に助役の命を受けているが、この時の幕府勘定所よりの達は次のごとくである。「於公儀、御普請仕立相済候、右御入用金惣金高、御手伝ニ可相成人足方入用金高之内、別紙之通、高割を以出金被仰付候」(『鳥取藩史』財政志二、八八頁)。

(18)『岐阜県史』五二九頁。

(19)「安永八年九月・公儀被仰出・天」(『財経史料』九—三三五)。

(20)安藤は幕府勘定奉行(『諸家譜』第一九、三〇三頁)、松平伊豆守は吉田領主松平信明と推定される(同書第四、四一〇頁)。なお、この書付は個別的回答とは言え、これが『公儀被仰出』という形で準法令化して扱われている点に注意せねばならない。

(21)『天明集成』二五〇五(天明六年八月)。

(22)国立公文書館内閣文庫蔵。

(23)北島正元編『体系日本史叢書・政治史Ⅱ』(山川出版社、一九六五)二五一頁。

(24)『徳川実紀』同日条。

(25)『天保集成』六二二六(寛政三年九月)。

(26)「公私世田谷年代記」(『世田谷区史料』第一集〈世田谷区、一九五八〉)一〇九~一一六頁に次の普請記事がある。

安永九年　玉川々除　公儀御普請ニ成(一〇九頁)

天明元年　玉川通川除御普請、公儀御手伝、相州小田原大久保加賀守様江被仰付(一一〇頁)

同　二年　玉川通　公辺国役普請ニ而川除御普請出来、村高百石ニ付指金拾両ツヽ国役ニ付可出分、御上屋敷より被下候(一一〇頁)

同　六年　玉川々除　公儀御普請ニ成(一一三頁)

同　七年　玉川通川除　公儀御手伝普請ニ成(一六六頁)

表9によって安永九年と天明元年、また天明六年と同七年のものは同一普請である。共に一統御普請の一環としてなされたものであろう。天明二年のものは典型的な私領願国役普請である。

（27）同右、一二二頁。

（28）諸国川々御普請御入用、宝暦九卯年より最寄国役金割合取立之、其時々、御取替金を以御普請出来、最初ハ年々金高も相応ニ有之候処、近年ハ格別金高多相嵩、残候分年送ニ相成、御取替金返納相延、御繰合にも障候（後略）（『牧民金鑑』上巻七七二頁・寛政二年八月付の書付）。

特に御取替金返納——国役金上納の遅滞に対して、松平定信政権は厳しい態度をとり、私領主に対し「当年より上納限月厳重」たるべきことを命ずるのである（真田家文書「天明八申年八月国役金掛り御勘定所ニて被仰渡趣書留」）。田沼政権下での幕府財政の破綻については、『誠斎雑記』の「御繰合」（『江戸叢書』巻九、三六頁以下）にこれを徴することができる。明和七年時点での幕府金蔵有高は金三〇〇万四一〇〇両余。これが天明八年には金八一万七二〇〇両余に激減している。

（29）「天保一三年・江戸御金蔵元払并総御入用割付取調書」（『財経史料』八—七五五）。

第四節　高田藩における国役普請

この節では、「私領願国役普請」の具体的な様態を、越後高田藩の場合を素材として明らかにしていく。高田藩およびその財政事情についてあらかじめ見ておくならば以下の通りである。(1) 姫路にあった譜代大名の雄、榊原家一五万石が越後高田に入部したのは寛保元（一七四一）年。この転封は藩主榊原正岑が尾張の徳川宗春と結んで、徳川吉宗の打ち出していた幕府の倹約政策に逆ったが故になされた懲罰的なそれであり、これより同藩の窮乏時代が始まることになるのである。

高田転封時の藩領は高田領（頸城郡）六万七四八四石余と奥州浅川領八万四六三六石余に分かれ、新田改出とも合一五万二一五九石余。これは姫路における内高よりも五万五〇〇〇石余の減少であり、しかも全所領の五五パーセントを占める飛地の浅川領たるや、過半荒地で年貢収納の期待できるものでなかった。

加えて姫路時代までの古借が三〇万両強。これに対する同藩の収納米金は年額金五万両弱であり、年貢収納は利子支払いで消え去る形になる。

かくて藩財政は恒常的な窮乏を余儀なくされ、倹約と家中減知で対処するほかはなかった。そして日光勤番や社参等の臨時支出に際しては、京坂両替商よりの借入の途が絶たれた以上、領民への過重賦課――先納・用金・才覚――に赴かざるを得ず、それは領民を圧死寸前にまで追い込むものであった。(2)

（一）　高田藩と国役普請

高田藩は明和三（一七六六）年の度重なる水災（表10参照）に耐えかね「自力普請難レ及」として同年九月五日、幕府に対して領内関川の国役普請を申請した。高田榊原藩の国役普請を記録した『国役御普請御願一件』(3)（以下『一件』と略記）に収められたその願書は次のごときものである。

私領分越後国頸城郡高田裏、関川通り下新川、年々洪水ニ而湊（澪カ）筋違、川欠田畑砂入ニ相成、捨置候而は亡所ニ可及村々も有之、城内江も欠込可申躰故、年々川除普請申付、且余荷普請等、様々相防申候得共（中略）此度之大破、容易之儀ニ無御座候付、自力余荷普請ニも難及奉存候、第一御料村々程近ク、其上御城米川下之場所、指支候而は恐入奉存候、殊ニ右新川稲田橋、奥州・佐州往来之場所、当国ニ無之大橋ニ而、領分之内北国往還筋、川々道橋等大造之普請所多、惣百姓共至而困窮ニ罷成候付、不得止事、今度川添十六村初領分一統願出申候、私

表10　高田藩国役普請一覧

回次	普請年度	普請対象	申請時	認可時	完了時	備考
1	明和3	関川	同9/5	同10/18 (便)	明和4・9/4	明和3・2/22, 6/11, 8/1 関川出水（稿）
②	明和6	関川	同9/3	同11/9 却下		明和7・幕府巡見吏饗応ニ付榊原譴責（徳川実紀）
3	安永7	関・矢代川	同12/18	安永9・6/13	同10/28	安永7・5/30 荒川満水（便）
④	天明2	鉢崎関所	同8/3			○鉢崎関所（高田領）山崩ニ付幕府御入用御普請
5	天明3	関・矢代川	同3/26 (カ)	同7/22	天明4・5/27	○総普請費用8,661両余．高田私領出金分2,065領，20ヶ年賦上納願
6	天明7	今町湊	天明6 (カ)	天明7・6/25	同11/22	
7	天明8	今町湊	不明	同3月 (カ)	同7/5	
8	寛政3	関・矢代川	同10月	同12/24	寛政6・7/29	○郷内堰樋の普請は却下．道橋は認可
9	寛政11	関・矢代川	同7/18	寛政12・1/4	同8/13	○溜井・道橋は却下
10	文化2	関・矢代川	同9/28	同12/21	文化3・7/15	
11	文化4	関・矢代・飯田・大熊川・今町湊・郷津	同10/5	同12/25	文化5・6/4	
12	文化7	関・矢代・飯田川・今町湊・郷津	同6/24	同10/30	文化8・8/3	文化6・2/12 奥州浅川領．高田城地へ村替（万）
13	文化9	今町湊	同11/16	文化10・5/15	同8月	文化8・12/18 国役普請出願制限令
14	文化13	関・矢代川	同3/19	同7/25	同11/9	
15	文政2	関・矢代川	同閏4月	文政3・2/3	同7/12	文政7・9/15 国役普請万石以上停止令

備考　（便）は「記録便覧」(『高田藩制史研究』巻4所収)，（万）は「万年覚」(同左巻1～4所収)，（稿）は『訂正．越後頸城郡誌稿』。

回次に○を付した第2，4回のものは，国役普請としては実現していない。

「国役御普請御願一件」による。

領国役之儀ニ付、宝暦八寅年被　仰出候趣も御座候間、何卒此度相願候場所、国役御普請被　仰付被下置候は、公用は勿論、城内江も相障り申間敷、百姓共永久相続仕、旅人往来之難儀も無之、難有奉存候、此段奉願候、以上

戌九月五日

御　名(4)

これは次の事情からして、高田榊原藩が幕府に対してなした私領願国役普請の最初の申請であると思われる。まず『一件』記載の第一番目のものであり、以後の願書には必ず記されている前回の国役普請の先例が見えず、宝暦八年の国役普請令が申請の根拠となっていること。

第二に越後国佐藤家文書「国役御願書之写」(5)には、同文願書に加えて隣藩糸魚川領主松平日向守(6)よりの国役普請願書を借覧記載し、さらに信州上田領主松平伊賀守(7)よりも借覧した形跡があるので、これらの点よりして藩としてなした申請の最初のものと見て誤りはないであろう。

とはいえ、この明和三年の高田藩よりの申請に基づく国役普請が、この地方で行われたそれの最初ではない。現存する国役出金令によれば延享二、宝暦五、同一二、明和二の各年に国役金の徴集を見ているし、(8)『高田市史』には延享四年の関・矢代川の水害に際して、幕府が七〇〇〇両を支出して国役普請を行ったとあり、(9)また宝暦元年の高田城下の地震禍に対しても国役普請が行われているのである。(10)

然るに、天明四年の一地方文書には「宝暦拾弐午年初て御国役金被仰付候(11)」とある。では宝暦一二年以前の国役普請はどう解するべきか。これについては、宝暦五年の国役出金令の但書に(12)「越後国頸城郡ハ御普請所ニ付、国役金相除候事」とあり、地震被災地であったが故に、国役普請の施行にも拘わらず、国役徴集を免れていたと思われるのである。

そしてこの点は宝暦一二年以前の国役普請が、「幕府発動型」のそれであったことを推測せしめるのである。「私領願国役普請」であれば「細則」第三条の規定により、国役徴集を免れるわけにいかないからである（第一節参照）。

史料は残っていないが享保以降の越後地方で、かかる幕府発動型の国役普請がたびたび行われていたかも知れないことは充分に推測される。しかし高田藩からの私領願によるそれは、以上述べ来ったところからして無かったものと断定できるであろう。

因みに享保国役普請制の分限高規定（二〇〇石一〇両）の下で榊原一五万石の「私領願」が該当するのは一万五〇〇〇両以上の規模の普請（享保一四の改正規定では七五〇〇両以上）でなければならない。榊原以前の高田領主松平越中守[13]一一万三〇〇〇石ならば一万一三〇〇両（改正規定で五六五〇両）以上の普請たることが申請の際の条件となる。

宝暦国役普請制の分限高条項撤廃について、筆者はこれを一〇万石級大名よりの私領願国役普請の途を拓くものとしたが、高田藩の国役普請は正にこれに呼応するものである。独り高田藩ばかりではない。願書を借用した糸魚川藩・信州上田藩、そしてまた第二節でも触れた松代藩真田家[14]一〇万石ら中小個別領主のなす私領願国役普請は、宝暦国役普請制を以て治水政治史に重要な位置を占めるに至るのである。

言を弄するようであるが、高田榊原藩からの私領願が明和三年以前に実はある。延享五（一七四八）年五月付の次の願書[15]がそれである。

覚

（榊原政永）小平太高田領内、去年洪水ニて田畑永荒ニ罷成、其上普請所多御座候、（中略）今度　御料所洪水ニ付、為御見分御役人中様、越後筋へ御出被成、御代官所入組故、高田領御通行被成候、依之、高田ニ罷在候小平太家来共より申遣候ハ、御序之儀ニ候へとも小平太領分、洪水破損之様子をも大通り御見分被下候様仕度奉存候間、其段右御役人中様へ被仰達被下候様ニ奉願候、御序も無御座儀ニ候ハヽ、勿論私領之儀、可申上筋ニハ無御座候へとも、幸ニ領分御通り之儀ニ付申上候、御覧被下候て別ニ可申上品ハ無御座候へとも、小平太領中難渋之趣、御役人中様御聞置被下候様ニ仕度奉存候付奉願候

榊原小平太家来
竹田矢左衛門

五月

是ハ延享五年於江戸被書出候

これは延享四年の水害後の普請歎願であり、前述のごとく幕府は七〇〇〇両を支出して国役普請をなしたのであるが、この願書を明和三年のそれと較べてみる時、宝暦国役普請令以前における個別領主の立場がいかに弱いものであったかを知るであろう。私領の普請を幕府に依願するとすれば、かような仕方しか許されなかったのである。そしてこの「弱さ」は、言い得べくんば、この段階に至るまでの個別領主が維持していた自立性の強さから来る弱さなのである。

以上の検討により、宝暦国役普請制が私領願国役普請の途を積極的に切拓くものであり、次項でさらに加味されねばならぬところがあるにしても、それが基本的に個別領主救済の志向性を有していたという点は否定され得ないと考えるものである。

もとより国役普請に幕府自身の利害が絡みついているのもまた事実である。高田藩における連年の国役普請を可能にしたものは、その願書に見えるごとく「御料村々程近く其上……御城米川下之場所指支」という、幕領および幕領年貢搬出の保全にとって関・矢代川の普請が必須であるという事情であり、天明七年ごろより見られる今町湊（直江津—高田藩領）の国役普請も、同じく幕領年貢の積出港[16]という背景のなかで考えられねばならないのである。

したがって私領願国役普請の認可に際して、幕府中心主義的な裁量が加えられたであろうことは推測にかたくないところであり、それは疑いもなく個別領主救済の志向性と対立するものである。そして正にかかる対立的性格を内包

したものとして国役普請制は理解されねばならないのであり、対立しつつ、しかも一つの明白な目的——体制維持、全領主階級の保全——を以て歴史の前面に立ち現れて来ている点をこそ見定めねばならないのである。

次に第二節で見た幕府治水政策の動向が、高田藩における国役普請の具体的実施状況とどう関わりあっているかを概観しておこう。

高田藩における国役普請については表10に見る通りである。天明六年までに四回の国役普請を受けた後、寛政三年になってその内容に制限が加えられる。一統御普請の後退の事情は第三節に述べたが、この高田藩より申請する私領願国役普請に対しても「一体、国役普請之儀は、川通堤川除之外、用水路・堰樋類・溜井等之類は難被仰付」(17)として、松平定信政権下での私領分普請の一般的な削減政策が浸透してくるのである。

文化期に入ってからの頻度はかなり高い。幕府内部で「私領願国役普請之儀近年は願も多有之……御取替金償ひ戻し之期も無之」と問題視され、文化八（一八一一）年には「容易ニ国役普請相願申間敷候」(18)と命ずるのであるが、高田藩の国役普請は正に右の事情に対応するものであり、然もこのような幕令の発布にも拘わらず連年的性格を以て、許容されていかざるを得ない姿を示しているのである。

文政七（一八二四）年の万石以上停止令によって、水害激発状況の下、個別領主は自力保全を余儀なくされる。高田藩では幕府の許可を得た上で、領内限の普請制度を設ける。すなわち享和元年より文政五年までの二〇年間の、各年国役金の平均額である銀二三匁六分九厘を領内限に毎年徴集して「備置」き、これで急時の普請に当たり、不足ならば藩より支給するというものである。(19)いわば領内限の国役制度であり、分断された国役普請制度として、個別領主はさらに困難な道を歩むことを余儀なくされていくのである。

(二) 高田領民と国役普請

『一件』所収の国役普請願書は、提出者がすべて榊原式部大輔名になっており、幕府との交渉も江戸藩邸の留守居役が中心となって動いている点、何の変哲もないかに見える。だが高田藩の「万年覚」[20]の諸記事をみるならば、そこでは頸城郡中の農民が国役普請申請に当たって、むしろ主導的であることを知るのである。

文化二年の次の史料[21]から検討しよう。

以書付奉願上候

一、先達而、関川矢代川通国役御普請、被仰立度御願奉申上候処、此節勝手次第出府相願可申旨被仰聞、依之郡中相談之上、稲田組大肝煎児玉彦七、為惣代出府仕候様御願申上度奉願候、此段御聞済被成下、先例之通、御添翰被下置候ハヽ難有奉存候、以上

文化二年丑閏八月

触本大肝煎 横山伝兵衛 印

同 加藤与惣左衛門 印

御奉行所

これは直接には文化二年の国役普請の出願事情を示しているのであるが、ここでは頸城郡の農民が藩に対して、国役普請を幕府に出願してくれるように要請したところ、藩では農民に「勝手次第」江戸へ出て「相願」うよう申し渡している。そこで農民の方では代表を派遣することにし、先例の通りに「添翰」を出してくれるように求めているのである。

さすれば、同藩よりのたびたびの国役普請の申請の背後には、高田領民の出府と幕府への訴願があり、『一件』所

収の願書はこれに対する「領主添状」と考えられなくはないであろうか。明和三年の願書（前項三六九頁参照）は添状の形式を有している。そこに言う「不得止事、今度川添十六村初領分一統願出申候」の一文について、この農民の「願出」た相手が領主榊原氏でないことは文面から明らかであろう。したがって、これは幕府に願出たとしか解し得ないのであって、明和三年の国役普請申請に当たっては高田藩領の川添一六ヶ村農民が中心となって出府訴願をなしたものと考えられる。(22)

因みに頸城郡農民の出府、幕府への普請申請の事実については宝暦一〇（一七六〇）年のものと推定される次の記事(23)によって確認できる。

宝暦八年寅十二月二十五日到来、大御目付中御廻状御写、左之通

堀田相模守殿（老中堀田正亮）御渡候御書付写壱通相達候間、被得其意、無遅滞順廻、留りより池田肥後守（大目付池田政倫）方へ可被相返之候、以上

十二月二十五日　大目付

御名先格之通

（中略――宝暦国役普請令文）

是は郡中より荒川（関川の別称―引用者）通御普請所願ニ江戸表へ罷出候処、御奉行所へ御呼出シ之上、御用人ヲ以、被仰出候ハヽ、去ル寅年被仰出候御書付之趣、有之候付、御取上無之旨ニて、願書・絵図共ニ御戻被成候由、則江戸ニて御しらへ之上、先年之写此方へ被遣候、（中略）依之、とぢ置申候

ここにある「御奉行所」が、文面からして幕府勘定所であることはほぼ誤りないであろう。国役普請をめぐる私領農民の幕府に対する訴願運動の事例については、すでに第二節でも触れ、今また高田藩におけるそれを見た。そして

さらには、この問題について論ぜられている文化八年の幕府勘定方における評議(24)の内容から、この期の農民による訴願運動の一般的状況を看取することができるのである。

そこでは国役普請の件数増大が差し当たっての問題となっているのであるが、その原因について、普請の請負業者が廻村して農民に国役普請の出願を教唆していることが、出願件数の増大につながっているものと見做しており、総じて農民の訴願を減少させるべく「以来は水下村々相糺、組合を立、願村同様出金為致、一同連印を以願出候はゝ願方も手重く相成、自然と小破之所は不相願様可相成哉」と検討を加えているのであり、国役普請の件数増大をもたらしているその背景をなすものが、私領農民の幕府に対する訴願運動の広範な展開であることを知るのである。

以上の背景を踏まえた上で最後の検討課題となるのは「領主添状」の問題である。高田領民は国役普請の出府訴願に際して「先例之通御添翰」を領主に求めた。第二節に見た多摩蓮光寺村農民は「御地頭方より御添状、無御座候付、御取上ヶ難被成旨」を勘定奉行稲生より申し渡された。

このほかにも増上寺御霊料武州等々力村の農民が、天明元年に国役普請出願のために出府する際にも寺領役人に「添状」を求めている(25)。下って文久三年の同村農民の出府の時には「前書（国役普請願書）之通り、寺社御奉行所江奉出願候間、何卒以御慈悲ヲ、御添簡被成下置候様奉願上候(26)」と述べており、「以御慈悲ヲ」の一語から領主添状が国役普請認可の必須条件となっていることを察知するのである。

これはいったい何を意味するのであろうか。確かに領主の承認なくして幕府に出願するのは越訴行為とも見做されるのであるから、その点よりする配慮とも思われる(27)。しかし筆者には、そこには止まらない、国役普請制度のもつ最後の側面がここに表現されているように思われるのである。

これは本節で先に引用した、宝暦一〇年の頸城郡中よりの普請訴願の史料と併せて検討されねばならない。不可解にもそこでは幕府勘定奉行が「去ル寅年被仰出候御書付之趣、有之候付、御取上無之旨」を申し渡しているのである。「寅年被仰出候御書付」とはほかならぬ宝暦八年の国役普請令であり、実に国役普請令が根拠となって高田領民よりの普請出願が却下されているのである。筆者はこの却下も結局のところ、「領主添状」の有無の問題と同根のものと理解する。

「領主添状」には次の意味があると考える。すなわち、これは普請所村高一〇〇石に付き一〇両の「私領出金分」に関わる問題なのである。「細則」第七条は幕府発動型国役普請の規定であり、これによれば、私領よりの出願なくして幕府が当該私領の普請をなした場合には、右の私領出金分を取り立てぬ定になっているのである。幕府が領主添状に固執するのはここに拘わっているからであり、領主添状はまさにそれによって「私領願」を確認するための、幕府にとって必須の手続きであったと考えられるのである。

しかし、これは財政操作上の単なる手続きの問題に止められてしまってはならないであろう。この事実の内にこそ国役普請制の本質が横たわっているというべきなのである。

高田藩についていうならば、前項に見たごとく宝暦国役普請制に至るまでに二度の国役普請のあったことを知る。延享四年の水害と宝暦元年の地震禍に対してなされたものであった。そして、それはいずれも幕府発動型の国役普請であったと考えられる。そして、それらの経験を通じて藩領民の幕府への期待は高まり、訴願は増加の一途をたどるものであったろう。

宝暦国役普請制の制定に当たって分限高条項を撤廃したのは、高田榊原家クラスの中級大名への救済出動が右のごとく不可避であると判断したからなのであった。そして私領願国役普請を制度化することによって私領出金分を確保し、他面、領主の出願を条件とすることによって一途に増大する私領民の普請訴願を整理し、かくすることによって個別領主救済――幕藩制国家の秩序維持――を体制的に定置しようとするのであった。宝暦国役普請制度の意義については、以上のごとくに理解するものである。

［注］

（1）以下の要約は中村辛一「榊原藩所領の変遷」（同氏編『高田藩制史研究』研究編第六巻〈風間書房、一九七一〉所収）による。

（2）御用金の強制的賦課については「記録便覧」（『高田藩制史研究』資料編第四巻所収）明和三・同五・同七・天明六年の各条に見える。

（3）榊原家文書、上越市立高田図書館蔵。

（4）後述の越後佐藤家文書では「榊原式部大輔」となっている。

（5）国立史料館蔵。これは明和三年の高田藩の国役普請出願の関連史料であるが、宝暦一一年正月一八日付の松平日向守の国役普請願書を記した後、「関川筋御普請国役ニ付御出方」として次の項目を掲げている。

一、三百疋　姫川御普請書付借候ニ付、日向守殿留守居へ被下候目六

一、上田川御普請書付借候ニ付、伊賀守様留守居へ同断

（6）『高田市史』（高田市、一九五八）第一巻、一六四頁。糸魚川藩主松平日向守堅房の分限高は一万石。

（7）佐藤家文書の「伊賀守」は上田藩主松平伊賀守忠順。分限高は五万三〇〇〇石。

（8）出羽国村山家文書（国立史料館蔵）、『中頸城郡誌』巻三所収の国役出金令を纏めるならば次のごとくである。

〔徴集年〕	〔国役金（高一〇〇石に付き）〕	〔普請の時期と河川〕
延享　二	金一分　銀一〇匁	（不　詳）
宝暦　五	金一分　銀　一匁五分	宝暦　元　往還道造
〃　一二	〃　一匁一分一厘五毛	〃　一一　越後諸川

〃　一三　〃一〇匁七分二厘七毛　〃　一二　〃
明和　二　〃　二匁二分三厘一毛　明和　元　〃

(9)『高田市史』一八九頁。

(10)(12)「宝暦五年二月・無題（国役出金令）」（『高田藩制史研究』資料編第一巻、四二三頁所収文書〈以下「『高田史料』一—四二三」のごとくに略記〉）。

去ル未年（宝暦元年）越後国頸城郡、往還道造御普請ニ付、右入用は御料・私領・寺社領江国役懸り候筈ニ付、此度割合候間、高百石ニ付金壱分、銀壱匁五分宛村々より取立之、当亥四月を限、御代官渡部民部方へ可有御納候事

但、越後国頸城郡ハ御普請所ニ付、国役金相除候事

(11)「天明四年九月・以口上書奉申上候」（『高田史料』二—四五四）。

一、宝暦十二年年、初而御国役金被仰付候処、亡父久右衛門在役中ニ而不心付、御除高取立相洩上納仕と相見候、其後私江跡役被仰付候而も無心、前帳を以取立候処相洩

(13)『高田市史』一六二頁。

(14)第二節注(26)参照。

(15)『高田史料』四—四〇二。

(16)『高田史料』二—二一三。

(17)『一件』寛政三年一〇月二五日条。

(18)『天保集成』六二五一。

(19)『江戸日記』（榊原家文書・高田図書館蔵）文政七年一一月二九日条。

(20)『高田藩制史研究』巻一～四所収。

(21)『高田史料』三—九二。

(22)『一件』では願書の幕閣への提出は、すべて高田藩江戸詰の家臣（江戸留守居役）がなしており、農民はこれと歩調を合

わせて訴願運動をなしたと解するのが穏当であろう。
(23)『高田史料』一—六一六。編年史料集成である「万年覚」の宝暦一〇年の箇所に「とぢ置」いてあるので同年のものと見做す。
(24)「文化八年一〇月・国役普請之儀ニ付評議仕候趣申上候書付」(『財経史料』九—二一六)。
(25)『世田谷区史料』第四集、二七八頁。
(26)同右、二九四頁。
(27)「領主添状」の手続上の意味については小早川欣吾『近世民事訴訟制度の研究』(有斐閣、一九五七)第四第一節「訴訟の開始」二六九頁以下参照。

結語

(一)「水害激発状況」、それは時代的推移とともに拡大され、個別領主の自力対応を不可ならしめ、しだいに個別領主の存在そのものを危うくしていくものであった。しかし忘れてはならないのはそれが生産力発展の所産であり、さればこそ幕藩領主層の地代増徴衝動とともに、その激発をより拡大していかざるを得ない体のものであったということである。

築堤護岸工事技術・用水設置技術の発達による大河川の支配は、その中下流域の沖積平野および河口のデルタ地帯という最肥沃部分の開発を可能とし、また見沼代用水に代表される大規模灌排水路の設定は、可耕面積の飛躍的増大をもたらしたのであり、元禄—享保期は近世における重要な生産力画期をなすものであったのである。そして、水害激発はその必然的随伴物であった。

(二)　水害激発状況の下、個別領主は二重の意味において危機への対応をなし得なくなっていた。一つには、周期を短縮しつつ、かつ、その規模を拡大させつつ激発していく水害が、個別領主のもつ統御力の限界を突破していったということ。今一つには、その統御力の有無に拘わらず、水害激発が河川水利体系全体の諸要因によって生起する以上、それへの対応は個別領主の統御力の範囲を超えた、より超越的な権力主体にこれを求めねばならなくなっていたということである。

ここに国役普請制度の成立する歴史的必然性があるのであり、幕府はこの危機——それは幕藩制国家の秩序崩壊の危機として現出する——を克服すべく、その具体的構成形態としての私領願国役普請および一統御普請（多くの場合、大名御手伝普請を動員してなされる）という二大対応を確定するに至るのである。

幕藩制国家にあって、幕府の公儀として観念されている全国支配力は、本来的には軍事的主従制を基礎におく軍事統率権、賞罰権としてあった。だが今やその権能は拡大され、行政的局面の全体を支配する統治権能としての性格を強めていった。幕府の公儀としての権能の強化拡大のみが、全領主階級の直面する危機に対して有効たり得たのである。その関連で言うならば、「御手伝」に動員される辺境有力大名は行政的行為、財政支出の分担者として、「公儀の分肢形態」として編成されていくのであり、かくて公儀の名の下に比類なき権力集中と、拡大支配力とが実現されていくのである。

この過程で、二〇万石以下の個別領主はその統治権能を喪失していく。一つには国役賦課による領主権の侵害の局面においてであり、今一つには危機の下での、公儀への全面的依存においてである。そして、それは私領民の自領主への期待喪失——公儀への訴願運動と正しく揆を一にすると言うべきものである。かかる状況の下、幕藩制は従来の権力編成形態を大きく変容させ、公儀の権能強化に基づく政治的集中を実現していくのである。

㈢　文政七年停止令に至る、国役普請制の破産はどのように捉えられるべきであるか。筆者はこれを当該制度が本来的に内包する「対立的統一」の均衡喪失による、領主間矛盾の顕在化の問題として概括した。当該制度の歴史的役割は、幕藩制の直面する危機の下での政治的集中によるその克服にあったわけであるが、幕藩制はついに危機を克服し得ずしてこの集中を解消し、個別領主をして危機への個別的対応を余儀なくせしめていくのである。危機の一層の深化の下でのこの集中の放棄は最早、本来の幕藩制への復帰ではありえない。

それは本来の幕藩制的「紐帯」を分断し、「割拠主義」への傾斜を必然化することになるのである。国役普請制停止の政治史的意義は、このような幕藩制解体過程の特質の問題として把握されねばならないと考えるものである。

第十二章　大名留守居組合論

序　問題の限定

大名留守居役は大名諸家の渉外担当官である。それは各大名家の江戸屋敷にあって幕府・他大名家との交渉事務の万般を司り、また一般的な政治情報を収集することを任務とした。彼らはそれ故に「聞役」「聞番」とも称し、また江戸城に赴いて幕命の授受にも携わるところから「公儀人」「御城使」とも呼ばれた[1]。

さて各大名家の留守居はそれぞれに定まったグループを構成して定期的に会合をもち、例格・作法の問合わせや各種情報の交換を行っていた。これが留守居組合と称されるものである。本章ではこの留守居組合について、その構成のあり方と活動内容の具体的事実の発掘に努め、それに基づいて留守居組合の諸機能を分析していくことを課題とするものである。

ここで研究史を顧みておくならば大名留守居役、留守居組合に関する研究には二系統のものがある。一つは依田百川「御留守居交際」[2]、内藤燦聚「諸家留守居役ノ事」[3]、辻善之助「江戸時代に於ける平民文化の発達と武家文化の崩壊」[4]などであり、これら諸書の問題としているのは諸家留守居の際立った遊興・奢侈という文化現象および、その不道徳性についてである。後述するように、留守居組合は茶屋・遊所において寄合を催したところから、しばしば奢侈の代表例と見做され、それが田沼時代の道徳的頽廃などと結びつけて、あげつらわれてきたのである。

今一系列の研究は彼らの職務内容に関して、もっぱら幕藩関係論の観点からその政治的機能に論及したものである。服藤弘司「加賀藩家法の性格」(5)、林由紀子「服忌書の成立と系統」(6)は、それぞれ幕府の「御定書」「服忌令」を素材として、幕府法の諸藩への伝播・浸透に果たした留守居制の媒介的役割の重要なことを指摘されている。(7)服藤弘司「大名留守居制の成立」(8)ではもっぱら留守居制の成立についての事実関係の解明に意が用いられているが、服藤氏の留守居制についての基本関心は、その迅速・適切にして画一的な幕命の伝達という機能性に注目して、幕命の藩側への有効な浸透のための媒介者という点に求められていく。すなわち各大名家における留守居制の設置は幕府に対する忠誠の証しであり、幕藩体制なる政治形態確立のための、大名の側よりする「理解と協力」の動向として理解されているのである。(9)

これに対し、笠谷は先に「幕藩制下における大名領有権の不可侵性について」(10)のなかで、天明三(一七八三)年の米切手加印制を巡る事件を素材としつつ、大名留守居役の政治的活動について概観した。すなわち大名大坂蔵屋敷の米切手発行に対する、幕府の統制策について、各大名家の留守居たちは留守居組合のなかで協議を重ねることによって大名諸家の歩調の一致を計り、そうして幕令の撤回を求めていったのである。留守居はここでは幕命への抵抗運動の主導者として立ち現れていたのである。

服藤氏の見解と笠谷のそれとには極端な懸隔があるがごとくである。しかしながら、この二者は、共に事実の裏付けを伴った論定なのであるから、われわれはこれを二つながら受け容れねばならないであろう。

ここに示された両局面は、共に大名留守居制の属性と見做すべきものである。そして、この二面性を念頭に置きつつ問題を考察していくことが、留守居制についてのより豊かな理解を得る方途でもあり、近世の国制における留守居制の位置を、したがって、また近世の国制そのものの具体的な姿を明らかにするゆえんでもあると考える。

［注］

(1) 「留守居役」というのは、この渉外担当官を指す通称であったといえる。大名家の中にはこれとは別に、大名在国時の江戸屋敷における総括責任者としての「留守居役」を設けているところがあって甚だ紛らわしいのであるが、各史料についてその文脈を注意深く読むならば両者は明瞭に判別し得るものなのであるから、本稿では、当時の通称でもあり、研究史も専ら採用してきたところの「留守居役」という呼称を踏襲することとする。右の点の詳細については、拙稿「大名留守居組合における互通文書の諸類型」（『史料館研究紀要』一四号）を参照されたい。なお『武鑑』（須原屋版）の「御城使」の項に記されているものが本稿に言う「留守居役」にほかならず、これが当該役職者の最終的な認定基準になる。

(2) 戸川安宅編『旧幕府』（冨山房、一八九七、復刻・原書房）第一号。

(3) 江戸会編『江戸旧事考』（青山堂、一八九一）第三巻。

(4) 辻善之助『日本文化史』Ⅵ（春秋社、一九七〇）第四五章。

(5) 『金沢大学法文学部論集　法経篇』五号。のち服藤『幕府法と藩法』（創文社、一九八〇）所収。

(6) 『法制史研究』一七号。

(7) この方面の最近の研究成果として、山本博文『江戸お留守居役の日記』（読売新聞社、一九九一）がある。同書は、本章でも紹介している長州毛利家の公儀人（江戸留守居役）福間彦右衛門の行動に即して、その幕府と大名家との間の取次機能を詳細に分析検討している。

(8) 『牧健二博士米寿記念　日本法制史論集』（思文閣出版、一九八〇）。のち服藤『大名留守居の研究』（創文社、一九八四）所収。

(9) 服藤前掲「大名留守居制の成立」二八五頁。

(10) 『日本史研究』一八七号。

第一節　留守居組合の制度史的概観

（一）　留守居組合の形成

留守居組合の起源については、『武営政緒録』[1]の記述の引用されるのが通例となっている。それによれば、四代将軍家綱の時代の朝鮮信使来日に際し、幕府の記録が焼失していたため、幕府老中の阿部豊後守は諸家留守居を召集し、諸家に残る信使関係の記録類を書き上げることを命じた。この折り、美作一八万石森家の留守居山田某がたまたま幕府の信使関係の役人と懇意で、情報も得やすいという事情のあったことから、諸家留守居は森家の山田の下に参集して相談することとした。

しかるに、これは多人数であったので、主人の森美作守忠継がこれを幾つかの組に分け、以後よく寄合、熟議して公儀勤に励むべきを申し渡した。これがすなわち留守居組合の発端をなすというものである。家綱の時代の朝鮮信使の来日は明暦元（一六五五）年のことであるから、右の伝承はそのころのことを指したものと見てよいであろう。

しかしながら、このエピソードはあくまで、後代になって作られた伝承に過ぎないものである。留守居組合の形成は、このような朝鮮信使の先例調査というようなことも機縁になったには違いないであろうが、特定の事件や幕府の指令に求められるというよりも、長い年月の中で自然発生的に形づくられていったものである。

留守居組合という明確な制度はもたないが、諸家の留守居役同士が個別の案件を巡って相互に照会しあうという行為は、近世の初頭から見られるところである。

近世初期の留守居の活動を伝えるものとして、毛利家留守居（公儀人福間彦右衛門）の日記『福間帳』がある。[2]これによれば、たとえば寛永一六（一六三九）年に西国・九州方面で疫病による牛死が多発し、田畑の収穫にも被害を出した。この件で幕府に届け出すべきであるか否かについて福間は黒田・細川・小笠原などの「九州衆御留守居衆」と内談をしている。

また同年九月には、将軍女子の祝儀献上物の件について、老中阿部忠秋のもとへ福間以下の「諸家留守居一同ニ致参上」、その意向を窺っているが、これも諸家留守居が申し合わせて一同に阿部の下に赴いたことを物語っている。その他、国母東福門院への進物員数について（同一一年七月）、老中堀田正盛が信州松本に一〇万石を拝領した折りの祝儀方について（同一五年三月）、福間は「惣並聞合」せて処置をしている。

もっとも、この諸大名家の留守居役同士の照会行為が、後の留守居組合に見るような多人数での会同形式によったものか、あるいは単に個別に問い合わせたものであるかは明瞭でない。しかし留守居組合というものが、後述するごとく多様なあり方をもった慣行的制度であるという事実を考慮するならば、それは近世初頭から寛永・明暦ごろにかけて自然発生的に形成されていったものと見るのがよいであろう。先の『武営政緒録』の記事にもある通り、幕府老中阿部は先例の書出しを命じたまでであり、諸家留守居が協議をすべく一同に森家留守居の下に参集していったこと自体は、彼らにとって当然視されていたのである。

右の『武営政緒録』の記事で今一つ注目すべきくだりがある。幕府の記録が焼失してしまって先例調査の手掛りを失い、これを諸家留守居の側に求めざるを得なくなったという点である。のちに詳しく見るように、先例の調査・照会は留守居組合の中心機能の一つとなるのであり、右の伝承は留守居組合の活動に対する、幕府の側よりする認知の端緒についての真実の一面を物語っているように思われる。

そして、この点は抄写本ではあるが、同時代史料による傍証が得られる。阿波蜂須賀家文書『御旧記書抜』(3)の万治元（一六五八）年七月条に、蜂須賀家より留守居小畠助左衛門をもって江戸参勤時の献上物員数を老中松平信綱に尋ねたところ、信綱は「例年帰着之御礼進上物之数、御城ニ扣候得つれ共、最前炎上故、難知レ」ので確定的な回答をなし得ないとして、伊達・上杉家の留守居にこれを問い合わすべき旨を指示している。そして小畠が両家の「御留守居とも手前承合、書取、同廿七日之晩、伊豆殿江持参」したところ、信綱はこれに基づいて蜂須賀家に命を下しているのである。右の記事に言う「最前炎上」が明暦大火によるそれであることは言うまでもない。

（二）留守居組合の編成

留守居組合は特定の幕命に基づかない慣行的制度であるために、その組合のあり方・内容は各々の個別事情に左右されるところが大きく、かつ時代によってそれを変化させていく。さらにまた、各大名家の留守居役は同一時期に、以下に列挙するような諸組合を同時に構成しているために問題を一層複雑にする。そのような複雑さを念頭に入れた上で、ここでは留守居組合の幾つかの型について概観し、当該制度に関する必要な限りでの定義的な考察を施したい。

（1）同席組合

これは江戸城中での控間（殿席）[4]を同じくする大名諸家の留守居役によって構成される組合である。すなわち、外様系の国持大名や四位以上の官位の大名の控える大広間、外様中小大名の柳間、譜代表大名の帝鑑間、詰衆系譜代大名の雁間、詰衆系無城層の菊間の五席について、各席ごとに数家ずつの留守居役が集まって組をなすものである。当時、留守居組合といえば通常この同席組合を指したものである。

なお大廊下の御三家・前田家、黒書院溜間詰の井伊・会津松平家など譜代元老格の大名家については留守居組合を設けていない。御三家らは御城付なる役職の者が江戸城に出入りしており、また溜間詰大名は数日ごと定期的に江戸城に登城して老中とも面談しており、ともに江戸城中の出来事や行事、幕府の施策について熟知しうる立場にあるということが、留守居組合をもたない理由であろう。

しかし、その他の理由として、これら諸家は幕府権力の中枢部にあって、これを支える中心的な存在なのであるから、とかく問題の多い留守居組合を構成することを憚っていたというようなことも推察される。

しかし彼らとて、政治的諸問題や先例旧格に関する豊富な情報を希求する点で他と異ならないし、自余の大名諸家が各種問題においてどのような判断・行動を取るかを知っておく必要があるのであるから、間接的な形で留守居組合に依存することになるのである。

たとえば加賀前田家の場合、分家の富山・大聖寺の両前田家がそれぞれに留守居組合に加入しており、そこで得られた情報が本家に伝達されるという仕組みになっている。さらに加賀前田家の場合、組合に正式には参加しないが、後述する留守居廻状による情報伝達組織――これを「廻状之列」と称する――を有していた(5)。溜間詰の井伊・高松松平家もやはり同様であった(6)。

同席組合の編成を例示するならば、安永・天明ごろの国持大名の大広間席組合は二つから成り、一つは島津（薩摩鹿児島七二万石余）・伊達（陸奥仙台六二万石）・細川（肥後熊本五四万石）・毛利（長州萩三六万石余）・池田（因州鳥取三二万石余）・有馬（筑後久留米二一万石）・上杉（出羽米沢一五万石）・松平（美作津山五万石）の八家、今一つは黒田（筑前福岡五二万石余）・藤堂（伊勢安濃津二七万石余）・蜂須賀（阿波徳島二五万石余）・鍋島（肥前佐賀三五万石余）・山内（土佐高知二〇万石余）・佐竹（出羽秋田二〇万石余）・伊達（伊予宇和島一〇万石）・立花（筑後柳川一〇万石余）・宗（対馬一〇万石格）の九家の留守居役によって構成されていた。

帝鑑間席についてみると、弘化年間に榊原（越後高田一五万石）・酒井（出羽庄内一四万石）・小笠原（豊前小倉一五万石）・柳沢（大和郡山一五万石余）・真田（信州松代一〇万石）・戸田（美濃大垣一〇万石）・大久保（相模小田原一一万石余）・奥平（豊前中津一〇万石）・松平（伊勢桑名一一万石）・松平（武蔵忍一〇万石）の一〇家よりなる留守居組合のあったことが知られる。(7) これは譜代大名にして石高一〇〜一五万石に位することによって、ほぼ同等の家格を有する諸家の組合である（真田家は本来は外様大名であるが、早くより願譜代として帝鑑間席の譜代大名並の待遇となっている）。

（2）小　組

これは国持大名一両家と、他席の中小大名数家との留守居役同士によって構成される組合である。寛政元（一七八九）年に留守居組合より幕府に提出された組合の来歴を記した文書には、(8)「御同席組合之外、御国家にては小組と号、御他席之御留守居中組合相定、定式寄合有之候、是は御国家一両家相加り、其外は外御席之至而御小家之御留守居中も差加り居」とある。

小組は、国持大名なら有しているであろう豊かな政治情報や先例旧格についての知識を得るために、もっぱら中小大名家側の懇請によって設けられた組合であろうか。この小組についての具体的なことは遺憾ながら不明である。

（3）近親組合

これは親類関係にある大名諸家の、その留守居役によって構成される組合である。この組合はその性格よりして、各大名家の冠婚葬祭・官位叙任・役成などの吹聴に由来するものであろう。この近親組合の留守居役の間では、日ごと夥しい量の書状の往復が見られるのであり、その内容は右の吉凶報知が中心となるが、必ずしもそれに止まらずおよそ自家に関して起こったものならば、政治の枢要に立ち入った事柄でも巨細となく報知していくのである。それ故にこの型の組合は日常化された、そして密度の高い情報交換組織として軽視できないものなのである。

その報知内容については後述することとして、ここでは近親留守居組合の事例を挙げておこう。表11は天明・寛政

表11　盛岡南部家の近親留守居組合諸家

	大名家	居所	石高	殿席		大名家	居所	石高	殿席
Ⅰ	南部	陸奥八戸	2.0	柳間	Ⅲ	酒井	播磨姫路	15.0	帝鑑間
	榊原	越後高田	15.0	帝鑑間		真田	信濃松代	10.0	〃
Ⅱ	黒田	筑前福岡	52.3	大広間		前田	加賀金沢	102.2	大廊下
	牧野	丹後田辺	3.5	雁間		前田	加賀大聖寺	7.0	柳間
	永井	摂津高槻	3.6	〃		前田	越中富山	10.0	大広間
	浅野	安芸広島	42.6	大広間		佐竹	出羽秋田	20.5	〃
	細川	肥後熊本新田	3.5	柳間		相馬	陸奥中村	6.0	帝鑑間
Ⅲ	池田	因幡鳥取	32.5	大広間		酒井	出羽庄内	14.0	〃
	毛利	長門萩	36.9	〃		浅野	安芸広島	3.0	柳間
	蜂須賀	阿波徳島	25.7	〃		山内	土佐高知	1.3	〃
	青山	美濃郡上八幡	4.8	雁間		毛利	豊後佐伯	2.0	〃
	青山	丹波篠山	5.0	〃		池田	備前岡山	31.5	大広間
	毛利	長門府中	5.0	柳間		松平	陸奥守山	2.0	〃
	毛利	長門清末	1.0	〃		小笠原	陸奥棚倉	6.0	帝鑑間
	酒井	上野伊勢崎	2.0	菊間		黒田	筑前秋月	5.0	柳間
	有馬	越前丸岡	5.0	帝鑑間		相良	肥後人吉	2.2	〃
	鍋嶋	肥前佐賀	35.7	大広間		立花	筑後柳川	10.9	大広間
	細川	常陸矢田部	1.6	柳間		松平	陸奥白川	11.0	溜間
	内藤	越後村上	5.0	帝鑑間		松平	陸奥会津	23.0	〃
	細川	肥後宇土	3.0	柳間		松平	播磨明石	6.0	柳間
	水野	下総結城	1.8	帝鑑間		井伊	近江彦根	30.0	溜間

備考　南部家文書『御在府御内勤留』（盛岡市公民館蔵）天明6年7月7日および寛政2年3月3日条による。大名家の配列は史料の記載の順。
単位　石高＝万石。

ごろの南部家（奥州盛岡一〇万石、柳間席）において、「御親類・御縁者様方」として一括されていた大名家の一覧表である。これらの諸家はさらに、南部家との親疎の別によって三群に分けられている。

第一群の八戸南部・高田榊原家との間での書状の往復などには家老があたり、第二群の黒田家以下には用人が、そして第三群の因州池田家以下に対しては留守居役がこれを担当するのである。このように実際の礼格の施し方まで考慮するならば問題はさらに複雑になっていくが、往復書状の形式・内容ともに取り立てて差異は見られないのであるから、三つの群の全体をもって南部家の近親留守居組合と見做して差支えはないであろう。

この型の組合の特徴は、その構成員数

が非常に多いこと、次に大名家の殿席や家格の違いを越えた幅の広さをもつということである。それ故にこれは、先の同席組合の狭隘さの欠を補うものとして重要である。

（4）近所組合

これは大名江戸屋敷の近隣の諸家留守居によって構成される組合である。

大道寺友山の著『落穂集』[9]には寛文初年のこととして、江戸桜田辺に屋敷を構える次の大名諸家の留守居役が組合をなしていたことが記されている。すなわち丹羽（奥州二本松一〇万石余）・内藤（奥州棚倉五万石余）・小出（但馬出石五万石）・金森（飛驒高山三万石余）・松平（石見浜田五万石余）・仙石（信州上田六万石）・浅野（播州赤穂五万石余）・浅野（備後三次五万石）の八家である。

そして、この組合では月次の寄合を催し、相互に廻状を送達して、種々の情報を交換しあっていたという。また組合中の大名家の屋敷塀が表通りに倒れたような時には、留守居がこの旨を他家に報知して、これに援助をして建て直し、またある大名家で急の金子調達の必要が生じた時には、留守居たちが集まって組合諸家で合力するというように、大名家間の相互扶助組織としても、この留守居組合は機能していた由である。

ただし近世中期以降になると、江戸の武家屋敷の近隣グループは辻番所組合・水道組合・火防組合という形で幕府の都市政策の一環に組み込まれていき、各種情報の交換や例格照会を司る留守居組合としての基本的性格は同席組合の方に吸収されていく。後の文政年間になるが、江戸の留守居組合のことにも通じていた秋田藩士橋本秀実はその著『八丁夜話』[10]の中で、先の『落穂集』の記述に言及し、この桜田辺の留守居組合を「帝鑑の間十万石以下の方の衆」のそれと見做している。これは八家の中に仙石・両浅野らの外様大名が入っていることから誤りなのであるが、橋本がかく考えたことのなかに留守居組合とは同席組合にほかならないという、この時期の通念が表されている。この近所組合は、発生的には重要であったものの、それが公的性格を強めるに従って、その留守居組合としての意義を低下していったものと考えられる。

以上、留守居組合とは右に列挙した諸種の組合の複合体なのである。それは、同席組合を中核として近親組合がこれを補完する形でとり巻き、そして小組や近所組合等の自余のグループを付属するような存在であると考えてよいであろう。

(二)　留守居組合の変遷

ここでは留守居組合の中核たる同席組合について、特に国持大名家のそれである大広間席留守居組合を素材にしてその変遷を見ていこう。

先の『武営政緒録』では、国持大名家の留守居組合は次の一〇家のものより成っていたとある。すなわち山内・毛利・蜂須賀・鍋島・藤堂・宇和島伊達・島津・鳥取池田・岡山池田・森の諸家である。朝鮮人御用という事態の特殊性よりして、ここには東国の大名家の姿は見えない。

この組合には漸次に他家の参加があったが、新規の加入希望が相次いだため寛保二(一七四二)年一〇月にその打切りを申し合わせ[11]、ここに国持大名系の留守居組合の一応纏まった形が出来あがった。それは次の諸家、すなわち島津・伊達・細川・黒田・毛利・鳥取池田・藤堂・鍋島・蜂須賀・山内・佐竹・有馬・上杉・宇和島伊達・宗・津山松平・立花の一七家から成るものである。

ここでは元禄一〇(一六九七)年に改易された森家が姿を消したのは当然として、有力国持大名たる広島浅野・岡山池田の両家が見えない点を指摘しておこう[12]。ただし、それは組合の定期的な寄合に参加しないというまでのことであ

り、個別案件を巡る照会・協議には随時応じていた。(13)

安永四（一七七五）年四月、この留守居組合は二つに分裂する。(14)組合内での留守居の序列（座順）を巡って、それを各人の主人たる大名の官位順に正すべきであるとする島津家よりの提案に対し、これに同意するグループと、従来通り留守居役当人の年功に基づくべきとするものとの二者にである。

この紛議は留守居組合の隆盛に伴い、その内部では古参・新参の別が厳しく立てられ、すべて新役成の者は先例旧格に通暁した古参者に対し師弟の礼を余儀なくされるという慣習が行われていた。だから島津・伊達のような有力大名家にとっては、自家の留守居が右のごとき屈従に甘んじるのは面白からぬものであったろうし、さらに重要なことには、留守居組合の社会的重要性の増大とともにその奢りは恣いままを極め、その茶屋・遊所における寄合遊興は一つの社会風俗上の問題となっていたという事情があった。

元来、大名家間の連絡・調整の場でしかなかった留守居組合は、しだいに各大名家の手に負えない「制外」的存在へと化していたのであり、(15)島津提案の意味は留守居組合の右の動向を阻止し、それを本来の大名家間の単なる連絡機構に、あくまでも主命に基づく公用としての寄合に押し戻そうとするところにあったと思われる。

結局、島津提案に同意したものとして島津・伊達・細川・毛利・鳥取池田・有馬・上杉・津山松平家の留守居が「八家組合」をなし、従前通りを主張した黒田・藤堂・蜂須賀・鍋島・山内・佐竹・宇和島伊達・宗・立花家のそれは「九家組合」を構成することとなった。しかし、それでも両者による全体の寄合は依然として継続されたのであり、「双方御熟談之上、三十間堀に而御寄合同様之御参会、月ニ両度つゝ有之、此後は一入、已前御一組之節之通ニ御入魂ニ被仰合」(16)たのである。

寛政元（一七八九）年九月の幕令、留守居組合に対する寄合禁止令(17)は当該制度にとっての画期をなす。留守居組合の遊興行為には幕府もたびたびその禁止令を発していたが一向に効果なく、[18]ここに寛政改革の一環として組合の寄合活動の一切を禁じる政策を強行したのである。この政策は効を奏して、留守居たちの表立った寄合活動は影をひそめるに至ったのであり、留守居組合はいわば冬の時代を迎えることになる。[19]

しかし寛政末年にはその寄合活動について、「近頃は相ゆるみ候向も有之哉ニ相聞」「諸家留守居役、茶屋抔ニて折々参会有之」[20]と記されている。幕府側はくり返し寄合禁止令を以てその封殺に努め、留守居組合側の執要な寄合行為との間で一進一退を見せるのであるが、[21]文化年間の末になると組合の公然活動が復活しているさまを確認することが出来る。[22]

前掲の『八丁夜話』の文政八（一八二五）年六月条にも、留守居組合の再開された寄合の支出費用に触れ、「御並方十八諸侯の類役懇会の事なり、是時勢に従ひ奢侈もあらんか散財又小にあらす」とある。また幕末の帝鑑間席組合についてであるが、佐倉堀田家の留守居役を務めた依田百川の回顧談には、組合の茶屋寄合の華やかな様子が述べられており、往時に変わらぬ留守居組合の勢威のほどを見せつけているのである。[23]

さて近世後期の大広間席組合の構成を見ておこう。『八丁夜話』には「当時（文政八年ごろ―筆者注）薩州家の衆は折として懇会へ出、長州の毛利家、勢州の藤堂家、久留米の有馬家、米沢の上杉家の衆などは懇会へ出ぬと聞ゆ」とある。また宇和島伊達家文書では、天保一〇（一八三九）年時点で宇和島伊達・有馬・浅野・細川・黒田・佐竹・宗・岡山池田の諸家留守居による「月並御定会」のあったことが確認される。[24]有馬の異同があるが、定期的な寄合に参加していたのは大体右の諸家留守居役であったと見てよいであろう。ここには従来この種の寄合には加わらなかった浅野・岡山池田の両家の顔の見えるのが注目される。

また留守居組合には既述のごとく「廻状之列」と称する、留守居廻状の相互通達にのみ与る大名家がある。加賀前田家がそうであり、また文化五（一八〇八）年の高直しで二〇万石となり大広間席に昇格した盛岡の南部家が、同様の資格を得ている。[26]その他、富山・大聖寺の両前田家のように本来柳間席大名でありながら、大名当主の官位が四位に叙せられると大広間に進むという家格のものがあり、これらは随時この「廻状之列」に加えられていったようである。[27]

最後に徳川の家門大名、特に大広間席に座した越前系の松平諸家について付言しておくならば、結城秀康の嫡流たる津山松平家（越後守家）は先に見たように早くより大広間席留守居組合に加入している（近世後期には「廻状之列」の形で加わっている）。[28]松江松平家（出羽守家）・川越松平家（大和守家）の二つは、この大広間席組合の正式成員ではなかったが、「御組合御同様ニ前々より御入魂ニ御申談」[29]がなされていたとのことである。これらの事実は、留守居組合を巡る問題が単純に外様・親藩の別で処理しえない複雑さを含むものであること、注意をしておいてよいであろう。

［注］

（1）神宮文庫蔵。『古事類苑』官位部七八収載。服藤氏は同書記述に「厳有院様（家綱）御代」とあるが、これは誤りで、五代将軍綱吉の将軍任官慶賀の信使来日の天和二（一六八二）年の折りのことと理解すべきと主張されている（前掲『大名留守居の研究』四一四頁）。

（2）山口県文書館蔵、毛利家文庫。

（3）国立史料館蔵、蜂須賀家文書。

（4）松尾美恵子「大名の殿席と家格」（『徳川林政史研究紀要』昭和五五年度）。

（5）（6）『会津藩家世実紀』（吉川弘文館、一九八〇）第六巻、享保六年四月一日条。

（7）真田宝物館蔵、真田家文書『御留守居方日記』弘化二年二月一六日条。

（8）『憲教類典』二之一「大名」（『内閣文庫所蔵史籍叢刊』第三八巻　汲古書院、一九八四）。

（9）『改定史籍集覧』（近藤活版所、一九〇二）第一〇冊、『落穂集』巻五、六五頁。

(10)『第二期・新秋田叢書』(二)（歴史図書社、一九七二）二八八頁。
(11) 伊達文化保存会蔵、宇和島伊達家文書『留守居役年記略』所収「寛保二年十月・諸家留守居連署申達状」。
(12)『甲子夜話』（平凡社、一九七七）巻一九にも「加賀・越前・安芸・備前・酒井雅楽頭殿にては留守居仲ヶ間入致さず」とある。
(13)『留守居役年記略』、後掲〔事例12・13〕参照。
(14)『藩法集・続鳥取藩』「江戸御定」一九九号。
(15)『御触書寛保集成』一一一八号（以下〝『寛保集成』一一一八〟のごとくに略記、宝暦・天明・天保の各御触書集成も同様）、『天明集成』三一八七、『天保集成』五一三二。
(16)『留守居役年記略』。
(17)『天保集成』五一三九。
(18)『寛保集成』二八四一・同二八四二・一一一八、『天明集成』三一八七。
(19)『親子草』（『新燕石十種』第一〈国書刊行会、一九一二〉巻二、『よしの冊子』（『随筆百花苑』第九〈中央公論社、一九八一〉）寛政元年一〇月。これがために吉原は大いに衰微したという。
(20)『天保集成』五二二九（寛政七年三月）、同五二六八（同一二年五月）。
(21) 享和二年九月には諸家留守居六〇名が集まり、吉原を「惣揚げ」にして狂態を演じた。そして全員が幕府大目付より「急度叱り」を申し渡されている（内閣文庫蔵『森山孝盛日記』享和二年一〇月二九日条、『留守居役年記略』）。また文化一二年には「不宜風聞有之」との理由で宇和島伊達・立花・相馬ら五家の留守居が役儀取放に処せられている（『文化秘筆』二二五頁〈『未刊随筆百種』第八、米山堂、一九二七〉）。
(22) 松浦史料博物館蔵、松浦家文書『御留守居方日記』文化九年八月九日条には「一、類役出会之儀ニ付、覚助（松浦家留守居役村尾覚助）罷出候事」とあり、以下同日記には留守居参会の記事が継続して見られる。ただし松浦家（肥前平戸六万一七〇〇石）は柳間席の大名である。

（23）序、注（2）に同じ。
（24）宇和島伊達家文書『御留守居申合、公辺被仰出、其外書抜』所収「有馬家留守居一件書状」。
（25）この時点でさらに、島津・伊達・上杉・山内・蜂須賀家の留守居も寄合に参加していたことが知られる（『大日本古文書・伊達家文書』十、「天保九年十二月、有馬頼徳書状」）。
（26）（29）『留守居役年記略』。
（27）（28）第二節第二項参照。

第二節　留守居組合の情報交換の形式

留守居組合の活動の具体的な内容は次節に述べることとして、ここでは組合内での情報交換の形態、媒体の形式的特徴に触れておく。

（一）寄　　合

留守居組合の寄合は、初期には各大名屋敷内の留守居役の長屋でなすのが一般的であった。これが「宅寄合」である。宅寄合の振舞いには一汁三菜が出され、その主人よりも茶酒・菓子などが供された。(1)加えて歌舞・音曲自由の特典まで与えられていた。(2)これらは各大名家の留守居組合重視の姿勢の現れと解すべきものである。

宅寄合の具体的な事例としては、蜂須賀家文書『御旧記書抜』寛保二（一七四二）年八月条に次の記載がある。同月二五日、佐竹家留守居役布施伝右衛門方で大広間席組合の寄合があり細川・毛利・山内・鳥取池田・上杉・蜂須賀家の留守居役が参集した。そして、この場で蜂須賀家留守居役は、将軍廟所たる寛永寺・増上寺への各大名家よりの月次参詣の有無および回数について問合わせをしており、他家の多くが月に三度の参詣をなしている旨であったため、以後同家もこの並に従っている。

後掲〔事例13〕は天明六（一七八六）年七月に発布された幕府の全国御用金令について、その対応方を相談すべく催された大広間席組合の寄合の模様を記したものである。この会合は臨時に設けられたものであるから、「内寄合」と呼ばれている。そして寄合開催の手続きについては、「七月九日、御並方御一軒より御留守居一人充、為内寄合、朝飯後より相揃可申合段、永田藤左衛門・岡村要介より廻章至来付、本城ニ而池原雲洞老別荘江罷越申合」(3)と記されている。史料中の永田・岡村は各々、黒田・津山松平家の留守居役、池原雲洞は幕府奥医師である(4)。幕医の別荘がこの種の会合に用いられているのは興味を惹くところである。寄合は朝飯後より深更に及んで続けられているが、その討議の具体的なありさまについては後述する。

近世中期以降に宅寄合と並んで盛んになるのが「茶屋寄合」である。「懇会」とも称せられて、吉原などの遊所を使用する寄合である。それはもっぱら組合成員間の懇親・慰労を目的とした遊興行為であった(5)。宝永期の落書に「諸家の留主居は遊女に同じ、勤はくるはの内斗(6)」とあり、かの『葉隠』にも、元禄期の鍋島家京都留守居役の職務について「他方の留守居・銀主参会には茶屋・芝居不参候では御用不相済候(7)」と弁明している。これらよりして元禄・宝永ごろには留守居組合の茶屋寄合が一般化されていたことを知る。

留守居組合に右のような特典が許容されていたのは、大名諸家にとってその存在が不可欠のものであったからにほかならない。茶屋寄合での懇親は、組合内で行われる各種の情報提供に際して、友好的な便宜を供与して貰うための前提的な結束を意味していたと考えられる。

（二）　留守居廻状

留守居組合がその内部で廻状を送達し、各種情報を交換しあっていたことは早く『落穂集』に見え、寛文ごろのこととして「廻状等之儀も、右組合仲ヶ間の外へは決て廻し不申、主人々の聞え達し、心得にも可罷成かと有之儀」を書き載せていた由である。また宝永年間の幕令でも、留守居仲間の内で「不慥成儀書付相廻」「無益之雑説」を廻状に認めることへの警告がなされている。(8) これは、この時期までに〝留守居廻状〟という情報媒体が一般化していたことを示すと同時に、その廻状のうちに幕府の禁忌に触れるがごとき事項が記されていたことを示唆するものである。

右の点については次節で述べることとして、ここでは留守居廻状の形式について見ておきたい。留守居廻状の実物は得ることが出来なかったが、秋田佐竹家文書中にその写がある。(9)

以㆓廻状㆒致㆓啓上㆒候、各様愈御安全、被㆑成㆓御勤㆒珍重奉㆑存候、然は玄蕃頭(有馬頼徳)、当四月参府ニ付、豆州三島駅宿入之砌、金地院上京ニ行逢被㆑申候処、甚不法之儀有㆑之、其儘ニも難㆓差置㆒御座候ニ付、岩瀬伊勢守(大目付岩瀬氏記)様江及㆓御問合㆒候処、御差図有㆑之候、仍而金地院江懸合候処、役者松月庵を以、段々断有㆑之候間、此上は存意等も無㆑之、向後之儀、尚更急度申入置候事ニ御座候、

御同席様御一統ニ相拘候之趣も申達候儀ニ付、以来之御心得ニも可㆓相成㆒と往復之書面類都而五通、懸㆓御目㆒置申候、此段可㆑得㆓貴意㆒如㆑此御座候、已上

十二月

有馬玄蕃頭内
中島権兵衛
中村為之丞

御次第不同
松平加賀守様
御留守居中様

松平越後守様
同松平伊予守様
同宗　対馬守様
同松平淡路守様
同（佐竹右京大夫）此　方様
同松平備後守様
同織田出雲守様
同立花左近将監様
同藤　堂大学様

本史料は久留米有馬家（二一万石、大広間）の留守居役より廻達されて来たものの写で、差出・宛所の人名よりして文政九年のものと推定される。[10]廻状の宛所は順に、加賀前田（一〇二万二七〇〇石、大廊下）、津山松平（一〇万石、大廊下）、福井松平（三二万石、大廊下）、対馬宗（一〇万石、大広間）、富山前田（一〇万石、大広間）、秋田佐竹（二〇万五八〇〇石、大広間）、大聖寺前田（一〇万石、大広間）、丹波柏原織田（二万石、大広間）、柳川立花（一一万九六〇〇石、大広間）、伊勢藤堂（三二万三九五〇石、大広間）の諸家の留守居役である。加賀前田と津山・福井の両松平が大廊下席であるのを除くと、ほかはこの時点で大広間席の大名家であり、[11]文面に「御同席様御一統」とあるところから右史料は大広間席留守居組合の廻状であることを知る。

さて右廻状の報知内容は同年四月に有馬が参府の折、金地院の一行と路頭礼節を巡って紛議を生じた件につき「以来之御心得ニも可相成」との判断から、この事件に関して金地院などと往復した書簡類五点の写を添付して閲覧に供[12]

するというものである。

この紛議というのは東海道三島宿で金地院（五山寺院の僧録）の一行と出会った際、有馬側は御朱印持参寺社に対する通例の作法に則り惣供を片側に寄せて道を譲った。しかるに金地院側は有馬の行列に対してさらに、下座と笠取りを強要してきたために混乱を生じたのである。

その場は一応事なきを得たようであるが、有馬家では江戸到着ののち先例を調査して、同席中の申合規定に金地院を特別に扱うべき箇条の見えないこと、さらに、この件について幕府大目付（道中奉行）岩瀬氏記に「右寺院之儀は何そ格別之趣意ハ有之事哉」を問い合わせてみても、その回答は有馬のなした「惣供共片寄」以上にはなす必要はない旨であった。これらの事実を確認したのち、有馬家は金地院側に強硬な抗議書簡を送り、そして後者から事実上の詫状である請書を得ているのである。

国持大名諸家はかねてより、路頭礼節を巡って、御三家や御朱印持参寺院などと争うことがしばしばであり、この種の問題にはきわめて敏感であった。そして右のような一連の事実は「先例」となって、将来に対して規範効力を及ぼすものであったから、大名諸家はこれらの情報をあまねく収集すべく努めていた。そして右の留守居廻状はそのような要請のなかで作成され、廻達されていったものである。

(二) 留守居書状

留守居廻状のほかに、諸家留守居は諸種の問合わせや報知をなすべく、二家間での書状の授受をなしていた。その早い実例としては後掲〔事例3〕に見える、寛文期の京極騒動の中で交わされた、蜂須賀・京極両家留守居のそれを挙げることが出来る。また各種の先例・旧規の問合わせ・返答のためにも留守居間で書状が用いられた(13)。

留守居書状にはこのほかに、今一つ別の型のものがあった。それは各大名家の冠婚葬祭・参勤就封・官位叙任・課役任免といった、規式や公用に関する事柄について、これを他家に吹聴・披露する挨拶状としてのものである。

ここでは留守居は、主人たる大名の侍臣としての立場でこれに関与するのであり、この型の書状は、留守居が大名の意を奉じて発給する「奉札」としての性格を有する。(14)

この型の留守居書状の実物は幕末のものであるが、国立史料館の真田家文書中に多く存在している。その実例を次に掲げる。

（裏端書）「真田信濃守様　　　松平大和守内　三上雄之進
　御留守居中様　　　岩倉弥右衛門」

以二手紙一致二啓上一候、然は大和守義、御用被レ成二御座一候間、早々上京被レ致候様、従二　御所一　被レ蒙二　御沙汰一候ニ付、来ル九日卯中刻、御当地発足被レ致候、右為二御知一被二申述一度、此段各　様迄、宜レ得二御意一旨被二申付一、如レ此御座候、以上

二月三日

これは慶応四（一八六八）年二月、戊辰戦争のさなかに前橋藩主の松平直克が朝廷よりの上洛命令に基づいて、江戸を出立する旨を松代藩真田家に報知しているものである。差出の三上・岩倉は松平家の留守居である。(15)

また真田家も同じく二月二十一日に上洛をしており、その旨を諸家に報知している。(16)そして真田家文書中には、これら大名諸家から送られた、その報知に対する返礼状が多数残されているが、これらも右に掲げた史料と同一様式の留守居書状なのである。

さて、この奉札型の留守居書状と同一性を有するものに、盛岡南部家文書『御在府御内勤留』(17)がある。これは南部

家と他家との留守居間（あるいは両家用人間）の往復書状の留帳である。寛延〜寛政年間のもの七冊が現存する。そこには書状の内容のみが摘記されているにすぎないが、その内容事項と日常的な頻繁な授受という特徴は真田家文書のそれと全く類似しており、両者は史料類型上の同一性を有するものと判断される。[18]『御在府御内勤留』に見られる留守居書状の内容も公的・規式的なものに限定されはするが、何よりも自家で生起した事柄ならば巨細となく、これを自発的に報知していく点に重要性が認められるのであり、そして、そのなかには、凶荒による領内損毛高と幕府へこれを届け出た旨、[19]また後掲〔事例14〕の蝦夷騒擾鎮定のための幕府よりの出動準備指示のごとき、政治の枢要に立ち入ったものまでが見られることになるのである。

それ故に、この奉札型の留守居書状もまた、留守居組合の情報交換の歴史のなかで少なからず重要な役割を果していたと言い得るのである。

〔注〕

（1）『落穂集』巻五「留守居役始の事」。

（2）『藩法集10・続鳥取藩』「江戸御法度」一三（延宝五年二月）、同三八（享保四年九月など）。

（3）『公儀事扣』（山口県文書館蔵、毛利家文庫）天明六年（冊子番号四一―一五―第一〇冊）。

（4）『寛政重修諸家譜』（続群書類従完成会）第二二、二三〇頁。

（5）『我衣』（『燕石十種』第一、国書刊行会）には「屋敷振廻等有之時は物入多に付、或は茶屋、或は吉原・芝居等にて留守居会有之（中略）金にて請取、右の場所々々にて是をもてなす」とある。

（6）『鸚鵡籠中記』（『名古屋叢書続編』第九巻）宝永五年閏正月五日条。

（7）同書「聞書」二一・二二五番（『日本思想大系』26）。

（8）『寛保集成』二八四一・二八四二。

（9）秋田県立図書館蔵、佐竹文庫「廻状」。
（10）中村・中島の両名が有馬家留守居に並ぶのは、文化九〜天保七年の間（『武鑑』）、この時期に「藤堂大学」とは、文政八年正月に家を嗣ぎ同四月一五日に始めて就封した藤堂大学高猷のこと。彼は翌九年一二月一六日に「和泉守」と改めている。次に有馬玄蕃頭頼徳は、文政八年四月に帰国し、翌九年四月に参府している（以上『徳川実紀』）。よって本史料は文政九年のものと推定される。
（11）『文政九年・武鑑』。
（12）一、有馬より金地院への抗議書簡（九月）、同席中申合にも大目付回答にも金地院の特例なき旨申入。二、金地院よりの返簡（一〇月）、右書簡の趣承知の旨。三、金地院への抗議誓簡（九月）、此度の法外は聞捨流しとするも「以後之処得と御達置申事ニ候」旨。四、金地院よりの返簡（一〇月）、右書簡の趣御尤と承知の旨。五、有馬より大目付岩瀬への伺書并附札（七月）。
（13）たとえば明和八年四月、佐竹家留守居太田丹下は、大名の参勤出府に遅延が生じた際の幕府への届出方について諸方へ尋ねた。これに対し毛利家留守居（公儀人）井上肇・富山前田家留守居山田五左衛門より、手紙を以て回答が寄せられている（佐竹文庫『御留記』第三冊）。
（14）なお、この型の書状には、同じく大名の侍臣たる「用人」も、留守居と分担して発給に携わる。
（15）『慶応三年・武鑑』『明治二年・列藩一覧』。
（16）高松松平・宇和島伊達・奥平・柳沢・朽木・戸沢・大久保家など。
（17）盛岡市公民館蔵。
（18）冠婚葬祭・暑寒見舞・役成、そして屋敷普請による表門不通用に至るまでの細々とした内容。
（19）同書、寛政元年一〇月二〇日条、富山前田家よりの報知など。

第三節　留守居組合の活動

本節ではこれまで見てきた情報交換の組織と、諸媒体を駆使したその活動の内容面を中心にして議論をさらに進めていきたい。

〔事例1〕　万治元（一六五八）年閏一二月、酒造半減令取扱方

万治元年閏一二月二日、幕府は諸家留守居を集め、評定所において酒造半減令を伝達した。[1] この件について幾つかの大名家の留守居が言うには、今年の酒造については仕込みがもう終わっているはずである、今からこの半減令を持ち帰っても自家では受け容れられないであろうということであった。

蜂須賀家（阿波二五万七〇〇〇石）では、留守居がこの幕令の取扱いについて諸家留守居に問い合わせたが、「一統ニ無御座」、諸家の見解は区々であった。そこで同人は幕府の元老井伊直孝の下に赴いて尋ねたところ井伊より、この制法は発令が三・四〇日遅れているように思われる、自分は既造分についてはそのままとし、今後の仕込分のみ半減を命じるつもりである、蜂須賀家も同様にされてよいのではないかとの回答を得ている。[2] おそらく蜂須賀家では、この井伊直孝の言に従って対処したものと思われる。

〔事例2〕　万治三（一六六〇）年一一月、伊達騒動関係情報

同年七月、仙台六二万石の伊達家では当主綱宗が行跡不良の故を以て逼塞を命ぜられ、幼少の綱村に嗣がしめられた。[3] 伊達騒動の発端である。蜂須賀家留守居はこの件について幕府大目付・目付らより情報を収集する一方、伊達綱村の後見人となった立花忠茂（筑後柳川一〇万石余）の留守居にも事情を問い合わせている。

すなわち同年一一月二七日には、立花忠茂が引続き江戸に逗留していること、また綱村の継目の御礼が未だ無いのは何故かを尋ねている。また同一二月二五日には立花家留守居より書状が送られ、立花忠茂は将軍家より御鷹の雁を拝領したのち江戸にて越年すべきを命ぜられたこと、ただし理由は不詳である旨が蜂須賀家留守居に報知されている。(4)

〔事例3〕　寛文元（一六六一）年二月、京極騒動関係情報

丹後宮津七万八〇〇〇石の京極家では、当主の丹後守高国とその父安智斎高広との対立による御家騒動が、長きにわたって続いていた。そして安智斎が高国を弾劾すべく幕府に訴訟を行ったことで、事態は険悪な状況に突入していた。

蜂須賀家留守居の猪子喜之助・寺西八郎右衛門(5)の両名はこの問題について、京極家留守居に事情を問い合わせたところ次の返状(6)がもたらされた。

猪子喜之助様　　関助太夫
寺西八郎右衛門様　　佐久間貞右衛門

先刻は預㆓御手紙㆒候得共、両人共ニ不㆑叶㆓隙入㆒御座候故、不㆑能㆓即報㆒候、然は安智与丹後守間之儀、取沙汰有㆑之由被㆓聞召㆒、様子御尋被㆑成、御国江も被㆓仰上㆒度之旨、御尤ニ奉㆑存候、去年松平伊豆守（老中松平信綱）様御上京之砌、安智も上京仕、丹後守儀ヲ伊豆様江色々悪敷様ニ申候由、丹後守被㆑承、迷惑被㆑仕候段、御老中様江被㆓申入㆒候、定而其儀ヲ何角取沙汰有㆓御座㆒物与存候、兼々御存之通、安智無躰成儀計を被㆑申、丹後守は不㆑及㆑申、家中之者迄も迷惑仕事ニ御座候、別而相替儀は無㆓御座㆒候間、可㆑被㆓御心安㆒候、若シ替儀も御座候ハヽ、各様江は御知せ茂可㆑申候間、左様ニ御心得可㆑被㆑成候、右之通ニ御座候間、此方江不㆑及㆓御出㆒候、以上

二月廿三日

書状は風聞の誇大化を鎮静する方向で書かれているが、最近の紛議の経過を説明して安智斎の無躰な行動を非難したのち、何か事態に変化が見られたならば、京極家留守居役の方から蜂須賀家留守居役の方に報知する旨を約束して結んでいる。

〔事例4〕　寛文元年七月、国姓爺一件情報

明の遺臣鄭成功がオランダ支配下の台湾に進攻した旨を伝える、オランダ商船よりの報告和解の写を蜂須賀家留守居が入手している。

この和解は「高砂之内けいらんと申所より参申候阿蘭陀船二艘、六月九日長崎入津仕ルおらんだ人申分之書付」と題され、鄭成功と台湾とのこれまでの関係を記したのち、「当四月二日ニこくせんや兵船三百艘余、人数四万程、其外高砂之地之唐人与申合、都合六万人余ニ而城を責」(7)めたこと、さらに鄭軍はゼーラントへも押し寄せると聞いたので、自分たちは日本へ避難した旨などが述べ立てられている。

蜂須賀家留守居はこの写の入手系路について「右、松平右衛門佐（黒田光之）殿より江戸江書付御上ヶ被成候写、小笠原右近（忠真）様江参申候、其写如斯ニ御座候」(8)と自家に報告している。してみればこの文書は、長崎番役である筑前黒田家の下で作成されたものが小倉の小笠原家に伝えられ、おそらくは小笠原家留守居を通じて蜂須賀家留守居が入手したものと思われる。

〔事例5〕　寛文元年七月、キリシタン禁令取扱方

寛文元年七月三日、幕府は諸家留守居を集め、キリシタン禁令(9)を交付した。本令はキリシタンを禁圧する旨において従前のものと変わるところがなかったが、その第三条に「町人・百姓五人組を定、庄屋・町年寄、無油断改之候様ニ領分堅可被申付候」と領分内で五人組を定め、恒常的に宗門改を義務づけるという新規の内容を含むものであった。

本令については、これを領内でいかように実施すべきか、すなわち宗門改の方法や頻度などが問題となり、これに関して長州毛利家では「諸家之様子聞合」を行っている。それによれば毎月行うところもあり、一季一度や一年に一度のところもあった。そこで毛利領内ではこれを年に二度ずつと決定している。[10] 同時に、同家では宗門改の実施方法の詳細な規定を設けているが、[11] これも当然に他家の方式を照会しながら作業を進めていったものと思われる。

また蜂須賀留守居は、本令を自家に伝達するに際して「右御渡書之内、三ケ条目之御文言、是迄終ニケ様之被　仰出無御座、別而被入御念御紙面ニ候条、重々御吟味被為　仰付候様奉存候」[12]と注意を促している。

右の毛利家の動きと併せ見るならば、蜂須賀家留守居もまた諸家留守居と本令の趣旨及びその実施方法について話し合っているであろうこと、そしてその中から、この第三条の意味するものと、その取扱方に慎重を要する点を認識していったものと考えられる。

留守居役はここでは法令の解釈者なのであり、それは当該法令の幕政全体の中における位置づけを明確にし、適切にして具体的なその実施形態を把握する技量を備えたものとしてある。そのような、より深い意味での解釈者として立ち現れているのである。

〔事例6〕　寛文八〜一〇（一六六八〜七〇）年、枡の全国的統制

幕府は寛文八年より全国的な枡の統一政策を打ち出し、同九年一一月に大名諸家に対して京枡使用令を交付した。

この問題については藤井譲治「江戸幕府寛文期の枡統制」[13]に詳しいが、それによるならば長州の毛利家では、江戸において「今度舛之改被仰出候ニ付、諸家之様子聞合之覚」なる他大名家の京枡採用に関する調査覚書を作成して国許に送り、政策決定の資料としている。

調査の対象は備前池田・因州池田・土佐山内・芸州浅野・雲州松平・宇和島伊達・小田原稲葉・忍阿部の諸家であ

り、そしてこの調査は毛利家留守居（公儀人渡辺小右衛門）によってなされたものと見做して差支えない。また筑前黒田・雲州松平家などでも京枡採用を決めながらも、具体的な実施形態について判断を下しかね、毛利家同様に諸家への問合わせを行っている。

本問題の核心は、幕府の意向が江戸樽屋・京都福井の二ヶ所枡座以外の枡の使用を禁止し、枡座で新たに作成する京枡を大名諸家に購入させて全国的に使用せしめるというところにあったのに対して、大名諸家側では寸法容量が京枡に合致しているならば領内で作成するもの、あるいは従前使用し来っているもので差支えないのではないかと考えるところにあった。

大名諸家側が相互に問合わせを行う中で後者の考え方がしだいに支配的になり、幕府の当初の強い政策は後退し、大名諸家側の考えた線で収集されることになっている。

この一連の政治過程の中では何よりも、幕令の具体的な受容形態について大名諸家側が相互に照会活動を行い、それによって大名諸家の意思一致が計られていく点が重要なのであり、こうして事態は幕令の単なる解釈の問題を超えて、幕府政策の実現如何、殊にはこの期の将軍権力の全国的浸透の如何を巡る、優れて政治的な事件へと昂められていくのである。

この大名諸家の意思の相互確認は、江戸のみならず国元において隣接諸藩の間でも行われているが、江戸の諸家留守居の活動が、この政治過程において少なからぬ寄与をなしていることは認められてよいであろう。

〔事例7〕　延宝四（一六七六）年七月、銀札発行問題

毛利家（長州三六万九〇〇〇石）はこの年初めて自領内で銀札を発行する。それに際し、これが対幕府関係において問題を生じないものであるか否かを諸家に問合わせている。その中で播州姫路一五万石の松平家に「札遣仕候巧者」

のあることを知り、毛利家の銀札担当者をこの者と会談させている。

そして、この松平家の者より「公儀向へきっと御伺にては札遣不相成首尾に候、いつ方にも札遣候所あまた有之に付而、左様之所を御聞合せにて大和守（松平直矩）様にも札遣被仰付候」との説明を受けた。これに基づいて毛利家で協議した結果、「此御方之儀も公儀へ御伺候はゝ相成間敷候、御並多き事候間、先札遣被仰付可然」と決し、「公儀へは終に内伺無之」ままに銀札発行に踏み切っている。(14)

右一件では史料には留守居役の名は明示されていないが、大名諸家の銀札発行状況を調査し、松平家の者との会談を設けたものが毛利家留守居（公儀人）であったと判断して誤りないであろう。

〔事例8〕　貞享三（一六八六）年閏三月、越前家改易情報漏洩

貞享三年閏三月一九日、幕府の表坊主、小納戸坊主ら合わせて一四人が改易処分となった。(15)これについて戸田茂睡の『御当代記』(16)は「是は三月六日、越前守跡之事被仰出候事を前日五日に書付、手寄々々出し申に付て也、此事より御城へ上り聞番之者無用に成、御城沙汰かつて不聞え」と記している。

すなわち同閏三月六日、越前福井城主松平綱昌は乱心の故を以て封地四七万五〇〇〇石が収公され、代わってその養父兵部大輔昌親に二五万石が新たに宛行われた。(17)この越前家の改易減封処分は、これより先の天和元（一六八一）年の越後騒動と併せて、将軍綱吉による越前系大名家の制圧策として注目すべきものであるが、この重大な処分の情報が公表の前日に御城坊主を通じて諸方に流されたというものである。

右の記事は留守居組合内部での情報交換についてのものではないが、そこで交換される情報そのものの入手経路について物語っている。すなわち諸家留守居（聞番）は江戸城中において御城坊主と交わり、彼らより右事件のごとき政治情報を引き出していたということであろう。付言しておくならば、右記事の最後に留守居の城中出入が禁じられ

たために「御城沙汰かつて不聞え」とあるのは、戸田茂睡の『御当代記』に盛られた政治的記事の情報源が、ほかならぬ大名留守居役にあったことを示唆するものと言うべきであろう。

〔事例9〕　享保六（一七二一）年八月、会津南山御蔵入騒動情報

この年会津幕領では農民たちが名主・割元の不正を糾弾して立ち上がっていた。いわゆる南山御蔵入騒動である。農民側は代官の裁許を受けつけず、騒動は拡大の一途をたどっていた。このため幕府は勘定方役人、隣領代官らを騒動の立会吟味に派遣する一方、会津松平家に対しても騒動鎮定のための準備を内々に通告していた。

幕府はこの件について全く隠密裡に事を運んでいたのであるが、右の一連の事態が留守居廻状を以て流布されてしまったのである。右の廻状の存在が幕府に聞え、これを廻達した諸家留守居が勘定奉行筧正鋪の下に集められ、情報の出所についての追及を受けている。

この情報漏洩の嫌疑は会津松平家にもかかり、同家では老中水野忠之の下に赴いて陳弁をなしている。そして水野家側より「留守居廻状等ハ、難取用事共有之物ニ而、其上此一条ハ御勘定方軽衆之家来抔、事夥敷申触間敷ニも無之、夫より外々へ露顕も致候半歟、此儀曾而以、御家より出候儀無之事ニ候」との言を得て落着している。[18]

〔事例10〕　寛延三（一七五〇）年九月、日光御手伝普請先例問合

この年、蜂須賀家は日光諸堂舎修覆の御手伝普請を命ぜられている。これについて同家は普請時の「頭立候役人」の員数をいかほどにすべきかについて、有経験者の越前松平家に問い合わせた。[19]「頭立候役人」は総奉行以下、普請の際の実働方と勘定方の主軸役人を指し、その員数は自動的に従事する普請役人団の規模を決めることになる。そして、それは「家格」の高下に関わる事柄であるために、大名諸家の大いに意を用いるところであった。[20]

蜂須賀家の元文元（一七三六）年の大井川普請の時それは一一人であったが、越前家の日光普請では一三人であった

ということなので蜂須賀家もこれに合わせたいと考えた。しかし越前家留守居の言うには、「頭立候役人」については普請終了後に公儀拝領物もあるため、幕府は増員には難色を示すであろう、越前家の場合も一三人は多すぎると言われたが「御先格被仰立」てその主張を通したという経緯があり、蜂須賀家の増員は覚束ないと思われるとのことであった。しかし蜂須賀家は越前家の先例を以て幕府に強く申し立てたのであろう、この増員要求は実現している。

右の事実は大名諸家の、家格の堅持に対する熱意のほどを示している。普請役人団の規模を大きくすることは出費を嵩ませ、藩財政をいや増して圧迫するにも拘わらず、なお、その家格に関わる名誉観念には異常なまでのものがあったのである。越前家自身も自家の「先格」を以てこれを貫き、次に蜂須賀家は、同格他家の先例を挙示すること[21]によって自家の要求を実現していくのである。

〔事例11〕　宝暦九〜一〇（一七五九〜六〇）年、鳥取藩源五郎事件[22]

鳥取藩に起こった源五郎事件は三浦周行、平松義郎両先学の採り上げられたこともあって夙に著名なものである[23]。備中幕領に居住しその代官所の人別下にあった源五郎なる者が鳥取藩内において銀札贋造を犯したことから、鳥取藩役人がこれを追跡して備中幕領に踏み込み、捕縛して連行した。そして鳥取池田家では「国法」（藩法）に基づいて源五郎を獄門刑に処した。これに対し備中幕領代官は、鳥取藩の処置が手続上の違法行為であるとして幕府勘定奉行に上申し、評定所の吟味の結果、池田家家老など多数が処罰されたというのが事件のあらましである。

近世刑事訴訟法上の原則は元禄一〇年の自分仕置令[24]に基づいている。それは二つの原則から成っていて、まず各大名家領内で発生した事件は他領に関わりない限り各大名家が吟味・仕置権を有する。次に他領他支配引合事件については、総て幕府に移管せねばならず、自分仕置をなすことを得ないというものである。そして源五郎事件は右の原則の後段に関わるものであったのである。

さて本事件を子細に検討してみると、事態の推移には今少し複雑なものがあり、そして、その過程のなかで大名留守居役の活動が重要な役割を果たしていることを知る。

事実関係を見るならば、鳥取池田家では源五郎に対して国法（藩法）の仕置を行うに際して幕府に経伺いをなし、しかも正式の許可を取りつけていたのである。この近世刑事訴訟法上の原則から見てありうべからざる幕府の許可が、実は池田家側のさりげない詭計によって導き出されたものなのであった。そして、この事件の本質は、実はここに存しているのである。

源五郎の仕置を巡って鳥取池田家では、その江戸留守居役を通じて作州津山の松平越後守家の家法を照会せしめた。これについての松平家留守居役の回答は「越後守家格にて、領内に入込致悪事候者は、御料他領何方の者にても召捕、手前仕置申付来候」というものであった。そして先年、作州幕領居住の源六なる者が津山領内で同じく贋札事件を起こした際、松平家の手でこれを捕縛し、幕府に届けることなく自分仕置をなした旨の先例を池田家留守居役に示した。

だが松平家留守居役の右の回答には、すでにして重大な誇張、あるいは錯誤が含まれていたのである。それは津山領で贋札事件を起こした源六なる者は、雲州松江出自の無宿人であったこと、すなわち作州幕領に居住するがその人別に登録されていない人間であった。そして無宿人の仕置については、先の幕令の原則の例外をなすものであって、その生国・居住地に関わりなく、これを捕縛した大名家の自分仕置が認められているのである。だから津山松平家が、幕領居住の贋札犯人を自分仕置になしえたのは、この無宿人規定に拠るものなのであって、松平家の家格なるものが、幕領を含む他領人別の者に対して自分仕置をなしうる特権を備えているわけではなかったのである。

留守居役を通じて得た松平家の先例を検討した池田家では、これが無宿人規定を無視した杜撰な誇張ではないかということに気づいたようである。そしてまた、本事件の源五郎は備中幕領の人別に登録されているために、松平家の先例は適用できないのである。だが越前家一門の嫡統を誇る津山松平家では右のごとくに特権の存在を標榜していること、そしてそれ故に池田家でもこの際に、同じく国法の仕置の絶対性を確立して「家格の威光」を増したいという誘惑にかられた。そこで池田家では、松平家の事件の源六が無宿人である旨を伏せた上でこれを先例となし、同年六月源五郎処分の件を幕府老中酒井忠寄の下に伺い出た。

私領分於二伯州一致二悪事一候源五郎と申もの、生国備後国品治郡下山守村の者にて、当時は備中国日着郡出し幸山村に罷在候、右源五郎儀、兼て召捕候様申付置候処、尚又伯州に罷越候に付、可二召捕一所迯去候に付、附慕罷越、漸備中国浅井作右衛門御代官所、東三原村にて、村役人江も相達、召連罷帰候、右悪事致候子細、於二国許一様子相尋候所、因幡・伯耆両国通用銀札似せ拵候段相聞申候、依レ之国法の仕置、仕度奉レ存候、此段奉レ伺候、以上、

六月十二日　　松平勝五郎（池田重寛）

例書

一、因伯両国通用銀札似せ拵候、生所備後国品治郡下山守村源五郎と申者

一、当卯二月私より召捕候、右源五郎儀、当時浅井作右衛門御代官所、備中国日着郡出し幸山ニ罷有候

類例

一、宝暦三年戌三月、作州通用銀札似せ拵候、生国雲州松江源六と申もの

一、松平越後守より召捕候、右源六儀、其節は私江御預所、作州大庭郡下河内村江罷有候、召捕候已後、国法の刑罰に相成候、尤其節、不二相伺一国法に申付儀、越後守家格の由御座候、以上、

この伺書に対して幕府は翌一三日「国法之通、可レ被二申付一候」の附札を以て許可をなし、かくて源五郎は池田家の手によって処刑されたのである。

他領他支配引合事件に関する幕府刑制の基本原則は、かくも簡単に破られてしまった。右の事実は、幕府政治のありようを巡る幾多の興味ある問題点を提供することになると思われるが、ここではこの許可を導き出しているのが、ほかならぬ先例書の存在であるという点を指摘せねばならない。

幕府はこの伺書の件について結局、独自の先例調査を怠っているのである。大名家側より提出してきた先例書について、幕府側の独自の調査がその許可決定過程に完備されていたならば、他領引合事件の取扱原則の例外をなすと主張する、津山松平家の〝先例〟の虚偽性は容易に見破られたことであろう。[25]次にまた、幕府刑制の原則の例外特権を要求する大名家側の伺いに対して、何らかの政治的検討や審議を施している形跡をも見い出すことが出来ない。許可は一日にしてなされたのである。

事件の経緯と残存史料に基づく限り、幕府の許可決定の根拠をなすものは、この先例書以外には存在していないのであって、右の許可決定は全く先例書の存在に依存し、拘束されていたと判断せざるを得ないのである。

一般に大名家より幕府に提出する、重事や家格に関わるものの伺書・願書には自家、他家の先例書が添付される。[26]右の源五郎事件と併せ見るならば、これらの先例書は許可を得るに必要な条件であるのみならず事実上、十分な条件でもあったと考えられるのである。

幕府政治というものが先例主義を原則としているために、具体的な先例を挙示しうることは、各種問題において、幕府の許諾を導き出すうえで、決定的に有利であった。だから右の源五郎事件のような詐略を度外視しても、一般的に言って正確で妥当な先例書こそ、大名家にとってその目的達成のための最重要な手段であったのである。そして、この幕府の判断を拘束し、許可獲得の必要十分な条件をなす先例書をもたらしてくれるものが、ほかならぬ留守居役であり、また情報交換組織としての留守居組合であったのである。源五郎事件の事実過程は、留守居役および留守居組合の存在意義についてのより深い理解を与えてくれるものであろう。

そして、その存在性の重要さの故に、そこに介在した不正の報いもまた大きかったと言うべきであろう。源五郎事件について付言しておくならば、右の処置に不服と疑問の念を抱いた備中代官が、幕府勘定奉行に異議の上申をなしたところから問題が評定所で再吟味されることとなり、池田家の詐略が暴き出されていった。そして池田家の家老・留守居役以下関係者多数と、池田家の不正の誘因をなした津山松平家留守居役が処罰をされて、この源五郎事件は終わっている。

〔事例12〕　天明三～四（一七八三～八四）年、蔵米切手加印制一件

この時期、大坂では大名蔵屋敷より発行される米切手に、多数の空米切手の混在していることが問題となっていた。幕府はこの米切手発行を統制すべく、幕府呉服師の後藤縫殿助に命じて各蔵屋敷へ立入検査をして有米高を調査し、その発行米切手にはすべて加印をなすこととした。

大名諸家の大坂留守居は一様に幕府の処置に憤り、会同してその対応方を協議した。島津・細川・毛利・鳥取池田・有馬の五家留守居役は、大坂で「五人組」と呼ばれる留守居組合を設けており、ここで各家の見解が交換された。集会はさらにより広い範囲でも持たれており、そこには毛利・鍋島・鳥取池田・岡山池田・細川・有馬・蜂須賀・宇和島伊達・藤堂・松江松平・立花らの国持大名諸家と、松山松平・小倉小笠原・福山阿部・中津奥平・岡中川ら西国大名の諸家留守居役が一堂に会して相談がなされた。この問題は江戸屋敷に通報され、江戸の留守居組合においても協議が重ねられた。

これら留守居組合での協議・申合わせに基づいて、大名諸家は加印制撤回を求める願書を一斉に提出し、このような大名諸家側の政治的圧力の下に、同制度は挫折せしめられたのである。本問題の詳細については前掲拙稿(27)を参照さ

れたい。

〔事例13〕　天明六（一七八六）年七月、全国御用金令一件

天明六年七月三日、幕府は諸大名に宛てて著名な全国御用金令を発した。[28] すなわち幕領・私領全国の農民は持高一〇〇石について銀二五匁、町人は間口一間について銀三匁、寺社山伏は上層のもの金一五両、それ以下はこれに準じて各々出金し、これを五年継続した上、幕府の御金も加えて大坂表に設立する貸金会所の元資にするというものである。[29]

それは幕府の御用金仕法としては前例を見ぬ大規模なものであったが、天明飢饉以来の農村の疲弊と、諸国に農民一揆の吹き荒れるこの期の情況を考慮に入れるならば、右の政策は現実を無視したいかにも無謀なものとの譏りを免れえないものであった。

加えてこの計画は、最近に幕府の支配勘定御雇となった原勘兵衛なる者が、田沼意次の用人三浦庄二を抱き込んで立案したものとやらで、幕府有司の多くも事情を知らぬ間に進められていたという何とも根拠に乏しく、一途に幕府の、〝御益〟をのみ追求するがごとき「妄令」としか映らざるを得ないものであった。[30]

御用金令発布後の七月九日、大広間席留守居組合は寄合を開き、この問題への対応を協議した。[31] 席上、組合の長老格たる黒田家の永田藤左衛門は、寺社町人百姓よりの出金が幕令通りに行われるか困難ではないかとの見通しを述べたのち、「何分ケ様御沙汰為有之上は、一途御断と申而は御聞入茂有之間敷候得は、百姓持高之所には御主人様方被成御取替被差出、残ル寺社町等をハ御断被仰入方ニも可有之哉」と、農民出金分を領主が肩代わり納入して、残りは幕府に「御断」を申し入れてはいかがかとの妥協案を示した。

細川家の白杉少助もこれと同趣旨の発言をなした。毛利家の井上肇は、右の折衷的な意見に異を唱え、幕令を領民

に布達もせず領主限りで事を処理しようとするのは、公儀の威光に対して何とも相済みがたいことであり、幕令は領内端々まで触れ知らせるべきである。さて「端々行届候上は年来貧窮之者共、御領主迄、是非御断不申出候而は不相叶儀与相見候」、そして其節には領民をいたわり、幕府にその旨を申し立てなければ「御領主之御慈非《(悲)》も欠候様ニ相見へ」るであろう。このような事情も考慮しておいてよいのではないかと述べている。

井上の言は甚だ婉曲で廻りくどいものであるが、要は幕府への忠勤を逆手にとった、幕令の全面拒絶がその真意であると考えられる。つまり永田の折衷案に対し、それを幕府への忠節のゆえんでないと述べ立てることによって問題を尖鋭的に討議する方向へ誘導し、そうして出金の全面的な「御断」へと行きつかざるを得ないような議論を展開しているのである。

津山松平家の岡村要助は、幕令を領内に隈なく布達すべしとの筋論に同意の旨を言った。岡山池田家の岩田留四郎は、井上の言に対して「随分致ニ承知一候、乍レ尓領国之御断筋、下之願を取上ケ申出候様ニ有レ之候而は、領主之全《(詮)》も不ニ相立一様ニも、主人内蔵頭《(池田治政)》抔申儀も可レ有レ之」と述べ、御用金令に対する「御断」を領民の歎願に基礎づけようとする点には異議をさし挟んだ。

佐竹家留守居は付随的見解と断りながらも、「御領内江申遣候迄茂無レ之、第一番御手元ニ而、御断筋精々被ニ仰入一度」ところが本意である旨を語っている。その他、領国内が困窮しているので本令の施行は難しい旨の発言が多かった。

寄合に参加の諸家留守居役はこれらの議論を集約し、各大名家より幕府に申し入れるべき書面の案詞を次のような形で作成した(32)。そして実際に提出するものの文面は各家の文格に拠るものであるが、基本的な趣旨はこれに違わないことが申し合わされた。

今度寺社山伏百姓町人出金銀之儀ニ付、御触之趣奉レ得二其意一候、早速国元江申遣候様ニ可レ仕候、然処近年凶年打続候付、国中一統困窮之砌ニ而、寺社山伏等ニ至候而は、勧化其外種々願等申出幷百姓共は年々凶作ニ付、年貢等茂相減置候上、猶又救米等手当申付候次第ニ御座候、町人之儀も右ニ准、及二零落一甚難儀至極仕候、右之仕合御座候得は出銀等申付候而茂、中々容易ニは差出兼可レ申与奉レ存候、依レ之出銀等之儀、暫延引可レ仕候間、此段御聞置可レ被レ下候、以上

月　日

本問題に対する諸家の見解には幅があった。それ故に論旨の明瞭な文章は避けられて、どの大名家でも受け容れられ、歩調の一致を保持できるような文面が作成された。留守居組合は本幕令に対して、基本的に遷延戦術で臨むこととしたと解してよいであろう。

この日の寄合には伊達家留守居は欠席したが、申合わせの次第は連絡することとした。島津家の渋谷五郎左衛門は都合で遅れ、深更に及んで加わり、当日の評議の内容が伝えられた。——以上が七月九日の留守居組合の寄合の模様である。

ついで同月一七日、黒田家の永田は右の申合わせに基づいて作成された、黒田家よりの届書を幕府老中水野忠友に提出した。彼はその経緯を次のごとく書面に認め、翌一八日付の留守居廻状を以て組合中に報知している。

（前略）昨日神田橋江罷出、得二御内意一候処、思召も無二御座一、水野様江差出候様ニとの御㕝ニ付、則御同所様江書付差出候所、御用人を以被二仰聞一候ハ、書面之趣、御承知被レ成候、然処、今日又々御書付出申候、其段諸向江御達有レ之筈候得とも今日之儀故、未相達不レ申儀与思召候、右御書付之趣ハ、冣前日数二十日有レ之処、相ゆるミ五拾日ニ相成候、右之段承知之上は又々模様も可レ有二御座一哉、いつれも右之段承知之上ニ而、追而書付等

差出可レ然思召候、依而先御書付を御返シ被レ成候（中略）右之通ニは御座候へ共、根元之所は五拾日は百日ニ相成候而も、先日被二仰合一候通、相違も無二御座一儀、二度手間与ハ被レ存候へ共、即答ニ彼是と申上やう無二御座一、奉レ得二其意一候而引取申候（後略）

永田書状にある「神田橋」とは田沼意次である。次に「日数五十日」への変更とは、同月一八日付の大名諸家宛の触をもって、出金提出期限を従前の二〇日から五〇日に延長するのであり、その旨を述べているのである。すなわち水野はこの日数変更の幕令を考慮した上で書付は再度提出し直すべしとして、その受取りを拒んでいるのである。

島津家の渋谷も同月一六日に届書を幕府に提出している。その文面は次の通りである。

今度寺社山伏百姓町人出金銀之儀ニ付、御触達之趣、奉レ得二其意一候、然処、薩摩守（島津重豪）領内之儀（中略）交易筋薄御座候処、近年は凶年打続、猶以致二困窮一罷在候故、（中略）一統ニ差迫、甚難儀至極仕罷在候（中略）依レ之、於二国元一右之取調等仕、何分之訳申越候迄は、出銀は勿論、此節之御請旁延引可レ仕候間、其段御聞被レ置被レ下候様可二申上一旨、薩摩守申付候間、此段申上候、以上

七月十六日　　松平薩摩守内
渋谷五郎左衛門

右の文面を見るならば、それが先の寄合で申し合わされた届書案詞の趣旨を忠実に守っていることを知るとともに、島津家は独自の判断でさらに踏み込んだ意思表明を行っている。すなわち文末の「此節之御請旁延引可仕」の一句がそれである。「御請」とは幕令を伝達された際の受諾手続きの行為を指す。島津は全国御用金令に対して、単に出金の時間的猶予を願うのではなくして、幕令の受諾そのものを留保するという立場を幕府に突きつけているのである。そして老中水野はこれに対してもまた「五十日之日延」の修正幕令の存在の故を以て、届書の受取りを拒否している。

この手続的な理由を以てする、幕府側の届書受取り拒否に留守居組合も困惑を覚えたようである。黒田家の永田と

津山松平家の岡村は同月二十一日、連名の留守居廻状を組合中に発して、その対応方の取纏めを行っている。すなわち「此節又々押返し、書付被二差出一候而、何とやら余り強過ニ而　上之御評議も如何」であろうか、ここはひとまず幕令を国元で領民に触れ渡し、国元より難渋の趣を申し越して来た時点で、書付を再提出してはどうか、「夫共先日被二仰合一候通、何方様ニ而も根元、御差閊之所ハ相知候儀ニ付、御国元往返ニも不レ及、此節押返し、近々ニも御書付被二差出一候御方様も可レ有二御座一哉」、ともかく穏健・強硬いずれの方針で臨むのであれ「被仰合、御多分次第可然」と考える。自分たちは穏健的方法を妥当と判断するけれども、各人の意見を報せて頂きたいと結んでいる。

これ以後の留守居組合の動きについては記されていないが、同組合中の一家、筑後久留米の有馬家領内には、この御用金令が実際に触れ出されているのが確認されるので[33]、大広間席留守居組合の諸家は穏健的な遷延戦術の方に従ったものと思われる。

ともあれ、右のごとき幕府の重要な政策遂行に対して、留守居組合が「被仰合、御多分次第可然」と多数決原理を掲げながら組織体としての統一行動を計っていった、その行動形態に注目せねばならないであろう。団結こそ力なのであり、大名諸家の結集の力を以て幕令の最終的な撤回を実現すべく、留守居組合はその指導的な機関として立ち働いていったのである。

幕臣森山孝盛はその日記の中で、全国御用金令発布後の情況について「松平安芸守(浅野重晟)・同陸奥守(伊達重村)、一番ニ御断被二申立一、其外御三家方、諸大名大勢御旗本ニも断被二申立一候衆も有レ之候」[34]と記している。

穏健にであれ強硬にであれ、幕府に対する「御断」の波が昂まっていった。放置しておくならば、将軍と幕府の威信を決定的に失墜せしめる事態が訪れるであろう、その危惧が御三家・譜代元老たちの間に漲ったと見るべきである。そして出金期限を目前にした八月一五日[35]、将軍家治は急病に倒れ、田沼意次は失脚していく。御用金令は同二四日に撤回されるのである。

〔事例14〕　寛政元（一七八九）年八月、蝦夷出兵指令の報知

南部家文書『御在府御内勤留』[36]は、南部家（盛岡一〇万石）の留守居役の下で授受された留守居書状類の留書である。その寛政元年八月一五日条には次のごとくある。

一、松平内蔵頭（池田治政）様衆より、蝦夷及二騒擾一候ニ付、松前志摩守（松前道広）様御取鎮御人数、不足ニも候ハヽ御人数被二差出一候
様被レ蒙レ仰候ニ付、御見舞申来、右御礼、翌日御留守居より

すなわち、同年蝦夷地で蜂起が発生し松前家が鎮定に当たったが、幕府は騒擾が拡大した場合に備えて南部家にも出兵の準備を指令した。南部家はこの旨を大名諸家に報知しているのであり、右の記事はこの報知に対して岡山池田家より留守居書状を以て見舞を申し来ったというものである。

同種の来状は、伊達・浅野・立花・鳥取池田・蜂須賀・真田・相馬・庄内酒井・結城水野・谷田部細川・篠山青山・明石松平からのものが確認される。右の諸家は伊達家を除くと、第一節表11に示した南部家の近親留守居組合の諸家である。南部家はこの組合諸家に右の件を報知したものと推測される。

〔事例15〕　寛政三（一七九一）年一二月、外国騒動情報流布

寛政三年一二月、外国騒動のありさまを記した書面を留守居廻状を以て流布した廉により、朽木家（丹波福知山三万二〇〇〇石、雁間）の留守居役加藤八郎右衛門なる者が、幕府に処罰され、役儀取放・百日押込とされている[37]。すなわち「兼而珍敷儀は、諸家類役共江相通し候申合」に基づき、右の加藤は、自分亡父（加藤泰助）の所持していた外国騒動の書付を、阿部家（上総佐貫一万六〇〇〇石、雁間）の留守居役峯岸左仲らと連名で、廻状に添えて流布したというものである。

この外国騒動の内容は不明であるが、加藤の父泰助はこの年に死んでいると推定され[35]、この時期には北方問題が世上の関心事となっていて、特にロシアが朝鮮国に進攻したとの風説[39]が流行していたから、あるいはこれに関連したものであるかも知れない。

〔事例16〕　文化一二（一八一五）年正月、対御三家路頭礼節紛議[40]

伊勢の国主藤堂高兌が江戸登城の折、郭内歩行中に尾張・水戸両家が休息している場に出会った。雪降り路で泥濘んでいたため藤堂は木履のまま控え、そして辞儀をなした。一般に、国持大名と御三家との辞儀の節は草履を用いる。国持大名側が木履で歩んでいる時に御三家に出会えば、国持大名側がまず草履にはき替え、それを見て御三家側も草履に替え、そして辞儀をなすというのが通則である。

今、藤堂は木履のままで辞儀に臨んだ。尾水両家はこれを無礼と見做し、後刻に藤堂に対してこの所作の如何を糺した。藤堂がこれは仕来であると答えたところ、尾水両家は猶も、仕来とは具体的にいかなるものであるかについて説明を求めてきた。

そこで藤堂家では留守居役鈴木九左衛門を通じて、国持大名諸家の例格を照会し、前田・島津・鳥取池田・宇和島伊達・浅野・岡山池田・細川・松江松平・黒田・毛利・山内・蜂須賀・富山前田・大聖寺前田・佐竹家の留守居役より回答を得た。

そして、これら回答の多くが、雪雨で道の不自由な時、そして御三家側が木履を用いていることを視認し得た時には、各家でもこれまで木履のまま辞儀をなしてきた旨を証言し、さらに蜂須賀家の回答書には、文化四年に自家で取調べた本問題についての例格作法の書面の写が添付されていた。藤堂家ではこれに基づいて尾水両家への返答書を作成し、自家の行為の正当性を確認している[41]。

同種の事例を今一つ挙げよう。安政五（一八五八）年六月のこと、水戸家の使者が真田家（松代一〇万石、帝鑑間）の江戸屋敷を訪れた際に、その送迎礼が御三家使者に対するものとしては無礼であるとの理由で紛議を生じた。すなわち水戸家よりの使者は真田家江戸屋敷に来って使者口上を述べ、帰還せんとしたのであるが、同使者の帰る際に表門を開門して送らなかったことを咎めたものである。

水戸家使者の主張するには、御三家の使者は来訪時には潜り門を使うが、口上を伝えて帰還する折りには開門し、門番ら下座の中で使者を見送るべきものであるとする。これに対して真田家側の見解は、そのような特別の待遇をするのは御三家の使者でも、御城付のような高位の者が使者を勤めた場合であって、並みの使者の場合には往返ともに潜り門を使用するとするものであった。

真田家ではこの問題について、仲介者を立てて水戸家と和解を計る一方、御三家使者の送迎礼について「高並諸家」の例格を、留守居組合を通じて照会している。真田家留守居役よりの問合書に対し、庄内酒井・小倉小笠原・中津奥平・高田榊原・大垣戸田・小田原大久保・郡山柳沢の帝鑑間席大名七家の留守居役が回答を寄せている。

このうち小笠原・榊原・戸田の三家が、真田と同様の送迎礼をとっていることが確認されたので、真田家ではこれに基づき、自家の従前の処置の正当なることを水戸家に対して申し入れている。(42)

ここで指摘すべきはこれら紛争の勝負けもさることながら、それを超えてこれらの事例に共通に見られる現象、すなわち自家の行為の正当性を高並諸家の例格に基礎づけようとする行動様式であり、かつ正当性の定立とはそのような作業によってなされるものなのだということが、社会的に自明視されていたという事実である。具体的な先例事実を挙示し、例格であることを証明することが、自家の正当性認定における必要にして、かつ十分な条件たりえたということなのであり、御三家と雖も、そして御三家の身分格式の権威をもってしても、この証明が充分になされたならば引き下がらざるを得なかったと考えられるのである。

〔事例17〕　嘉永六〜安政二（一八五三〜五五）年、ペリー来航一件

嘉永六年六月、ペリー一行が浦賀に来航した直後より、細川家（肥後熊本五四万石）の留守居役福田源兵衛は、幕府奥右筆組頭の下に赴いて情報の収集を始めている。(43)

幕府奥右筆は老中に付属して先例の調査を主務とし、その諮問に与ったことから幕政の機密に通じており、そのため諸家留守居役はしばしばこれに接触して情報を引き出していたのである。(44)彼は以後も右筆方に接近し、逐次進行していく政治過程のなかで、幕府が外国船に対し和戦いずれで臨むのか、(45)また水戸斉昭に登城が命ぜられたのは政治改革を断行する意図があるが故か(46)などの諸問題について、幕府の方針の察知に努めている。

ペリー来航に伴う軍事動員体制の下で、細川家もまた相州御備場の受持ちを命ぜられたが、このような情勢下での諸家の対応振りを見るべく同家留守居役は諸家留守居と接していく。そして蝦夷地方面の警備にあたる伊達・佐竹・津軽・南部・松前家留守居からは、その受持場の範囲と警備の実情、そしてまた寒冷広大な辺境への軍役出動が艱難をきわめているさまを聞き取っている。(47)長崎番役鍋島家の留守居役からは、長崎台場の取立てや大炮設置の模様とその費用、そして、それとの関連にある幕府拝借金の額などについての情報を得ている。(48)

なお細川家が新規に設けた浦賀留守居役は、日米和親条約の内容を日本側全権林韑の随行者河田某より入手し、(49)同家長崎留守居役は露使プチャーチンが江戸幕閣に送ったロシア国書の和解写を得ている。(50)

〔注〕

（1）『寛保集成』二一一〇。

（2）国立史料館蔵、蜂須賀家文書『御旧記書抜』。本史料は藩主に近侍する「御勤所」において記された日記や来状類の主要

ものを収録した留書である。この中には「御留守居方」より進達された書付が原態を維持した形で多く載せられている。

(3) 拙著『主君「押込」の構造―近世大名と家臣団―』（平凡社、一九八八）八二頁以下参照。

(4) 前掲『御旧記書抜』。

(5) 宮本武史編『徳島藩士譜』上、中巻（宮本猛、一九七二）。

(6)〜(8) 前掲『御旧記書抜』所収。

(9)『寛保集成』一二三三。

(10)(11)『毛利十一代史』（名著出版、一九七二）第一冊。

(12) 前掲『御旧記書抜』

(13)『日本史研究』二〇四号。

(14)『毛利十一代史』第二冊。

(15)『徳川実紀』同日条。

(16)『戸田茂睡全集』（国書刊行会、一九一五）四五頁。

(17)『徳川実紀』貞享三年閏三月六日条。

(18)『会津藩家世実紀』（吉川弘文館、一九八〇）第六巻、同年八月一八日条。

(19) 前掲『御旧記書抜』。

(20) 大名課役における役人編成と家格制との関係については大森映子「備後福山領元禄検地をめぐる政治過程」（『史学雑誌』九〇編三号）参照。

(21) 越前松平家は宝暦五年に大廊下席に昇進するが、この時期は大広間席であり（松尾氏前掲論文、三二〇頁）、石高もともに二〇〜三〇万石の間にあって蜂須賀家とは「同格」なのである。

(22)『鳥取藩史』（鳥取県立鳥取図書館、一九七一）第六巻「事変志」一。本項所引の史料は特に断らない限り、同書による。

(23) 三浦『法制史の研究』（岩波書店、一九一九）一〇八一頁、平松『近世刑事訴訟法の研究』（創文社、一九六七）二三三頁。

(24)『寛保集成』二四九八。「自分仕置令」の詳細については平松氏前掲書参照。

(25)幕府側の先例調査官としては老中付属の奥右筆がある。そして本事件に関連して奥右筆伊藤百助は、職務不行届の故を以て差控えを命ぜられている（『徳川家紀』宝暦一〇年八月九日条）。これは幕府奥右筆の職務能力の限界を示すものであろう。

(26)真田家が江戸屋敷内での鉄炮稽古の許可を求めた事例を掲げる（真田家文書『御留守居方日記』弘化二年一〇月一三日条）。

深川小松町於二下屋敷一、毎年従二四月朔日一、七月晦日迄、鉄炮稽古為レ仕度奉レ存候、此段奉レ伺候、以上

十月十三日　御名（真田信濃守）

例書

下谷箕輪於二下屋敷一、毎年従二四月朔日一、七月晦日迄、鉄炮稽古為レ仕度奉レ存候、此段奉レ伺候、以上

四月二十七日　大関土佐守

右之通、文化十二亥年四月二十七日、御用番土井大炊頭様江被二差出一候処、可レ為二勝手次第一候、玉目之儀は百目を限り候様可レ致旨、五月十八日御附札相済候由ニ御座候、以上

十月十三日　御名家来　藤田繁之丞

このほかにも、明和三年の蜂須賀氏の湯治帰国願書には丹羽家の先例が（『御旧記書抜』）、天明七年に相良城請取を命ぜられた岡部氏の伺書には享保八年郡山城請取・宝暦八年郡上城請取の節の例書が（『武営政緒録』第五）添えられている。

(27)「幕藩制下における大名領有権の不可侵性について」（『日本史研究』一八七号）。

(28)『天明集成』三〇八二。

(29)本問題については、辻善之助『田沼時代』（一九一五、日本学術普及会。のち岩波文庫）、中井信彦『転換期幕藩制の研究』（塙書房、一九七二）第一章第二節「金融統制と御用金」、山田忠雄「田沼意次の失脚と天明末年の政治状況」（『史学』四三—一・二）などを参照。

(30)『森山孝盛日記』（『日本都市生活史料集成』2・学習研究社、一九七七）天明六年七月条。

(31) 山口県文書館蔵、毛利家文庫『公儀叓扣』「天明六年、金銀融通之ため諸国御料私領寺社山伏其外より五ヶ年之間、出金銀被二仰付一候与の御書付之事」（冊子番号四一―一五―第一〇冊）。以下注記なきものは同史料による。

(32) 拙稿「近世文書の一類型としての『聞置届書』」（『高井悌三郎先生喜寿記念論集・歴史学と考古学』〈真陽社、一九八八〉）。

(33) 『藩法集・久留米藩』二三五六・二三六八号。なお、同家では本令が国元で町村の所管役人に伝達されたのは八月二八日である。

(34) 注(21)に同じ。また南部家文書『雑書』（盛岡市公民館蔵）同年八月一一日条には本令について、「尤以今、諸家御請茂相済不レ申（中略）何方様ニ而茂、脇々御並を御待合被レ成候儀与相聞得候段、御留守居とも申出候由」と江戸よりの報を記している。南部は柳間席大名である。

(35) 八月一二日には「金銀融通一件為御用、大坂表江罷越」す予定の幕府御勘定二名への伝馬朱印が交付されている（内閣文庫蔵『天明日記』）。

(36) 盛岡市公民館蔵。

(37) 「以上并武家御扶持人例書」三ノ八（『近世法制史料集』第三巻、一一八頁、創文社、一九七七）。

(38) 朽木家留守居加藤泰助の名は『寛政三年・武鑑』まで見える。

(39) 『よしの冊子』下巻（『随筆百花苑』巻八、中央公論社）。寛政三年一〇月の項に「ムスコビヤ、朝鮮を攻候事を偽作仕候書面」の一件として、本文に酷似した風評が示されている。本事件が訛伝したものか。

(40) 本項の事例については拙稿「大名留守居組合における互通文書の諸類型」（『史料館研究紀要』第一四号）参照。

(41) 秋田県立図書館蔵、佐竹文庫『色々合冊之部』第二冊「雑記」。

(42) 国立史料館蔵、真田家文書「水戸家使者送迎礼紛議一件書付」。

(43) 『改訂　肥後藩国事史料』（国書刊行会、一九七三）嘉永六年六月上旬条。

(44) 元文五年六月には、奥右筆の大名留守居役との会合を禁ずる幕令が出ている（『徳川禁令考』前集九七八号）。なお本間修平「徳川幕府奥右筆の史的考察」（服藤・小山編『法と権力の史的考察』創文社、一九七七）参照。

（45）（46）『改訂　肥後藩国事史料』安政二年八月二四日条。
（47）同右、安政二年四月二五日条。
（48）同右、嘉永六年八月三日条。
（49）同右、安政元年五月一三日条。
（50）同右、嘉永六年八月六日条。同留守居役はその入手経路について「此許御奉行所呈書方ゟ薩州類役奥四郎極密ニ手ニ入（中略）右四郎ゟ内密手ニ入申候」と、薩摩の島津家留守居を通して入手した旨を報告している。なおペリー来航の予告情報を巡る幕府と雄藩との関係、および長崎聞役（長崎留守居役）の情報収集活動については、岩下哲典「開国前夜の政局とペリー来航予告情報」（『日蘭学会会誌』一五巻二号）参照。

結　語

以上に見て来たところに基づいて留守居組合の諸機能を概括し、その当該社会に有した歴史的意義について論じておこう。

（一）　先例・旧格の照会

先例・旧格の照会は、留守居組合の日常的な活動の中心をなすものである。

江戸城での殿中作法に始まり、寛永寺・増上寺の参詣次第、将軍家への献上や吉凶見舞などの純然たる規式に関するもの、御手伝普請や朝鮮信使御用のごとき大名課役に関するもの、さらには「服忌令」や幕府「御定書」の受容を巡る法律的事項に至るまで、およそ大名諸家のなすべき一切の行動は先例に準拠していた。

そのような先例主義的な行動様式が一面において、対幕府関係に落度なきを期するという自己保全的な志向性に裏付けられたものであることは疑いないであろう。したがって、それは幕府の側からみても、自発的にその意向を汲み取り、事態を円滑に整序・遂行してくれるものとして望ましいものなのであり、かような先例を不断に供給する留守居組合の存在は幕府の支配体制たる幕藩制の秩序を維持し、これを再生産する役割を果たすものと言えるであろう。

他面、この同一の事柄は同時に異なる意義を有する。すなわち、大名諸家は先例に則って行動する限り、幕府を含む何人よりも譴責を受けることはないということである。また進んで、同格他家の先例を挙示するならば、自家もまたこれを行うべきことが主張でき、かつ実現しえたということである（事例7・10・11・16）。特に鳥取池田家の源五郎事件の事例はその極限を示すものなのであって、問題が幕府刑制の根幹に属するものであり、かつ、その〝先例〟が虚偽のものでもあるにも拘わらず、それが先例であるという理由のみを以て大名家側の要求が実現したことを見るならば、一般的に言って、当該社会における先例のもつ規範的拘束力は想像以上に強大なものがあったことを知るのである。

留守居組合の豊かな先例探索機能は、大名諸家の右の要望に応えるものであったのであり、かくも強大な政治的力能を有する先例を豊富にもたらしてくれる留守居組合の政治的地位も、高められていかざるを得なかった。

（二）　一般的情報の交換

例格の照会行為が、自家の当面する課題の執行方法を確認することに限定されていたのに対し、これは本来的な意味での情報交換であり、大名諸家にとって将来の参考に資すると判断された事柄が収集され、また自発的に他家へ報知されていった（事例2・3・4・8・9・14・15・17）。とりわけ留守居廻状はここでの中心的な情報媒体である。

寛文期の国姓爺一件、寛政期の蝦夷地出兵問題、同じく外国騒動、嘉永のペリー来航問題。これらは直接には軍役動員に関わる問題であり、広くは日本国の置かれている全体的な政治状況を把握するものとして、決して軽くない内容を含むものであろう。第二節(三)に提示した留守居書状の場合は、戊辰戦争の只中にあって、大名諸家の向背を決する判断材料を継続的に供給していたのである。

享保六年の会津南山御蔵入騒動に関する情報は、百姓一揆とこれに臨む幕府の態度の程を示すものであったから、大名諸家には己れの領内政策遂行の上で考慮に値するものであった。それはまた幕領一揆の鎮定に、隣接大名がどのように動員されるものであるかを知る好個の事例としても多大の関心をもたれたところであろう。

伊達騒動・京極騒動そして越前家処分の情報は、それが改易問題として、大名諸家の存立性に直結するものであったから、その重要さについては言を俟たないであろう。

幕府の秘密主義的な政治遂行の下にあって、そして他に見るべき情報媒体の存在しない近世社会にあって、この制度的に安定した情報組織の存在は大名諸家にとって不可欠のものであった。情報はそれ自体、一つの政治的力能である。留守居組合の恒常的な情報供給は大名諸家に対して、推移変動していく政治情勢に対する適格な判断を保障し、継起する各種の事態への能動的な対応を可能とするものであったのである。

(二) 幕令の解釈・協議

幕令はそれが幕府の明示的にして意志的な支配行為であるが故に、その実現様態を見ることは近世の国制を考察する上での中心的事項となる。そして大名の側から幕令を解釈しその受容形態を決定する局面において、留守居組合は主導的な役割を果たすのである(事例1・5・6・12・13)。

これは幕令の解釈行為が、例格の照会・一般的情報の交換という留守居組合の基本機能と不可分のところにあるからであり、今一つには留守居組合の場での協議を通じた大名諸家の申合わせ、意思一致が前提的に保障されていなければならないからである。これらの事情が、幕令の受容を巡る最も重要な政治的局面において、留守居組合が中心的役割を果たすことを要請するに至ったのである。

留守居組合はそれ自体としては反幕府的な存在ではない。幕府が公儀として、その政治政策が大名諸家の存立性と合致し、全体制的な安定に資するものである限り大名諸家はその支配を受け容れたのであり、これに応じて留守居組合もまた幕令の忠実な実行者であった。

しかし幕府政治が右の調和を逸脱して恣意に流れ、幕府一己の「御益」の追求に走り、強権を行使することによって大名の存立性を脅やかし、その固有の領有権を侵すものと見做された時には事態は異なった。大名諸家は不当なる幕令の撤回を目指して行動したのであり、これに基づいて留守居組合はその協議機能を通じて大名諸家の意思一致を計り、将軍権力に抗しうる強力へとこれを組織していった。留守居組合はこの局面においては、幕令に対する抵抗運動の指導機関として立ち現れたのである。

終章

近世社会は中世社会に比して、遥かに政治的統合・集中の進んだ社会であった。社会のすみずみにまで秩序が浸透し、支配—服従の一元的な命令系統が確立されており、社会の規律化が高度に進行するようなものであった。

しかしながら、この集中はただちに「専制」、すなわち首長・上位者の権力の無制約性ないし圧倒的強大性、そして下位者の自立的存在の否定、その自律的意思の抑圧というものを意味するものではなかった。この社会の成員——個人・家・親族団・家臣団・大名家、等々——は、それぞれのレベルにおいて、全体秩序・集団秩序・上位秩序に抱摂、解消されない、「個」としての自立性を保持していたのである。

㈠ 武士の個人としての自立性の問題は第一部第三章に述べた。近世武士は大名家の家臣たることを標準型として何がしかの主君の従臣として存在するわけであるが、しかし、そのような主従制のレベルとは別個に、論理的にはそれに先だって、一個の自立した武士としてあった。本書で呈示した武家屋敷駈込慣行はその例証として位置づけられるべきものである。

武士の行動を根本で規定するものは、戦闘者の精神であり名誉の感情である。武士道とはそれらを総合した、武士たちの行動規範であった。それは、武士たちが大名家の家臣団として編成され、さらには徳川幕藩体制という形で統合されていくなかで、もっぱら統治目的の観点から発せられ、彼らを規制し秩序づけていく公儀の法とは性格を異にするものであった。武士道はこの公儀の法と抵触し軋轢を引き起こすときに、その固有の意味を露わにしていく。喧嘩停止、駈込隠匿の禁止を巡る葛藤は、その端的な現れであった。

すなわち名誉侵害に対する自力決着としての喧嘩、そして喧嘩討果し人を武士の誉れとして庇護する駈込慣行、これらは安寧の実現と社会の規律化を第一義とする、公儀の統治目的の法と根本的に相容れないものであった。公儀の法はそれらを禁止し抑圧せんとしたが、第三章に見たように、その試みは後退せざるをえなかったのである。武士道の規範は現実社会の中においてなお有効なものであり、武士の個としての自立性はこの武士道規範の体系の中で保障されていたと言いうる。

この武家屋敷駈込慣行に関しては、さらに、近世の武家屋敷がもっている不可侵領域としての性格に着目しなければならない。それは喧嘩の相手側の追捕を遮断するだけではなく、町奉行らの公権力による踏込検断をも排除する能力を有していた。それは大名屋敷だけではなく、尾張藩の事例に見られたように、一般の武士の屋敷についても事情は同じであった。この近世の武家屋敷の不可侵領域としての性格は、いわゆるアジール慣行の流れを汲むものであろうが、そこではさらに武士道という独自の規範の形をとって表現され、また合理的に整序されることによって、近世社会の中でその性格を持続していった。

(二)　近世武士はその具体的な存在形態としては、大名家の家臣という形をとるのが一般的であった。そして大名家臣であれ、幕臣であれ、大名家臣の家臣（陪臣）であれ、武士は主取りをしてその従臣となる必要があった。主取りをしない武士は近世武家社会では「牢人」として扱われ、武士身分としては休止状態にあることを意味していた。

それ故に、近世武士は主君、主家より地方知行や切米・扶持米などの封禄を宛行われることによって、初めて武士身分たりえたと言うことができる。ここからして家臣としての近世武士の自立性の存否が問題となる。しかも近世の地方知行は一円領域の形をなさず、いずれの大名家においても極端な分散相給知行の形態を示しており、それに伴って知行所の行政・裁判権は制限ないし消失せしめられてしまっている。こうして地方知行は形骸化しており、家臣たちの独立的な所領経営がなされず、藩権力による藩領支配の全体性の中に組み込まれている。さらに封禄相続の限定性や借知制度の存在とも併せて、近世武士はその存立の物質的基盤である所領を事実上失っており、それが取りも直さず中世・戦国期の在地領主に比しての、近世武士の自立性（自律性）の喪失の謂であるとされてきた。

しかしながら、すでに検討したように、これらの制度や事実はそれと反対の性格を示すものなのである。分散相給知行はむしろ家臣側からの要望として採用されているものであり、定額の年貢米の収取保障がその政策目的であった。また封禄相続についても、譜代旧臣や国衆的家臣らの重臣を中心として、ほぼ完全な世禄制が近世初頭より確立されていた。そして封禄がこのように世禄として家臣たちに保障されていたが故に、藩財政の窮乏に際してもこれを削減したり、収公したりすることはできなかった。「借知」という知行を一時的に借り上げる形をとることは、家臣のその封禄に対する保有の程度がほとんど不動のものであったことを証示しているのである。

㈢　将軍—大名の関係、幕藩関係の問題も、本書に見たごとくきわめて多岐に亙っている。その政治的関係をまとめてみると、次のようになるであろう。

将軍—大名間の関係は複雑なもので、単に将軍が専制権力をもって諸大名を一方的に支配したり、大名の領地が将軍の全国全領土所有のなかに吸収されているといったものではない。他面、大名家（藩）の存在は将軍の支配から自由で、全く独立しているものでもない。将軍（幕府）の天下支配の全体性、統合性と、大名家（藩）の領有権と自立性とが、必ずしも背反するものではなく、むしろ両者が両立均衡する状態の中に幕藩関係の実態は存在するようである。特に国持大名の場合には、その感が深い。

将軍の意命は公式には絶対のものとして尊重されたが、しかし実際の政治の中では一方的な強制力をもちうるものではなかった。幕藩間の基本的な支配関係は武家諸法度に記されていたが、しかし他面、大名側はこの規定を遵守する限り、それを超えて恣意的に処罰されたり、不利益を蒙るといったことは原則的に見られなかった。

これまで将軍権力による大名統制の手段であり、政略的な大名取りつぶし政策と見なされてきた大名改易であったが、本書で明らかにしたようにそのような理解は誤りであって、徳川将軍（幕府）についてのこのような権力主義的な歴史像は改められなければならない。改易事件が幕府の政略に発するものという事実認識は修正されるべきであるとともに、その手続き面からしても、将軍（幕府）側は大名改易に際しては、その合理的根拠を開示しつつ諸大名の了解の獲得に努めるなかで、それを実行しているという事実に着目する必要がある。

将軍（幕府）の意命であろうとも、場合によっては、大名側の抵抗にあって所期の成果を挙げえないこともあることは、新田開発規制および新田地領有問題や大坂蔵屋敷の米切手統制問題、全国御用金令問題などに示されている。特に天明三（一七八三）年の米切手一件や同六年の全国御用金問題では、国持大名諸家の留守居役たちが留守居組合の場で対応を協議して集団的な意思形成を行い、幕令の撤回に向けて共同行動をとっている点は注意されねばならない。

諸大名家の留守居役および彼らによって構成される留守居組合なるものは、それだけの政治的力量をもった存在だったのであり、それによって媒介される国持大名諸家の連合は、将軍（幕府）の権力に対して充分に対抗しうるものであった。幕藩制にはこのような政治的メカニズムが備わっていたのである。

幕藩体制のこのような権力構造、政治秩序の延長線上に、幕末維新期の政治過程があると考えられる。幕末のいわゆる雄藩連合の中で活躍する雄藩とは、薩摩・長州・越前・宇和島・肥前・土佐などの諸藩であり、これらはみな近世の国持大名の系統に属するものなのである。これら諸藩の幕末維新期における活躍、政治的イニシアティブは、ペリー来航後に唐突に出てきたものではなくて、近世の幕藩体制の政治過程のなかで成熟・発展してきたものの必然的な現れなのであった。

(四) 以上のように近世社会は政治的統合の高度に進展した社会であったが、同時に社会の成員は全体秩序・上位秩序に対して、個別的な自立性を保持しており、その社会の政治秩序は全体としてみれば多元的な性格を有していたのである。それ故に問題は「自由か、統制か」の択一図式においてではなく、「社会の統合性」と「成員の自立性」とを両立的に捉える視角において理解されねばならなくなる。

中世社会の権力分散的状況、すなわち社会にはその成員を充分に把握できるだけの統一的な政治権力といったものが存在せず、他方では個々の在地領主が、個別的な所領支配の自己完結性を確立しているような状況を、「自由」の実現状態と見なし、その否定をもって「自由」の喪失、「専制」の成立とする見方の不毛さが指摘されねばならない。この中世的な「自由」なるものは確かに自由の一つのあり方には違いないであろうが、あくまで低位のレベルのそれに留まるものであることを銘記すべきであろう。(1) 中世的自由は同時に、果てしなき戦乱殺戮と飢餓の自由でもあったのである。

「成員の自立性」はいわずもがな、「社会の統合性」もまた社会の歴史的発展に随伴するものであり、近代社会、近代国民国家の形成にとっての不可欠の条件なのである。

(五) 近世社会の成員の自立性は第七章で述べたように、形式的平等の原理ではなく、「持分」的な原理に基づいたものとしてある。それは各成員の経済的基盤(封禄)として、身分的地位として、そして何よりも、集団における意思決定への参与のあり方として、表現されていた。

近世的政治秩序において、大名であれ将軍であれ、当該集団・組織体の首長の権力が強大なものであったことは事実である。中世の下剋上的状況を終熄させて、強固なタテ型秩序を構築した近世社会においては、確かに中世社会に比して遥かに強力で安定した上位権力、首長の権力が実現されたのである。しかしながら、この権力の強大さにも拘わらず、それは同時に被拘束的な性格のものでもあったのである。(2) この一見矛盾する権力の二面性は、その政治秩序の「持分」的構成という見方によって、整合的に理解することができるのである。

この政治秩序の「持分」的構成というあり方は、幕藩関係レベルにおいても見られるところであるが、より妥当するのは徳川将軍家も含めたところの大名家（藩）という、近世社会の基本的集団のなかにおいてであった。大名家（藩）という統合秩序に比べるならば、幕藩関係的秩序は統合性のより低位のものであり、中世型の秩序形態を未だ充分に克服しえていないものであった。

この意思決定の「持分」的構成というあり方は、統合秩序以前の中世的権力分散的状況の下で、各成員（在地領主）のもつ武力・勢力がそのまま彼の権力 power として表現され、当該地域における利害問題（所領境界の紛争、水利紛争など）を武力行使による自力決着に委ね、そして、同盟、相互牽制、軍事的圧迫、屈服、制圧、休戦、妥協という形で決着をつけていたものに対応している。(3) すなわち中世社会において武力で決着をつけていたものを、近世社会では「持分」としての発言力、決定力を背景にして審議・協議という非武力的な形態によって処理しているということにほかならないのである。

近世社会における集団の意思決定の「持分」的構成において、序列・不平等が見られるということは、中世社会において各成員間に所領の大きさ、武力・勢力の大きさの不均等に基づく、権力の序列・不平等が存在したという事実に対応しているのである。すなわち、中世社会の成員の達成した自立性は、近世社会においては、統合秩序の下での意思決定への参与の自立性として、姿態変換を遂げて継承されたものである。近世社会の政治秩序とは、そのようなものとして理解することができるであろう。

そして近世社会の政治的発展とは、中世社会の分散分裂的状況を克服し、実力行使・自力救済的な紛争解決の方式を終焉（「天下惣無事」）させつつ、成員の個としての自立性と社会の統合秩序とが調和する形で、両者の成熟・発展をもたらしたところにある、と言うことができるであろう。

(六)　この政治秩序の「持分」的構成というあり方は、徳川将軍家も含めたところの大名家（藩）という集団の中において、より妥当していた。これに比するならば徳川将軍（幕府）と大名家（藩）から構成される幕藩体制の政治秩序はやや様相を異にしていた。前者では大名家臣としての武士領主たちの自己完結的な所領支配は、大名家（藩）という統合された政治秩序のうちに解消されていき、武士領主たちも大名の「御家」という拡大されたイエ秩序の中に編入され、文字通り「家臣」として存在していった。

これに対して幕藩体制の秩序においては大名領国、殊に外様国持大名に代表される独立性の高い政治支配圏が保持されていた。徳川将軍家はかれらに松平の家号と偏諱をあたえ、婚姻政策などをもって、徳川のイエ支配をその上に押し及ぼそうと試みたが、大名家（藩）がその領国に形成したようには、このイエ的秩序による統合を全国の大名領主一般に対してなすことはついにできなかった。

従前この二種の政治秩序については、大名家（藩）の一体性のごときものと同性格のもので後者をも理解しようとするか、あるいは後者の多分にレーン制的性格のもので前者をも把握しようとする傾向があったが、この二つの政治秩序はむしろ異質のものであると捉えるのが正しいのである。

それはいくつかの事情によってそうなっているのであるが、重要な要因の一つは徳川幕府の政策が、大名家（藩）に対する不介入主義を基調としたことである。関ヶ原の合戦に集約されていたように、豊臣政権の下での過度の中央集権的志向が同政権の自壊をもたらしたことに鑑みて、分権、不介入が徳川幕府の政策基調をなしていた。家光政権の寛永一〇（一六三三）年に制定された「公事裁許定」の一項に、「国持之面々、家中幷町人・百姓目安之事、其国主可為仕置次第事」とあるのは、徳川幕府の対国持大名政策の原則を明文化したものである。

幕藩体制の政治秩序を規定しているいま一つの重要な要因は、実は軍制に求められる。大名家（藩）の政治的一体化を押し進めた根本的な原因は、軍制上の一元化がその政治統合に先だって完成していたという事情であった。それは第一章および第五章に見た通りである。だが将軍―大名関係においては、このような統一軍制は形成されえなかった。確かに幕府の発布した軍役令は外様大名にまで浸透していた。だが諸大名を「備」制と番組制において編成することはなかった。諸大名はそれぞれが独立した軍団をなしており、その間での組織化というものが見られなかった。

諸大名が番組に編成されるとは、国持大名クラスの大身大名を番頭（組頭）として、中小大名をその与力、組士として組別編成をしていくことである。このような編成方式は豊臣秀吉の朝鮮出兵[4]や徳川将軍の上洛に際して[5]萌芽的な形では見られた。だが、これは臨時のものであって、恒常的な番組編成は見られなかった。越後の堀氏に対して溝口・村上両氏が与力大名として付属させられたのが目につく程度で、あとはせいぜい親類大名どうしが近領に配置をされて、同族団的な軍事編成のなされていることを指摘しうるまでである。

大名家（藩）がそれぞれ独立の体制を維持して、全国的規模での政治統合がついに見られなかったのはこの軍制上の事情に依るところが大きい。

これと関連するが、徳川幕府が大身諸大名を政治の中枢から完全に排除した点が指摘できる。そもそも大名家（藩）における組織的一体化は、第七章に述べたように、その大身家臣を家老などとして迎え入れ、藩政運営の重要位置に配することでもたらされたものである。そして幕藩体制の分権秩序はこの大身諸大名の政治中枢からの排除と相即しているのであり、このことは大名家（藩）の政治統合がいかにして実現されたかの理由を教えてくれることにもなっているであろう。

家康は分権主義的立場を旨としており、かつまた豊臣公儀体制の下での五大老制が、同体制の崩壊の要因となったことから、外様大身大名を幕閣に迎え入れることは考慮の外であったろう。しかしながら幕政初期のこのような分権主義、大名領国に対する不介入主義は、現実の社会の発展に伴って転換していかざるを得なくなる。

幕府の公儀としての全国支配の権能は、本来には軍事的なものであり、軍事統率権、賞罰権としてあったのであるが、第九章に見たごとく、社会経済問題の継起的な発生に対して、その公儀としての権能は拡大され、行政的諸分野の全体を支配する統治権能としての性格を強めていった。こうして幕府による全国的政策が不可避的に進行していった。第十一章に見た治水問題と、国役普請制度を巡る問題は、その例証である。さらに、新田開発規制、米穀廻送規制、米切手規制、全国御用金令、等々といった問題が相次いで登場してきた。

そして幕府は大身大名の政治参加を拒んだままに、全国的政策を推し進めようとした。ここには矛盾があったし、独裁による政治的軋轢を引き起こさざるを得なかった。

この局面で意味をもつのが留守居役および留守居組合の機能であった。留守居役は幕藩間の意思伝達の媒介者であり、それを通して大名家側は自己の意向を幕府に伝え、幕府側も留守居役を通して大名家側の事情を汲み取ることによって、その政策形成の判断材料としていた。

さらに留守居組合においては、先例を探索し、政治的情報を収集する中で、幕府の施策や幕令を解釈し、その対応方を協議する機能を果たすに至っていた。大名諸家は留守居組合の場での協議を通じて、幕令を自己において適当と判断する範囲で領内に実施した。それ故に幕令を骨抜きないし無視し、さらには前述のごとく、幕令を公然と拒絶することもあったのである。

こうして幕令の一方的な下達と見られるものも、実は大名家側との相互作用的な関係――意向確認・意思疎通・調整・制御・抵抗、等々――を通して、現実には機能していた。このように幕藩体制の政治秩序は、大名家（藩）のそれとは異なる形で政治統合を進めており、そしてそれに伴う合意形成のシステムを作り上げていたのである。

(七)　さて日本の中世社会から近世社会への移行において見られた政治秩序の変動の問題は、周知の通りヨーロッパ社会においても、かなり近似した形で生じていた。

ヨーロッパにおいても、封建的諸領主による権力分散的状況、自力救済的な秩序に対しては、社会の発達、ことに国民経済的な社会関係の深まりの中で、そのような社会状態の克服と、安定し統合された社会の形成が待望されていた。このような状況の下で、各国王・領邦君主のイニシアティブの下に社会の統合が強力に推し進められていった。

そのあり方は、まず裁判制度の改革（当事者主義的な裁判手続きから、職権主義的な訴追方式への転換）から始まり、常備軍の充実・統一的租税制度の導入、行政的官僚制度の整備へと進むかたちで、近代的国家制度の構築が追求されるものであった。

そして、この過程に密接に沿っており、本論との関わりの中で重要なのは、このような近代的統一国家に固有なものとされた「主権 souveraineté」概念の形成であった(6)。これは周知のごとく、中世社会の多元的権力分立状況を克服して、フランスの統一を求めたJ・ボダンがその国家論の中で打ち立てた概念であり、国家に固有の至高の権力を意味する。それは「絶対性」「永続性」「不可分性」を基本属性とするものであり、この主権の絶対・不可分性のゆえに、封建諸侯の地域的統治権や種々の中間団体の自立的な支配権は否定され、多元的・分権的な政治構造が解体されていく。

「主権」の具体的な内容は、立法権、交戦権、人事権、終審裁判権、恩赦権、貨幣度量衡統一権、課税権などからなっており、特に主権の第一の内容たる立法権については、「他人の同意を得ることなく、すべての人々、または個人に法を与える権力」と定義されている。こうして法は、権力に先だって権力を拘束する規範ではなくなり、まさに主権者の一方的な命令となった。

ボダンの主権論では、主権は絶対的なものといっても、なお神の法と自然法とには制約され、さらには概念上も封建領主権としての古い性格を払拭し切れていなかったが、イングランドのホッブスに至って文字通り、主権は絶対・無制約なものとして確立され、かつ「公共の権力」として純化された。国家内の一切の権力はその授権としてのみありえ、これに対立するほかの独立権力の存在を許さないところの始源的で絶対的な権力である。

このような主権概念に伴う「服従の非人格的な関係」は、この主権の下にある人々に形式上の平等をもたらす。どんなに勢力があろうとも、社会的な身分・称号を有しようとも、「万人に共通な一つの規則」に服さざるを得なくするものだからである。(7)

さて、このような不可分・単一にして無制約の権力が国王、領邦君主の一者に帰属することとなった。(8) そして国家制度の中で、この権力を実際に執行すべき幕僚・官僚たちは、これまた主権の属性たる人事権の絶対性の下で、主権者の意のままになる自由な任免・使役という問題にさらされることになった。国内の封建的秩序を一掃する観点から、官僚役人には国王の恩顧の者やブルジョア出身の法律家たちが多く任用されていた。封建諸領主については、封建軍隊の性格を清算したのちに、国王の常備軍の将校のポストが宛がわれるというような次第であった。(9)

しかしながら、このような絶対、無制約の権力に対しては、臣民の側からこれに対抗する権力の提起されるのは当然のことである。ロックの自然法思想に基づく抵抗権および立憲主義的政体の構想、モンテスキューの三権分立論と法に基づく統治の理想、ルソーの人民主権論などさまざまの考えが出されているが、国王・国家の主権に対して、国民の自由と平等を主たる内容とする生得の自然権——基本的人権——を対置するという思想が、そこでの基調をなしていた。(10)

こうして西洋近世そして近代社会は、政治秩序・権力構造の観点からするならば、このような「主権」概念によって武装された国家権力と、国民の基本的人権という二元的対抗のあり方をとっていたということができるであろう。

(八)　中世的権力分散状態から、これを克服して社会の政治的統合を果たしていった二つの型であったが、日本型と西洋型とは相当に異なっていた。日本近世に遂行された統合の様式は、西洋型のような「主権」による封建的諸特権の解体・吸収としてではなく、分散的諸権力のいわば凝縮のごとき、直接的な統合としてあったと言うことができる。そこでは、純化され、外化された公共権力としての「主権」が成立せず、この公共権力自体が「持分」的構成をもって成員全体によって担われ、その権力の発動が成員全体の意思の総合によって可能となるような政治秩序が存在していたのである。

そして日本の近代社会への展望においては、このような近世社会が成熟させていった、全体と個とが「持分」的原理によって直接的に関係づけられた秩序と、西洋的な「国家権力対基本的人権」という対峙的な秩序との、二つの秩序の混和・重畳というあり方をとることが予想されるであろう。

［注］

（1）高橋昌明「社会史の隆盛が問いかけるもの」（『季刊　葦牙』九号）一三一頁。
（2）拙者『主君「押込」の構造—近世大名と家臣団—』（平凡社、一九八八）。
（3）M・デュヴェルジュ『政治学入門』（みすず書房、一九六七年）第三部「抗争から統合へ」。
（4）朝鮮出兵時の陣立については、三鬼清一郎「朝鮮役における軍役体系について」（『史学雑誌』七五編二号）参照。

（5）徳川秀忠の将軍任官のための上洛時の供奉編成（『大日本史料』慶長一〇年二月二四日条）など参照。

（6）福田歓一『国家・民族・権力』（岩波書店、一九八八）2「権力の諸形態と権力理論」、佐々木毅『主権・抵抗権・寛容』（岩波書店、一九七三）第三章第三節「主権」、A・ヴィンセント『国家の諸理論』（昭和堂、一九九一）第二章「絶対主義国家論」。

（7）A・P・ダントレーヴ『国家とは何か』（みすず書房、一九七二）一二三頁。

（8）「絶対主義は絶えず形成途上にあるが形成されたためしがない」（A・ヴィンセント前掲書九九頁）と言われるように、国王一者の下に無制約の主権的権力が帰属したなどということは現実にはありえない。むしろ最近の研究では、絶対主義王制下において、封建的特権を保持した中間団体が多数存在しており、「社団的編成による秩序」（二宮宏之「フランス絶対王政の統治構造」〈吉岡・成瀬編『近代国家形成の諸問題』木鐸社、一九七九〉）としての性格を有することが指摘されている。それ故に本文に記したところは絶対主義の「理念」と呼ぶべきものであるが、絶対主義体制がそのようなあり方を志向しており、また現実社会の趨勢もその方向にあったことは事実である。

（9）上山安敏『ドイツ官僚制成立論』（有斐閣、一九六四）第四章「官僚制機構」。

（10）P・フォリエほか『法・契約・権力』（平凡社、一九八七）四三、六三、九二頁。

あとがき

本書は著者の一〇年来の研究成果をまとめたものである。京都大学大学院に在籍中からの著者の研究テーマは、幕藩関係論を中心とした近世の国制史であった。このテーマに即して執筆されたのが、本書にも収録されている近世の国役普請論であり、大名留守居組合論であり、武家屋敷駈込慣行に関する論文であった。そしてこれらの諸論文はかなりの数に上ったので、それらをまとめて一書となすことを計画していた。

しかしながら、その後に生じた幾つかの事情によって右のプランは変更を余儀なくされた。その一つは序論にも述べたとおり、この間に近世武士の自立性（自律性）の存否をめぐる議論が活発に展開され、主君・上位者の権力の圧倒的強大性、近世的国制の専制的性格なるものが唱えられていたという事情に由来するものであった。

この種の専制的権力論に対しては、著者はすでに既述の大名留守居組合や武家屋敷駈込慣行に関する論文において、そのアンチテーゼを提出していたのであるが、これをさらに明確にするために、大名家（藩）という近世社会の基本的な政治組織の場に即して、この問題を詳細に分析検討すべき必要を感じていた。著者の論文「近世の大名諸家における主君「押込」の慣行」（『史林』六九巻一号、一九八六）およびこれを一書に纏めた『主君「押込」の構造――近世大名と家臣団――』（平凡社、一九八八）は、このような問題状況の下で執筆されたものであった。

こうしてこの間、著者の研究領域は幕藩関係論から大名家（藩）の君臣関係を含んだ武家社会の主従制一般へと拡大されていったのであるが、著者にとっての今一つのプランの変更の事情は、これらの議論をさらに充分なものとするために近世初期ないし近世社会の形成期に関する研究をおし進めるべきであると思い至ったことである。著者の既述の三論文も含めて著者の当初の研究は、近世初期を排除している訳では決してないが、近世中後期に主要な力点を置くものであることは否めないものであった。しかしながら著者の一連の研究成果に基づいて得られた近世の国制像は、それまでの近世の歴史学が、太閤検地論争や軍役論などの近世初期研究を通して構成してきた近世社会の政治秩序や権力関係をめぐる歴史像と著しく異なるものであった。

そこで著者はこの矛盾を解決するために、自らこの近世初期・形成期の研究に取り組まざるを得なくなったのである。本書にも収録している関ヶ原合戦、慶長期の国制、大名改易に関する研究論文はそのような事情の所産である。

こうして本書は当初の計画を大幅に変更し、近世武家社会の全般を対象とするものとなり、その国制的構造の解明を課題とするものとなったのである。このような研究領域・対象の拡大は、「序論」にも述べたように著者の手に余るものとなったことは事実である。いま振り返って見るならば、もう少しおとなしい形で無難にまとめておいた方がよかったのではないかと思うところもあるが、他面ではここまで踏み込んでこそ本書公刊の意味もあったのではないかと自ら言い聞かせているような次第でもある。このような本書全体の試みが、そして本書各章の論述内容が適切妥当なものであるかどうかについては、当然のことながら読者諸賢の判断にゆだねる他はないであろう。学術研究の発展のために、些かなりと寄与することを願うのみである。

ここで本書各章の素となった関連論文の一覧を掲示しておこう。これらはほとんどの場合、大幅に加筆修正や改編を加えているので、研究史的な観点から検討される際にはオリジナルの論文の方にあたられたい。

序　論　　書き下ろし
第一章　　書き下ろし
第二章

第一節　「関ヶ原合戦の政治史的意義」（宮川秀一編『日本史における国家と社会』思文閣出版、一九九二）
第二節　「徳川家康の征夷大将軍任官と慶長期の国制」（『日本研究』第六集、一九九二）
第三章　「近世武家社会における集団と個」（『歴史公論』一〇六号、一九八四）
付論　「近世武家屋敷駈込慣行」（『史料館研究紀要』一二号、一九八〇）
第四章　「武士の身分と格式」（辻達也・朝尾直弘編『日本の近世7・身分と格式』中央公論社、一九九二）
第五章　『主君「押込」の構造――近世大名と家臣団――』Ⅳ「近世の国制」（平凡社、一九八八）
第六章　『主君「押込」の構造――近世大名と家臣団――』Ⅳ「近世の国制」（平凡社、一九八八）
第七章
第一、二節『主君「押込」の構造――近世大名と家臣団――』Ⅳ「近世の国制」（平凡社、一九八八）
第三節　「日本近世社会の新しい歴史像を求めて」（『日本史研究』三三三号、一九九〇）
第八章
第一節　「日本近世社会の新しい歴史像を求めて」（『日本史研究』三三三号、一九九〇）
第二節　書き下ろし
第九章　「将軍と大名」（辻達也・朝尾直弘編『日本の近世3・支配のしくみ』中央公論社、一九九一）
第一〇章　「徳川幕府の大名改易政策を巡る一考察（一）（二）」（『日本研究』第三・四集、一九九〇・九一）
第一一章　「近世国役普請の政治史的位置」（『史林』五九巻四号、一九七六）
第一二章　「大名留守居組合の制度史的考察」（『史林』六五巻五号、一九八二）
終章　「日本近世社会の新しい歴史像を求めて」（『日本史研究』三三三号、一九九〇）

あとがき

浅学非才の私がこのような形で研究成果を纏めるまでに至りえたのは、多くの師や研究者仲間に恵まれたからに他ならない。私の場合、その在籍した高校である甲陽学院高等学校がすでに考古学、歴史学の専門的な雰囲気に包まれたところであった。ここで高井悌三郎、宮川秀一、中島久の三先生に早くも歴史学研究についての本格的なトレーニングを施していただいた。

ついで私が京都大学に進んだころは大学紛争のただ中であり、教養部では講義はほとんど休講の状態であった。そのような中で学生たちは三々五々集まって研究グループを構成して、各自それぞれに問題を持ち寄り、そして各自の研究報告をめぐって皆で批判検討したものであった。それらは多分に稚拙な性格のものであったことは否めないけれども、既存の枠組にとらわれることなく、多方面にわたる事柄について自分の頭で問題を発見し、主体的、能動的に研究に取り組んでいく機会を提供してくれたという意味で貴重な体験であったと思う。

またこれらとは別に教養部教官がそれぞれに学生有志を集ってゼミナール形式の研究会を設けられた。上田正昭、上横手雅敬、野田宣雄三先生による古代史、中世史、現代史のゼミにおいて、学生仲間だけの研究会の自主性が活かされながら、同時にそれが陥りやすい我流の弊を防ぎつつ自由に討議できる場が得られたのは幸せなことであった。

大学の専門課程および大学院では朝尾直弘、故岸俊男、大山喬平および経済学部の中村哲の四先生の薫陶を賜った。ここでは歴史学、古文書学の厳格な専門教育を受けたが、私は教養部時代に培われた自由な研究の習慣からなかなか抜け出せなかったために、これら諸先生がせっかく施して下さった研究技法や研究内容を充分には消化しきれなかったように思われる。これらの責めは、諸先生ではなく私が負うべきものである。

分けても朝尾先生には随分とご迷惑をかけたものである。私は朝尾先生の学説から多大の恩恵を蒙りながら、なおかつそれに対して、大学の演習においてであれ、公刊された論著においてであれ気を悪くされるような物言いをしたものであるが、正当な根拠ありと判断された時には無礼な愚説も採用され、決して教師の権威でもってこれを退けるということはなかった。我が身に振り返ってみて、後輩に対するこのような研究上の寛容さが要求されたとしても、それはとても望むべくもないのであって、この意味においても先生の学恩にただ感謝するのみである。

大学院を終えてのちは国立史料館に勤め、ついで現在の職場である国際日本文化研究センター（日文研）に籍を置くこととなった。前者での一〇年にわたる活動の中では、原史料そのものの意味を問うという研究生活が続いた。それは史料を用いて歴史学の論文を書くというものとは全く次元を異にする営為であった。史料に対する目を開かせてくれたということで、史料館時代は何物にも代え難い貴重な体験を与えてくれた。

後者の日文研は完全な学際的な研究機関である。ここでは一切の肩書きがそうであるように、日本近世史の専門家であるなどということは殆ど意味をもたない。人文、社会、自然の諸学が交流し、ぶつかり合い、そして新たな方向を日々見いだして行かなければならない。それは学科の枠組みで仕切られた既存の機関に比して多くのエネルギーを要求されるけれども、創造的な喜びは他では味わえないものである。私はかつての大学紛争時代の教養部の体験を思い出している。この日文研はあの状況の再現なのかも知れない。

その他にも折にふれて私の研究活動を支えていただき、有益なご教示を賜わった諸先生方、貴重な史料の閲覧の便宜を与えて下さった史料所蔵機関の方々、私が学び勤務した諸機関の同輩の諸氏、さらには数多くの研究会や研究活動を通して知り合い、ともに討論した方々、また歴史学以外の文学、哲学など諸分野に携わられている諸氏に対しても長年にわたるそのご厚意に深甚の謝意を表わしたい。更には出版事情の厳しい中にあって本書の刊行を引き受けて下さった吉川弘文館、及び本書の編集のために多大の労力を費やされた編集部の方々に対しても心より御礼申し上げる次第である。

最後に私事ではあるが、私の亡父（笠谷孝）にも感謝の気持ちを表わすことをお許しいただきたい。亡父はアマチュアの史家であって、勤めの余技に東洋史、中央アジアの歴史、ことには天文学を中心とする東西の文化交流史に多大の関心を抱き、私の生家にはその関係の蔵書が少なからずあった。亡父は大陸的なおおらかな歴史が好みであって、私のやっている近世史は管理主義的であり、官僚制的であるといった理由であまり好いていなかった。しかし私が論文を執筆していると関心を持って目を通してくれ、意見を述べてくれた。非常に几帳面な性格だったので、丁寧に校正刷りを検討してくれ、誤字や不適切な表現をチェックしてくれたものである。昨秋にその七回忌を済ませたが、生きていてくれたら本書の上梓を喜び、また口うるさく批評を述べたててくれたものなのにと、些か感慨にふけるしだいである。本書を亡父の霊前に捧げることを、どうかお許しいただきたく願うものである。

平成五年正月

著　者

本書は平成四年度文部省科学研究費補助金「研究成果公開促進費」の一般学術図書の助成を受けて出版されたものである。

索　　引

備考：本文に頻出の「幕府」「大名」「武士」などの語彙は省略した．また該当頁数の表記において「－」で結んだものは，その間に当該語彙が分布していることを示すもので，必ずしもその間の全頁に見られることを意味するものではない．ただしその両端の頁には必ず当該語彙が存在している．

(1) 人　　名

あ　　行

か　　行

さ　行

た　行

な　行

は　行

ま　行

や・わ行

(2) 事　　項

あ　行

か　行

さ　行

た　行

な・は行

ま　行

や～わ行

著者略歴
昭和二四年、神戸市に生まれる
同　五三年、京都大学大学院文学研究科博士課程修了
同　年、国立史料館助手（大名家文書担当）
現　在、国際日本文化研究センター研究部教授、文学博士（京都大学）

〔主要著書〕
『新訂日暮硯』（校注、岩波書店、一九八八）
『主君「押込」の構造―近世大名と家臣団―』（平凡社、一九八八）
『関ケ原合戦』（講談社、一九九四）
『士の思想―日本型組織と個人の自立―』（岩波書店、一九九七）
『近世武家文書の研究』（法政大学出版局、一九九八）
『江戸御留守居役―近世の外交官―』（吉川弘文館、二〇〇〇）

近世武家社会の政治構造

一九九三年（平成五）二月二十五日　第一刷発行
二〇〇〇年（平成十二）十月一日　第三刷発行

著者　笠谷《かさや》和比古《かずひこ》
発行者　林　英男
発行所　株式会社　吉川弘文館
郵便番号一一三―〇〇三三
東京都文京区本郷七丁目二番八号
電話〇三―三八一三―九一五一〈代〉
振替口座〇〇一〇〇―五―二四四

印刷＝理想社　製本＝誠製本

近世武家社会の政治構造（オンデマンド版）

2018年10月1日　発行

著　者　笠《かさ》谷《や》和《かず》比《ひ》古《こ》

発行者　吉川道郎

発行所　株式会社 吉川弘文館
〒113-0033　東京都文京区本郷7丁目2番8号
TEL　03(3813)9151(代表)
URL　http://www.yoshikawa-k.co.jp/

印刷・製本　株式会社 デジタルパブリッシングサービス
URL　http://www.d-pub.co.jp/

笠谷和比古（1949～）
ISBN978-4-642-73310-6